Lo que dicen los médicos sobre
Su embarazo semana a semana

"*Su embarazo semana a semana* es el primer libro que recomiendo a mis pacientes durante el embarazo. Sé que puedo confiar en él. Está organizado y actualizado, y les proporciona una información magnífica a las mujeres."

—Elizabeth D. Warner, M.D., ginecóloga
y obstetra, Asociación de Ginecólogos
y Obstetras de Rochester

"*Su embarazo semana a semana* es un libro accesible y extraordinariamente bien escrito. Los años de práctica del doctor Glade Curtis lo familiarizan con lo que realmente preocupa a las pacientes y con lo que más quieren saber. *Su embarazo...* cubre no sólo los temas específicos que todas las embarazadas experimentan, sino que también trata toda una serie de preocupaciones potenciales que pueden surgir durante el embarazo. Todo esto, junto con su elegante presentación y sus hábiles dibujos, hace de *Su embarazo* no sólo el más completo de los libros sobre el embarazo que existe para el público no especializado, sino también el más fácil de leer."

—Henry M. Lerner, M.D, ginecólogo y obstetra,
Hospital Newton-Wellesley,
Profesor Auxiliar Clínico
en Obstetricia y Ginecología de la
Facultad de Medicina de Harvard

"El contacto constante con un obstetra es una parte importante de un embarazo sano. Y es por eso que puedo recomendar tan plenamente *Su embarazo semana a semana* a las pacientes que quieren tener el consejo de un médico además del mío. Está escrito por un médico, está lleno de información actualizada y confiable, y su 'trato con el paciente' es excelente."

—Henry Hess, M.D., Profesor Clínico
Adjunto de Obstetricia y Ginecología
de la Facultad de Medicina
de la Universidad de Rochester

Lo que dicen otras mujeres sobre
Su embarazo semana a semana

"La mayoría de los libros sólo dan un análisis mes a mes de lo que pasa con la madre y con el bebé. Me gusta que éste da información semana a semana. Espero con ansia leer cada semana." —RACHEL M., OHIO

"*Su embarazo semana a semana* ha sido un buen amigo. Para mí fue importante leer cada semana y conocer los cambios que atravesaba mi bebé." —ANITA A., CALIFORNIA

"Tengo otros libros sobre el embarazo, pero cuando empecé a leer *Su embarazo semana a semana*, dejé los otros. Este libro es excelente. Se lo recomiendo ampliamente a todas las madres nuevas." —CRYSTAL L., VIRGINIA

"El estilo semana a semana es maravilloso. Nos hace saber lo que podemos esperar mientras está pasando." —HEATHER H., LOUISIANA

"Me gustó que fuera semana a semana porque así es también como piensa mi médico." —REBECCA C., VIRGINIA

"La información detallada semana a semana sobre los cambios en mi cuerpo y los de mi bebé fue excelente. Tuve lectura para todas las semanas y no sólo para una vez por mes." —DEANA S., MASSACHUSSETS

"*Su embarazo semana a semana* fue mi segunda Biblia. ¡Lo usé tanto que ya casi lo he memorizado! ¡Se lo recomiendo a todos!" —CHRISSY M., ILLINOIS

"*Su embarazo semana a semana* fue reconfortante, me dio tranquilidad." —JENNIFER W., KENTUCKY

"Este libro está lleno de ideas útiles que las futuras madres con experiencia y las nuevas pueden utilizar de inmediato." —ZENAIDA M., FLORIDA

"Este libro es el abecé del embarazo." —DORIS H., INDIANA

"Leer este libro es como hablar con tu mamá sobre lo que es estar embarazada." —AMANDA S., KENTUCKY

"Toda la información semanal es maravillosa. Les recomiendo este libro a todas las mujeres embarazadas." —THERESA C., CALIFORNIA

"Este libro deberían leerlo todas las futuras madres. Brinda información semana a semana en lugar de hacerlo mes a mes, y a mí me ayudó mucho." —KRISTI C., GEORGIA

2.ª EDICIÓN
TOTALMENTE REVISADA Y ACTUALIZADA

Su embarazo

semana *a* semana

WITHDRAWN

Glade B. Curtis, M.D.(médico), M.P.H. (magíster en Salud Pública), OB/GYN, (obstetra y ginecólogo)

Judith Schuler, M.S. (magíster en Ciencias)

Cristina Diaz, M.D., OB/GYN
Correctora consultora

Da Capo
∞
LIFE
LONG

A Member of the Perseus Books Group

Título original: YOUR PREGNANCY WEEK BY WEEK
Traducción: Victory Productions Inc.
Diseño: Lisa Kreinbrink
Ilustraciones: David Fischer

Your Pregnancy (Su embarazo) es una marca registrada por *Da Capo Press*.
Muchas de las denominaciones que utilizan los fabricantes o vendedores para distinguir sus productos se reivindican como marcas registradas. Cuando esas denominaciones aparecen en este libro, y *Da Capo Press* conocía la existencia del derecho de marca registrada, se las ha impreso con inicial mayúscula.

Copyright de la segunda edición revisada y actualizada: © 2005 por Glade B. Curtis y Judith Schuler.

Biblioteca del Congreso. Catalogación de la información sobre esta publicación.

Da Capo Press Primera edición 2005
ISBN-13 978-0-7382-1010-0
ISBN-10 0-7382-1010-2

Publicado mediante acuerdo con Da Capo Press
11 Cambridge Center, Cambridge, MA 02142
www.dacapopress.com

Los libros de *Da Capo Press* están disponibles con descuentos especiales para compras hechas al por mayor en los EE. UU. por compañías, instituciones y otras organizaciones. Para obtener mayor información, por favor, póngase en contacto con *Special Markets Department* en Perseus Books Group, 11 Cambridge Center, Cambridge, MA 02142, o llame al (800) 255-1514 o (617) 252-5298 o envíe un correo electrónico a: special.markets@perseusbooks.com

4 5 6 7 8 9—09 08 07 06

Introducción

Hoy en día hay una cantidad enorme de información médica en forma de libros, revistas y por computadora, que no solo es difícil saber si es confiable y segura, sino que también cambia rápidamente. Este libro es una fuente excelente de información sobre el embarazo que ayudará a cualquier embarazada y a su pareja. Explica los cambios del cuerpo y el desarrollo del bebé semana a semana de manera muy socorrida. El estilo cronológico facilita el uso del libro como referencia para un momento particular, o para prepararse para el embarazo. Está escrito de tal manera que se entiende fácilmente y la información está al día. Este libro fue escrito originalmente en inglés y se ha convertido en una de las referencias más populares para las embarazadas. Me da gusto saber que está disponible en español. La información es importante para todas las que esperan hijos y yo la recomiendo con entusiasmo.

Cristina Diaz, M.D., OB/GYN

Acerca de los autores

El doctor *Glade B. Curtis*, magíster en Salud Pública, está certificado por el Consejo Estadounidense de Obstetricia y Ginecología y es miembro del Colegio Estadounidense de Obstetras y Ginecólogos. Ejerce en Salt Lake City, Utah, es médico asesor del Departamento de Salud del estado de Utah y es director médico de The Health Clinics, de Utah.

Uno de los objetivos del doctor Curtis como médico ha sido proporcionar a las pacientes una amplia información sobre las enfermedades ginecológicas y obstétricas que pueden tener, los problemas que pueden encontrar y los procedimientos a que pueden someterse. Para alcanzar este objetivo, él y la señora Schuler son coautores de varios libros más para las embarazadas y sus parejas, entre ellos: *Your Pregnancy for the Father-To-Be* (Su embarazo para el futuro padre), *Your Pregnancy Questions and Answers* (Su embarazo. Preguntas y respuestas), *Your Pregnancy after 35* (Su embarazo después de los 35), *Your Pregnancy–Every Woman's Guide* (Su embarazo. Guía de todas las mujeres), *Your Pregnancy Journal Week by Week* (Diario del embarazo semana a semana) y *Bouncing Back after Your Pregnancy* (Recuperar la forma después del embarazo). También escribieron un libro sobre la salud y el desarrollo del bebé después del nacimiento, titulado *Your Baby's First Year Week by Week* (El primer año del bebé semana a semana).

El doctor Curtis egresó de la Universidad de Utah como licenciado en Ciencias y magíster en Salud Pública. Asistió a la Facultad de Medicina y Odontología de la Universidad de Rochester, Nueva York. Fue interno, residente y residente jefe de obstetricia y ginecología en el Hospital Strong Memorial de la Universidad de Rochester, Nueva York.

Judith Schuler, magíster en Ciencias, ha trabajado con el doctor Curtis durante más de 22 años como coautora y revisora. Juntos han colaborado en 12 libros sobre el embarazo y la salud de las mujeres y de los niños. La señora Schuler obtuvo su título de magíster en Estudios Familiares por la Universidad de Arizona, Tucson.

Antes de convertirse en revisora de HPBooks, donde ella y el doctor Curtis empezaron a trabajar juntos, la señora Schuler dio clases en universidades de California y de Arizona. Tiene un hijo adulto. Divide su tiempo entre Tucson (Arizona) y Laramie (Wyoming).

Agradecimientos

Los dos queremos aprovechar esta oportunidad para agradecer a Marnie Cochran, revisora jefe de Da Capo Press y revisora nuestra durante casi cinco años, por su arduo trabajo en beneficio nuestro, en tantos campos. Ha hecho de nuestra sociedad una experiencia más feliz para todos nosotros.

Glade B. Curtis. En esta 2.ª edición de *Su embarazo semana a semana*, he seguido inspirándome en las muchas preguntas surgidas de conversaciones con mis pacientes y sus parejas, y con mis colegas. Casi todos los días traen revelaciones nuevas y una mayor comprensión de la alegría y la expectativa de la inminente maternidad. Me regocija la felicidad de mis pacientes y les agradezco a todas por permitirme ser parte de ese proceso milagroso.

Además, debo reconocer el mérito de Debbie, mi comprensiva y generosa esposa, y de nuestra familia, que mc apoyan en una profesión que les exige mucho. Más allá de esa dedicación, me han apoyado y alentado para proseguir con el desafío de este proyecto. Y mis padres me han ofrecido siempre su amor y su apoyo incondicionales.

Judith Schuler. Deseo agradecer a todos mis amigos y a los miembros de mi familia que han compartido conmigo sus preguntas y su preocupaciones por el recorrido del embarazo. Me han ayudado inmensamente en nuestros esfuerzos por proporcionar a todos los lectores la información que buscan sobre el embarazo.

A Bob y Kay Gordon, mis padres, les agradezco su amor y su apoyo constante. A Ian, mi hijo, gracias por tu interés, tu amistad y tu amor. Y gracias a Bob Rucinski, por ayudarme de tantas maneras: por tu profesionalismo, tu experiencia y tu aliento.

Contenido

Prepararse para el embarazo

No hay nada comparable al milagro y a la magia del embarazo. Es la oportunidad de participar en el proceso creativo de la vida. Si esta experiencia se planea con antelación, pueden aumentar las posibilidades de que todo resulte bien para usted y de que tenga un bebé sano.

El estilo de vida que lleve afecta la salud del bebé. Al planear el embarazo con antelación, puede asegurarse de que, durante la gestación, usted y el bebé estén expuestos a cosas buenas y eviten las perjudiciales.

Cuando la mayoría de las mujeres se dan cuenta de que están embarazadas, ya están dentro del primer o segundo mes de gestación. Cuando van al médico, ya están en el segundo o tercer mes. Las doce primeras semanas son muy importantes, porque es cuando se forman los principales sistemas orgánicos del bebé. Antes de que se dé cuenta de que está embarazada o antes de que vea al médico, pueden suceder muchas cosas importantes. Ponerse en forma para la gestación implica una preparación física y mental.

El embarazo es un estado, no una enfermedad; una mujer embarazada no está enferma. Sin embargo, en el transcurso de la gestación, usted experimentará cambios importantes. Tener una buena salud general previa puede ayudarla a manejar el estrés físico y mental del embarazo, el trabajo de parto y el nacimiento. Puede ayudarla a prepararse para cuidar a un bebé recién nacido.

Su salud general

En años recientes, una explosión tecnológica ha dado por resultado medicamentos nuevos, avances médicos y tratamientos farmacológicos nuevos. Por medio de estos avances, hemos aprendido que, al principio del embarazo y durante éste, su salud puede tener un efecto de enorme importancia en usted y en el bebé en desarrollo.

En otros tiempos, el énfasis estaba puesto en estar sana durante la gestación. Hoy, la mayoría de los médicos sugiere considerar el embarazo como si durara doce meses y no sólo nueve. Esto incluye un período de preparación de por lo menos tres meses. Disponer de una buena salud general puede ayudarla a estar lista para un embarazo saludable y un bebé sano.

Prepararse para el embarazo

Las siguientes son medidas importantes que tiene que tomar antes de quedar embarazada. Si tiene preguntas o algo le preocupa, háblelas con su médico.

- Llegue a su peso ideal como mínimo tres meses antes de concebir. La salud del bebé está unida al peso corporal que tenga en el momento de quedar embarazada. Las gestantes que tienen sobrepeso corren riesgo de tener hipertensión arterial y diabetes gravídica; tienen también un porcentaje mayor de cesáreas. Las mujeres que pesan menos de lo normal pueden tener más dificultades para concebir; sus bebés son, con mayor frecuencia, prematuros y tienen menor peso al nacer.
- *Comience* a tomar vitaminas prenatales y *deje* de tomar su multivitamínico diario. ¡En esta situación, *más no es mejor*!
- Comience un programa habitual de ejercicios, y cúmplalo. Ejercitarse con moderación, antes de quedar embarazada y durante el embarazo, puede ayudarla mucho.
- Hable con su médico sobre cualquier medicamento que tome regularmente.
- Asegúrese de que cualquier enfermedad crónica que tenga esté bajo control.
- Deje de fumar. Evite ser fumadora pasiva.

- Deje de ingerir alcohol.
- Haga que verifiquen sus vacunas antirrubeólica y contra la varicela. Si las necesita, averigüe cuánto tiempo debe esperar, después de recibirlas, para que pueda intentar quedar embarazada.
- Programe cualquier examen médico que necesite, por ejemplo radiografías, antes de dejar su método anticonceptivo.
- Lleve un registro de su ciclo fértil utilizando tablas. O contrólelo con un equipo de prueba de ovulación o uno de prueba de saliva.
- Tenga cuidado con tomar suplementos nutricionales y productos herbáceos. Algunas hierbas, como la hierba de San Juan, el sabal y la equinácea, pueden interferir en la concepción.
- Comience a tomar ácido fólico; se recomiendan 400 mcg por día. El ácido fólico puede ayudar a prevenir anomalías congénitas en el cerebro y en la médula espinal, denominadas *anomalías del tubo neural*. Se ha demostrado también que a niveles bajos puede aumentar el riesgo de aborto. Debe empezar a tomar ácido fólico antes de quedar embarazada, pues la protege principalmente durante los 28 primeros días de gestación. Como tal vez no sepa cuándo queda embarazada, comience a tomarlo en cuanto deje los anticonceptivos y mientras esté intentando concebir.
- Pida a su médico que le controle los niveles de hierro. No es deseable tener una deficiencia antes del embarazo: esta situación podría hacerla sentir más fatigada que lo normal durante este período.
- Revise su nivel de colesterol; disminuya los niveles altos con un plan alimenticio rico en fibras, que tenga, además, pocas grasas saturadas. Los niveles altos de colesterol pueden contribuir a la hipertensión durante el embarazo.
- Manténgase sana; trate de evitar infecciones. Lávese las manos con frecuencia, pida a otra persona que cambie la arena del gato, consuma alimentos bien preparados y evite las situaciones en que podría estar expuesta a una infección.
- Evite sustancias químicas peligrosas en el trabajo y en el hogar.
- Trate de reducir cualquier situación de estrés innecesaria .
- Hágase una revisión dental; las enfermedades periodontales deben estar bajo control. Durante el embarazo, estas enfermedades aumentan el riesgo de tener un bebé con bajo peso al nacer.
- Hágase un análisis de VIH.

- Conozca su grupo sanguíneo y el del padre del bebé.
- Junto con su pareja, escriban los antecedentes patológicos de ambas familias.
- Considere cómo se adecua el embarazo a sus planes futuros (estudios, carrera, viajes).
- Revise su seguro médico para saber qué cobertura de maternidad le brinda.

Algunas de las medidas precedentes pueden ser difíciles de empezar durante el embarazo. Resuelva estos aspectos antes de quedar embarazada, asegúrese de estar sana y no tendrá que preocuparse por los riesgos que se puedan presentar *durante* la gestación. Sería sensato continuar la anticoncepción hasta que haya logrado lo anterior.

Consultar al médico

Una buena preparación para el embarazo es visitar a un médico antes de quedar embarazada. Haga cita para una revisión y para hablar sobre sus planes de gestación. Entonces sabrá que, cuando quede embarazada, tendrá la mejor salud posible.

Tal vez tenga una enfermedad que necesite atención antes de la gestación. Si no se ocupa de ello antes de intentar concebir, puede afectar su capacidad de quedar embarazada. Quizás necesite cambiar los medicamentos que está tomando o hacer modificaciones en su estilo de vida.

༇ Exámenes para usted

Un examen físico general antes de quedar embarazada la ayudará a asegurarse de que no tendrá que enfrentar problemas médicos nuevos durante la gestación. Este examen debe incluir una prueba de Papanicolaou y un examen de mamas. Los análisis clínicos que se consideran antes del embarazo incluyen la determinación de rubéola, del grupo sanguíneo y del factor Rh. Si usted tiene 35 años o más, es también una buena idea realizar una mamografía.

Si ha estado expuesta al VIH o a hepatitis, pida a su médico que realice los análisis correspondientes. Si tiene antecedentes familiares de otros problemas médicos, como diabetes, pregunte si debería hacerse algún análisis para descartarlos. Si tiene otros problemas médicos crónicos, como anemia o abortos recurrentes, el médico puede sugerir otras pruebas específicas.

ᘒ *Radiografías y otros exámenes de diagnóstico por imágenes*

Si está intentando concebir, pida una prueba de embarazo antes de que le realicen cualquier prueba diagnóstica que implique radiación, incluso trabajos dentales. Los exámenes que se realizan con radiación incluyen *radiografías*, *TAC* y *RMN*. Antes de estos estudios, utilice un método anticonceptivo confiable para asegurarse de que no está embarazada. Si programa estos exámenes apenas termina su período, puede estar segura de que no lo está. Si debe recibir una serie de estas pruebas, siga utilizando un método anticonceptivo.

ᘒ *Exámenes posibles previos al embarazo*

Su médico puede realizar muchos exámenes antes de que usted quede embarazada, según sus problemas médicos actuales y sus antecedentes familiares. Algunos de estos exámenes incluyen:

- exploración física
- prueba de Papanicolaou
- examen de las mamas (y una mamografía, si tiene 35 años o más)
- valores de rubéola
- grupo sanguíneo y factor Rh
- VIH (si ha estado expuesta a factores de riesgo)
- hepatitis (si ha estado expuesta a factores de riesgo)
- detección de fibrosis quística

Otro examen que se realiza antes de quedar embarazada es el *diagnóstico genético de preimplantación (DGP)*; muchas veces se efectúa si se realiza una fecundación in vitro. Con este método, se crea un embrión fuera del útero (in vitro) combinando un óvulo y un espermatozoide, y luego se lo implanta en la mujer.

Para realizar el DGP, se extraen unas pocas células para realizar pruebas genéticas *antes* de implantar el embrión y así identificar los genes que pueden ser responsables de algunas enfermedades hereditarias graves. El objetivo es seleccionar embriones sanos para su implantación, a fin de evitar enfermedades genéticas graves. La técnica se ha utilizado para diagnosticar fibrosis quística, síndrome de Down, distrofia muscular de Duchenne, hemofilia, enfermedad de Tay-Sachs y síndrome de Turner. Se implanta un embrión normal (no afectado) y se deja que se desarrolle hasta llegar a término (nacimiento).

Antecedentes personales patológicos

Una visita al médico previa al embarazo es el mejor momento para hablar de sus antecedentes personales patológicos y de cualquier problema que haya podido tener en gestaciones anteriores. Pregunte qué puede hacer para eliminar o disminuir las probabilidades de que se repitan los mismos problemas en su siguiente embarazo. Los problemas pasados incluyen embarazo ectópico, aborto, cesáreas u otras complicaciones gravídicas.

Es también un buen momento para hablar sobre la exposición a enfermedades venéreas u otras infecciones, y de los problemas con esas enfermedades. Si ha tenido alguna cirugía importante o cualquier intervención quirúrgica femenina, háblelo ahora. Si está en tratamiento por otros problemas médicos, hable de ellos con el doctor. Haga planes para tomar medicamentos inocuos para el embarazo *antes* de intentar quedar embarazada.

Suspender la anticoncepción

Es importante seguir utilizando algún tipo de método anticonceptivo hasta que esté lista para quedar embarazada. Si está a mitad de un tratamiento por un problema médico o si le están realizando exámenes, terminélos antes de tratar de concebir. (Si no está utilizando ningún método anticonceptivo, es que, en esencia, está intentando quedar embarazada). Después de suspender su anticonceptivo habitual, utilice algún otro método hasta que se normalice su menstruación. Puede escoger entre condones, espermicidas, esponja o diafragma.

↬ *Píldoras o parches anticonceptivos*
La mayoría de los médicos recomiendan que, antes de quedar embarazada, tenga dos o tres menstruaciones normales después de dejar de usar píldoras anticonceptivas o parches. Si queda embarazada inmediatamente después de dejar estos métodos, puede ser difícil determinar el momento de la concepción. Esto puede hacer que cueste más determinar la fecha de parto. Tal vez no parezca importante ahora, pero será muy importante para usted durante el embarazo y al final de éste.

↣ *DIU*

Si utiliza un DIU (dispositivo intrauterino), debe hacérselo retirar antes de intentar concebir. Sin embargo, aunque el DIU esté colocado, puede haber un embarazo. Si tiene cualquier signo de infección mientras lo utiliza, trátela antes de intentar quedar embarazada. El mejor momento para retirar el dispositivo es durante la menstruación.

↣ *Norplant*

Si utiliza Norplant, es necesario que tenga, después de retirarlo, por lo menos dos o tres ciclos menstruales normales antes de intentar quedar embarazada. Después de extraerlo, pueden pasar algunos meses antes de que sus menstruaciones regresen a la normalidad. Si queda embarazada inmediatamente después de extraer el Norplant, puede ser difícil determinar las fechas de concepción y de parto.

↣ *Depo Provera*

Depo Provera, una inyección hormonal utilizada para la anticoncepción, debe suspenderse, por lo menos, entre tres y seis meses antes de intentar concebir. Espere hasta tener, como mínimo, dos o tres menstruaciones normales.

Problemas médicos actuales

Antes de quedar embarazada, examine su estilo de vida, su alimentación, su actividad física y cualquier problema médico crónico que pueda tener, como hipertensión o diabetes. Puede necesitar cuidados adicionales antes del embarazo y durante él. Hable con su médico sobre los medicamentos que está tomando. Discutan cualquier tipo de examen que esté planeando hacer, como radiografías, y contemplen todos los problemas médicos por los que está recibiendo tratamiento. Es más fácil contestar a preguntas sobre estos problemas, su tratamiento y sus complicaciones antes de quedar embarazada y no una vez que ya lo esté.

↣ *Anemia*

Anemia significa que usted no tiene suficiente hemoglobina para llevar oxígeno a las células de su cuerpo. Los síntomas incluyen debilidad, cansancio, disnea y palidez. *Es posible desarrollar anemia durante el embarazo, aunque no esté anémica antes de quedar embarazada.* Mientras está gestando, el bebé le exige mucho a su cuerpo para obtener hierro y almacenarlo. Si, al principio, usted tiene niveles bajos de hierro, el embarazo puede inclinar la balanza y hacer que esté anémica. Pida un hemograma completo como parte del reconocimiento médico previo al embarazo.

Si tiene antecedentes familiares de anemia (como anemia drepanocítica o talasemia), háblelo con su médico *antes* de quedar embarazada. (Para obtener mayor información sobre los diferentes tipos de anemia, véase la 22.ª semana.) Si toma hidroxicarbamida para tratar la enfermedad de los drepanocitos, discutan si debería seguir tomándola mientras intenta concebir. No se sabe si este medicamento es inocuo para el embarazo.

☞ *Asma*

El asma afecta, aproximadamente, al 1% de las mujeres embarazadas. La mitad de esas mujeres que tienen asma no notan ningún cambio en su afección durante el embarazo. El asma mejora para el 25% y empeora para el otro 25%.

La mayoría de los medicamentos contra el asma son inocuos para el embarazo, pero hable con su médico sobre tomar cualquier medicación. La mayor parte de las personas con asma saben qué provoca los ataques. Mientras esté tratando de quedar embarazada, y durante la gestación, ponga especial atención en evitar las cosas que provocan ataques. Intente tener el asma bajo control antes de tratar de quedar embarazada. (Lea más sobre cómo afecta el asma al embarazo, en la 28.ª semana.)

☞ *Problemas de vejiga y riñón*

Las cistitis, llamadas comúnmente infecciones urinarias, pueden ocurrir con mayor frecuencia durante el embarazo. Si no se trata la infección urinaria, puede causar una infección en los riñones conocida como pielonefritis.

Estas infecciones están asociadas con partos prematuros. Si tiene antecedentes de pielonefritis o de infecciones urinarias recurrentes, debe someterse a una evaluación antes de comenzar el embarazo.

Los cálculos renales pueden también crear problemas durante el embarazo. Debido a que causan dolor, puede ser difícil diferenciar entre cálculos y otros problemas que pueden ocurrir durante el embarazo. Los cálculos pueden provocar también un aumento en las posibilidades de padecer infecciones urinarias y pielonefritis.

Si ha tenido cirugías en los riñones o en la vejiga, problemas renales graves, o si su función renal es menor de lo normal, dígaselo a su médico. Puede ser necesario realizar pruebas para evaluar su función renal antes de que quede embarazada.

Si ha tenido una cistitis ocasional, no se alarme. Su doctor decidirá si es necesario realizar otros exámenes antes de que quede embarazada. (Para obtener mayor información, véase la 18.ª semana.)

∽ *Cáncer*

Si ha tenido algún tipo de cáncer anteriormente, dígaselo a su médico cuando esté planeando un embarazo o tan pronto como descubra que está embarazada. Puede necesitar tomar decisiones sobre un cuidado personalizado para usted durante la gestación. (Para obtener mayor información sobre cáncer y embarazo, véase la 30.ª semana.)

∽ *Diabetes*

La diabetes es un problema médico que puede tener efectos graves durante el embarazo. Históricamente, las mujeres que la padecen han tenido problemas con la gestación, pero con un buen control, hoy, una diabética, por lo general, puede tener un embarazo saludable. ¡Si la diabetes *no* está controlada cuando usted queda embarazada, el riesgo de tener un bebé con una anomalía congénita aumenta *cinco veces!*

Si usted es diabética, puede tener más dificultades para quedar embarazada. Además, pueden aumentar las probabilidades de aborto, muerte fetal o anomalías congénitas. Estos riesgos disminuyen con un buen control de la glucemia durante el embarazo.

Si la diabetes no está controlada, su combinación con el embarazo puede ser peligrosa para usted y para el bebé. Muchos de los problemas y el daño que causa esta enfermedad ocurren durante el primer trimestre (las trece primeras semanas); sin embargo, un control deficiente puede afectar el embarazo completo.

La gestación puede influir en la diabetes aumentando la necesidad de insulina del cuerpo. Ésta hace posible que el cuerpo utilice azúcar. La mayoría de los doctores recomiendan que tenga la diabetes controlada, por lo menos, dos o tres meses antes de quedar embarazada. Su control puede requerir que vigile la glucemia varias veces por día.

Si tiene antecedentes familiares de diabetes o sospecha que podría padecerla, compruébelo antes de tratar de quedar embarazada. Esto la ayudará a disminuir el riesgo de aborto y otros problemas. Si no la había tenido antes y la desarrolla durante el embarazo, se denomina *diabetes gravídica*. (Véase la 23.ª semana.)

Epilepsia y convulsiones

La epilepsia incluye varios problemas diferentes; sin embargo, las convulsiones son las más graves. Existen dos tipos de convulsiones epilépticas: las *convulsiones tonicoclónicas generalizadas* y las *ausencias típicas*. Una futura madre con epilepsia tiene una posibilidad en 30 de tener un bebé con un trastorno convulsivo. Los bebés tienen, además, mayores probabilidades de desarrollar anomalías congénitas, tal vez relacionadas con los fármacos que se toman para controlar la epilepsia durante el embarazo.

Si toma medicación para la epilepsia, es importante consultar al médico antes de quedar embarazada. Hable con él sobre las cantidades y los tipos de medicamentos que ingiere. Algunos son inocuos para el embarazo. Es posible tener que cambiar medicamentos antes del embarazo.

Las convulsiones pueden ser peligrosas para la madre y para el feto. Es importante que tome sus medicamentos regularmente y como le fueron prescritos por el médico. ¡No disminuya ni suspenda ningún fármaco por su cuenta!

Cardiopatías

Durante el embarazo, el trabajo de su corazón aumenta, aproximadamente, en un 50%. Si tiene cualquier tipo de cardiopatía, dígaselo a su médico antes de quedar embarazada. Algunos problemas cardíacos, como *el prolapso de la válvula mitral*, pueden ser graves durante el embarazo y pueden requerir antibióticos en el momento del parto. Otros problemas, como los congénitos, pueden afectar gravemente su salud. En estos casos, su doctor puede desaconsejar el embarazo. Consulte a su médico sobre cualquier afección cardíaca para poder tratarla antes de que quede embarazada.

ꙮ *Hipertensión arterial*

La *hipertensión arterial*, o tensión arterial alta, puede causar problemas a una mujer embarazada y al feto. En la mujer, estos problemas pueden incluir cefaleas, daño renal o apoplejía. Para el bebé en desarrollo, la hipertensión en la futura madre puede causar una disminución en el flujo sanguíneo hacia la placenta, lo que da por resultado un bebé más pequeño o un retraso de crecimiento intrauterino (RCIU).

Si tiene hipertensión arterial antes del embarazo, debe vigilar atentamente su tensión arterial durante el embarazo. Su doctor puede pedirle que consulte a un internista que la ayudará a controlarla .

Algunos medicamentos para la hipertensión arterial son inocuos para el embarazo; otros no lo son. *¡No suspenda ni disminuya ningún medicamento por su cuenta!* Puede ser peligroso. Si está planeando quedar embarazada, consulte a su médico por la medicación que toma para la hipertensión y por su inocuidad para la concepción y para el embarazo.

ꙮ *Lupus*

El *lupus eritematoso diseminado* (LED) es una enfermedad autoinmunitaria. Esto significa que el enfermo produce anticuerpos contra sus propios órganos, lo que puede destruir o dañar esos órganos y sus funciones. El lupus puede afectar muchas partes del cuerpo, incluyendo las articulaciones, los riñones, los pulmones y el corazón.

Este problema puede ser difícil de diagnosticar. El lupus se presenta, aproximadamente, en una de cada 700 mujeres de entre 15 y 64 años. En las mujeres de raza negra, se presenta en una de cada 254. El lupus se encuentra con mayor frecuencia en mujeres que en hombres, especialmente entre los 20 y los 40 años.

En este momento, no hay una cura para el lupus. El tratamiento es personal y, por lo general, incluye la ingesta de esteroides. Es mejor no quedar embarazada durante una recaída. En las mujeres con lupus, existe un aumento del riesgo de aborto y muerte fetal, por lo que es necesario extremar los cuidados durante el embarazo.

Los bebés nacidos de mujeres con lupus pueden tener exantema, bloqueo auriculoventricular y defectos cardíacos. Estos bebés pueden nacer prematuros o experimentar un retraso de crecimiento intrauterino. Si tiene lupus, consulte a su médico antes de quedar embarazada. (Para obtener mayor información sobre el lupus durante el embarazo, véase la 27.ª semana.)

❧ *Jaqueca*

Entre un 15% y un 20% de todas las mujeres embarazadas sufren jaquecas. Muchas mujeres notan una mejoría en sus cefaleas mientras están embarazadas. Si necesita tomar medicamentos contra la cefalea durante el embarazo, consulte a su médico con antelación, así sabrá si el que toma es inocuo.

❧ *Problemas de glándula tiroidea*

Los problemas de glándula tiroidea pueden aparecer cuando hay demasiada hormona tiroidea o cuando hay muy poca. El *hipertiroidismo*, demasiada hormona da por resultado un metabolismo más rápido; lo causa, por lo general, la enfermedad de Graves. El problema se trata, frecuentemente, con cirugía o con medicación para reducir la cantidad de hormona tiroidea en el sistema. Si no se lo trata durante el embarazo, existe un riesgo mayor de parto prematuro y bajo peso en el recién nacido. Si es necesario seguir un tratamiento durante la gestación, existen medicamentos inocuos que usted puede tomar.

El *hipotiroidismo*, muy poca hormona tiroidea, lo causan, con frecuencia, problemas autoinmunitarios; son los propios anticuerpos los que dañan la glándula tiroidea. Los doctores tratan este problema con hormonas tiroideas. Si no se lo trata, se puede sufrir infertilidad o tener un aborto.

Si usted tiene cualquiera de estos problemas de glándula tiroidea, debería hacerse exámenes antes de quedar embarazada, para determinar la cantidad correcta de medicamentos que debe ingerir. El embarazo puede cambiar los requerimientos de medicación, así que deberá controlarse también durante la gestación.

❧ *Otros problemas médicos*

Existen muchas otras enfermedades crónicas específicas que pueden afectar el embarazo. Si usted sufre de cualquier problema crónico o toma cualquier medicamento con regularidad, háblelo con su médico.

Medicación actual

Es importante que usted y el médico consideren la posibilidad de un embarazo cada vez que le recetan algo o le aconsejan tomar un medicamento. Cuando está embarazada, todo lo relacionado con la medicación cambia.

Los fármacos que son inocuos cuando no está embarazada pueden tener efectos peligrosos cuando lo está. No siempre se sabe si un medicamento es inocuo para el embarazo. Pregunte a su médico antes de cambiar cualquier medicación. (Se habla de algunos efectos de los medicamentos y las sustancias químicas en la 4.ª semana.)

La mayor parte del desarrollo de los órganos del bebé ocurre en las 13 primeras semanas del embarazo. Éste es un momento importante para evitar exponer a su bebé a medicación innecesaria. Usted se sentirá mejor y progresará durante el embarazo si controla el uso de medicamentos antes de intentar quedar embarazada.

Algunos fármacos están pensados para su uso a corto plazo, por ejemplo, los antibióticos para las infecciones. Otros se utilizan para problemas crónicos o duraderos, como la hipertensión o la diabetes. Algunos medicamentos son adecuados para tomar mientras está gestando e, incluso, podrían hacer que su embarazo tenga éxito. Otros pueden no ser inocuos.

Tenga cuidado con los medicamentos

Durante el embarazo, no se arriesgue. Las siguientes son algunas pautas generales para el uso de medicamentos mientras trata de quedar embarazada:

- No suspenda el uso de anticonceptivos a menos que quiera quedar embarazada.
- Tome las recetas tal como se indica.
- Cuando le receten un medicamento, hable con su médico si cree que puede estar embarazada o si no está utilizando algún método anticonceptivo.
- No se trate usted misma ni utilice fármacos que le dieron antes para otros problemas.
- Nunca use medicamentos de otra persona.
- Si está insegura con respecto a una medicación, consulte a su médico *antes* de utilizarla.

Vacunación

La misma regla se aplica para las vacunas que para los exámenes radiográficos: cuando vaya a vacunarse, utilice un método anticonceptivo confiable. Algunas vacunas son inocuas para el embarazo; otras no lo son. Una buena regla general es completar el plan de vacunas por lo menos tres meses antes de intentar quedar embarazada.

Por lo general, las vacunas son más perjudiciales durante el primer trimestre. Si, antes de quedar embarazada, necesita vacunarse contra la rubéola o contra la varicela, o necesita darse la vacuna SRP (sarampión, rubéola y paperas), los Centros para el Control y la Prevención de Enfermedades (CDC, por su sigla en inglés) ahora recomiendan que, después de aplicadas, espere por lo menos 4 semanas antes de tratar de quedar embarazada.

Una excepción a esta regla es la vacuna contra la gripe. Una mujer embarazada *debería* aplicarse esta vacuna durante la temporada de gripe. Si le aconsejan darse la vacuna debido a su trabajo o por alguna otra razón, hágalo. Se considera que es inocua para el embarazo y mientras usted esté intentando concebir.

Los monitores de fertilidad pueden ayudar a lograr un embarazo

Hoy en día, tenemos la fortuna de disponer de muchas pruebas valiosas para predecir cuándo va a ocurrir la ovulación, para ayudar a concebir a una mujer. Estas pruebas pueden realizarse en casa, y la mayoría es fácil de utilizar.

El monitor de fertilidad *Clear-Plan Easy* la ayuda a saber en qué fase del ciclo menstrual se encuentra. Todo lo que tiene que hacer es presionar un botón al inicio de un período menstrual nuevo para comenzar a seguir su ciclo. Durante diez días, se usa una muestra de orina para examinar los niveles hormonales. El monitor juzga en qué fase de su ciclo fértil se encuentra. Cuesta unos $ 220.

Otra es la prueba de fertilidad *Donna*, que utiliza saliva para predecir la ovulación. Durante la década de 1940, los investigadores descubrieron que el contenido de sal de la saliva de una mujer es igual al del fluido cervical cuando ovula. Con esta información se desarrolló esta prueba para ayudar a predecir la ovulación. Se pone la saliva en el objetivo de un microscopio, y, después de que se seca, se examina su patrón cristalizado. Cuando una mujer *no* está ovulando, aparecen puntos al azar; sin embargo, de uno a tres días antes de la ovulación, se pueden ver estructuras cortas con apariencia de cabello. El día de la ovulación, aparece un patrón en forma de helecho, que lo hace fácilmente distinguible de los demás patrones. El costo de esta prueba es de unos $ 60.

Asesoramiento genético

Si está planeando su primer embarazo, probablemente no considere tener asesoramiento genético. Sin embargo, hay circunstancias en que puede ayudar a que usted y su pareja tomen decisiones informadas sobre la maternidad. Existen más de 13,000 enfermedades genéticas hereditarias conocidas. Cada año, en los Estados Unidos, nacen unos 150,000 niños con algún tipo de anomalía congénita. Ciertos grupos étnicos tienen una mayor frecuencia de defectos genéticos específicos. Además, ciertos medicamentos, sustancias químicas y pesticidas pueden poner en riesgo a una pareja.

El asesoramiento genético es una reunión informativa entre su pareja y usted, y un asesor o grupo de asesores. Cualquier información que usted comparta con un asesor genético o reciba de él es confidencial. Puede incluir una o varias visitas. Se puede acceder al asesoramiento genético en la mayoría de las principales universidades. Su médico puede aconsejarla.

A través del asesoramiento genético, usted y su pareja esperan entender las posibilidades de lo que podría afectar a su capacidad de gestar o a su futura descendencia, y las probabilidades de que ocurra. La información que recibe no es precisa. Los asesores pueden hablar en función de "posibilidades" o "probabilidades" de que ocurra un problema.

Un asesor genético no va a tomar la decisión por usted; sino que va a proporcionarle información sobre las pruebas que podría realizar y lo que pueden indicar los resultados de esos exámenes. Cuando hable con un asesor, no oculte información que la haga sentir incómoda o que sea difícil de comentar. Es importante que le proporcione la mayor cantidad de información posible.

Pregunte a su médico si usted debería buscar asesoramiento genético. La mayoría de las parejas que lo necesitan no descubren que les hacía falta hasta que tienen un hijo con una anomalía congénita. Debería considerar el asesoramiento genético si se encuentra en cualquiera de estos casos:

• Tendrá, como mínimo, 35 años en el momento del parto.

• Ha dado a luz un hijo con una anomalía congénita.

• Usted o su pareja tienen una anomalía congénita.

• Usted o su pareja tienen antecedentes familiares de síndrome de Down, retraso mental, fibrosis quística, espina bífida, distrofia muscular, trastornos hemorrágicos, problemas esqueléticos u óseos, enanismo, epilepsia, anomalías cardíacas congénitas o ceguera.

• Usted o su pareja tienen antecedentes familiares de sordera hereditaria (las pruebas prenatales pueden identificar la sordera congénita causada por el gen de la conexina 26, lo que da a los padres y al personal médico la oportunidad de manejar el problema de inmediato).

• Usted y su pareja son parientes (por consanguinidad).

• Usted ha tenido abortos recurrentes (por lo general, tres o más).

• Usted y su pareja son descendientes de judíos askenazíes (riesgo de enfermedad de Tay-Sachs o enfermedad de Canavan).

• Usted o su pareja son afroamericanos (riesgo de anemia drepanocítica).

• Su pareja tiene, por lo menos, 40 años. (La información médica muestra que un padre de 40 años tiene mayores probabilidades de engendrar un hijo con una anomalía congénita. Para obtener mayor información, véase "La edad del padre", en este mismo capítulo.)

Tal vez sea difícil reunir parte de la información necesaria, especialmente si usted o su pareja son adoptados. Tal vez sepa poco o nada de sus antecedentes familiares. Hable de ello con su médico antes de quedar embarazada. Si se entera antes de que existen posibilidades de que haya problemas, no se verá forzada a tomar decisiones difíciles después de que haya quedado embarazada. El objetivo principal del asesoramiento genético es igual a otros objetivos del embarazo: el diagnóstico temprano y la prevención de los problemas.

El embarazo después de los 35

Más mujeres optan por casarse después de tener una carrera establecida, y más parejas eligen empezar una familia a una edad mayor. Hoy en día, los médicos ven madres primerizas de más edad, y un mayor número de estas madres tienen embarazos más sanos y seguros que las mujeres de su edad de otra época.

Hemos visto que una mujer mayor que contempla la posibilidad de un embarazo tiene dos preocupaciones principales. Quiere saber cómo la gestación va a afectarla y cómo su edad va a afectar el embarazo. Cuando la madre es mayor, existe un ligero aumento en la posibilidad de complicaciones para ella y para el bebé. Tal vez también desee leer nuestro libro *El embarazo después de los 35*, que se centra, principalmente, en el embarazo de las mujeres mayores.

Una mujer embarazada de más de 35 años puede enfrentarse a mayores probabilidades de tener:

• un bebé con síndrome de Down
• hipertensión arterial
• presión o dolor pélvico
• preeclampsia
• cesárea
• parto múltiple
• desprendimiento prematuro de placenta
• hemorragia y otras complicaciones
• parto prematuro

Una mujer mayor embarazada debe también ocuparse de problemas que una mujer más joven podría no enfrentar. Una clara simplificación de esto es que es más fácil estar embarazada a los 20 años que a los 40. Es probable que, a los 40 años, usted tenga un trabajo u otros niños que necesiten de su tiempo. Tal vez le parezca más difícil descansar, hacer ejercicio y comer bien.

Los problemas maternos asociados con una edad cada vez mayor incluyen la mayoría de las enfermedades crónicas que tienden a aparecer a medida que aumenta la edad. Una de las complicaciones más comunes durante el embarazo, en mujeres mayores de 35 años, es la hipertensión arterial. (Véase la 31.ª semana.) Hay también una mayor frecuencia de preeclampsia (Véase la 31.ª semana). Las mujeres de más edad que dan a luz tienen un riesgo ligeramente mayor de anormalidades y problemas, incluyendo parto prematuro, y presión y dolor pélvico.

El riesgo de diabetes, así como de sus complicaciones, aumenta con la edad. Los investigadores dan cifras que demuestran que el doble de mujeres de más de 35 años tienen complicaciones con la diabetes. Antes, la hipertensión (tensión arterial alta) y la diabetes eran complicaciones serias en cualquier embarazo. Con los avances actuales, podemos manejarlas bastante bien.

ꙅ Síndrome de Down

A través de la investigación médica, sabemos que las mujeres de más edad tienen un riesgo mayor de dar a luz un hijo con síndrome de Down, aunque muchos de estos embarazos terminan en abortos o muerte fetal. A una mujer mayor se le ofrecen, durante el embarazo, varios exámenes para determinar si el bebé tendrá síndrome de Down. Es la anomalía cromosómica más común que se detecta mediante amniocentesis. (Para obtener mayor información sobre la amniocentesis, véase la 16.ª semana).

El riesgo de dar a luz un bebé con síndrome de Down aumenta mientras la mujer es cada vez mayor. Observe las siguientes estadísticas:

- a los 25 años, el riesgo es de uno cada 1300 nacimientos
- a los 30, es de uno cada 965 nacimientos
- a los 35, es de uno cada 365 nacimientos
- a los 40, es de uno cada 109 nacimientos
- a los 45, es de uno cada 32 nacimientos
- a los 49, es de uno cada 12 nacimientos

Pero hay también una manera positiva de ver estas estadísticas. Si usted tiene 45 años, tiene un 97% de probabilidades de no tener un bebé con síndrome de Down. Si usted tiene 49 años, tiene un 92% de probabilidades de dar a luz un bebé sin síndrome de Down. Si está preocupada por el riesgo del síndrome de Down debido a su edad o a sus antecedentes familiares, consúltelo con su médico.

ꙅ La edad del padre

Las investigaciones muestran que la edad del padre es también importante para el embarazo. Las alteraciones cromosómicas que causan anomalías congénitas ocurren con mayor frecuencia en mujeres de más edad y en hombres que tienen más de 40 años. Los hombres de más de 55 años duplican el riesgo normal de engendrar un hijo con síndrome de Down. Las probabilidades de problemas cromosómicos se incrementan al aumentar la edad del padre. Algunos investigadores recomiendan que los hombres tengan hijos antes de los 40 años. Sin embargo, todavía hay controversia sobre esto.

✂ *Su salud general*

Los temas importantes que se deben considerar antes de que una mujer mayor quede embarazada incluyen los concernientes a su salud general. ¿Está en estado físico para la gestación? Si es mayor, puede maximizar las posibilidades de tener un buen embarazo estando lo más sana posible antes de quedar embarazada.

Algunos investigadores recomiendan que se haga una mamografía de referencia a los 35 años. Hágasela antes de quedar embarazada. Es también importante, en la preparación para el embarazo, que ponga atención a las recomendaciones generales sobre su alimentación y el cuidado de su salud.

La nutrición antes del embarazo

La mayoría de las personas se siente mejor y trabaja de igual manera cuando comen una alimentación balanceada. Planear y seguir una buena alimentación antes del embarazo le asegura que el feto reciba una buena nutrición durante las primeras semanas o meses.

Por lo general, la mujer se cuida mucho cuando se entera de que está embarazada. Al planear con antelación, garantizará que su bebé tenga un medio saludable durante los nueve meses completos de embarazo, y no sólo durante los seis o siete meses después de descubrir que está embarazada. Al realizar un plan de nutrición, está preparando el medio en el que su bebé será concebido, y se desarrollará y crecerá.

✂ *Manejo del peso*

Antes de intentar quedar embarazada, ponga atención a su peso; no es bueno pesar ni más ni menos de lo debido. Cualquiera de estos dos estados puede dificultar el embarazo.

No haga dieta durante el embarazo o mientras esté intentando concebir. No tome pastillas para adelgazar, a menos que esté utilizando un anticonceptivo confiable. Consulte a su médico si está pensando en una dieta especial para bajar o subir de peso antes de intentar quedar embarazada. Las dietas pueden causar deficiencias temporales de vitaminas y minerales, que necesitan tanto usted como su bebé que está gestando.

ᔓ *Tenga cuidado con las vitaminas, los minerales y las hierbas*

No se automedique con grandes cantidades de vitaminas, minerales o hierbas o con combinaciones poco comunes. *Podría* exagerar. Ciertas vitaminas, como la vitamina A, pueden causar anomalías congénitas si se usan en cantidades excesivas.

Como regla general, detenga todo aporte suplementario por lo menos tres meses antes de quedar embarazada. Coma una alimentación bien equilibrada y tome un multivitamínico o una vitamina prenatal por día. La mayoría de los médicos están dispuestos a recetar vitaminas prenatales si usted está planeando un embarazo.

ᔓ *Ácido fólico*

El ácido fólico es una vitamina B (B_9) que puede contribuir a un embarazo saludable. Si una futura madre toma 0.4 mg (400 microgramos) de ácido fólico por día, comenzando tres o cuatro meses *antes* del embarazo, puede proteger a su bebé contra varias anomalías congénitas de la médula espinal y del cerebro, llamadas *anomalías del tubo neural.*

Una de estas anomalías, llamada *espina bífida*, aqueja a casi 4,000 bebés nacidos en los Estados Unidos cada año y se desarrolla durante las primeras semanas de embarazo. Los estudios han demostrado que, aproximadamente, un 75% de todos los casos se pueden evitar si la futura madre toma ácido fólico. Cuando esté planeando su embarazo, pregunte a su médico acerca de aportes suplementarios.

En 1998, el gobierno de los Estados Unidos ordenó que ciertos productos de grano, como harinas, cereales para el desayuno y pastas, se fortificaran con ácido fólico. Se encuentra, también, en muchos otros alimentos. Una alimentación variada puede ayudarla a alcanzar su objetivo. Muchos alimentos comunes contienen ácido fólico, incluyendo:

aguacate • arvejas • atún • brócoli • espárragos • espinaca • fresas • frijoles negros • frutas cítricas y jugos • germen de trigo • habichuelas • hígado • lentejas • panes y cereales fortificados • plátanos • verduras de hoja verde • yema de huevo • yogur

ᘓ Comience buenos hábitos alimentarios

Con frecuencia, cuando quedan embarazadas, la mujer continúa con sus hábitos alimentarios anteriores. Muchas mujeres comen a la carrera y, la mayor parte del día, prestan poca atención a lo que ingieren. Antes del embarazo usted se lo puede permitir. Sin embargo, no funcionará cuando quede embarazada debido a las crecientes exigencias que sufre y a las necesidades del bebé que está gestando.

La clave para una buena nutrición es el equilibrio. Coma una alimentación equilibrada. Irse a los extremos con vitaminas o dietas de moda puede ser perjudicial para usted y para el bebé. Hasta podría hacerle sentirse agotada durante el embarazo.

ᘓ Consideraciones específicas

Los factores específicos que se deben considerar antes del embarazo incluyen tanto la cantidad de ejercicio que realiza, si usted sigue una alimentación vegetariana, como el tipo de dieta, si saltea comidas (¿está intentando adelgazar o engordar?) y cualesquiera necesidades alimentarias que pudiera tener.

Si sigue un régimen especial debido a problemas clínicos, consúltelo con su médico. Hay mucha información disponible, a través de su médico u hospital local, sobre dietas buenas y una nutrición saludable.

Muchas dietas llegan a extremos que usted puede tolerar, pero que pueden ser perjudiciales para un bebé en desarrollo. Es importante que hable anticipadamente de su alimentación con el médico. No querrá descubrir, cuando tenga ocho semanas de embarazo, que está desnutrida por hacer dieta.

¿Puede hacer algo para evitar las náuseas del embarazo?

Un estudio reciente mostró que las mujeres que comieron grandes cantidades de grasas saturadas —las que se encuentran en el queso y las carnes rojas— el año *anterior* a quedar embarazadas, tuvieron mayores riesgos de sufrir náuseas intensas durante el embarazo. Si está planeando quedar embarazada, tal vez prefiera disminuir el consumo de estos alimentos.

Ejercicio antes del embarazo

El ejercicio es bueno para usted: antes de quedar embarazada y durante la gestación. Sus beneficios pueden incluir el control del peso, un sentimiento de bienestar y mayor vigor o resistencia, lo que será importante hacia el final del embarazo.

Comience a ejercitarse con regularidad antes de quedar embarazada. Hacer modificaciones en su estilo de vida para incluir una ejercitación regular la beneficiará ahora y le hará fácil mantenerse en forma a lo largo del embarazo.

Sin embargo, el ejercicio puede llevarse hasta el extremo, lo que puede causarle problemas. Evite el entrenamiento intenso mientras esté tratando de quedar embarazada. No intente aumentar su programa de ejercicios. No es un buen momento para practicar deportes competitivos que la obliguen a esforzarse al máximo.

Es importante encontrar un tipo de ejercicio que usted disfrute y que vaya a continuar con regularidad en cualquier clase de clima. Concéntrese en mejorar la fuerza de la zona lumbar y de los músculos abdominales, para que sea útil durante el embarazo.

Si tiene interés en hacer ejercicio antes del embarazo o durante él, háblelo con su médico. Es probable que los ejercicios que usted tolera bien y puede realizar con facilidad antes de quedar embarazada le resulten más difíciles durante la gestación.

El Colegio Estadounidense de Obstetras y Ginecólogos (ACOG, por sus siglas en inglés) ha propuesto pautas para hacer ejercicio antes del embarazo y durante él. Muchos hospitales y clubes de salud o centros terapéuticos tienen programas de ejercicios para mujeres embarazadas. El ACOG tiene a disposición videos para hacer ejercicios durante el embarazo y después. Pregunte a su médico cómo obtener estos videos o las pautas. Para obtener mayor información sobre hacer ejercicio, incluyendo pautas, sugerencias y problemas posibles, véase la 3.ª semana.

La mejor manera de acercarse a la ejercitación es una manera equilibrada. El ejercicio regular que se disfruta la ayuda a sentirse mejor y a disfrutar más de su embarazo. Además, le proporcionará un medio más saludable al bebé que está gestando.

Adicciones antes del embarazo

Antes se sabía muy poco sobre el alcoholismo o la drogadicción, y no había mucho que hacer para ayudar a una persona con esos problemas. Hoy, los profesionales de la salud están capacitados para dar sugerencias y proporcionar asistencia a los que consumen drogas, alcohol u otras sustancias, o abusan de ellos. No se avergüence de confiarle a su doctor sus adicciones. La preocupación de su médico son usted y su bebé.

En años recientes, hemos aprendido mucho sobre el consumo de drogas y de alcohol, y sobre el efecto sobre el embarazo. Ahora creemos que la postura más segura con respecto al consumo de alcohol o de drogas durante el embarazo es *no consumirlos en absoluto*.

Parece razonable resolver estos problemas antes del embarazo. Para el momento en que se dé cuenta de que está embarazada, tal vez ya hayan pasado ocho o diez semanas. Su bebé atraviesa algunas de las etapas más importantes de desarrollo durante las 13 primeras semanas de embarazo. Usted podría consumir drogas y no darse cuenta de que está embarazada. Pocas mujeres utilizarían estas sustancias si supieran que están embarazadas. ¡Deje de consumir cualquier sustancia que no necesite, como mínimo tres meses antes de intentar concebir!

> ## *Consejo para el Embarazo*
> **Aun cuando sepa que no está embarazada, trate su cuerpo como si estuviera en el período de preparación. Cuando quede embarazada, ya estará en el camino correcto en lo que respecta a alimentarse, ejercitarse y evitar sustancias perjudiciales.**

La investigación sobre estos problemas continúa, y demuestra que el consumo de drogas o de alcohol durante el embarazo puede afectar el coeficiente intelectual (CI), el lapso de atención y la capacidad de aprendizaje de un niño. Hasta la fecha, no se ha determinado ningún nivel inocuo de estas sustancias.

El consumo de drogas antes del embarazo es un tema serio. Por fortuna, existe ayuda para aquellos que las consumen. Pida ayuda antes de quedar embarazada. Prepararse para el embarazo puede ser una buena razón para que usted y su pareja cambien el estilo de vida.

↷ *Sustancias adictivas comunes*

Tabaco. Sabemos desde hace mucho tiempo que fumar afecta el desarrollo fetal. Las madres que fuman durante el embarazo tienen mayores probabilidades de tener bebés con bajo peso al nacer o con retraso de crecimiento intrauterino. Pida ayuda para dejar de fumar antes de quedar embarazada. Su médico debería estar abierto a esta petición. (Para obtener consejos sobre dejar de fumar, véanse las 1.ª y 2.ª semanas.)

Alcohol. Anteriormente se creía que se podía tomar una pequeña cantidad de alcohol durante el embarazo. Hoy creemos que *ninguna cantidad* de alcohol es inocua para el embarazo. El alcohol atraviesa la placenta y afecta directamente al bebé. Beber mucho durante el embarazo puede causar el síndrome alcohólico fetal (SAF) o exposición fetal al alcohol (EFA), que se tratan en las 1.ª y 2.ª semanas.

Cocaína. Se ha demostrado que la cocaína afecta al bebé durante todo el embarazo, no sólo durante el primer trimestre. Si consume cocaína durante las 12 primeras semanas de embarazo, tendrá un mayor riesgo de aborto. La cocaína puede también causar deformidades graves en un feto. El tipo de defecto causado depende del momento del embarazo en que se consuma.

Se ha sabido que los bebés que nacen de madres que consumen cocaína durante el embarazo tienen deficiencias mentales a largo plazo. También es más común la muerte súbita del lactante (MSL). Muchos bebés de mujeres que consumen cocaína sufren muerte fetal.

> ### *Consejo para el Papá*
> Si su pareja está cambiando su estilo de vida como preparación para el embarazo, por ejemplo dejando de fumar o no bebiendo alcohol, apóyela en su esfuerzo. Si usted comparte esos hábitos, déjelos también.

La cocaína también afecta a la futura madre. Es estimulante y aumenta el ritmo cardíaco y la tensión arterial de quien la utiliza. Las mujeres que consumen esta droga durante el embarazo tienen una tasa más alta de desprendimiento placentario, que es la separación prematura de la placenta del útero.

En algunos lugares de los Estados Unidos, más de un 10% del total de mujeres embarazadas consumen cocaína en algún momento del embarazo. Deje de consumirla antes de abandonar su método anticonceptivo. ¡El embrión (más adelante, el feto) ya puede sufrir daño a los tres días de la concepción!

Marihuana. La marihuana (hachís) es peligrosa durante el embarazo porque atraviesa la placenta y entra en el sistema del bebé. Puede tener efectos duraderos en los bebés expuestos a ella antes de nacer. Las investigaciones han mostrado que el consumo de marihuana por parte de la madre durante el embarazo puede afectar, en el niño, la función cognitiva, la capacidad para tomar decisiones y la capacidad para planear el futuro. El consumo puede afectar también el razonamiento verbal y la memoria del niño.

Si su pareja fuma marihuana, aliéntelo para que deje de hacerlo. Un estudio mostró que el riesgo de MSL cra el doble del promedio para niños si el padre fumaba marihuana. El riesgo está presente si el hombre fuma antes de la concepción. Los investigadores creen que el THC de la marihuana puede afectar de forma adversa al esperma y al feto.

Trabajo y embarazo

Tal vez necesite considerar su trabajo cuando planea un embarazo. Muchas mujeres no saben que están embarazadas hasta que ya han pasado las primeras etapas del embarazo. Es sabio planear por adelantado. Entérese de las cosas a las que está expuesta en el trabajo.

Algunos trabajos podrían considerarse perjudiciales durante el embarazo. Algunas sustancias a las que podría estar expuesta en el trabajo, como sustancias químicas, inhalantes, radiación o solventes, podrían ser un problema mientras está embarazada. En la mayor parte de este capítulo se ha discutido sobre su estilo de vida y cómo se cuida. Como parte de su estilo de vida, es importante que considere las cosas a las que está expuesta en el trabajo. Continúe con un método anticonceptivo confiable hasta que sepa que su ambiente de trabajo es inocuo.

¿Está en las fuerzas armadas?

¿Se desempeña actualmente en las Fuerzas Armadas de EE. UU. o planea entrar pronto en uno de los servicios? De ser así, debe tomar en cuenta ciertos aspectos cuando se prepara para el embarazo.

Los estudios demuestran que las mujeres que quedan embarazadas mientras están en el servicio activo pueden enfrentar muchos desafíos, incluso algunos riesgos para el feto. Las presiones para alcanzar los estándares militares de peso corporal pueden tener efectos en la salud de la futura madre. Muchas mujeres tienen también pocas reservas de hierro y niveles de ácido fólico más bajos que lo normal debido a malos hábitos alimentarios. Como ya se dijo anteriormente, el ácido fólico es de fundamental importancia al principio del embarazo, y usted debe tener reservas de hierro adecuadas durante todo la gestación. Además, algunos aspectos de un trabajo pueden plantear riesgos, como estar de pie por períodos largos, levantar mucho peso y estar expuesta a sustancias químicas tóxicas. Todos estos factores pueden causar un impacto en su embarazo.

Si está planeando quedar embarazada durante su obligación de servicio, esfuércese por llegar a su peso ideal unos meses antes de concebir y, después, manténgalo. Asegúrese de que el aporte de ácido fólico sea adecuado y de que sus reservas de hierro estén en un nivel aceptable siguiendo un plan alimentario bien equilibrado y comiendo alimentos ricos en estas sustancias. Tal vez quiera tomar, también, vitaminas prenatales. Si está preocupada por los peligros relacionados con su trabajo, háblelo con un superior. Averigüe si está embarazada antes de recibir vacunas o inoculaciones.

Es importante que se cuide y que cuide al bebé. Comience a hacer planes ahora para tener un embarazo sano. Véase también la discusión "*Embarazo en las fuerzas armadas*" en la 14.ª semana.

Otras consideraciones importantes relacionadas con el trabajo son los tipos de beneficios o coberturas de su seguro y el programa de su empresa para permiso por maternidad. La mayoría de los programas le permiten faltar durante algún tiempo. Es sensato revisar esto antes de quedar embarazada. Si no se planea con antelación, los gastos de asistencia médica y los de tener al bebé, podrían costarle bastante dinero.

Las mujeres que pasan mucho tiempo de pie tienen bebés más pequeños. Si ha tenido un parto prematuro anteriormente, o si ha tenido cuello uterino insuficiente, un trabajo que le exija estar mucho tiempo de pie puede no ser la opción más inteligente para usted durante el embarazo. Hable con su médico sobre su situación laboral.

Enfermedades de transmisión sexual

Las infecciones o enfermedades que pasan de una persona a otra por contacto sexual se denominan *enfermedades de transmisión sexual* (ETS). Estas infecciones pueden afectar su capacidad para quedar embarazada y pueden perjudicar al bebé que está gestando. El tipo de anticoncepción que utiliza puede tener efectos sobre la posibilidad de que contraiga una enfermedad venérea. Los condones y los espermicidas pueden disminuir el riesgo de contagio. Es más probable que contraiga una enfermedad de transmisión sexual si tiene más de una pareja.

Algunas infecciones de transmisión sexual pueden causar una *enfermedad inflamatoria pélvica* (EIP). Esta enfermedad es grave porque puede propagarse desde la vagina y el cuello uterino, a través del útero y comprometer las trompas de Falopio y los ovarios. Como resultado, puede dejar cicatrices en las trompas y las bloquea, haciendo difícil o imposible que quede embarazada, o haciéndola más susceptible de tener un embarazo ectópico (véase la 5.ª semana).

✥ *Protéjase de las ETS*

Parte de planear y prepararse para el embarazo es protegerse contra las enfermedades venéreas. Tome las siguientes medidas:

- Utilice un condón (sin importar qué otro tipo de método anticonceptivo pudiera estar utilizando).
- Limite el número de sus parejas sexuales.
- Mantenga contacto sexual sólo con aquellas personas de las que esté segura que no tienen múltiples parejas sexuales.

Pida tratamiento si cree que tiene una enfermedad venérea. Pida que le realicen exámenes si tiene la más ligera posibilidad de haberse contagiado, aun cuando no haya tenido ningún síntoma.

1.ª & 2.ª *Semana*

Empieza el embarazo

Este es un momento emocionante para usted: ¡es una experiencia increíble que haya un bebé creciendo en su interior! Este libro la ayudará a entender su embarazo y a disfrutarlo. Aprenderá lo que está pasando en su cuerpo y cómo está creciendo y cambiando su bebé.

No está sola en esto. Cada año, millones de mujeres terminan su embarazo satisfactoriamente. De hecho, el número promedio de bebés que nacen cada día en los Estados Unidos es de 11,120. ¡Sólo en los Estados Unidos, nacen más de 4 millones de bebés cada año!

Un punto central de este libro es ayudarla a ver cómo sus acciones y sus actividades afectan su salud y su bienestar, y los de su bebé. Si se percata de cómo afectará al feto una prueba concreta en determinado momento, por ejemplo una radiografía, podrá tomar otra medida. Si entiende cómo la ingestión de determinado fármaco puede dañar a su bebé o provocarle efectos permanentes, tal vez decida no consumirlo. Si sabe que una alimentación deficiente puede hacer que usted tenga acidez gástrica o náuseas, o que se retrase el crecimiento del bebé, tal vez escoja comer una alimentación nutritiva. Si es consciente de cuánto afecta al embarazo lo que usted haga, podrá elegir con prudencia, liberarse de las preocupaciones y disfrutar más de la gestación.

El material de este libro está dividido en semanas de embarazo. Las ilustraciones la ayudan a ver con claridad cómo usted y su bebé cambian y crecen cada semana. En cada una, los temas generales abarcan áreas de interés especial, así como qué tamaño tiene su bebé, cuánto mide usted y cómo afecta al bebé lo que usted hace.

La información de este libro *no* pretende sustituir las conversaciones que usted tenga con su médico. Asegúrese de hablar con él sobre todo lo que la preocupe. Use este material como punto de partida para el diálogo, puede ayudarla a verbalizar sus preocupaciones o intereses.

Signos y síntomas del embarazo

Hay muchos cambios en su cuerpo que pueden indicar un embarazo. Si tiene uno o más de los siguientes síntomas y cree que puede estar embarazada, póngase en contacto con su médico:

- falta de una menstruación
- náuseas, con o sin vómito
- aversión a los alimentos o antojo de alimentos
- fatiga
- micción frecuente
- cambios y dolor en las mamas
- sensibilidad o sensaciones nuevas en el área pélvica
- sabor metálico en la boca

¿Qué va a notar primero? Es diferente en cada mujer. Tal vez, el primer signo de embarazo sea que no empieza la menstruación que espera.

¿Cuándo nacerá su bebé?

El principio del embarazo se calcula, en realidad, desde el inicio de su última menstruación. Esto significa que, a efectos de los cálculos de su doctor, ¡usted está embarazada dos semanas antes de concebir! Esto puede ser confuso, así que examinémoslo detenidamente.

Definiciones de tiempo

Edad gestacional (edad menstrual): Comienza el primer día de su última menstruación, lo que significa, en realidad, unas dos semanas *antes* de que usted conciba. Esta es la edad que utiliza la mayoría de los médicos para hablar de la gestación. La duración promedio del embarazo es de 40 semanas.

Edad ovulatoria (edad de **fertilización**): Comienza el día que usted concibe. La duración promedio del embarazo es de 38 semanas.

Trimestre: Cada trimestre dura unas 13 semanas. En el embarazo, hay tres trimestres.

Meses lunares: El embarazo dura un promedio de 10 meses lunares (de 28 días cada uno).

⁓ Cálculo de la fecha de parto

La mayoría de las mujeres no saben la fecha exacta de concepción, pero, por lo general, se percatan del inicio de su última menstruación. Éste es el punto desde el cual se data el embarazo. La fecha de parto es importante porque ayuda a su médico a determinar cuándo realizar ciertas pruebas o procedimientos. Ayuda también a calcular el crecimiento del bebé y puede indicar si se atrasó el parto. Para la mayoría de las mujeres, el momento fecundo del mes (ovulación) ocurre alrededor de la mitad de su ciclo mensual o unas dos semanas antes del comienzo de su siguiente menstruación.

El embarazo dura unos 280 días, o 40 semanas, desde el inicio de la última menstruación. Usted puede calcular la fecha de parto contando 280 días a partir del primer día de flujo de sangre de la última menstruación, o restando tres meses a partir de su última menstruación y agregando 7 días, y esto da también la fecha aproximada de parto. Por ejemplo, si su última menstruación se inició el 20 de febrero, su fecha de parto es el 27 de noviembre.

Calcular el embarazo de esta manera da la edad de gestación (edad menstrual). Es así como la mayoría de los doctores y las enfermeras calculan el tiempo durante el embarazo. Difiere de la edad ovulatoria (edad de fertilización), que es dos semanas más corta y se determina desde de la fecha real de la concepción.

Ahora algunos expertos médicos sugieren que, en lugar de una "fecha de parto", se les dé a las mujeres una "semana de parto": un período de 7 días durante el cual puede ocurrir el alumbramiento. Este período entraría dentro de las 39 semanas y media y las 40 semanas y media. Ya que muy pocas mujeres (sólo el 5%) dan a luz el día real de parto, este período de 7 días podría ayudar a tranquilizar la ansiedad de la futura madre sobre cuándo nacerá su bebé.

Durante el embarazo, mucha gente cuenta el tiempo en semanas, que es, realmente, la forma más fácil. Pero puede ser confuso recordar que hay que empezar a contar cuando empieza la menstruación y que usted no queda embarazada hasta unas dos semanas después. Por ejemplo, si su doctor le dice que lleva 10 semanas de embarazo (a partir de su última menstruación), la concepción ocurrió hace 8 semanas.

Tal vez usted oiga que aluden a su etapa de gestación como trimestre. Los *trimestres* dividen el embarazo en tres períodos, cada uno de unas 13 semanas, lo que ayuda a agrupar las etapas de desarrollo. Por ejemplo, durante el primer trimeste, la estructura corporal del bebé está formada en gran parte, y se desarrollan sus sistemas orgánicos. Durante este trimestre, se producen casi todos los abortos. Durante el tercer trimestre, se presentan la mayoría de los problemas maternos con la hipertensión arterial provocada por el embarazo o la preeclampsia.

Tal vez incluso oiga acerca de los meses lunares que se refieren a un ciclo completo de la Luna, o sea, 28 días. Como la gestación dura 280 días desde el comienzo de la menstruación hasta la fecha de parto, el embarazo equivale a 10 meses lunares.

Cronograma de 40 semanas

En este libro, el embarazo se basa en un cronograma de 40 semanas. Con este método, en realidad, usted queda embarazada durante la tercera semana. Los detalles del embarazo se estudian semana a semana, a partir de la 3.ª. La fecha de parto es el final de la 40.ª semana.

Cada discusión semanal incluye la edad real del bebé que está gestando. Por ejemplo, en la 8.ª semana, verá lo siguiente:

8.ª semana (*edad de gestación*)
Edad del feto: 6 semanas (*edad de fertilización*)

De esta manera, usted sabrá qué edad tiene el bebé en cualquier momento del embarazo.

Es importante comprender que la fecha de parto es sólo una fecha aproximada, no exacta. Como ya se ha mencionado, sólo una de cada 20 mujeres da a luz en la fecha exacta. Es un error esperar que sea determinado día (su fecha de parto o una anterior). Tal vez, vea pasar ese día sin haber tenido aún su bebé. Piense en la fecha de parto como una meta: un momento que hay que esperar y para el que hay que prepararse. Es útil saber que usted está progresando.

Sin importar cómo usted cuenta el tiempo, dura lo que tiene que durar. Pero está ocurriendo un milagro: ¡un ser humano está creciendo y desarrollándose dentro de usted! Disfrute esta maravillosa época de su vida.

↷ Su ciclo menstrual

La menstruación es la descarga periódica normal de sangre, moco y residuos celulares de la cavidad uterina. El intervalo usual para la menstruación es de 28 días, pero éste puede variar mucho y, aún así, se considera normal. La duración y la cantidad de flujo menstrual puede variar; la duración normal es de 4 a 6 días.

En realidad, ocurren dos ciclos importantes al mismo tiempo: el *ciclo ovárico* y el *ciclo endometrial*. El primero proporciona un óvulo para la fecundación. El segundo proporciona un lugar apropiado para la implantación del óvulo fecundado dentro del útero. Debido a que los cambios endometriales están regulados por hormonas elaboradas en el ovario, los dos ciclos están íntimamente relacionados.

El ciclo ovárico produce un óvulo para la fecundación. En una niña recién nacida, hay unos dos millones de óvulos, cantidad que se reduce hasta cerca de 400 000, justo *antes* de la pubertad. El número máximo de óvulos está presente, en realidad, antes del nacimiento. Cuando el feto de una niña tiene unos cinco meses de edad (cuatro meses antes del nacimiento), ¡tiene alrededor de 6.8 millones de óvulos!

> ## Consejo para las 1.ª y 2.ª Semanas
>
> Las pruebas de embarazo de venta libre son confiables y pueden dar positivo (indicar un embarazo) 10 días después de la concepción.

Algunas mujeres (un 25%) experimentan un dolor o molestia en la parte baja del abdomen el día de la ovulación o alrededor de ese día, llamado *dolor pélvico intermenstrual*. Se cree que lo causa la irritación por los fluidos o la sangre que sale del folículo cuando se rompe. La presencia o la ausencia de este síntoma no se puede considerar prueba de que la ovulación ocurrió o no.

Su salud puede afectar a la gestación

Su salud es uno de los factores más importantes en el embarazo. Inciden en él la buena nutrición, el ejercicio adecuado, el suficiente descanso y la atención que pone en su cuidado personal. En todo este libro, proporcionamos información sobre los medicamentos que puede tomar, los exámenes médicos que puede necesitar, los fármacos de venta libre que podría usar y sobre otros muchos temas que pueden interesarle. Esta información es necesaria para que sea consciente de cómo, lo que usted hace, afecta su salud y la del bebé que está gestando.

La asistencia médica que reciba puede también afectar su embarazo y lo bien que tolera estar embarazada. Una buena asistencia médica es importante para el desarrollo y para el bienestar de su bebé.

ᘏ *El profesional médico*
Cuando llega el momento de elegir al profesional médico, usted tienen muchas opciones. El *obstetra* es un médico que se especializa en el cuidado de las mujeres embarazadas, además de atender los partos. Los obstetras son los médicos que se graduaron en alguna facultad de medicina acreditada y que han completado los requisitos para obtener una licencia médica. Además, han desarrollado una mayor formación después de la facultad (residencia).

Los obstetras que se especializan en embarazos riesgosos son *perinatólogos*. Pocas mujeres requieren un especialista de este tipo (sólo una de cada diez). Si está preocupada por problemas anteriores, pregúntele a su médico si usted necesita ver a un especialista.

Algunas mujeres escogen un *médico general* porque es el médico de la familia. En algunos casos, puede no haber un obstetra porque la comunidad es pequeña o está en una zona distante. El médico general, a menudo, se desempeña como internista, obstetra y ginecólogo, y pediatra. Muchos médicos generales tienen mucha experiencia atendiendo partos. Si surgen problemas, el médico quizá necesite enviarla a un obstetra para la asistencia prenatal. También puede ser el caso si se requiere una cesárea para que nazca su bebé.

A veces las mujeres embarazadas escogen para que las atiendan a *enfermeras parteras diplomadas*. Una enfermera partera es una profesional capacitada que atiende embarazos de poco riesgo y sin complicaciones. Estas profesionales son enfermeras matriculadas que tienen capacitación adicional y titulación en enfermería obstétrica. En caso de que surjan complicaciones, requieren la inmediata disponibilidad de un médico.

La comunicación es importante. Es importante que exista buena comunicación con el profesional de la salud, pues tanto el embarazo como el parto son experiencias individuales. Necesitará poder hacerle todas las preguntas que usted considere necesarias, como las que se enumeran a continuación.

- ¿Cree en el parto natural?
- ¿Hay rutinas que usted practica con todas sus pacientes? ¿Les hace a todas un enema, un monitoreo fetal o algo más?
- ¿Quién cubre la atención de las pacientes cuando se ausenta?
- ¿Hay otros doctores a quienes voy a conocer o que van a ocuparse de mí?

Exprese sus preocupaciones y hable acerca de todo lo que sea importante para usted. Su médico tiene una experiencia que comprende cientos o miles de partos y recurre a ella para su bienestar. Tiene que considerar qué es lo mejor para usted y para su bebé, al tiempo que trata de satisfacer cualquier solicitud "especial" que usted pueda tener.

No tema hacer cualquier pregunta; es probable que su médico ya la haya oído. Tal vez un pedido sea poco prudente o resulte peligroso para usted, pero es importante preguntarlo antes. Si un pedido es posible, entonces pueden planearlo juntos, salvo desarrollos imprevistos.

Encuentre al profesional médico "apropiado" para usted. ¿Cómo encuentra a "la persona que satisfaga los requisitos"? Si ya conoce a un obstetra con quien se siente satisfecha, es posible que tenga todo resuelto. Si no es así, llame a la asociación médica local. Pida referencias de profesionales que estén recibiendo pacientes nuevas para atenderlas durante el embarazo.

Una credencial adicional es la *certificación nacional*. No todos los doctores que atienden partos la tienen, ya que no es un requisito. Esa certificación significa que el doctor ha dedicado tiempo adicional para prepararse y dar exámenes que lo cualifican para atender a mujeres embarazadas y para realizar partos.

En los Estados Unidos, la certificación nacional la administra el *American Board of Obstetrics and Gynecology* (Consejo Estadounidense de Obstetricia y Ginecología). Si el doctor ha aprobado su certificación, a menudo lo indica con las iniciales F.A.C.O.G., después del nombre. Esto significa que es miembro del Consejo Estadounidense de Obstetricia y Ginecología. La sociedad médica local puede, además, darle esta información.

Hay otras formas de encontrar a un médico con el que se sienta contenta. Pregúnteles por su experiencia a amigas que hayan tenido un hijo recientemente. Pida la opinión de una enfermera partera del hospital local. Puede consultar los directorios médicos de las asociaciones médicas. También, puede darle referencias otro médico, como un pediatra o un internista.

Cuando escoge a un doctor, por lo general, también escoge un hospital. Cuando elija dónde tener a su bebé, tenga presente las siguientes preguntas.

- ¿Está cerca el centro médico?
- ¿Cuál es la política con respecto a su pareja y su participación?
- ¿Puede estar presente si a usted le hacen una cesárea?
- ¿Pueden administrarle anestesia epidural?
- ¿Se trata de un centro de partos (si es eso lo que quiere)?
- ¿Cubren los gastos médicos y los hospitalarios su plan de salud administrado (HMO) o su seguro?

Cómo afecta al desarrollo del bebé lo que usted hace

Nunca es demasiado pronto para comenzar a pensar cómo sus actividades y sus actos pueden afectar al bebé que está gestando. Pueden tener efectos adversos en el feto muchas sustancias que consume normalmente. Éstas incluyen los fármacos, el tabaco, el alcohol y la cafeína. A continuación se estudia el tabaquismo y la ingestión de alcohol. Cualquiera de esas actividades puede dañar a un bebé en desarrollo. A lo largo del libro, se discute sobre otras sustancias.

ꙮ *Tabaquismo*

Fumar tiene efectos perjudiciales sobre el embarazo. ¡Una mujer embarazada que fuma 20 cigarrillos diarios (un paquete) inhala humo de tabaco más de 11,000 veces durante un embarazo promedio! Y cuando usted fuma, su bebé también lo hace. Lo que queremos decir es que el humo del cigarrillo atraviesa la placenta hasta el bebé. Un estudio reciente demostró que, cuando esto ocurre, el bebé queda expuesto a *concentraciones mucho más altas de nicotina* que su madre. Está concentración tan alta podría originar abstinencia de nicotina en el bebé después de nacido.

El humo del tabaco contiene muchas sustancias perjudiciales: nicotina, monóxido de carbono, ácido cianhídrico, alquitrán, resinas y algunos agentes causantes de cáncer (cancerígeno). Estas sustancias pueden ser responsables, en forma aislada o conjunta, de perjudicar al bebé.

Las pruebas científicas han demostrado que fumar durante el embarazo aumenta el riesgo de muerte o daño fetal. Fumar interfiere con la absorción de las vitaminas B y C, y del ácido fólico en la mujer. La falta de ácido fólico puede provocar anomalías del tubo neural y aumenta, en la madre, el riesgo de complicaciones relacionadas con el embarazo.

Durante más de 30 años, hemos comprobado cómo los bebés nacidos de madres fumadoras pesan unas 7 onzas (200 gramos) menos. Por esa razón, los paquetes de cigarrilloss tienen una advertencia para las mujeres acerca de fumar durante el embarazo. Un peso reducido al nacer está directamente relacionado con el número de cigarrillos fumados por la futura madre. Estos efectos no aparecen en los otros bebés si la madre no fuma en otros embarazos. Hay una relación directa entre fumar y el retraso de crecimiento fetal.

Un bebé en desarrollo se ve enormemente afectado por el tabaquismo de su madre. Fumar causa el estrechamiento de los capilares de la placenta; éstos llevan sangre, oxígeno y otros nutrientes al bebé. Este estrechamiento puede conducir a una reducción en la alimentación que el bebé recibe de usted, lo que puede derivar en bebés con bajo peso al nacer y con menor estatura (bajos).

Se ha observado que los niños nacidos de madres que fumaron durante el embarazo tienen menores resultados de C.I. y mayor incidencia de trastornos de la lectura que los hijos de no fumadoras. También se ha informado de que la incidencia del síndrome de disfunción cerebral mínima (hiperactividad) es mayor en los hijos de madres que fuman durante el embarazo.

Fumar durante el embarazo aumenta el riesgo de aborto y de muerte fetal, o de muerte de un bebé poco después del nacimiento. Además, el riesgo está directamente relacionado con el número de cigarrillos que fuma la futura madre. Puede aumentar un 35% en una mujer que fume más de un paquete diario.

Fumar aumenta también la incidencia de complicaciones graves en la futura madre. Un ejemplo de esto es el desprendimiento prematuro de la placenta, analizado en detalle en la 33.ª semana. El riesgo de desprendimiento placentario aumenta casi al 25% en las mujeres que fuman moderadamente y a más del 65% en las que fuman mucho.

La placenta previa (que se trata en la 35.ª semana), también ocurre con mayor frecuencia entre las fumadoras. El índice de incidencia aumenta al 25% en las que fuman moderadamente y al 90% en las que fuman mucho.

Parches Nicoderm, chicles Nicorette y Zyban

Muchos estudios han demostrado los efectos perjudiciales del tabaquismo durante el embarazo. Tal vez se esté preguntado si puede usar algo que la ayude a dejar de fumar, como el parche, el chicle o la pastilla. No se conocen los efectos específicos de estos tres dispositivos en el desarrollo del bebé.

El nicotrol, disponible como inhalador, spray nasal, chicle o parche, es un método popular para dejar de fumar. El nicotrol se vende bajo las marcas comerciales *Nicoderm* y Nicorette; también, como medicamento genérico. Todas las preparaciones del nicotrol contienen nicotina, y *no* se recomienda su utilización durante el embarazo.

El Zyban (clorhidrato de bupropión) es un medicamento oral sin nicotina que ayuda a dejar de fumar. Este medicamento se comercializa también como el antidepresivo Wellbutrin o Wellbutrin SR. No se recomienda el uso de Zyban en gestantes.

Si está embarazada, los investigadores recomiendan evitar el chicle, el parche y la pastilla. Si tiene dudas, hable con su médico.

¿Qué puede hacer usted? La respuesta parece simple, pero no lo es: deje de fumar. En términos más realistas, una madre que fuma durante la gestación se beneficiará al reducir el consumo de cigarrillos o al dejar de fumar antes o durante el embarazo; así, también se beneficiará el bebé. Algunos estudios señalan que, si una no fumadora y su feto están expuestos a ser fumadores pasivos –por el humo de cigarrillo en el ambiente–, lo están también a la nicotina y a otras sustancias nocivas. ¡Tal vez el embarazo pueda servir como buena motivación para que toda la familia deje de fumar!

Consejos para dejar de fumar

- Haga una lista de las cosas que puede hacer en vez de fumar, especialmente actividades en las que utilice las manos, como rompecabezas o labores de costura.
- Haga una lista de cosas que le gustaría comprar para usted o para el bebé. Guarde el dinero que gasta normalmente en cigarrillos y compre esas cosas.
- Identifique todos sus "disparadores": lo que la impulsa a fumar. Haga planes para evitarlos o para manejarlos de forma diferente.
- En lugar de fumar después de las comidas, lávese los dientes, lave la loza o salga a caminar.
- Si siempre fuma mientras conduce, lave su coche por dentro y por fuera, y use un desodorante ambiental. Cante con la radio o con una cinta de música. Escuche un audiolibro. Durante un tiempo, tome un autobús o pida a alguien que la lleve.
- Tome grandes cantidades de agua.

Si sigue teniendo problemas, un estudio reciente determinó que usar una "línea directa para dejar de fumar" tiene el doble de efectividad que intentar hacerlo sola. Puede hablar directamente con alguien que haya pasado por la misma experiencia. Si está interesada, y vive en los Estados Unidos, llame a la *National Partnership to Help Pregnant Women Quit Great Start Quitline*, al (866) 66-START. Si vive fuera de los Estados Unidos, averigüe si existe una línea de este tipo.

✧ Ingestión de alcohol

El consumo de alcohol por parte de una mujer embarazada conlleva riesgos. El beber con moderación se ha asociado con mayores posibilidades de aborto. El consumo excesivo de alcohol durante el embarazo produce, a menudo, anomalías en el feto. El uso crónico de alcohol en el embarazo puede conducir a un desarrollo fetal anormal llamado *síndrome alcohólico fetal* (SAF).

El SAF se caracteriza por un retraso del crecimiento antes del nacimiento y después de él, así como por anomalías en las extremidades, el corazón y en las características faciales de los bebés. Las características faciales son muy reconocibles: nariz corta y vuelta hacia arriba, mandíbula superior plana y ojos "diferentes". Además,

Alcohol para cocinar

La mayoría de las mujeres embarazadas saben que deben evitar el alcohol durante el embarazo; pero ¿qué hacer con las recetas de cocina que lo incorporan? Una buena regla general es que, probablemente, no haya problema en comer un plato que contenga alcohol si se ha horneado o cocinado a fuego lento, por lo menos, una hora. Al cocinarlo durante ese tiempo, se evapora la mayor parte del contenido de alcohol.

un niño con SAF puede, también, presentar problemas de conducta.

A menudo, los niños con SAF tienen trastornos del habla, y están disminuidas sus funciones motoras finas y gruesas. La tasa de mortalidad infantil es del 15 al 20%.

La mayoría de los estudios indican que las mujeres deberían tener que hacer de cuatro a cinco ingestas diarias de alcohol para que aparezca el SAF. Pero se han asociado anomalías leves con dos ingestas diarias (una onza de alcohol). Estas anomalías congénitas más leves surgen de la *exposición fetal al alcohol* (EFA), enfermedad que puede ser el resultado de un consumo muy bajo. Esto ha llevado a muchos investigadores a la conclusión de que *no hay ningún nivel inocuo de consumo de alcohol* durante el embarazo. Por este motivo, en Estados Unidos, todas las bebidas alcohólicas llevan etiquetas de advertencia similares a las de los paquetes de cigarrillos. La advertencia aconseja a las mujeres que eviten el alcohol durante el embarazo debido a la posibilidad de problemas fetales, entre ellos, la exposición fetal al alcohol y el síndrome alcohólico fetal.

Las posibilidades de dañar al bebé aumentan si se consumen fármacos con alcohol. La mayor preocupación la provocan los analgésicos, los antidepresivos y los antiepilépticos. Algunos investigadores han sugerido que, si el padre de la criatura consume mucho alcohol antes de la concepción, puede también producir el síndrome alcohólico fetal. La ingesta de alcohol del padre se ha citado como una posible causa del retraso de crecimiento intrauterino.

Como precaución, tenga mucho cuidado si usa remedios de venta libre contra la tos y los resfriados; muchos contienen alcohol: ¡algunos hasta un 25%!

Consejo para el Papá Abrace mucho a su pareja. Durante esta etapa tan especial, muchas mujeres disfrutan más los abrazos y los mimos.

Algunas mujeres quieren saber si pueden beber en reuniones sociales. Hay mucho desacuerdo al respecto, por la simple razón de que no se conoce ningún nivel inocuo de consumo de alcohol durante el embarazo. ¿Para qué correr riesgos? Por la salud y el bienestar de su bebé, que se está desarrollando, absténgase de tomar alcohol durante el embarazo.¡La responsabilidad por provocar el síndrome de alcoholismo fetal recae directamente sobre usted!

Su alimentación

Si antes del embarazo su peso es normal, durante la gestación necesita aumentar la ingesta de calorías. Durante el primer trimestre (las 13 primeras semanas), debería comer, aproximadamente, unas 2200 calorías por día. Durante el segundo y el tercer trimestre, probablemente necesite 300 calorías adicionales cada día.

Las calorías adicionales le brindan la energía que su cuerpo necesita para usted y para el bebé. El bebé utiliza esta energía para crear y almacenar proteínas, grasas y carbohidratos; la necesita para que funcionen los procesos corporales del feto. Además, las calorías adicionales mantienen los cambios que está experimentando su cuerpo. El útero aumenta de tamaño, y el volumen sanguíneo se incrementa en un 50%.

Puede cubrir la mayor parte de sus necesidades nutricionales comiendo una dieta equilibrada y variada. También es importante la *calidad* de las calorías. Si un alimento crece en la tierra o en un árbol (lo que significa que es fresco), es probable que sea mejor para usted que si sale de una caja o una lata.

Tenga cuidado al añadir esas 300 calorías adicionales a su plan nutritivo: no quiere decir que duplique las porciones. ¡Una manzana mediana y una taza de yogur parcialmente descremado aportan hasta 300 calorías!

Lo que también debería saber

✑ *Hepatitis en el embarazo*

La hepatitis es una infección vírica del hígado. Es una de las infecciones más graves que pueden presentarse durante el embarazo. En los Estados Unidos, la hepatitis B es responsable de casi la mitad de los casos de hepatitis. Se transmite por contacto sexual o por reutilizar agujas hipodérmicas.

Las personas expuestas a contraer hepatitis B son las que tienen antecedentes de consumo de drogas intravenosas, antecedentes de enfermedades de transmisión sexual o de exposición a personas o hemoderivados con hepatitis B. El tipo B puede transmitirse al feto de una mujer embarazada.

Entre los síntomas de hepatitis se encuentran los siguientes:

- náuseas
- síntomas similares a la gripe
- ictericia (piel amarilla)
- orina oscura
- dolor en el hígado o a su alrededor, o en la parte superior derecha del abdomen.

Aunque este libro está diseñado para llevarla a través del embarazo examinando una semana por vez, puede buscar información específica. Como el libro no puede incluir *todo* lo que necesita *antes* de saber que lo está buscando, revise el índice para buscar un tema en particular. Por ejemplo, si durante la primera etapa de embarazo, busca información sobre refrigerios saludables, revise el índice en busca de varias referencias de páginas. Tal vez no tratemos ese tema hasta una semana posterior.

La hepatitis B se diagnostica por medio de un análisis de sangre. En la mayoría de las regiones, a las mujeres se les hace este análisis al principio del embarazo. Si el resultado es positivo, el bebé puede recibir *inmunoglobulina* (anticuerpos para combatir la hepatitis) después del parto. En la actualidad, se recomienda que todos los recién nacidos reciban la vacuna contra la hepatitis al poco tiempo de nacer. Pregunte a su pediatra si está disponible en su localidad.

Si quiere registrar su aumento de peso durante el embarazo, en la siguiente página hemos colocado una tabla para que lo haga. Las semanas que se enumeran son aquéllas en las que podría tener una visita prenatal. Si la visita no es exactamente esa semana, tache el número que se indica y anote el de la semana en que visitó al médico.

Registre su aumento de peso durante el embarazo

Peso antes del embarazo _____

Semana	Peso en la visita prenatal	Aumento de peso
8	_____	_____
12	_____	_____
16	_____	_____
20	_____	_____
24	_____	_____
28	_____	_____
30	_____	_____
32	_____	_____
34	_____	_____
36	_____	_____
37	_____	_____
38	_____	_____
39	_____	_____
40	_____	_____

Aumento total de peso durante el embarazo _____

3.ª Semana

Edad del feto: 1 semana

¿Qué tamaño tiene el bebé?

El embrión que está creciendo dentro de usted es muy pequeño. En este momento, es sólo un grupo de células, pero se está multiplicando y creciendo con mucha rapidez. Tiene el tamaño de la cabeza de un alfiler y, si no estuviera dentro de usted, sería visible a simple vista. El grupo de células no se parece a un feto ni a un bebé; se ve como la ilustración de la página 45. Durante esta primera semana, el embrión mide unas 0.006 pulgadas (0.15 mm) de longitud.

¿Qué tamaño tiene usted?

En esta tercera semana de embarazo, usted no notará cambio alguno. ¡Es demasiado pronto! Pocas mujeres saben que han concebido. Recuerde, incluso, aún no le ha faltado su menstruación.

Cómo crece y se desarrolla el bebé

Están sucediendo muchas cosas, aun cuando su embarazo se encuentre en la etapa inicial. Los ovarios están sueltos en la pelvis (o cavidad peritoneal) cerca del útero y de las trompas de Falopio. En el momento de la ovulación, el extremo de la trompa (llamado *fimbria*) está próximo al ovario. Algunos investigadores creen que esta abertura de la trompa cubre el área del ovario donde se libera el óvulo durante la ovulación. El sitio de liberación en el ovario se conoce como *estigma*.

Durante el coito, se deposita en la vagina un promedio de 0.06 a 0.15 de onza (2 a 5 mI) de semen. Cada mililitro contiene una media de 70 millones de espermatozoides; cada eyaculación contiene entre 140 y 350 millones. En realidad, al óvulo que está en la trompa sólo llegan unos 200 espermatozoides. La unión de un espermatozoide y un óvulo es la *fecundación*.

❧ *Fecundación del óvulo*

Se cree que la fecundación ocurre en la parte media de la trompa, llamada ampolla, no dentro del útero. Los espermatozoides viajan a través de la cavidad uterina y entran en la trompa para encontrar el óvulo. Cuando se unen el espermatozoide y el óvulo, aquél debe atravesar la capa exterior del óvulo, la *corona radiante*. Luego, el espermatozoide avanza disolviendo otra capa del óvulo, la *zona pelúcida*. Aunque varios espermatozoides puedan penetrar las capas exteriores del óvulo, por lo general, sólo uno entra en él y lo fecunda.

Después que el espermatozoide penetra en el óvulo, la cabeza del primero se adhiere a la superficie del segundo. Las membranas del espermatozoide y el óvulo se unen, encerrándolos en la misma membrana o saco. El óvulo reacciona ante este contacto con el espermatozoide realizando cambios en las capas exteriores, así no puede entrar ningún otro.

Una vez que el espermatozoide entra en el óvulo, pierde la cola. La cabeza del espermatozoide se agranda, y se denomina *pronúcleo masculino*; el óvulo se denomina *pronúcleo femenino*. Los cromosomas de los pronúcleos masculino y femenino se mezclan. Cuando esto sucede, se unen fragmentos extremadamente pequeños de información y de características de cada uno de los padres. Esta información cromosómica nos da a cada uno nuestras características

¿Niño o niña?

El sexo del bebé se determina en el momento de la fecundación por el tipo de espermatozoide (masculino o femenino) que fecunda el óvulo. Un espermatozoide portador de un cromosoma Y produce un varón, y un espermatozoide portador de un cromosoma X produce una niña.

Blastómero

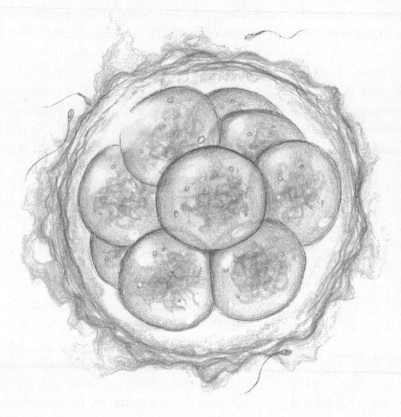

Embrión de nueve células, tres días después de la fecundación. El embrión está formado por muchos blastómeros; juntos, forman un blastocisto.

particulares. El número usual de cromosomas en cada ser humano es de 46. Cada progenitor proporciona 23 cromosomas. Su bebé es una combinación de la información cromosómica suya y de su pareja.

ᖇ Empieza el desarrollo del embrión

La bola de células en desarrollo se denomina cigoto. El *cigoto* recorre la trompa uterina hacia el útero, mientras continúa la división celular. Estas células se denominan *blastómero*. Mientras el blastómero sigue dividiéndose, se forma una bola sólida de células, llamada *mórula*. La acumulación gradual de fluido dentro de la mórula hace que se forme un *blastocisto*, que es muy pequeño.

Durante la siguiente semana, el blastocisto viaja a través de la trompa uterina hasta la cavidad del útero (de tres a siete días después de la fecundación en la trompa). A medida que el blastocisto sigue creciendo y desarrollándose, está suelto en la cavidad uterina. Alrededor de una semana después de la fecundación, se adhiere a la cavidad uterina (implantación), y las células anidan en el revestimiento del útero.

Cambios en usted

Algunas mujeres saben cuándo ovulan. Pueden sentir calambres o dolores leves, o pueden tener un mayor flujo vaginal. De vez en cuando, en el momento de la implantación del huevo fecundado en la cavidad uterina, la mujer puede notar una pequeña pérdida de sangre.

Es demasiado pronto para que usted note muchos cambios. Por ejemplo, sus senos no han comenzado a agrandarse, y aún no se le "nota". ¡Todavía falta! (Para buscar los signos y los síntomas del embarazo, véase la 1.ª y 2.ª semanas.)

Cómo afecta al desarrollo del bebé lo que usted hace

Para muchas mujeres, el ejercicio es una parte importante de la vida. Cuanto más aprendemos sobre la salud, más evidentes se hacen las ventajas del ejercicio regular, que puede reducir el riesgo de desarrollar varios problemas médicos, entre ellos enfermedades cardiovasculares, osteoporosis (reblandecimiento de los huesos), depresión, síndrome premenstrual (SPM) y obesidad.

Hay muchos tipos de ejercicios para elegir antes del embarazo, durante el embarazo y después de él, y cada uno de ellos ofrece sus propias ventajas. El ejercicio aeróbico es muy popular entre las mujeres que quieren mantenerse en forma. Los ejercicios de musculación son también una manera popular de tonificar y de aumentar la fuerza. Muchas mujeres combinan los dos. Para las mujeres embarazadas, son buenas opciones de ejercicio la caminata a paso ligero, la bicicleta fija, la natación y los ejercicios aeróbicos especialmente diseñados para ellas.

✑ *Ejercicio aeróbico*

Lo mejor para la buena salud cardiovascular es el ejercicio aeróbico. Usted debe ejercitarse, como mínimo, 3 veces por semana, con una frecuencia cardíaca sostenida de 110 a 120 latidos por minuto, manteniéndola, por lo menos, durante 15 minutos. Esta frecuencia es un objetivo aproximado para personas de edades diferentes.

Si realizaba ejercicios aeróbicos antes de quedar embarazada, es probable que pueda seguir realizándolos con una frecuencia menor. Si tiene algún problema, como pérdidas de sangre o trabajo de parto prematuro, su médico y usted deberán escoger otro programa.

Durante el embarazo no es aconsejable comenzar un programa extenuante de ejercicios aeróbicos ni incrementar el entrenamiento.

Frecuencia cardiaca objetivo

Edad (años)	Frecuencia cardíaca objetivo (latidos/minuto)	Frecuencia cardíaca máxima (latidos/minuto)
20	150	200
25	117–146	195
30	114–146	190
35	111–138	185
40	108–135	180
45	105–131	175
50	102–131	170

(Departamento de Salud y Servicios Humanos de EE. UU.)

Si antes del embarazo no ha hecho ejercicios extenuantes con regularidad, es probable que el tipo de ejercicio que necesita sea la caminata o la natación.

Antes de comenzar cualquier programa de ejercicios, háblelo con su médico. Juntos pueden planear un programa que se adecue a su nivel actual de preparación y a sus hábitos de ejercicio.

✣ *Fuerza muscular*

Algunas mujeres hacen ejercicio para obtener fuerza muscular. Para fortalecer un músculo debe haber una resistencia en su contra. Hay tres clases distintas de contracciones musculares: isotónicas, isométricas e isocinéticas. El *ejercicio isotónico* provoca un acortamiento del músculo a medida que se desarrolla tensión, como cuando se levantan pesas. El *ejercicio isométrico* hace que el músculo desarrolle tensión, pero sin cambiar la longitud, como cuando se empuja contra una pared fija. El *ejercicio isocinético* ocurre cuando el músculo se mueve a velocidad constante, como al nadar.

Por lo general, no se pueden fortalecer los músculos cardiacos y esqueléticos al mismo tiempo. El fortalecimiento de los músculos esqueléticos requiere levantar mucho peso, pero este ejercicio no se puede hacer el tiempo suficiente para fortalecer el músculo cardíaco.

El ejercicio con carga de peso es la forma más efectiva de promover una mayor densidad ósea para ayudar a evitar la ostéoporosis. Otras ventajas del ejercicio incluyen flexibilidad, coordinación, mejor disposición de ánimo, y agudeza mental. Estirar y calentar los músculos antes y después del ejercicio la ayuda a mejorar la flexibilidad y a evitar lesiones.

✣ *¿Debería hacer ejercicio durante el embarazo?*

Como mujer embarazada, probablemente le preocupen los riesgos de hacer ejercicio. ¿Puede, o debería, hacer ejercicio cuando está embarazada?

Las embarazadas necesitan una buena salud cardiovascular. Las que tienen una buena condición física están mejor capacitadas para el difícil período de dilatación y el parto. Sin embargo, el ejercicio durante el embarazo no deja de tener riesgos. Entre los que afectan al bebé en desarrollo se incluyen cualesquiera de los siguientes:

- mayor temperatura corporal
- menor flujo sanguíneo hacia el útero
- posible lesión en la zona abdominal de la madre

Usted puede hacer ejercicio durante el embarazo, si lo hace con prudencia. Evite que su temperatura corporal supere los 102 °F (38.9 °C). El ejercicio aeróbico puede elevar su temperatura corporal por encima de ese registro , así que, tenga cuidado. El aumento de la temperatura corporal puede elevarse por deshidratación. Evite el ejercicio aeróbico prolongado, en especial cuando hace calor.

Mientras hace ejercicio aeróbico, la sangre puede desviarse al músculo que se está ejercitando o a la piel, alejándola de otros órganos, como el útero, el hígado o los riñones. Para evitar problemas potenciales, se aconseja reducir la carga de trabajo durante el embarazo. ¡Ésta *no* es la época para tratar de establecer nuevas marcas ni para entrenarse para un próximo maratón! Durante el embarazo, mantenga su frecuencia cardíaca por debajo de 140 latidos por minuto.

◌ *Pautas generales para hacer ejercicio*
Antes de iniciar un programa de ejercicio, consulte a su médico sobre cualquier problema médico o del embarazo.

• Comience cualquier programa de ejercicio antes de quedar embarazada.

• Comience gradualmente. Empiece con sesiones de 15 minutos, alternando con períodos de descanso de 5 minutos.

> *Consejo para el Papá*
> **Regálele flores, aunque no sea una ocasión especial.**

• Revise su frecuencia cardíaca cada 15 minutos. No permita que exceda los 140 latidos por minuto (lpm). Una forma fácil de calcular el pulso es contar el número de latidos colocando una mano en el cuello o en la muñeca durante 15 segundos. Multiplique ese número por 4. Si su pulso es mayor a 140 lpm, descanse hasta que baje a menos de 90.

• Dése un tiempo suficiente para entrar en calor y para descansar.

• Use ropa cómoda durante la ejercitación, incluso ropa que sea lo bastante abrigada o fresca, y zapatos deportivos cómodos y buenos que le ofrezcan el máximo apoyo.

• Evite acalorarse.

- Ejercítese con regularidad.

- Evite deportes de riesgo, como montar a caballo o el esquí acuático.

- Aumente el número de calorías que consume.

- Cuando esté embarazada, cuide la forma en que se levanta y se acuesta.

- Después del 4.º mes de embarazo (16 semanas), no se acueste boca arriba para hacer ejercicio. Esto puede disminuir el flujo sanguíneo hacia el útero y la placenta.

- Cuando termine de ejercitarse, descanse sobre su costado izquierdo durante 15 o 20 minutos.

Consejo para la 3.ª Semana Consulte a su médico antes de comenzar cualquier programa de ejercicio durante el embarazo. Si ha estado haciendo ejercicio, reduzca el nivel a no más del 80% del que hacía antes de quedar embarazada.

๛ *Posibles problemas*

Suspenda el ejercicio y consulte a su médico si mientras lo hace pierde sangre o fluido por la vagina, o si tiene disnea, vértigo, dolor abdominal agudo o cualquier otro tipo de dolor o malestar. Consulte a su médico y haga ejercicio sólo bajo su supervisión si siente (o sabe que tiene) pulsaciones cardíacas irregulares, hipertensión arterial, diabetes, enfermedad tiroidea, anemia o cualquier otro problema médico crónico.

Hable con su médico acerca de hacer ejercicio si ha tenido tres o más abortos, cuello uterino insuficiente, retraso de crecimiento intrauterino, trabajo de parto prematuro o cualquier pérdida de sangre anormal durante el embarazo.

Cómo afecta al desarrollo del bebé lo que usted hace

๛ *Consumo de ácido acetilsalicílico*

Casi todos los fármacos consumidos durante la gestación pueden tener algún efecto en el bebé. La razón de las advertencias sobre el ácido acetilsalicílico (aspirina) es porque su consumo aumenta la pérdida de sangre. Provoca cambios en la función de las plaquetas, que son fundamentales para la coagulación sanguínea. Es particularmente importante que lo sepa si durante la gestación ha tenido pérdidas o si está al final del embarazo y próxima a parir. Durante la gestación, puede ser aceptable que consuma pequeñas dosis de este medicamento; vea el recuadro de la página 51. **Nota:** ¡*No* tome ninguna cantidad de ácido acetilsalicílico sin consultarlo antes con su médico!

Lea las etiquetas de cualquier medicación que tome para ver si contiene ácido acetilsalicílico. Evite consumir cualesquiera productos que lo contengan, excepto que lo haya conversado antes con su médico.

Si usted necesita un analgésico o un medicamento para bajar la fiebre y no puede consultar a su médico, puede tomar paracetamol, un

Consumo de ácido acetilsalicílico de uso infantil durante el embarazo

Aun cuando haya oído advertencias sobre el uso del ácido acetilsalicílico durante el embarazo, la investigación ha demostrado que puede haber situaciones en las que su consumo es beneficioso. Hoy en día, los investigadores creen que tomar *una dosis muy baja* de ácido acetilsalicílico por la noche puede ser una buena prevención contra algunas complicaciones del embarazo, como el trabajo de parto prematuro y la hipertensión arterial. Hable con su médico sobre el tema. Le puede prescribir ácido acetilsalicílico de uso infantil, que contiene 81½ mg de aspirina. Se aconseja a las mujeres que toman dosis bajas de ácido acetilsalicílico que comiencen a hacerlo *antes* de la semana 16, ya que su efecto protector no es tan evidente si empieza después.

fármaco de venta libre que se usa por poco tiempo y que tiene pocas posibilidades de generar complicaciones o problemas en usted o el bebé. Para obtener información adicional sobre el consumo de medicamentos de venta libre durante el embarazo, véase la 7.ª semana.

Nutrición

El ácido fólico, conocido también como *folato, folacina* o *vitamina B₉,* es importante durante el embarazo. Hay estudios que indican que tomar ácido fólico durante la gestación puede ayudar a evitar o disminuir la incidencia de las anomalías del tubo neural, que son cierres defectuosos de ese tubo al comienzo del embarazo. Algunas de estas anomalías incluyen la *espina bífida,* que se produce cuando la base de la columna permanece abierta, dejando expuesta la médula espinal y los nervios; la *anencefalia,* que es la ausencia congénita (presente en el nacimiento) del encéfalo y la médula; y el *encefalocele*, una protrusión del cerebro a través de una abertura en el cráneo.

Además, la deficiencia de ácido fólico puede provocar anemia en la futura madre. Puede ser necesaria una cantidad adicional si hay varios fetos o si la madre padece la enfermedad de Crohn o alcoholismo.

Una vitamina prenatal contiene de 0.8 mg a 1 mg de ácido fólico. Esta cantidad suele ser suficiente para cualquier mujer con un embarazo normal. Los investigadores creen que la espina bífida puede evitarse si la futura madre toma 0.4 mg de ácido fólico por día, antes de quedar embarazada y durante las 13 primeras semanas de embarazo. Esta es lo sugerido para todas las mujeres embarazadas. El cuerpo de una embarazada excreta de cuatro a cinco veces la cantidad normal de ácido fólico; y como éste no se almacena en el cuerpo durante mucho tiempo, se debe reponer cada día.

A partir de 1998, el gobierno de Estados Unidos ordenó que ciertos productos de grano, entre ellos la harina, los cereales para el desayuno y las pastas, se fortificaran con ácido fólico. Comer una taza de cereal fortificado con leche, y beber un vaso de jugo de naranja le proporcionan casi la mitad de los requerimientos de ácido fólico de un día. El ácido fólico se encuentra también naturalmente en muchos otros alimentos, como frutas, legumbres, levadura de cerveza, soja, productos de grano entero y verduras de hoja. Una dieta equilibrada puede ayudarla a alcanzar el consumo de ácido fólico que necesita. Véase también en "Prepararse para el embarazo" la lista completa de alimentos que proveen ácido fólico.

Lo que también debería saber

✑ *Pérdidas de sangre durante el embarazo*

Las pérdidas de sangre durante el embarazo causan preocupación. En el primer trimestre, esto puede hacerla inquietar por el bienestar del bebé y la posibilidad de un aborto. (Hablamos del aborto en la 8.ª semana.)

Las pérdidas de sangre durante el embarazo *no* son inusuales. Algunos investigadores calculan que una de cada cinco embarazadas sangra durante el primer trimestre. Aunque esto la haga inquietarse por posibles problemas, no todas las mujeres que sangran tienen un aborto.

Las pérdidas al momento de la implantación se mencionaron en la página 46. Esto puede ocurrir cuando el blastocisto anida en el revestimiento del útero. En ese momento, usted no sabrá que está embarazada porque no le ha faltado la menstruación. Si le sucede, tal vez piense que esté empezando a menstruar.

A medida que el útero crece, se forma la placenta y se establecen las conexiones vasculares. En este momento puede tener pérdidas de sangre. El ejercicio agotador o el coito pueden provocar algunas pérdidas. De ser así, suspenda estas actividades y consulte con su médico, quien le aconsejará qué hacer.

Si esto preocupa al médico, puede ordenarle una ecografía que, a veces, muestra una razón para la pérdida; pero, durante esta primera parte del embarazo, puede no haber ninguna causa perceptible para que eso ocurra.

Cuando hay pérdidas, la mayoría de los médicos sugieren descansar, ser menos activa y evitar tener relaciones sexuales. La cirugía y los medicamentos no son útiles y es improbable que cambien algo. Llame a su médico si tiene pérdidas. Él le dirá qué debe hacer.

Beneficios del embarazo

- Durante el embarazo, las asmáticas y las alérgicas pueden sentirse mejor porque los esteroides naturales que se producen durante este período ayudan a reducir los síntomas.
- El embarazo puede ayudar a proteger contra el cáncer de mama y el de ovarios. Cuanto más joven es una mujer cuando empieza a tener hijos, y cuantos más embarazos tiene, mayor es el beneficio.
- Durante el segundo y el tercer trimestre del embarazo, con frecuencia, desaparece la jaqueca.
- Durante el embarazo, los calambres menstruales son cosa del pasado. Un beneficio adicional: ¡tal vez no regresen después de que nazca su bebé!
- En algunas mujeres, durante la menstruación, la endometriosis (cuando el tejido endometrial se adhiere a partes de los ovarios y a otros lugares exteriores al útero) causa dolor pélvico, hemorragias fuertes y otros problemas. El embarazo puede detener el crecimiento de la endometriosis.

4.ª Semana

Edad del feto: 2 semanas

Si se acaba de enterar de que está embarazada,
podría empezar por leer los capítulos anteriores.

¿Qué tamaño tiene el bebé?

El bebé que está gestado es muy pequeño aún. Su tamaño varía de unas
0.014 pulgadas a unas 0.04 pulgadas (de 0.36 mm a cerca de 1 mm) de
longitud. Un milímetro es la mitad de una letra "o" en esta página.

¿Qué tamaño tiene usted?

En este momento, su embarazo no se nota nada. Usted todavía no ha
engordado, y su figura no ha cambiado. La ilustración de la página 55 le
da una idea de lo pequeño que es su bebé, así puede ver por qué usted no
notará cambios aún.

Cómo crece y se desarrolla el bebé

El desarrollo fetal está todavía en sus primeras etapas, ¡pero están ocurriendo muchos cambios notables! El blastocisto implantado está más

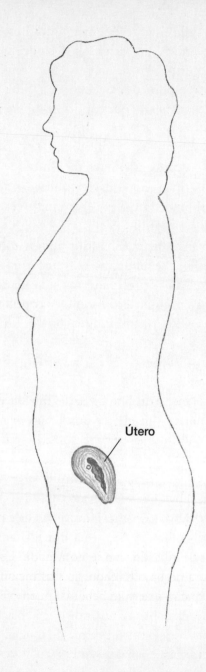

Útero

Embarazo de unas 4 semanas (edad fetal: 2 semanas).

profundamente arraigado en el revestimiento del útero, y comienza a formarse la cavidad amniótica, que va a estar llena de líquido amniótico. Se está formando la placenta, que tiene un papel importante en la producción de hormonas y en el transporte de oxígeno y nutrientes. Están empezando a establecerse las redes vasculares que contienen sangre materna.

✑ Capas germinales

Se están desarrollando capas diferentes de células. Se denominan *capas germinales* y se transforman en partes especializadas del cuerpo del bebé, como varios órganos. Existen tres capas germinales: el *ectodermo*, el *endodermo* y el *mesodermo*.

El ectodermo se transformará en el sistema nervioso (incluido el encéfalo), la piel y el cabello. El endodermo se transforma en el revestimiento del tubo digestivo, el hígado, el páncreas y la glándula tiroidea. Del mesodermo provienen el esqueleto, los tejidos conectivos, el aparato circulatorio, el aparato genitourinario y la mayoría de los músculos.

Cambios en usted

Tal vez usted espere la menstruación cerca del final de esta semana. Cuando no ocurre, ¡el embarazo puede ser una de las primeras cosas en que usted piensa!

✑ El cuerpo lúteo

Cuando usted ovula, el óvulo sale del ovario. La zona del ovario de donde proviene el óvulo se denomina *cuerpo lúteo*. Si queda embarazada, se denomina *cuerpo lúteo* del embarazo. Se forma inmediatamente después de la ovulación en el lugar del folículo roto de donde se libera el óvulo. Se ve como un pequeño saco de líquido en el ovario. Sufre un rápido desarrollo de vasos sanguíneos preparándose para producir hormonas, como la progesterona, para mantener el embarazo antes de que lo haga la placenta.

La importancia del cuerpo lúteo es tema de mucho debate. Se cree que es esencial en las primeras semanas de embarazo, porque produce progesterona. La placenta asume esta función entre las ocho y las doce semanas de embarazo. El cuerpo lúteo dura, aproximadamente, hasta el sexto mes de embarazo, aunque se han encontrado cuerpos lúteos normales en embarazos a término. También ha habido embarazos exitosos cuando se eliminó el cuerpo lúteo por un quiste roto, a los 20 días de la menstruación o cerca del momento de la implantación.

Cómo afecta al desarrollo del bebé lo que usted hace

Durante el embarazo, casi todos los padres se preocupan por si su bebé será perfecto. La mayoría se preocupa innecesariamente. Las principales anomalías congénitas se manifiestan sólo en un 3% de los recién nacidos, al momento de nacer. De ese 3%, ¿se conocen las causas de las anomalías?, ¿las pudieron haber evitado?

✧ *Desarrollo fetal anormal*

La *teratología* es el estudio del desarrollo fetal anormal. En menos de la mitad de todos los casos se encuentra una causa o una razón exactas para una anomalía congénita. A menudo, a los obstetras y otros médicos que atienden a las mujeres embarazadas se les pregunta acerca de sustancias (teratógenos) que pueden ser perjudiciales. Un teratógeno es una sustancia que puede producir anomalías congénitas, entre ellas, deformidades estructurales graves y leves, y alteraciones en el funcionamiento de los órganos. Los investigadores no han podido demostrar el peligro de algunos agentes que creemos que son perjudiciales. Pero han demostrado el daño que causan otros agentes.

Algunos agentes causan anomalías graves si la exposición ocurre en un momento específico, y de importancia fundamental, del desarrollo del feto. Pero pueden no ser perjudiciales en otros momentos. Una vez que el feto ha completado su principal desarrollo, hacia la 13.ª semana, el efecto de cierta sustancia puede ser sólo un retraso de crecimiento o un menor tamaño de los órganos, antes que grandes defectos estructurales. Un ejemplo es la rubéola, que puede provocar muchos anomalías anatómicas, como malformaciones cardíacas, si el feto se infecta durante el primer trimestre de embarazo. Si sucede más adelante, la infección es menos grave.

✧ *Respuesta individual a la exposición*

Hay mucha variación en las respuestas individuales a agentes particulares y a las dosis diferentes de un agente. Un buen ejemplo es el alcohol.

En algunos fetos, las grandes cantidades parecen no tener efecto alguno, en tanto que en otros fetos, las cantidades menores pueden provocar daños.

Los estudios en animales han brindado mucha de la información que tenemos sobre posibles agentes perjudiciales. Esta información puede ser útil, pero no siempre puede aplicarse directamente a los humanos. Otra información proviene de situaciones en que las mujeres estuvieron expuestas, sin saber que estaban embarazadas ni que una sustancia en particular podía ser perjudicial. La información que se puede reunir a partir de estos casos es difícil de aplicar directamente a un embarazo específico.

> *Consejo para la 4.ª Semana* El humo de cigarrillo puede dañar a una mujer que no fuma y al bebé que está gestando. Pida a los fumadores que se abstengan de fumar cerca de usted durante su embarazo.

En la página 60 aparece una lista de teratógenos conocidos y los efectos que pueden tener en un embrión o feto. Si ha consumido cualquiera de estas sustancias, hable lo antes posible con su doctor para quedarse tranquila. Le dirá si es necesario que se haga exámenes o que le hagan un seguimiento.

ꙥ *Consumo de fármacos, sustancias químicas y otras sustancias adictivas*

La información sobre los efectos del consumo de una sustancia específica en un embarazo humano proviene de casos de exposición previos al descubrimiento del embarazo. Estos "casos clínicos" ayudan a los investigadores a comprender posibles efectos perjudiciales, pero dejan lagunas en nuestro conocimiento. Por esta razón, puede ser difícil o imposible hacer aseveraciones exactas sobre sustancias en particular y sus efectos. Las tablas de las páginas 59 y 60 muestran los efectos posibles de varias sustancias.

Si consume cualquier tipo de sustancia, sea honesta con su médico. Pregunte sobre esas sustancias y su consumo. Hable con él sobre lo que toma, o haya tomado, que pueda afectar al bebé. La víctima del consumo es el bebé. Un problema de drogas puede tener consecuencias graves que su médico puede tratar de mejorar si sabe, con anterioridad, que usted las consume.

Efectos de varias sustancias en el desarrollo fetal

Muchas sustancias pueden afectar el desarrollo temprano del bebé. Esta lista presenta fármacos que se venden con receta y sustancias químicas. En la página 60 se puede encontrar una segunda lista, que contiene otras sustancias.

Fármacos recetados y otras sustancias químicas

Fármacos o sustancias químicas	Posibles efectos en el bebé
Ácido valproico	anomalías del tubo neural
Andrógenos (hormonas masculinas)	desarrollo genital ambiguo (depende de la dosis administrada y de cuándo se administra)
Antagonistas del ácido fólico (metotrexato, aminopterina)	mayor riesgo de abortos, de muerte fetal y de anomalías congénitas
Anticoagulantes	anomalías en hueso y mano, retraso de crecimiento intrauterino (RCIU), anomalías del sistema nervioso central y los ojos
Carbamacepina	anomalías congénitas, espina bífida
Derivados de la cumarina (warfarina)	hemorragia (pérdidas de sangre), anomalías congénitas, mayor cantidad de abortos y partos de fetos muertos
Dietilestilboestrol (DES)	anomalías de los órganos reproductivos femeninos, esterilidad masculina y femenina
Estreptomicina	hipoacusia, daño a los pares craneales
Fármacos antitiroideos (propiltiouracilo, yoduro, tiamazol)	hipotiroidismo, bocio fetal
Antineoplásicos (metotrexato, aminopterina)	mayor riesgo de aborto, de muerte fetal y de anomalías congénitas
Fenitoína (Dilantin)	RCIU, microcefalia
Inhibidores de la enzima conversiva de la angiotensina (ECA) (enalaprilo, captoprilo)	muerte fetal y neonatal
Isotretinoína (Accutane)	mayor índice de abortos, anomalías del sistema nervioso, anomalías faciales, fisura palatina
Litio	cardiopatía congénita
Compuestos organomercuriales	atrofia cerebral, retraso mental, espasticidad, convulsiones, ceguera
Plomo	mayores índices de abortos y de partos de fetos muertos
Talidomida	anomalías graves en las extremidades
Radioterapia	microcefalia, retraso mental, leucemia
Tetraciclina	hipoplasia del esmalte dental, decoloración de los dientes permanentes
Trimetadiona	Labio leporino, fisura palatina, RCIU, aborto
Vitamina A y sus derivados (etretinato, retinoides)	muerte fetal y anomalías congénitas

(Modificado del Boletín Técnico del ACOG, n.º 84, Teratología, febrero de 1985, Colegio Estadounidense de Obstetras y Ginecólogos).

Fármacos y otras sustancias que deben evitarse

Fármaco, droga o sustancia	Posibles efectos en el bebé
Alcohol	anomalías fetales, síndrome alcohólico fetal (SAF), exposición fetal al alcohol (EFA), RCIU
Anfetaminas	desprendimiento prematuro de la placenta, RCIU, muerte fetal
Barbitúricos	posibles anomalías congénitas, síntomas de abstinencia, hábitos alimentarios deficientes, convulsiones
Cafeína	peso reducido al nacer, tamaño cefálico menor, disnea, insomnio, irritabilidad, nerviosismo, metabolismo deficiente de calcio, RCIU, retraso mental, microcefalia, distintas malformaciones graves
Cetamina	problemas de conducta, problemas de aprendizaje
Cocaína/crack	aborto, parto de feto muerto, anomalías congénitas, deformidades graves en el feto, deficiencias mentales permanentes, muerte súbita del lactante (MSL)
Éxtasis	problemas de aprendizaje permanentes, problemas de memoria
Pegamentos y solventes	estatura reducida, bajo peso al nacer, cabeza pequeña, problemas en las articulaciones y en las extremidades, rasgos faciales anormales, anomalías cardíacas
Marihuana y hachís	trastorno por déficit de atención (TDA), trastorno por déficit de atención con hiperactividad (TDAH), problemas de memoria, deterioro de la capacidad para tomar decisiones
Metanfetaminas	RCIU, dificultad para vincularse afectiva o emocionalmente, temblores, meticulosidad extrema
Nicotina tubo	aborto, parto de feto muerto, anomalías del neural, menor C. I., trastornos de la lectura, síndrome de disfunción cerebral mínima (hiperactividad)
Opioides como la morfina, la heroína, el Demerol	anomalías congénitas, parto prematuro, RCIU, síntomas de abstinencia en el bebé

Si su pareja consume marihuana, sería bueno que él también dejara de hacerlo. Los investigadores han averiguado que los hijos de hombres que fuman marihuana tienen dos veces más riesgo de sufrir MSL después del nacimiento. Esto ocurría cuando el padre fumaba marihuana antes del embarazo, durante ese período o después del nacimiento del bebé.

Nutrición

Debe estar preparada para engordar durante el embarazo, pues es necesario para su salud y la del bebé. Tal vez le resulte muy difícil subirse a la báscula y ver que aumenta de peso. Reconozca ahora que está bien que engorde. No tiene por qué abandonarse: puede controlar su peso comiendo con cuidado y de forma nutritiva. Pero *tiene* que engordar lo suficiente para satisfacer las necesidades del embarazo.

Hace muchos años, a las mujeres no se les permitía engordar mucho: ¡algunas veces, sólo de 12 a 15 libras (de 5 a 6 kg, aproximadamente) durante todo el embarazo! Hoy, sabemos que no es saludable ni para la madre ni para el bebé restringir el aumento de peso hasta ese extremo. Sin embargo, la *American Association for Cancer Research* (Asociación Estadounidense para la Investigación del Cáncer) ha demostrado una razón importante para cuidar su peso durante el embarazo. Averiguaron que las mujeres de peso normal que engordaban más de 38 libras (unos 17 kilos) durante un único embarazo tenían un riesgo mayor de desarrollar cáncer de mama después de la menopausia. También contribuía a aumentar el riesgo el no adelgazar esas libras de más después del embarazo.

Engorde despacio. No se abandone sólo porque está embarazada. Puede estar comiendo por dos, ¡pero no necesita comer el doble! Es importante lo que engorde durante el primer trimestre. Se ha sabido que lo que aumenta en las *13 primeras semanas* se relaciona más estrechamente con el peso de su bebé al nacer, que lo que aumente en el resto del embarazo. Si engorda mucho durante el primer trimestre, tal vez su bebé sea grande. De manera inversa, si no engorda mucho al principio del embarazo, su bebé puede tener peso bajo al nacer.

Lo más probable es que, durante el embarazo, no pueda comer todo lo que quiera, a menos que sea una de las afortunadas que no tienen problemas con las calorías. Aun así, debe prestar absoluta atención a los alimentos que escoge, y comer sanamente. Coma alimentos nutritivos. Evite los que tienen calorías sin valor nutritivo (mucha azúcar y grasa). Escoja frutas y verduras frescas. Evite, cuando sea posible, la cafeína. Tratamos muchos de estos temas en semanas posteriores.

Lo que también debería saber

✍ Contaminantes ambientales y embarazo

Algunos contaminantes ambientales pueden ser perjudiciales para el bebé en desarrollo. Para la futura madre es importante evitar exponerse a estos contaminantes. El recuadro de la página opuesta brinda información sobre contaminantes específicos.

¿Qué puede hacer? Falta información clara sobre la inocuidad de muchas sustancias química que hay en nuestro medio ambiente. Lo mejor es evitar la exposición siempre que sea posible, ya sea por ingestión oral, ya sea a través del aire que respira. Tal vez no sea posible eliminar todo contacto con cada sustancia química posible. Si sabe que estará cerca de varias sustancias químicas, lave bien sus manos antes de comer. También ayuda si no fuma.

Consejo para el Papá Acostúmbrese a tomar su libro preferido sobre el embarazo, por ejemplo *Su embarazo semana a semana*, y lean juntos lo que pasa cada semana del embarazo.

Un hecho tranquilizador es que casi todas las sustancias químicas probadas han producido enfermedades en la futura madre antes de dañar al bebé en gestación. Un ambiente sano para usted será sano para el bebé.

✍ La salud del padre del bebé

¿Pueden afectar a la salud del bebé la salud del padre y el hecho de que consuma drogas o alcohol?

En años recientes se ha puesto más atención a la contribución del padre al embarazo. Ahora creemos que si un padre es mayor de 40 años, puede aumentar el riesgo de síndrome de Down, aunque no exista mucha evidencia que sustente esta teoría. Los hábitos del padre con respecto a las drogas al momento de la concepción pueden influir en el resultado del embarazo. La evidencia es escasa, pero parece que existe un efecto. ¿Para qué arriesgarse?

✍ ¿Toma Paxil?

Si usted toma el antidepresivo Paxil, háblelo con su médico. Las investigaciones han demostrado que tomar esa medicación durante el tercer

Algunos contaminantes que se deben evitar durante el embarazo

Plomo

Durante siglos se ha conocido la toxicidad del plomo. En el pasado, casi toda la exposición al plomo provenía de la atmósfera. En la actualidad, la exposición al plomo puede provenir de muchas fuentes, entre ellas la gasolina (ahora regulada), las tuberías de agua, las soldaduras, las baterías eléctricas, los materiales de construcción, las pinturas, las tinturas y los conservantes de madera.

El plomo se transporta con facilidad, a través de la placenta, hasta el bebé. La toxicidad puede ocurrir desde la 12.ª semana de embarazo y da como resultado un envenenamiento por plomo en el bebé. Evite la exposición. Si pudiera estar expuesta en su lugar de trabajo, háblelo con su médico.

Mercurio

El mercurio tiene una larga historia como veneno potencial para las mujeres embarazadas. Los informes de peces contaminados con mercurio se han relacionado con parálisis cerebral y microcefalia.

BPC

Nuestro ambiente ha sido muy contaminado con bifenilos policlorados (BPC). Los BPC son mezclas de varios compuestos químicos.

La mayoría de los peces, las aves y los seres humanos tienen, ahora, cantidades medibles de BPC en los tejidos. Algunos expertos han sugerido que las embarazadas limiten el consumo de peces (para evitar la exposición al mercurio y al BPC); en especial, si la mujer está expuesta al BPC en su lugar de trabajo. Véase, en la 26.ª semana, la discusión sobre peces.

Pesticidas

Los pesticidas incluyen un gran número de agentes utilizados para controlar plantas y animales indeseados. La exposición humana es común debido al uso extendido de estos productos. Los que causan mayor preocupación contienen varios agentes: DDT, clordano, heptacloro, lindano y otros.

trimestre podría exponer a su bebé a problemas potenciales, entre ellos disnea, ictericia e hipoglucemia. Aunque esos problemas sean, por lo general, temporales, ¿para qué correr el riesgo? Puede haber otras posibles opciones de tratamiento; pregunte a su médico por ellas. Tal vez necesite empezar alguna desde el principio del embarazo.

5.ª Semana

Edad del feto: 3 semanas

Si se acaba de enterar de que está embarazada,
podría empezar por leer los capítulos anteriores.

¿Qué tamaño tiene el bebé?

Su bebé no ha crecido demasiado. Mide cerca de 0.05 pulgada (1.25 mm) de longitud.

¿Qué tamaño tiene usted?

En este momento, todavía no hay grandes cambios en usted. Aunque esté consciente de que está embarazada, pasará algún tiempo antes de que otros se percaten del cambio en su figura.

Cómo crece y se desarrolla el bebé

Ya desde esta semana, se ha desarrollado una lámina que, más tarde, será el corazón. Están empezando a tomar forma el sistema nervioso central (encéfalo y médula espinal) y los músculos y huesos. Durante esta época, también está empezando a formarse el esqueleto del bebé.

Cambios en usted

Ahora están ocurriendo muchos cambios. Usted puede darse cuenta de algunos; otros serán evidentes sólo después de realizar alguna clase de prueba.

✣ *Pruebas de embarazo*

Las pruebas de embarazo para hacer en el hogar se han vuelto más sensibles, lo que hace más común el diagnóstico temprano. Las pruebas detectan la presencia de *coriogonadotropina humana* (hCG). ¡Una prueba de embarazo puede ser positiva incluso antes de que le haya faltado la menstruación!

Muchas pruebas pueden dar resultados positivos (embarazo) 10 días después de que haya quedado embarazada. Pero sería mejor esperar a que le haya faltado la menstruación antes de invertir dinero y energía emocional en pruebas de embarazo, aunque se efectúen en un hospital, en una clínica o en su casa. El mejor momento para realizar una prueba en su hogar es el primer día *después de la falta de menstruación*, o en cualquier momento a partir de ese día. Si se hace la prueba demasiado pronto, puede obtener un resultado falso negativo, ¡es decir, usted está embarazada aunque la prueba diga que no! Los resultados falsos negativos aparecen en el 50% de las mujeres que se hacen la prueba *demasiado pronto*.

Consejo para Papá

Limpie o aspire la casa sin que se lo pidan.

La mayoría de las pruebas para hacer en el hogar tienen precios diferentes. Varían en la efectividad que tienen para ayudarla a "diagnosticar" el embarazo. Muchos hospitales o clínicas ofrecen pruebas de embarazo gratuitas, que le hacen ahorrar dinero.

✣ *Náuseas y vómitos*

Otro síntoma temprano son las náuseas, con o sin vómitos; frecuentemente, se denominan *náuseas del embarazo*. El trastorno afecta a un 70% de las mujeres embarazadas. Aunque ocurran por la mañana o más tarde, por lo general, empiezan temprano y mejoran durante el día, a medida que usted desarrolla sus actividades. Las náuseas del embarazo se inician alrededor de la 6.ª semana de embarazo. Anímese: usualmente mejoran y desaparecen hacia el final del primer trimestre (13.ª semana). Siga adelante, y recuerde que es una molestia temporal.

Muchas mujeres padecen náuseas; rara vez causan suficientes problemas para requerir atención médica. Sin embargo, una enfermedad llamada *hiperemesis gravídica* (náuseas y vómitos graves) provoca muchos vómitos, lo que genera pérdida de nutrientes y de líquido. Por lo general, a la embarazada se la trata en el hospital con líquidos y medicamentos intravenosos. Para tratar este problema, también se ha usado con éxito la hipnosis.

Si experimenta náuseas y vómitos graves, si no puede comer ni beber nada, o se siente tan mal que no puede realizar sus actividades diarias, llame al médico. Tal vez todavía no sea el momento de la primera visita prenatal, pero no hay razón para que sufra. Su médico puede hacerle algunas sugerencias simples que pueden ayudarla. O, tal vez, le recete Bendectin. (Véase más adelante.) Puede ser reconfortante que alguien le asegure que es una situación normal y que el bebé está bien.

No existe tratamiento completamente exitoso para las náuseas y los vómitos normales del embarazo. En Estados Unidos, se consigue otra vez una pastilla que ayuda a aliviar los síntomas de las náuseas del embarazo.

Consejo para la 5.ª Semana **Precaución: Tenga cuidado con los remedios de venta libre contra la tos y el resfriado. Muchos contienen alcohol; algunos hasta un 25%.**

Se vendía con el nombre de Bendectin; se la retiró del mercado a principios de la década de 1980, porque algunas personas argumentaban que causaba anomalías congénitas. Sin embargo, los estudios no han apoyado estos reclamos y, en realidad, probaron que su uso es inocuo durante el embarazo. La FDA (*Food and Drug Administration*, Administración de Drogas y Alimentos) volvió a examinar los estudios y los datos de la investigación, y juzgó que el medicamento era "inocuo". Este medicamento se vende con receta.

También han probado su utilidad en el tratamiendo de náuseas y vómitos la acupresión, la acupuntura y los masajes. Las pulseras de acupresión, que se utilizan para los mareos, ayudan a algunas mujeres a sentirse mejor. Existe también un dispositivo aprobado por la FDA que puede ayudarla a tratar las náuseas. Vea el recuadro de la página contigua.

Tal vez haya oído hablar sobre las pulseras de acupresión, que pueden ayudar a algunas mujeres con las náuseas. Otro dispositivo aprobado por la FDA va más allá de la acupresión. Esta pulsera está en el mercado desde 1997 y se ha utilizado para aliviar los mareos y las náuseas y vómitos que padecen muchas personas por la quimioterapia. Un estudio nuevo demostró que también ayuda a aliviar las náuseas del embarazo.

Está patentado y se vende con el nombre de ReliefBand; tiene el tamaño de un reloj grande y se utiliza como un reloj pulsera en la parte interna de la muñeca. Por medio de suaves señales eléctricas, estimula los nervios de la muñeca; se cree que esta estimulación interfiere los mensajes entre el cerebro y el estómago, que causan las náuseas. Tiene varios niveles de estimulación, que le permiten ajustar las señales para obtener un máximo control de su confort individual. Se puede utilizar cuando comienzan las náuseas, o puede hacerlo antes de sentirse mal. Este dispositivo no interfiere con la ingesta de alimentos o bebidas. ¡Es resistente al agua y a los golpes, así que lo puede usar en cualquier momento!

Éste es un periodo de gran importancia en el desarrollo del bebé. No exponga al feto a hierbas, ni a tratamientos de venta libre, ni a cualquiera otro "remedio" contra las náuseas del que no se sepa si es inocuo durante el embarazo. Hable con su médico sobre los métodos diferentes que hay para combatir las náuseas.

Algunas medidas que puede tomar. Para ayudar a sentirse mejor, coma pequeñas cantidades de alimento con mayor frecuencia. Los expertos están de acuerdo en que debería comer lo que la atraiga: los alimentos atrayentes pueden ser los que retenga con mayor facilidad en este momento. Si eso significa comer pan de masa fermentada ácida y un refresco de lima-limón, ¡hágalo! A algunas mujeres les parece que las proteínas se les asientan con mayor facilidad en el estómago; estos alimentos incluyen quesos, huevos, mantequilla de maní y carnes magras. Véase, además, lo que se dice en la sección de Nutrición.

Asegúrese de beber bastante líquido, aun cuando no pueda retener los alimentos. La deshidratación es mucho más grave que estar sin comer un tiempo. Si vomita mucho, tal vez prefiera líquidos que contengan electrolitos, que la ayuden a reponer los que pierde con los vómitos. Pregunte a su médico cuáles le recomienda.

Si experimenta náuseas y vómitos, hay una solución lista para usar que podría serle útil. Averigüe si donde vive existen unas paletas de caramelo que se llaman *Preggie Pops*. Estas paletas vienen en una gran variedad de sabores y se chupan para aliviar las náuseas. Pregunte por ellas en tiendas o farmacias. O llame al número 1-866-PREGGIE.

¡Prepárese para las náuseas del embarazo!

Puede ser una buena idea llevar consigo un bolso de viaje de emergencia para "náuseas del embarazo". Tal vez le resulte práctico, especialmente si sufre de náuseas y vómitos a lo largo del día. En un bolso resistente, guarde algunas bolsas de plástico opaco sin orificios (pueden ser las bolsas de plástico de la tienda); toallitas húmedas, pañuelos de papel o servilletas, para limpiarse la cara y la boca; una botella pequeña de agua, para enjuagarse la boca y los dientes; un cepillo y dentífrico, para cepillar los ácidos estomacales, y una botellita de spray para el aliento o pastillas de menta. Al llevar su bolso de emergencia, se sentirá con confianza para manejar este efecto secundario temporal del embarazo, sin importar dónde esté.

Si falta al trabajo. Si las náuseas del embarazo hacen que falte al trabajo, tal vez le interese saber que, en los Estados Unidos, la *Family and Medical Leave Act* (FMLA, Ley de Licencias por Razones Familiares y Médicas) dice que no necesita un certificado de un médico que verifique el problema. Las náuseas y los vómitos del embarazo se clasifican como "enfermedad crónica" y pueden requerir que usted falte ocasionalmente, pero no necesitan tratamiento médico.

Otros cambios que puede notar

Al principio de la gestación puede sentir la necesidad de orinar a menudo. Esto puede continuar durante la mayor parte del embarazo y se vuelve particularmente molesto cerca del parto, cuando el útero se agranda y presiona la vejiga.

   Puede notar cambios en los senos. Es común sentir cosquilleos o dolor en los senos o los pezones. También puede ver un oscurecimiento de la areola o la elevación de las glándulas que rodean el pezón. Para buscar más información sobre cómo afecta el embarazo a sus senos, véase la 13.ª semana .

Otro de los primeros síntomas de embarazo es la fatiga o cansancio fácil. Este síntoma común puede prolongarse durante todo el embarazo. Asegúrese de tomar las vitaminas prenatales y cualquier otro medicamento que le recete el médico; descanse lo suficiente. Si se siente fatigada, evite el azúcar y la cafeína; ambos pueden empeorar el problema.

Cómo afecta al desarrollo del bebé lo que usted hace

⌁ *¿Cuándo debe visitar al médico?*
Una de las primeras preguntas que puede hacerse cuando sospecha que está embarazada es "¿Cuándo debo ver al médico?".

El buen cuidado prenatal es necesario para la salud del bebé y de la futura madre. Haga una cita para ver al médico tan pronto como esté razonablemente segura de que está embarazada. Puede ser unos pocos días después de que le falte la menstruación.

⌁ *Quedar embarazada mientras usa un método anticonceptivo*
Si ha estado utilizando algún tipo de método anticonceptivo, dígaselo al médico. No hay método cien por ciento seguro. De vez en cuando, un método falla, hasta los anticonceptivos orales. Si está segura de que está embarazada, deje de usar la píldora y pida una cita cuanto antes. No se alarme demasiado si esto le sucede, háblelo con el médico.

También puede quedar embarazada aunque tenga un DIU (dispositivo intrauterino). Si sucede esto, vea a su médico de inmediato. Discutan si se debería quitar el DIU o si se lo debería dejar. En la mayoría de los casos, se hace el intento de quitar el DIU. Si se deja colocado, aumenta ligeramente el riesgo de aborto.

Los espermicidas utilizados solos o con un condón, una esponja o un diafragma, pueden estar usándose cuando queda embarazada. No se ha demostrado que sean perjudiciales para el bebé en gestación.

Nutrición

Como se dijo anteriormente, tal vez tenga náuseas y vómitos durante el embarazo. No todas las mujeres los tienen, pero afectan a muchas. La misma hormona –hCG (coriogonadotropina humana)– que hace cambiar el color de una prueba de embarazo para hacer en el hogar es la que causa las náuseas del embarazo. Si sufre esta molestia, le alegrará saber que los niveles de hCG disminuyen hacia el final del primer trimestre; por lo tanto, las náuseas y los vómitos deben mejorar entonces. Si experimenta náuseas del embarazo, pruebe alguna de las siguientes sugerencias:

- Coma frecuentemente pequeñas cantidades de alimentos, para evitar que su estómago se sobrecargue.
- Beba mucho líquido.
- Averigüe qué alimentos, olores o situaciones le dan náuseas. Intente evitarlos cuando sea posible.
- Evite el café, porque estimula los ácidos estomacales.
- Un refrigerio rico en proteínas antes de dormir puede ayudar a estabilizar la glucemia.
- Algunas veces, antes de acostarse, ayuda un refrigerio rico en carbohidratos.
- Pida a su pareja que le prepare pan tostado antes de que usted se levante; cómalo en la cama. O tenga galletas saladas o cereal seco cerca de la cama para comer antes de levantarse. Ayudan a absorber el ácido estomacal.
- Mantenga fresca la habitación por la noche y airéela con frecuencia. El aire fresco puede ayudarla a sentirse mejor.
- Salga de la cama despacio.
- Si toma un suplemento de hierro, tómelo una hora antes de las comidas o dos horas después.
- Mordisquee jengibre crudo, o póngalo en agua hirviendo y beba el "té" a sorbos.
- Los alimentos salados ayudan a algunas mujeres a no sentir náuseas.
- La limonada y la sandía pueden ayudar a aliviar los síntomas.

৯ Aumento de peso durante el embarazo

La cantidad de peso que aumenta una mujer durante el embarazo varía mucho. Puede variar desde la pérdida de peso hasta un aumento de 50 libras (20 kilos) o más.

Sabemos que las complicaciones aumentan en los extremos de estos cambios de peso. Debido a esto, es difícil poner una cifra "ideal" de aumento de peso durante el embarazo. El aumento de peso se verá afectado por su peso antes de quedar embarazada. Muchos expertos hablan de alrededor de ⅔ de libra (10 onzas, o 300 gramos) por semana hasta la semana 20; después 1 libra (500 gramos) por semana de la semana 20 a la 40.

Otros investigadores han sugerido cantidades aceptables de aumento de peso para mujeres con bajo peso, con peso normal y con sobrepeso. Vea la tabla que está a la derecha.

Si tiene preguntas sobre su aumento de peso durante el embarazo, háblelo con su médico. Le aconsejará cuántos kilos debería aumentar durante el embarazo.

No es prudente hacer dieta durante el embarazo, pero eso no significa que

Aumento de peso promedio durante el embarazo

Tipo de cuerpo	Aumento aceptable libras (kilos)
Baja peso	28 a 40 (12 a 18)
Peso normal	25 a 35 (11 a 16)
Sobrepeso	15 a 25 (7 a 12)

no deba cuidar su consumo de calorías. ¡Debe hacerlo! Es importante que su bebé obtenga una nutrición adecuada de los alimentos que usted come. Escoja los alimentos por la nutrición que le aportan a usted y al bebé.

Lo que también debería saber

❧ *¿Qué sexo tendrá su bebé?*

Usted puede adivinar el sexo de su bebé tan bien como su doctor; ¡y a veces mejor! Como ya hemos mencionado, el sexo se determina cuando al óvulo lo fecunda el espermatozoide del padre del bebé.

Muchas parejas preguntan por maneras de "tener un niño" o "tener una niña" antes de intentar un embarazo. En unos pocos casos, se utiliza la separación de espermatozoides. Se separan los femeninos de los masculinos, y el esperma seleccionado se deposita en la mujer por medio de inseminación artificial. No es un método infalible y es caro. Este procedimiento puede utilizarse cuando hay un problema específico con el sexo, por ejemplo antecedentes familiares de hemofilia o distrofia muscular de Duchenne.

✂ *Embarazo ectópico*

Como se describió en la 1.ª y 2.ª semana, la fecundación ocurre en la trompa de Falopio. El óvulo fecundado viaja por la trompa hasta el útero, donde se implanta en la pared de la cavidad. Un *embarazo ectópico* se produce cuando la implantación se da fuera de la cavidad uterina, por lo general en la propia trompa. El 95% de todos los embarazos ectópicos suceden en la trompa (de ahí el nombre de *embarazo tubárico*). Otros sitios posibles de implantación son el ovario, el cuello uterino u otros lugares del abdomen. La ilustración de la página contigua muestra algunas localizaciones posibles de un embarazo ectópico.

En los últimos diez años, casi se ha triplicado el número de embarazos ectópicos: de 55,000 a principios de 1990 a más de 150,000 en el 2001. ¿La razón para el aumento? Los investigadores creen que la causa son las ETS (enfermedades de transmisión sexual), en especial la clamidiosis y la gonorrea. Si ha tenido una ETS en el pasado, dígaselo a su médico en la primera consulta. Y asegúrese de decirle si ya ha tenido un embarazo ectópico.

El embarazo ectópico sucede en uno de cada cien embarazos. Las posibilidades de un embarazo ectópico aumentan con los daños a las trompas de Falopio originados por la enfermedad inflamatoria pélvica (EIP); por otras infecciones, como la perforación del apéndice; por esterilidad relativa, endometriosis, enfermedades de transmisión sexual o por una cirugía anterior de abdomen o de trompas. Otros factores que contribuyen al aumento del riesgo de un embarazo ectópico incluyen fumar, exposición al DES (dietilestilboestrol) durante el embarazo de su madre y aumento en la edad de la futura madre. Si usted ha tenido un embarazo ectópico previo, tendrá el 12% de posibilidades de repetición. El uso de un dispositivo intrauterino (DIU) también aumenta las posibilidades de un embarazo ectópico.

✂ *Síntomas de un embarazo ectópico*

Los síntomas del embarazo ectópico, que ocurre dentro de las 12 primeras semanas de embarazo, incluyen:

- cólicos
- dolor en el bajo vientre

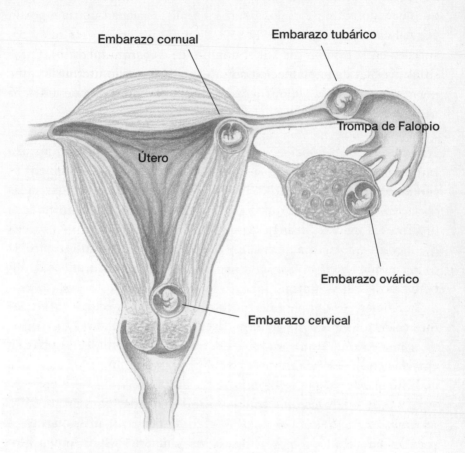

Embarazo cornual

Embarazo tubárico

Trompa de Falopio

Útero

Embarazo ovárico

Embarazo cervical

Posibles localizaciones de un embarazo (tubárico) ectópico.

- hemorragia o pequeñas manchas color café
- dolor en el hombro, causado por la sangre de la trompa rota, que irrita el peritoneo en la zona entre el pecho y el estómago
- debilidad, mareo o desvanecimientos, causados por la pérdida de sangre
- náuseas

Puede ser difícil para su médico diagnosticar un embarazo ectópico, porque muchos de estos síntomas pueden estar presentes en un embarazo normal.

Diagnóstico de un embarazo ectópico. Para probar que hay un embarazo ectópico, se mide la coriogonadotropina humana (hGC). La prueba se conoce como *hGC cuantitativa*. El nivel de la hGC aumenta muy rápidamente en un embarazo normal y duplica su valor aproximadamente cada dos días. Si los niveles de la hGC no se elevan como debieran, se sospecha que hay un embarazo anormal. En el caso de un embarazo ectópico, la mujer puede tener un nivel alto de hGC sin signos ecográficos de un embarazo dentro del útero.

La ecografía es útil para diagnosticar un embarazo ectópico. (Hablamos en detalle sobre la ecografía en la 11.ª semana.) Durante una ecografía se puede ver un embarazo tubárico. Los médicos pueden ver sangre en el abdomen, debido a la ruptura y a la hemorragia, o una masa en el área de la trompa de Falopio o el ovario.

El uso de la laparoscopia ha mejorado la habilidad para diagnosticar un embarazo ectópico. Los médicos realizan pequeñas incisiones en la zona del ombligo y del bajo vientre, y ven el interior del abdomen y los órganos pélvicos con un pequeño instrumento llamado *laparoscopio*. Si hay un embarazo ectópico, pueden verlo.

Se intenta diagnosticar un embarazo ectópico antes de que rompa y dañe la trompa, lo que haría necesario eliminarla toda. Además, el diagnóstico temprano trata de evitar el riesgo de hemorragia interna debido a una trompa rota y sangrante.

Casi todos los embarazos ectópicos se detectan alrededor de las 6 a 8 semanas de embarazo. La clave del diagnóstico temprano comprende la comunicación entre usted y su médico acerca de cualquier síntoma y su gravedad.

Tratamiento para un embarazo ectópico. Ante un embarazo ectópico, el objetivo del médico es eliminar el embarazo y preservar la fecundidad. El tratamiento quirúrgico se hace bajo anestesia general, laparoscopia o laparotomía (una incisión más grande y sin tubo visor), y necesita un período de recuperación tras la cirugía. En muchos casos, es necesario retirar la trompa de Falopio, lo que afecta la futura fecundidad.

El tratamiento no quirúrgico de un embarazo ectópico se realiza utilizando un fármaco oncológico, el metotrexato. Se administra por medio de una inyección en el hospital o en una consulta externa. El metotrexato es citotóxico; termina con el embarazo. Los niveles de hGC deben disminuir tras el tratamiento, lo que indica que ya no existe embarazo. Los síntomas deberían mejorar.

6.ª Semana

Edad del feto: 4 semanas

Si se acaba de enterar de que está embarazada,
podría empezar por leer los capítulos anteriores.

¿Qué tamaño tiene el bebé?

La longitud del bebé de coronilla a nalgas es de 0.08 a 0.16 pulgada (de 2 a 4 mm). *De coronilla a nalgas* es la altura en posición sentada o la distancia desde la parte superior de la cabeza hasta las nalgas del bebé. Esta medida se usa más a menudo que la longitud de coronilla a talones porque, la mayoría de las veces, las piernas del bebé están dobladas, lo que dificulta esta determinación.

De vez en cuando, con el equipo adecuado, en la ecografía se pueden ver los latidos cardíacos alrededor de la 6.ª semana. En la 11.ª semana, se habla en detalle de la ecografía.

¿Qué tamaño tiene usted?

Usted puede haber engordado un poco. Si ha padecido náuseas y no ha comido bien, puede haber perdido peso. Ya lleva un mes de embarazo, lo que basta para notar algunos cambios en su cuerpo. Si éste es su primer embarazo, su abdomen puede no haber cambiado mucho. O tal vez note que la ropa le ajusta un poco alrededor de la cintura. Puede estar empezando a engordar en las piernas u otros lugares, como los senos. Si el médico le realiza un examen pélvico, por lo general siente su útero y nota que ha cambiado de tamaño.

Cómo crece y se desarrolla el bebé

Éste es el inicio del *período embrionario* (desde la concepción hasta la 10.ª semana de embarazo; o desde la concepción hasta la 8.ª semana de desarrollo fetal). ¡Es un período de desarrollo extremadamente importante en el bebé! En este momento, el embrión es más sensible a factores que pueden interferir en su desarrollo. La mayoría de las malformaciones se originan durante este período crítico.

Como indica la ilustración de la página 78, el resultado de este crecimiento es una forma corporal que muestra la cabeza y el área de la cola. Para esta época, se cierra el surco neural, y se forman las primeras cavidades del cerebro. También se están formando los ojos y se pueden apreciar los brotes germinales de las extremidades. Se fusionan los tubos cardíacos, y se inician las contracciones del corazón. Esto se puede ver en una ecografía.

Cambios en usted

ᏹ *Acidez gástrica*

Una de las dolencias más comunes en el embarazo es el malestar que provoca la acidez gástrica (*pirosis*). Puede aparecer temprano aunque, por lo general, se agrava cuando transcurre el embarazo. Por lo general, se debe a un *reflujo* de contenidos gástricos y duodenales hacia el esófago. Esto ocurre con mayor frecuencia durante el embarazo por dos razones: el alimento se mueve más lentamente por los intestinos, y el estómago se comprime a medida que el útero se agranda y sube dentro del abdomen.

Para la mayoría de las mujeres, los síntomas no son graves. Haga comidas pequeñas y frecuentes, y evite algunas posiciones, como inclinarse o acostarse completamente extendida. ¡Una manera segura de tener acidez es comer una comida abundante y luego acostarse! (Esto le sucede a cualquier persona, no sólo a las embarazadas.)

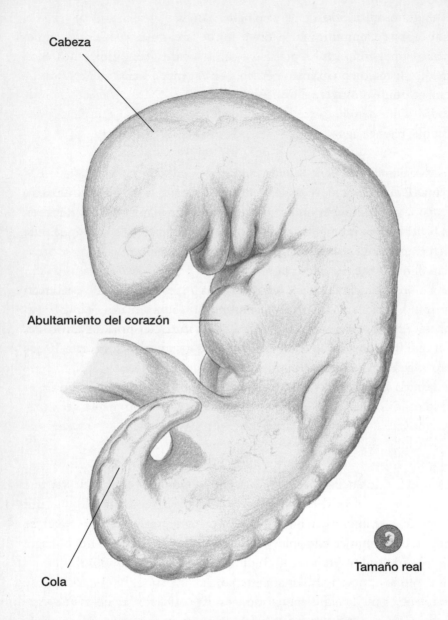

Cabeza

Abultamiento del corazón

Cola

Tamaño real

Embrión de 6 semanas de embarazo (edad fetal: 4 semanas).
Está creciendo rápidamente.

Algunos antiácidos proporcionan considerable alivio, entre ellos el hidróxido de aluminio, el trisilicato de magnesio y el hidróxido de magnesio (Amphojel, Gelusil, leche de magnesia y Maalox) Siga las indicaciones de su médico o las instrucciones del empaque que se refieren al embarazo. ¡No exagere al consumir antiácidos! Evite el bicarbonato de sodio ya que contiene excesivas cantidades de ese mineral, que pueden hacer que retenga agua.

✎ *Estreñimiento*

Durante el embarazo, probablemente cambien sus hábitos intestinales. La mayoría de las mujeres nota cierto estreñimiento, a menudo acompañado de irregularidad en las deposiciones. Las hemorroides aparecen con mayor frecuencia. (Véase la 14.ª semana.)

Usted puede ayudar a evitar los problemas de estreñimiento durante el embarazo: aumente la ingestión de líquidos; también es de ayuda si hace ejercicio. Si tiene problemas, muchos médicos sugieren un laxante suave, como la leche de magnesia o el jugo de ciruelas. Determinados alimentos, como el salvado y las ciruelas, pueden aumentar la fibra en su dieta, lo que puede ayudarla a aliviar el estreñimiento.

No use laxantes distintos a los mencionados sin la aprobación de su médico. Si el estreñimiento es un problema continuo, hable del tratamiento en su visita prenatal. Si está estreñida, trate de no hacer fuerza al evacuar. Esforzarse puede provocarle hemorroides.

Cómo afecta al desarrollo del bebé lo que usted hace

Durante el embarazo, una enfermedad venérea puede dañar al bebé. ¡Es importante tratar cuanto antes cualquier enfermedad de este tipo!

✎ *Infección por herpes simple genital*

Por lo general, durante el embarazo, una infección por herpes es una reinfección, no una primoinfección. La infección en la madre está asociada con mayores riesgos de partos prematuros y de bebés con bajo peso al nacer. Creemos que un bebé puede ser infectado cuando atraviesa el canal de parto. Cuando se rompen las membranas, la infección también puede viajar hacia el útero.

Durante el embarazo, hay tratamientos inocuos contra el herpes genital. Cuando una mujer tiene una infección activa por herpes hacia el final del embarazo, se hace una cesárea para que nazca el bebé.

∂ Infección por candidosis (Vulvovaginitis candidósica)

Las infecciones por candidosis (candidósicas) son más comunes en las embarazadas que en las no embarazadas. No tienen efectos negativos importantes en el embarazo, pero pueden provocar incomodidad y ansiedad.

A veces, es más difícil controlar las infecciones por candidosis durante el embarazo, ya que pueden requerir un tratamiento frecuente o uno más largo (de 10 a 14 días, en lugar de 3 a 7 días). Por lo general, las cremas que se utilizan para el tratamiento son inocuas para el embarazo; no es necesario que su pareja las use.

Un recién nacido puede contagiarse de candidosis bucal después de pasar por el canal de parto infectado con vulvovaginitis candidósica. Se puede tratar eficazmente con nistatina. Evite el uso de fluconazol (Diflucan); puede no ser inocuo para el embarazo.

∂ Vaginitis por tricomonas

Esta infección no tiene efectos importantes en el embarazo. Sin embargo, puede surgir un problema en el tratamiento porque algunos médicos creen que el metronidazol, el fármaco de elección, no debería tomarse en el primer trimestre del embarazo. La mayoría de los doctores recetarán metronidazol para una infección grave después del primer trimestre.

∂ PVH: Papilomavirus humano (Condiloma acuminado)

El papilomavirus humano (PVH) es el virus que produce las verrugas venéreas, también llamadas *condilomas acuminados*. Algunas cepas de PVH causan verrugas genitales; algunas cepas de verrugas genitales pueden provocar cáncer de cuello uterino y cáncer genital.

La citología vaginal que se le realiza en una de las primeras visitas prenatales puede confirmarle que usted no tiene este problema. El PVH es una de las principales causas de citologías vaginales anómalas.

Si usted tiene condilomas acuminados, dígaselo a su médico en su primera cita prenatal. Durante el embarazo se deben evitar ciertos tratamientos, como la extirpación con rayo láser o los ácidos.

Si tiene condilomas acuminados extendidos, puede ser necesaria una cesárea para evitar una gran hemorragia. Los papilomas cutáneos verrugosos a menudo se agrandan durante el embarazo. En casos raros, han bloqueado la vagina en el momento del parto. Además, se ha sabido de bebés que contrajeron *papilomas laríngeos* (pequeños tumores benignos en las cuerdas vocales) después del nacimiento.

ᘓ *Gonorrea*

La gonorrea presenta riesgos para la mujer, su pareja y el bebé, cuando éste pasa por el canal de parto. El bebé puede contagiarse de *conjuntivitis gonocócica*, una infección ocular grave. Para prevenir este problema, se usa colirio en los recién nacidos. También pueden aparecer otras infecciones. Las infecciones gonocócicas de la madre se tratan con penicilina u otros fármacos inocuos para el embarazo.

ᘓ *Sífilis*

La detección de una infección por sífilis es importante para usted, su pareja y el bebé. Por fortuna, esta rara infección es, además, tratable. Si usted nota llagas en sus genitales durante el embarazo, haga que su médico la analice. La sífilis se puede tratar con eficacia con penicilina y otros fármacos inocuos para la gestación.

ᘓ *Clamidiosis*

Tal vez haya oído o leído sobre la clamidiosis. Es una enfermedad venérea común; cada año se infectan entre 3 y 5 millones de personas. Puede ser difícil determinar si usted tiene una infección por clamidias, porque puede no presentar síntomas. La infección es causada por un germen que invade cierto tipo de células sanas. La infección puede contagiarse a través de la actividad sexual, incluido el sexo oral.

Es probable que entre un 20 y un 40% de las mujeres sexualmente activas hayan estado expuestas a las clamidias en algún momento. La infección puede causar problemas graves si no se la trata, pero se evitan con el tratamiento.

La clamidiosis se ve, con mayor frecuencia, entre gente joven que tiene más de una pareja sexual. También en mujeres que tienen otras enfermedades venéreas. Algunos doctores creen que la clamidiosis se puede presentar más comúnmente en mujeres que toman anticonceptivos orales. Los métodos anticonceptivos de barrera, como los diafragmas y los condones con espermicida, pueden ofrecer protección contra la infección.

Consejo para la 6.ª Semana Si tiene preguntas entre una cita prenatal y otra, llame al consultorio del médico. Está bien que lo haga; de hecho, su médico quiere que lo llame para obtener la información médica correcta. Es probable que se sienta más segura cuando sus dudas queden resueltas.

Una de las complicaciones más importantes de la clamidiosis es la enfermedad inflamatoria pélvica (EIP), una infección grave en los órganos genitales superiores, que afecta el útero, las trompas de Falopio y hasta los ovarios. Puede provocar dolor pélvico o puede no presentar ningún síntoma. La EIP puede ser el resultado de una infección no tratada que se expande por toda la zona pélvica. La clamidiosis es una de las causas principales de la EIP. Si una infección por EIP es prolongada o repetitiva, puede dañar los órganos reproductores, las trompas de Falopio y el útero, con formación de adhesiones, y para repararlos puede ser necesaria una cirugía. Si las trompas están dañadas, el tejido cicatricial puede aumentar el riesgo de un embarazo ectópico (tubárico) y puede dificultar el quedar embarazada (esterilidad relativa).

La clamidiosis durante el embarazo. Durante el embarazo, la futura madre puede transmitir la infección al bebé cuando pasa por el canal de parto y la vagina. El bebé tiene entre un 20 y un 50% de probabilidades de contagiarse de la clamidiosis si la madre la tiene. Puede causar una infección ocular, pero se trata con facilidad. Las complicaciones más graves incluyen neumonía, que puede requerir la internación del bebé.

Las investigaciones han demostrado que una infección por clamidias puede estar ligada al embarazo ectópico. Un estudio mostró que el 70% de las mujeres estudiadas que tenían un embarazo ectópico, tenían también clamidiosis. Si una mujer está tratando de quedar embarazada, puede hacerse una prueba para detectar esta enfermedad, que puede tratarse con facilidad.

Pruebas para detectar la clamidiosis. La clamidiosis puede detectarse por medio de un citocultivo, pero como ya dijimos, más de la mitad de las personas infectadas no tiene síntomas. Los síntomas pueden incluir ardor o comezón en el área genital, flujo vaginal, micciones frecuentes o dolorosas, o dolor en el área pélvica. Los hombres también pueden tener síntomas. En el consultorio médico, pueden realizarse pruebas de diagnóstico rápido que, posiblemente, le permitirán conocer el resultado antes de salir de la consulta.

La clamidiosis suele tratarse con tetraciclina, pero este medicamento no debe ser utilizado en mujeres embarazadas. Durante el embarazo, la eritromicina puede ser el medicamento de opción. Después del tratamiento, posiblemente el médico quiera realizar otro cultivo para asegurarse de que ya no hay infección. Si está preocupada por una posible infección por clamidias, su médico puede aconsejarla durante una visita prenatal.

ॐ *VIH y sida*

El VIH (virus de la inmunodeficiencia humana) es el virus causante del síndrome de inmunodeficiencia adquirida (sida); de cada mil mujeres que comienzan un embarazo, dos son seropositivas. Las investigaciones han demostrado que una mujer infectada puede transmitir el virus a su bebé desde la 8.ª semana de embarazo. Es importante que le diga a su médico si es seropositiva o si cree que puede serlo.

No se conoce el número exacto de personas seropositivas, aunque hoy en día se calcula que, solamente en Estados Unidos, podría haber hasta 2 millones de personas infectadas. La epidemia de sida entre las mujeres ha crecido hasta el 20% de todos los casos informados. El sida hace que el individuo que lo padece sea propenso a contagiarse de diversas infecciones y que sea incapaz de luchar contra ellas.

Entre las mujeres con mayor riesgo, se incluyen actuales o antiguas consumidoras de drogas intravenosas y mujeres cuyas parejas sexuales han consumido drogas intravenosas o han participado en actividades bisexuales. Las mujeres que tienen enfermedades venéreas, las que practican la prostitución o las que recibieron transfusiones sanguíneas antes de que se iniciara la detección sistemática corren también mucho riesgo. Si usted no está segura acerca del riesgo que corre, busque asesoramiento sobre cómo determinar si tiene el virus del sida.

Una mujer infectada con el VIH puede no tener síntomas. Puede haber un período de semanas o de meses en que las pruebas no revelen la presencia del virus. En la mayoría de los casos, los anticuerpos se pueden detectar de 6 a 12 semanas después de la exposición. En algunos casos, este período de latencia puede ser de 18 meses. Una vez que la prueba da positivo, una persona puede permanecer sin síntomas durante un período variable. Por cada paciente con sida, creemos que hay de 20 a 30 individuos infectados sin síntomas.

No hay evidencia de transmisión por medio de contacto casual con agua, alimentos o superficies ambientales. No hay evidencia de que el virus se pueda transmitir mediante RhoGAM. (Véase la 16.ª semana.) La madre puede transmitir el VIH al bebé antes del nacimiento o durante el nacimiento. Sabemos que el 90% de los casos de VIH en niños se deben a una transmisión relacionada con el embarazo: de la madre al bebé durante el embarazo, el nacimiento o la lactancia.

El embarazo puede esconder algunos de los síntomas del sida, lo que hace más difícil la detección de la enfermedad. Debido a que puede ser una seria amenaza para un feto, es de vital importancia recibir asesoramiento y apoyo psicológico.

Hay algunas noticias positivas para las mujeres que padecen sida. Sabemos que si la mujer está comenzando a padecer la enfermedad, puede tener un embarazo, parto y trabajo de parto sin problemas. El bebé corre riesgo de infectarse durante el embarazo, el parto o la lactancia. Sin embargo, las investigaciones muestran que el riesgo de que una mujer seropositiva transmita el virus al bebé puede reducirse bastante y casi eliminarse. Si toma AZT durante el embarazo y se le realiza una cesárea, ¡reduce el riesgo de contagiar a su bebé a un 2%! Los estudios no han encontrado anomalías congénitas relacionadas con el uso de estos medicamentos. Sin embargo, si la infección no recibe tratamiento, hay un 25% de probabilidades de que el bebé nazca con el virus.

Pruebas para el sida. La prueba comprende dos procesos: la prueba ELISA y el método Western. ELISA es una prueba de cribado. Si da positivo, se debe confirmar con el método Western. Ambas pruebas se efectúan en sangre para cuantificar los anticuerpos contra el virus, no el propio virus. No se debe considerar positiva ninguna prueba hasta que se haya realizado el método Western. Se cree que es un 99% más sensible y específico.

VIH/sida y embarazo. Si usted es seropositiva, espere que le realicen más pruebas de sangre durante el embarazo. Estas pruebas ayudan a su médico a evaluar el estado de su embarazo. No se recomienda que las mujeres seropositivas amamanten a sus bebés.

Nutrición

Para obtener la nutrición necesaria durante el embarazo, debe ser selectiva al escoger alimentos. *No puede* comer lo que quiera. Para comer los alimentos correctos, en las cantidades correctas, se necesita planificación. Coma alimentos ricos en vitaminas y minerales, en especial hierro, calcio, magnesio, ácido fólico y cinc. También necesita fibra y líquidos para ayudar a aliviar cualquier problema de estreñimiento.

> ### *Cómo entender las porciones de la pirámide alimentaria*
>
> En la actualidad, muchas personas comen de más porque no entienden qué constituye una "porción" o "ración", como lo determina la pirámide alimentaria elaborada por el Departamento de Agricultura de EE. UU. (USDA). Tal vez le parezca difícil comer todas las raciones que necesita para la salud del bebé que está gestando.
>
> Para aprender cuál es el tamaño *correcto* de una ración para cada uno de los grupos de alimentos, como se enumeran aquí, puede consultar el sitio web del USDA, www.cnpp.usda.gov, que indica las porciones reales. Por ejemplo, ¡un panecillo grande puede equivaler, en realidad, a 4 o 5 porciones de granos! Si no tiene acceso a una computadora, pídale al médico que le dé algunas pautas. Probablemente tenga algunos folletos para usted.

A continuación se enumeran agunos de los alimentos que debería comer, y las cantidades para cada uno. Debería tratar de comer estos alimentos todos los días. En las siguientes semanas hablaremos sobre formas de comer lo suficiente de cada grupo. Para encontrar consejos sobre nutrición, revise cada discusión semanal. Los alimentos que ayudan al bebé a crecer y desarrollarse incluyen:

- pan, cereales, pasta y arroz: por lo menos 6 raciones por día
- frutas: 3 o 4 raciones por día
- vegetales: 4 raciones por día
- carne y otras fuentes de proteína: 2 o 3 raciones por día
- productos lácteos: 3 o 4 raciones por día
- grasas, dulces y otros alimentos con calorías sin valor nutritivo: 2 o 3 raciones por día.

Lo que también debería saber

↷ *Su primera visita al médico*

La primera visita al médico puede ser una de las más largas, pues hay que realizar muchas cosas. Si vio a su médico antes del embarazo, tal vez ya hayan hablado sobre algunas de sus preocupaciones.

Pregunte libremente para hacerse una idea de cómo se relacionará el médico con usted y con sus necesidades, lo que es importante a medida que avance el embarazo. Durante la gestación, debería haber un intercambio de ideas. Tenga en cuenta lo que el médico le sugiere y por qué lo hace. Es importante que usted comparta sus sentimientos e ideas. Su médico tiene una experiencia que puede serle útil durante el embarazo.

¿Qué sucederá? ¿Qué debería esperar de esta primera visita? Primero, el médico la interrogará para tener los antecedentes de su salud médica. Esto incluye problemas médicos generales y cualquier problema relacionado con sus antecedentes ginecológicos y obstétricos. Le preguntará acerca de sus menstruaciones y los métodos anticonceptivos recientes. Otra información importante es si ha tenido un aborto provocado o espontáneo, o si ha estado hospitalizada por cuestiones quirúrgicas o de otra índole. Si tiene historias clínicas antiguas, llévelas.

Consejo para Papá Lleve a casa la comida favorita de su esposa, o prepáresela si no sufre muchas náuseas o vómito.

El médico necesita saber acerca de cualquier medicación que consuma o a la que sea alérgica. También pueden ser importante los antecedentes médicos de su familia, para detectar la presencia de diabetes u otras enfermedades crónicas.

Se le hará una exploración física, incluido un examen pélvico y una citología vaginal. Este examen determina si su útero tiene el tamaño apropiado para el momento del embarazo en que se encuentra.

En esta primera visita, o en la siguiente, se pueden hacer las pruebas de laboratorio. Si tiene preguntas, hágalas. Si cree que tendrá un embarazo "de alto riesgo", háblelo con su doctor.

En la mayoría de los casos, se le pedirá que regrese cada cuatro semanas durante los siete primeros meses; después, cada dos semanas hasta el último mes, y luego, cada semana. Si surgen problemas, se pueden programar visitas más frecuentes.

Formas de tener un embarazo magnífico

Cada mujer quiere un embarazo feliz y saludable. ¡Comience ahora para estar segura de que el suyo sea todo lo mejor que puede ser! Intente lo siguiente:

Establezca prioridades: Examine lo que debe hacer para ayudarse a sí misma y a su bebé en gestación. Haga lo que necesite, decida qué más puede hacer y olvídese del resto.

Incluya a otras personas en su embarazo: Cuando incluye a su pareja, a otros miembros de la familia y a sus amigos en el embarazo, los ayuda a comprender por lo que está pasando, así ellos le darán más apoyo y serán más comprensivos.

Trate a los demás con respeto y cariño: Tal vez esté pasando un momento difícil, especialmente al principio del embarazo, Tal vez padezca las náuseas del embarazo. Tal vez le parezca difícil adaptarse al papel de "futura madre". Los demás van a entenderlo si usted dedica tiempo para que sepan cómo se siente. Muestre respeto y reconocimiento por el interés de los demás. Trátelos con amabilidad y cariño, y le responderán de la misma manera.

Cree recuerdos: Hay que planearlo, pero vale la pena. Cuando está embarazada, le parece que va a estar así para siempre. Sin embargo, y se lo decimos por experiencia, pasa muy rápido y pronto va a ser un recuerdo. Tome medidas para documentar los muchos cambios por los que está pasando en este momento, e incluya a su pareja en ello. Haga que él escriba algunos de sus pensamientos y emociones. ¡Tome fotos de él también! Esto le permitirá mirar hacia atrás y compartir los altibajos con él y, en los años por venir, ustedes y sus hijos estarán contentos de que lo haya hecho.

Relájese cuando pueda: Es muy importante que intente ahora disminuir el estrés. Haga cosas que la ayuden a relajarse y concéntrese en lo que es importante en su vida en este momento.

Disfrute este tiempo de preparación: Cuando menos se lo espere, su embarazo ya habrá terminado, usted será madre, ¡con todas las responsabilidades de ser madre y pareja! Tal vez, también tenga otras responsabilidades en su vida personal o profesional. Éste es un momento para concentrarse en su relación de pareja y en la cantidad de cambios que va a experimentar en el futuro próximo.

Enfóquese en lo positivo: Puede oír cosas negativas de sus amigos o de sus familiares, como historias atemorizantes o sucesos tristes. Ignórelos. ¡La mayoría de los embarazos no tienen problemas!

No tenga miedo de pedir ayuda: Su embarazo también es importante para otras personas. Sus amigos y sus familiares estarán contentos si les pide que se involucren.

Busque información: Hoy en día, hay muchas fuentes de información, como libros, artículos de revistas, programas de televisión, entrevistas en radio e Internet.

Sonría: ¡Usted y su pareja son parte de un milagro muy especial!

7.ª Semana

Edad del feto: 5 semanas

Si se acaba de enterar de que está embarazada,
podría empezar por leer los capítulos anteriores.

¿Qué tamaño tiene el bebé?

¡Esta semana el bebé tiene una increíble explosión de crecimiento! Al principio de la 7.ª semana, la longitud de coronilla a nalgas es de 0.16 a 0.2 pulgadas (4 a 5 mm), aproximadamente el tamaño de un perdigón). Hacia el final de la semana, el bebé mide más del doble de ese tamaño, cerca de ½ pulgada (de 1.1 a 1.3 cm).

¿Qué tamaño tiene usted?

Aunque, probablemente, esté bastante ansiosa por mostrar al mundo que está embarazada, puede haber pocos cambios observables aún. Pero llegarán pronto.

Cómo crece y se desarrolla el bebé

Los brotes germinales de las piernas empiezan a parecerse a aletas cortas. Como puede ver en la página 90, los brotes germinales de los brazos son ahora más largos; se han dividido en un segmento para la mano y uno para el brazo y el hombro. La mano y el pie tienen una placa digital, donde se desarrollarán los dedos.

El corazón sobresale del cuerpo. Ya se ha dividido en cámaras, la izquierda y la derecha. En los pulmones ya están presentes los *bronquios* primitivos. Los bronquios son pasajes de aire que hay en los pulmones.

También están creciendo los hemisferios cerebrales, que forman el cerebro. Se están desarrollando los ojos y los orificios nasales.

Se desarrollan los intestinos y está presente el apéndice; también lo está el páncreas, que produce la hormona insulina. Parte del intestino sobresale en el cordón umbilical. Más adelante, durante el desarrollo del bebé, volverá al abdomen.

Cambios en usted

Los cambios ocurren gradualmente. Probablemente, todavía no se le "nota", y la gente no podrá decir que usted está embarazada, a menos que se lo mencione. Es posible que esté aumentando de peso en todo el cuerpo, pero en esta etapa inicial del embarazo, debería ser poco.

Si no ha aumentado de peso o si ha perdido un poco, no es raro. En las próximas semanas se invertirá la tendencia. Tal vez todavía experimente las náuseas del embarazo y otros síntomas de los primeros tiempos de gestación.

Cómo afecta al desarrollo de su bebé lo que usted hace

↣ Uso de medicamentos y preparaciones de venta libre

Muchas personas no consideran que las preparaciones de venta libre sean medicamentos y las toman a voluntad, ya sea que estén embarazadas o no. Algunos investigadores creen que el uso de medicamentos que se venden sin receta médica, o de venta libre, en realidad *aumenta* durante el embarazo.

Los medicamentos y preparaciones de venta libre pueden no ser inocuos durante el embarazo; ¡deben utilizarse con el mismo cuidado que cualquier otro fármaco! Muchas preparaciones de venta libre son combinaciones de medicamentos. Por ejemplo, los analgésicos pueden contener

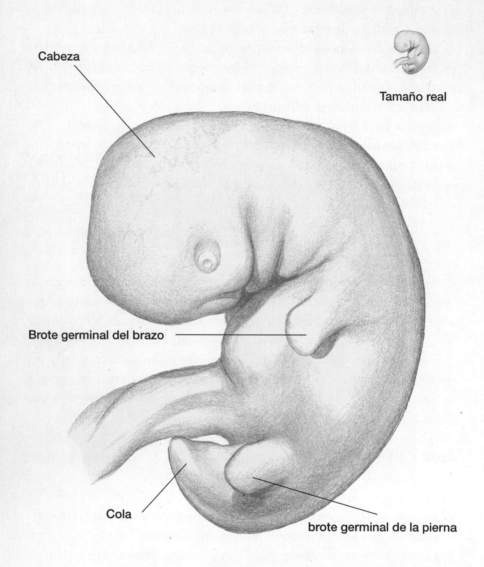

Cabeza

Tamaño real

Brote germinal del brazo

Cola

brote germinal de la pierna

El cerebro del bebé está creciendo y desarrollándose. El corazón se ha dividido en dos cámaras: una derecha y una izquierda.

ácido acetilsalicílico, cafeína y fenacetina. Los jarabes contra la tos y los medicamentos para dormir pueden contener hasta un 25% de alcohol, lo que no es distinto de beber vino o cerveza durante el embarazo.

Hay muy pocos medicamentos de venta libre con los que debe tener cuidado durante el embarazo, entre ellos los que contienen ibuprofeno, (Advil, Motrin y Rufen), naproxeno (Aleve), cetoprofeno (Orudis), famotidina (Pepcid AC), cimetidina (Tagamet HB), hidrocortisona y cualquier otro medicamento que contenga yodo. Debido a que la experiencia en el uso de estos medicamentos durante el embarazo es limitada, es mejor evitarlos. Tómelos *solamente* bajo supervisión médica.

Consejo para la 7.ª Semana No ingiera medicamentos de venta libre por más de 48 horas sin consultar a su médico. Si un problema no se resuelve, su doctor puede tener otro plan de tratamiento para usted.

Lea en las etiquetas de los empaques y en los prospectos sobre su inocuidad durante el embarazo, casi todos los medicamentos tienen esta información. Algunos antiácidos incluyen bicarbonato de sodio, que incrementa el consumo de sodio (puede ser importante evitarlos si tiene problemas de retención de líquidos). Además, pueden provocar estreñimiento y aumento de gases. Algunos antiácidos contienen aluminio, que puede ocasionar estreñimiento y afectar el metabolismo de otros minerales (fosfatos). Otros contienen magnesio, y su uso en exceso puede causar intoxicación por magnesio.

Algunos medicamentos y preparaciones de venta libre se pueden emplear sin problemas durante el embarazo, si se utilizan con prudencia. Consulte la siguiente lista:

- analgésicos: paracetamol o acetaminofeno (Tylenol)
- descongestivos: clorfenamina (Cloro-Trimeton)
- descongestivos nasales en atomizador: oximetazolina (Afrin, Dristan Long-Lasting)
- antitusígenos: dextrometorfano (Robitussin, Vick Fórmula 44)
- alivio para el malestar estomacal: antiácidos (Amphogel, Gelusil, Maalox, leche de Magnesia)
- alivio para el dolor de garganta: pastillas para la garganta (Sucrets)
- laxantes: laxantes a base de fibras (Metamucil, Fiberall)

Si cree que sus síntomas o su molestia son más graves de lo que deberían ser, llame al médico. Siga sus consejos. Además, cuídese bien, haga
ejercicio, coma lo debido y tenga una actitud mental positiva acerca de su
embarazo.

Nutrición

Los productos lácteos son muy importantes durante el embarazo. Contienen calcio, que es esencial para usted y para su bebé. Contienen también
vitamina D, que colabora en la absorción del calcio.

Uso del paracetamol

La mayoría de los médicos y los investigadores creen que es correcto
utilizar el paracetamol, o acetaminofeno, durante el embarazo. ¡Es difícil
no utilizar este fármaco, porque forma parte de más de 200 productos!
Sin embargo, estudios recientes han descubierto que es muy fácil tener
una intoxicación porque, justamente, *se halla* en tantos medicamentos.
Tal vez no se dé cuenta de que lo contienen varios de los productos que
puede utilizar para tratar el mismo problema. Podría ser peligroso tomar
muchos medicamentos para tratar una afección o una enfermedad. Si
está pensando tomar más de un producto que la ayude a aliviar los síntomas que tiene, *lea siempre las etiquetas*. Por ejemplo, tome sólo *un*
medicamento para tratar los síntomas de resfriado o de gripe, ¡y hágalo
siempre en la dosis indicada!

El calcio la ayuda a mantener sanos los huesos, y el bebé lo necesita para desarrollar huesos y dientes fuertes. Durante el embarazo, usted
necesita unos 1200 mg de calcio por día. Otras razones importantes para
incluir suficiente calcio en su dieta son que puede ayudar a prevenir la hipertensión arterial y puede también disminuir el riesgo de preeclampsia.
Además, su cuerpo almacena calcio en la última parte del embarazo para
utilizarlo mientras amamanta.

↜ *¿Cuánto calcio necesita?*

¿Cuánto calcio debería tomar cada día? La recomendación para las mujeres embarazadas es de 1200 mg por día (una vez y media la cantidad recomendada para las mujeres que no están embarazadas). Su vitamina prenatal provee aproximadamente 300 mg, así que asegúrese de comer lo suficiente de los alimentos correctos para obtener los otros 900 mg.

Lea las etiquetas de los alimentos para saber el contenido de calcio que tiene el paquete. Registre el número de miligramos (mg) de calcio que hay en los alimentos que come. Todos los días, escriba la cantidad de calcio de cada uno de los alimentos que consume, y lleve un total continuo para asegurarse de que ingiere 1200 mg por día.

↜ *Algunas buenas fuentes de calcio*

Son buenas fuentes de calcio la leche, el queso, el yogur y el helado. Otros alimentos que contienen calcio son el brócoli, el "bok choy", la col berza, la espinaca, el salmón, las sardinas, los garbanzos, las semillas de sésamo, las almendras, los frijoles secos cocidos, el tofu y la trucha. En la actualidad, algunos alimentos vienen fortificados con calcio, como el jugo de naranja, los panes, los cereales y los granos. Revise los anaqueles de las tiendas de comestibles.

Algunos productos lácteos que puede escoger, y el tamaño de las porciones, incluyen:

• queso cottage: ¾ de taza
• queso procesado (tipo americano): 2 onzas (60 g)
• quesos duros (parmesano o romano): 1 onza (30 g)
• flan o budín: 1 taza
• leche (entera, 2%, 1%, descremada): 8 onzas (240 ml)
• queso natural (cheddar): 1 ½ onzas (45 g)
• yogur (natural o saborizado): 1 taza

Si quiere mantener bajo el consumo de calorías, escoja productos lácteos semidescremados. Algunas opciones son: leche, yogur y queso semidescremados. En estos productos el contenido de calcio no varía.

✂ Otras formas de obtener calcio

La cantidad de calcio de su dieta puede aumentar de otras formas. Añada leche en polvo descremada a sus recetas, como sopas, puré de papas y carne mechada. Prepare batidos de fruta con frutas frescas y leche; añada una cucharada de leche helada, yogur congelado o helado. Cocine arroz y avena en leche descremada o semidescremada.

✂ Algunas precauciones con el calcio

Algunos alimentos interfieren en la absorción de calcio. La sal, el té, el café, las proteínas y el pan sin levadura disminuyen la cantidad de calcio absorbido.

Si su doctor decide que necesita un aporte complementario de calcio, una buena opción es el carbonato de calcio combinado con magnesio (para ayudar a absorber el calcio). Evite cualquier aporte complementario derivado de huesos de animales, conchas de ostra o dolomita, porque pueden contener plomo.

Nota: Su cuerpo no puede absorber más de 500 mg de calcio por vez, así que reparta su consumo a lo largo del día. Si su desayuno consiste en jugo de naranja fortificado con calcio, pan fortificado con calcio, cereal con leche y un yogur, tal vez esté consumiendo más de 500 mg; pero su cuerpo no podrá absorberlo todo.

Consejo para Papa

Compre un regalo para su pareja y el bebé.

✂ Aportes complementarios de calcio

Algunos médicos recetan un aporte complementario de calcio. El calcio es importante para todas las mujeres embarazadas. Ayuda a construir huesos y dientes fuertes en el bebé y la ayuda a mantener sanos los huesos. Durante el embarazo, necesita entre 1200 y 1500 mg por día. Esto representa 3 o 4 vasos diarios de leche descremada.

✂ Intolerancia a la lactosa

Si sufre de intolerancia a la lactosa, hay muchas fuentes de calcio disponibles. Como ya mencionamos, busque productos fortificados con calcio. La leche de arroz y la leche de soja proporcionan calcio y vitamina D. Si le gusta el queso, los quesos duros como el cheddar, gouda, parmesano y suizo, tienen un menor contenido de lactosa.

El Lactaid (enzima lactasa), un medicamento de venta libre, contiene una enzima natural que ayuda al cuerpo a descomponer la lactosa, el azúcar complejo que se encuentra en productos y alimentos. Cuando no se digiere bien la lactosa, puede causar gases, inflamación, cólicos y diarrea. No existen advertencias ni precauciones sobre el uso de este medicamento durante el embarazo; sin embargo, pregúntele a su médico *antes* de usarlo.

Advertencia sobre la listeriosis

Evite la leche no pasteurizada y cualquier alimento hecho con leche no pasteurizada. Evite también los quesos blandos como el camembert, el brie, el feta y el roquefort. Estos productos son una fuente común de *listeriosis*, una forma de intoxicación por alimentos. Pueden tener listeriosis las carnes de ave, las carnes rojas, los mariscos, las carnes procesadas y las salchichas mal cocidas. Cocine perfectamente bien la carne y los mariscos antes de consumirlos. Caliente bien las carnes procesadas hasta que humeen. Tenga cuidado con la contaminación cruzada de los alimentos. Si coloca mariscos o salchichas crudos sobre una encimera u otra superficie durante su preparación, lávela a fondo con agua y jabón, o con un desinfectante, *antes* de colocar otro alimento sobre ella.

¿necesita hierro adicional?

Casi todas las dietas que proporcionan bastantes calorías para aumentar de peso adecuadamente contienen los minerales suficientes (menos hierro) para evitar una deficiencia de minerales. Durante el embarazo, aumentan sus necesidades de hierro. Muy pocas mujeres tienen reservas suficientes para satisfacer las demandas de la gestación. Durante un embarazo normal, el volumen sanguíneo aumenta en un 50%, y se requiere una gran cantidad de hierro para producir esos glóbulos rojos adicionales.

Las necesidades de hierro son más importantes en la segunda mitad del embarazo. La mayoría de las mujeres no necesitan aportes complementarios de hierro durante el primer trimestre. Si se lo recetan en esa etapa, puede empeorar los síntomas de náuseas y vómitos.

El contenido de hierro de las vitaminas prenatales puede irritar su estómago. Los aportes complementarios de este mineral pueden, además,

Vitaminas prenatales

Por lo general, durante el embarazo, se recetan vitaminas prenatales a todas las embarazadas. Algunas mujeres comienzan a tomarlas mientras están tratando de concebir. Estos aportes complementarios contienen las cantidades diarias de vitaminas y minerales recomendadas durante el embarazo.

La vitamina prenatal es diferente de una vitamina normal debido a su contenido de hierro y ácido fólico, que son los aportes complementarios más importantes durante el embarazo. A veces, las vitaminas prenatales se toleran mejor si las toma con las comidas o, por la noche, antes de acostarse.

Estas vitaminas contienen muchos ingredientes esenciales para el desarrollo del bebé y para que su buena salud se mantenga constante. Por eso debe tomarlas todos los días hasta que nazca el bebé. Una vitamina prenatal típica contiene lo siguiente:

- calcio, para construir los huesos y dientes del bebé, y para ayudar a fortalecer los suyos
- cobre, para prevenir la anemia, y para ayudar en la formación de los huesos del bebé
- ácido fólico, para reducir el riesgo de anomalías del tubo neural y para ayudar en la formación de glóbulos rojos
- yodo, para ayudar a controlar el metabolismo
- vitamina A, para la salud general y el metabolismo
- vitamina B_1, para la salud general y el metabolismo
- vitamina B_2, para la salud general y el metabolismo
- vitamina B_3, para la salud general y el metabolismo
- vitamina B_6, para la salud general y el metabolismo
- vitamina B_{12}, para estimular la formación de sangre
- vitamina C, para ayudar a su cuerpo a absorber el hierro
- vitamina D, para fortalecer los huesos y los dientes del bebé, y para ayudar a que su cuerpo utilice el fósforo y el calcio
- vitamina E, para la salud general y el metabolismo
- cinc, para ayudar a equilibrar los fluidos del cuerpo y para colaborar con la función muscular y nerviosa

causarle estreñimiento. Aunque los necesite, posiblemente no pueda tomarlos hasta después del primer trimestre.

⁓ Cinc

Las investigaciones han descubierto que el cinc puede serle útil a una embarazada delgada o de bajo peso. Creemos que este mineral ayuda a las mujeres delgadas a aumentar sus posibilidades de tener un bebé más grande y saludable.

꒰ *Aportes complementarios de fluoruro*

No es muy claro el valor del fluoruro y de los aportes complementarios de fluoruro en una embarazada. Algunos investigadores creen que estos aportes, durante el embarazo, dan como resultado una dentadura mejor en el bebé; pero no todos están de acuerdo. No se ha probado que estos aportes en una mujer embarazada sean perjudiciales para el bebé. Algunas vitaminas prenatales contienen fluoruro.

Lo que también debería saber

꒰ *Intimidad sexual durante el embarazo*

Muchas parejas se preguntan si es sensato o aceptable mantener relaciones sexuales durante el embarazo. Por lo general, las relaciones sexuales están bien para una embarazada sana y su pareja.

El sexo no significa sólo el coito. Hay muchas formas en las que las parejas pueden ser sensuales, entre ellas masajearse el uno al otro, bañarse juntos y hablar sobre sexo. No importa lo que haga, sea sincera con su pareja sobre lo que siente; ¡y mantenga el sentido del humor!

¿Puede dañar al bebé el sexo durante el embarazo? Muchos hombres se preguntan si la actividad sexual puede dañar a un bebé en desarrollo. Ni el coito ni el orgasmo deberían ser un problema si tienen un embarazo de poco riesgo.

El bebé está bien protegido por el saco y el líquido amnióticos. Los músculos uterinos son fuertes y protegen al bebé. Un grueso tapón mucoso sella el cuello del útero, y ayuda a protegerlo contra infecciones.

Si tiene dudas, expóngalas durante una consulta prenatal. Puede ser especialmente útil que su pareja la acompañe a las citas. Si no lo hace, y el médico le da el visto bueno, asegúrele que no debería haber problemas.

La actividad sexual frecuente no debería ser perjudicial para un embarazo saludable. Por lo general, una pareja puede continuar con el nivel de actividad sexual al que están acostumbrados. Si esto le preocupa, háblelo con su médico.

Algunos doctores recomiendan la abstinencia de relaciones sexuales durante las cuatro últimas semanas de gestación, pero no todos los médicos están de acuerdo. Háblelo con su doctor.

8.ª Semana

Edad del feto: 6 semanas

Si se acaba de enterar de que está embarazada,
podría empezar por leer los capítulos anteriores.

¿Qué tamaño tiene el bebé?

Hacia la octava semana, la longitud de coronilla a nalgas del bebé es de ½ a
¾ pulgada (de 1.4 a 2.0 cm), o sea, aproximadamente el tamaño de un
frijol pinto.

¿Qué tamaño tiene usted?

Su útero está agrandándose, pero probablemente todavía no es lo bastante
grande para que se note, en especial si éste es su primer embarazo. Notará
un cambio gradual en la cintura y en cómo le queda la ropa. Su doctor verá que su útero ha crecido, si le practica un examen pélvico.

Consejo para la 8.ª Semana

Lávese bien las manos varias veces al día, en especial, después de manejar carne cruda o de ir al baño. Esta sencilla actividad puede ayudar a evitar la propagación de muchos virus y bacterias que causan infecciones.

Cómo crece y se desarrolla el bebé

Durante estas primeras semanas, el bebé sigue creciendo y cambiando con rapidez. Compare la ilustración de la página 100 con la correspondiente a la 7.ª semana de embarazo. ¿Puede ver los increíbles cambios?

Se están formando los pliegues de los párpados, y están empezando a desarrollarse las neuronas de la retina. Está presente la punta de la nariz y se están formando los oídos y las orejas.

En el corazón están presentes y son diferenciables la válvula aórtica y la pulmonar. Los tubos que van de la tráquea a la parte funcional de los pulmones están ramificados, como las ramas de un árbol. La zona del tronco se está agrandando y enderezando.

Están presentes los codos, y los brazos y las piernas se extienden hacia adelante. Los brazos se han alargado y se doblan en los codos y se curvan ligeramente sobre el corazón. En las manos están marcados los rayos digitales que se convierten en los dedos. En los pies también están presentes los rayos de los dedos.

Cambios en usted

↬ *Cambios en el útero*

Antes del embarazo, el útero tenía, aproximadamente, el tamaño de su puño. Después de 6 semanas de crecimiento, tiene el tamaño aproximado de una toronja. A medida que avanza la gestación y le crece el útero, tal vez sienta calambres o, incluso, dolor en el bajo vientre o en los costados. Algunas mujeres sienten tensión o contracciones en el útero.

Durante el embarazo el útero se tensa o se contrae. Si no lo siente, no se preocupe. Sin embargo, cuando las contracciones van acompañadas por pérdida de sangre por la vagina, llame al doctor.

↬ *Ciática*

A medida que avanza el embarazo, muchas mujeres experimentan un dolor atroz ocasional en las nalgas y en la parte posterior o lateral de las piernas. Esto se denomina *ciática*. El nervio ciático mayor corre detrás del útero, en la pelvis, hasta las piernas. Se cree que el dolor se debe a la presión que ejerce el útero, que crece y se expande, sobre el nervio.

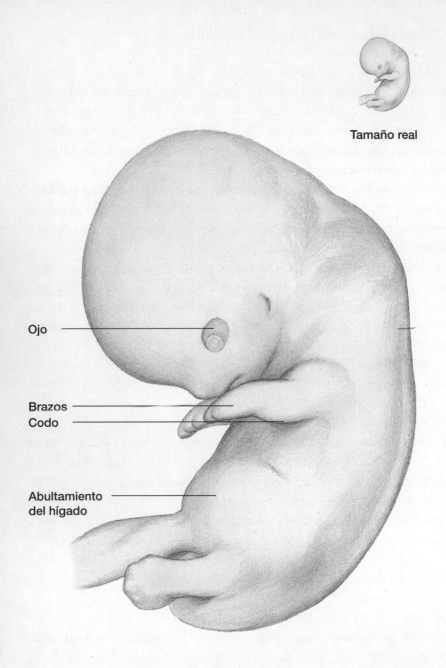

Tamaño real

Ojo

Brazos
Codo

Abultamiento
del hígado

Embrión a las 8 semanas (edad fetal: 6 semanas). La longitud de coronilla a nalgas es de alrededor de ¾ pulgada (20 mm). Los brazos son
más largos y se doblan en los codos.

El mejor tratamiento para el dolor es acostarse sobre el lado opuesto, lo que ayuda a aliviar la presión sobre el nervio.

Cómo afecta al desarrollo del bebé lo que usted hace

↭ *Evite el Accutane*

Durante el embarazo, algunas mujeres notan una mejoría en su acné; pero esto no les ocurre a todas.

Para el tratamiento del acné, se receta comúnmente Accutane (isotretinoína). **¡No tome Accutane durante la gestación!** Si se toma durante el primer trimestre, este medicamento es responsable de una mayor frecuencia de abortos y malformaciones del feto.

Si usted está embarazada o piensa que podría estarlo, no tome Accutane. Si usa este producto, utilice un método anticonceptivo confiable para evitar el embarazo.

↭ *Aborto*

Un *aborto* ocurre cuando el embarazo termina antes de que el embrión o feto pueda sobrevivir por sí mismo fuera del útero, durante las 20 primeras semanas de gestación. Después de las 20 semanas, la pérdida del embarazo se denomina *parto de un feto muerto*. Casi todas las embarazadas piensan en el aborto durante la gestación, pero ocurre sólo en un 15% de los embarazos.

Algunos síntomas comunes de aborto. Algunos de los signos a los que debe estar atenta, porque pueden indicar la posibilidad de un aborto, incluyen:

- pérdida de sangre por la vagina
- calambres
- dolor intermitente
- dolor que comienza en la región baja de la espalda y se traslada al bajo vientre
- pérdida de tejido

¿Qué provoca un aborto? Usualmente, no sabemos qué causa un aborto y, a menudo, no podemos determinarlo. El hallazgo más común en los abortos prematuros es una anomalía en el desarrollo del embrión. Los estudios indican que más de la mitad de estos abortos tienen anomalías cromosómicas.

Muchos factores pueden afectar al embrión y su ambiente, entre ellos la radiación, las sustancias químicas (drogas o fármacos) y las infecciones. Conocidos como *teratógenos*, estos factores adversos se estudian a fondo en la 4.ª semana.

Se cree que varios factores maternos son importantes en algunos abortos. Por ejemplo, en los abortos espontáneos han sido implicadas infecciones no usuales, como la listeriosis, la toxoplasmosis y la sífilis.

No tenemos evidencia de que la deficiencia de cualquier nutriente específico o, incluso, una deficiencia moderada de todos los nutrientes provoquen un aborto. Las mujeres que fuman tienen una tasa más elevada. También se culpa al alcohol por un aumento en los abortos.

Se ha relacionado el trauma por un accidente o por una intervención quirúrgica importante con un aumento de los abortos, aunque es difícil verificarlo. Un cuello uterino insuficiente –véase la 24.ª semana– es una causa de pérdida del embarazo después del primer trimestre. Muchas mujeres han culpado por un aborto a los trastornos o traumas emocionales, pero es muy difícil de demostrar.

A continuación se presentan distintos tipos de abortos y sus causas. Se los incluye para alertarla sobre qué debe esperar si presenta cualquier síntoma de aborto. Si tiene dudas, hable con su médico.

Consejo para el Papá

Si tienen mascotas, encárguese de atenderlas durante el embarazo de su pareja. Cambie la caja de arena del gato (ella *nunca* debería hacerlo mientras esté embarazada). Pasee al perro (los tirones en la correa podrían lastimarle la espalda). Compre el alimento y otros artículos (para que su espalda no sufra las tensiones de levantar pesadas bolsas de alimento). Haga las citas con el veterinario y lleve a su mascota.

Amenaza de aborto. Se presume la amenaza de aborto cuando, durante la primera mitad del embarazo, sale un flujo sanguinolento de la vagina. La pérdida puede durar algunos días o, incluso, semanas. Puede no haber calambres ni dolor. El dolor puede parecerse al de la menstruación o a un ligero dolor de espalda. Todo lo que puede hacer es recostarse, aunque estar en movimiento no provoca un aborto. No existen procedimientos ni medicamentos que impidan que una mujer aborte.

La amenaza de aborto es un diagnóstico común, porque el 20% de las mujeres tienen hemorragias durante el principio del embarazo, pero no todas abortan.

Aborto inevitable. Un aborto inevitable ocurre con la ruptura de las membranas, dilatación del cuello del útero y paso de coágulos de sangre e, incluso, tejido. En estas circunstancias, el aborto es casi seguro. Por lo general, el útero se contrae expulsando al feto o los productos de la concepción.

Aborto incompleto. En un aborto incompleto, no todo el embarazo se pierde a la vez. Se pierde parte del embarazo, mientras que otra parte permanece en el útero. La hemorragia puede ser intensa y continúa hasta que el útero quede vacío.

Aborto retenido. Un aborto retenido puede ocurrir con la retención prolongada de un embrión que murió mucho antes. Puede no haber síntomas ni pérdida de sangre. Usualmente transcurren semanas desde el momento en que fracasa el embarazo hasta que se descubre el aborto.

Aborto habitual. Este término se refiere usualmente a tres o más abortos consecutivos.

Si tiene problemas. Si tiene problemas, ¡notifíquelo de inmediato a su médico! Normalmente, primero aparece la pérdida de sangre, seguida de calambres. Debe considerarse la posibilidad de un embarazo ectópico. Para identificar un embarazo normal, puede ser útil realizar una hCG cuantitativa, aunque, por lo general, no conviene tener un único valor. Su médico necesita repetir la prueba durante un período de varios días.

La ecografía puede ser útil si tiene más de cinco semanas de gestación. Aunque usted siga sangrando, puede darle mucha tranquilidad ver que el corazón de su bebé late y que su embarazo tiene apariencia normal. Si la primera ecografía no es tranquilizadora, se le puede pedir que espere una semana o diez días, y luego repita la ecografía.

Cuanto más tiempo tenga pérdidas y calambres, más posibilidades tiene de sufrir un aborto. Si usted pierde todo el embarazo, se detiene la hemorragia y se pasan los calambres, entonces habrá terminado el caso. Sin embargo, si no se expulsó todo, puede ser necesario realizar una *dilatación* y *un legrado* para vaciar el útero. Es preferible hacer esto, así no tiene que sangrar durante mucho tiempo, arriesgándose a tener anemia y una infección.

A algunas mujeres se les receta progesterona para ayudarlas a conservar un embarazo. El uso de este producto para prevenir abortos es controvertido. Los médicos no se ponen de acuerdo sobre su uso o su efectividad.

Sensibilidad al factor Rh y aborto. Si usted es Rh negativa y tiene un aborto, necesitará recibir RhoGAM. Esto *sólo* se aplica si usted es Rh negativo. El RhoGAM se administra para protegerla contra la producción de anticuerpos para la sangre Rh positiva. (Esto se estudia en la 16.ª semana.)

Si tiene un aborto. Un aborto puede ser traumático; dos abortos seguidos pueden ser muy difíciles de enfrentar. En gran parte de los casos, los abortos repetidos ocurren por azar o "mala suerte".

La mayoría de los médicos no recomienda realizar pruebas para tratar de determinar la causa de un aborto, a menos que se hayan sufrido tres o más. Se puede hacer un análisis de cromosomas y se pueden realizar otras pruebas para investigar la posibilidad de infecciones, diabetes y lupus.

No se culpe a sí misma ni a su pareja por un aborto. Por lo general, es imposible hacer una retrospectiva de todo lo que ha hecho o ha comido, o a lo que se ha expuesto y hallar la causa del aborto.

Nutrición

Es difícil comer alimentos nutritivos en *cada* comida. Tal vez no reciba siempre los nutrientes que necesita, en las cantidades que necesita. En la página contigua encontrará una tabla que muestra de dónde puede obtener los nutrientes que debería estar ingiriendo cada día. Su vitamina prenatal *no* es un sustituto de la comida, así que no cuente con que le proporcione las vitaminas y los minerales esenciales. ¡La comida también es importante!

Fuentes de nutrientes de alimentos

Nutriente (necesidad diaria)	Fuentes de alimentos
Calcio (1200 mg)	productos lácteos, verduras de hoja oscura, frijoles y arvejas secos, tofu
Ácido fólico (0.4 mg)	hígado, frijoles y arvejas secos, huevos, brócoli, productos de grano entero, naranjas, jugo de naranja
Hierro (30 mg)	pescado, hígado, carne, carne de ave, yema de huevo, nueces, frijoles y arvejas secos, verduras de hoja oscura, frutas deshidratadas
Magnesio (320 mg)	frijoles y arvejas secos, cacao, mariscos, productos de grano entero, nueces
Vitamina B_6 (2.2 mg)	productos de grano entero, hígado, carne
Vitamina E (10 mg)	leche, huevos, carne, pescado, cereales, verduras de hoja, aceites vegetales
Cinc (15 mg)	mariscos, carne, nueces, leche, frijoles y arvejas secos

Lo que también debería saber

∼ Pruebas de laboratorio que puede ordenar su médico

En su primera o segunda visita al médico, se le harán análisis habituales. Se le hará un examen pélvico, que incluye una citología vaginal. Otras pruebas incluyen un hemograma completo, un análisis de orina y un urocultivo, serología para sífilis (VDRL o ART) y cultivos de cuello uterino, según se indique. Muchos doctores analizan la glucemia (en busca de diabetes); también pueden pedir análisis de la inmunidad contra rubéola. También se comprueban su grupo sanguíneo y el factor Rh.

Cuando es necesario, se realizan otras pruebas. No se hacen en cada visita, sino al principio del embarazo y cuando se necesitan. En la actualidad, es habitual hacer análisis para determinar la presencia de hepatitis.

∼ Toxoplasmosis

Si usted tiene gatos, puede estar preocupada por la *toxoplasmosis*. Esta enfermedad se transmite por comer carne cruda e infectada, o por el contacto con heces de gato infectadas. Puede atravesar la placenta hasta el bebé. Por lo general, la infección en la madre no tiene síntomas.

La infección durante el embarazo puede originar un aborto o un bebé infectado al momento de nacer. Para tratar la toxoplasmosis, se pueden usar antibióticos, como la pirimetamina, la sulfadiacina y la eritromicina, aunque el mejor plan es la prevención. Las medidas higiénicas impiden la transmisión de la enfermedad.

Evite la exposición a las heces del gato (haga que alguien cambie la caja de arena). Lávese bien las manos después de acariciar al gato, y evite que

Afecciones médicas y medicamentos "inocuos" para usar durante el embarazo

Afección	Fármacos de elección inocuos
Acné	peróxido de benzoilo (gel), clindamicina (gel), eritromicina (gel)
Asma	inhaladores: antiadrenérgicos beta, corticoesteroides, cromoglicato, ipratropio
Cefalea	paracetamol (acetaminofeno)
Depresión	fluoxetina, antidepresivos tricíclicos
Hipertensión	hidralacina, metildopa
Hipertiroidismo	propiltiouracilo
Infección bacteriana	cefalosporinas, clindamicina, asociación de trimetoprima y sulfametoxazol, eritromicina, nitrofurantoína
Jaqueca	codeína, dimenhidranato
Náuseas y vómitos	doxilamina más piroxidina
Tos	pastillas contra la tos, dextrometorfano, difenhidramina, codeína (por poco tiempo)
Trastorno bipolar	clorpromacina, nitrofurantoína
Úlcera péptica	antiácidos, ranitidina

se suba a las encimeras y las mesas. Lávese las manos después de estar en contacto con carne y con tierra. Cocine bien toda la carne. Evite la contaminación cruzada de alimentos mientras los prepara o los cocina.

9.ª Semana

Edad del feto: 7 semanas

Si se acaba de enterar de que está embarazada,
podría empezar por leer los capítulos anteriores.

¿Que tamaño tiene el bebé?

La longitud del embrión de coronilla a nalgas es de 1 a 1 ½ pulgadas (de
2,2 a 3.0 cm); aproximadamente, el tamaño de una aceituna mediana.

¿Qué tamaño tiene usted?

Cada semana su útero se agranda con el bebé que crece en su interior. En
este momento, puede empezar a notar que su cintura se está engrosando.
Un examen pélvico detectará un útero un poco más grande que una
toronja.

Cómo crece y se desarrolla el bebé

Si pudiera mirar dentro de su útero, vería muchos cambios en el bebé. La
ilustración de la página 109 muestra algunos de ellos.

Los brazos y las piernas del bebé son más largos. Las manos están flexionadas en la muñeca y se encuentran sobre el área del corazón. Siguen extendiéndose frente al cuerpo. Los dedos son más largos, y las puntas están ligeramente hinchadas en donde se están formando las yemas de los dedos. Los pies se están aproximando a la línea media del cuerpo, y pueden ser lo bastante largos para encontrarse frente al torso.

La cabeza está más erguida, y el cuello, más desarrollado. Los párpados casi cubren los ojos que, hasta este momento, han estado descubiertos. Las orejas son evidentes y están bien formadas. Ahora el bebé mueve el cuerpo y las extremidades. Este movimiento puede apreciarse durante una ecografía.

El bebé se reconoce más como ser humano, aunque aún es demasiado pequeño. Probablemente sea imposible distinguir un niño de una niña. Los órganos externos (genitales externos) masculinos y femeninos parecen muy similares, y no se distinguirán por algunas semanas más.

Cambios en usted

༈ Aumento de peso

Casi todas las mujeres se interesan mucho por su peso durante el embarazo; muchas lo vigilan de cerca. Por raro que parezca, aumentar de peso es una forma importante de vigilar el bienestar del bebé en gestación. Aun cuando su aumento de peso pueda ser pequeño, su cuerpo está creciendo.

¿Cómo se distribuye el aumento de peso durante el embarazo?

12 libras (5 kilos)	Reservas maternas (grasa, proteínas y otros nutrientes)
4 libras (2 kilos)	Mayor volumen de fluidos
2 libras (1 kilo)	Crecimiento de mamas
2 libras (1 kilo)	Útero
7½ libras (3 kilos)	Bebé
2 libras (1 kilo)	Líquido amniótico
1½ libras (700 grs)	Placenta (conecta a la madre con el bebé; lleva el alimento al bebé y elimina los desechos)

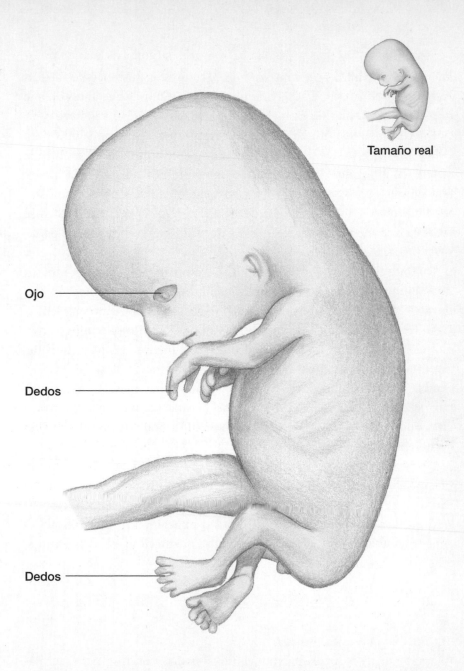

Tamaño real

Ojo

Dedos

Dedos

Embrión a 9 semanas de embarazo (edad fetal: 46 a 49 días). Están formados los dedos de los pies, y éstos son más reconocibles. La longitud de coronilla a nalgas es de 1 pulgada (25 mm).

✑ Mayor volumen sanguíneo

Durante el embarazo, su sistema sanguíneo cambia de manera espectacular. El volumen de la sangre aumenta mucho: un 50% más que antes de que quedara embarazada. Sin embargo, esta cantidad varía de una mujer a otra.

Un volumen sanguíneo mayor es importante. Está concebido para cubrir las necesidades del útero que crece. Este aumento no incluye la sangre del embrión, cuya circulación se realiza por separado (la sangre fetal no se mezcla con la suya). Una mayor cantidad de sangre en su sistema los protege a usted y al bebé de efectos perjudiciales cuando usted se recuesta o se levanta. Es también una garantía durante el trabajo de parto, y el parto, cuando se pierde sangre.

Durante el primer trimestre, empieza el aumento del volumen sanguíneo; durante el segundo trimestre, tiene lugar el aumento más grande; durante el tercero, el incremento se mantiene, pero a un ritmo más lento.

La sangre se compone de líquido (plasma) y glóbulos (glóbulos rojos y glóbulos blancos). Tanto el plasma como los glóbulos cumplen un papel importante en el funcionamiento corporal.

El líquido y los glóbulos aumentan en grados diferentes. Por lo general, hay un aumento inicial en el volumen del plasma, seguido de un aumento en el número de glóbulos rojos. El aumento de glóbulos rojos incrementa las necesidades corporales de hierro.

Durante el embarazo, aumentan tanto los glóbulos rojos como el plasma, pero éste aumenta más. Este incremento del plasma puede causar anemia. Si usted está anémica, en especial durante la gestación, se siente cansada, se fatiga con facilidad o experimenta una sensación general de mala salud. (Para buscar más información sobre la anemia, véase la 22.ª semana.)

Cómo afecta al desarrollo del bebé lo que usted hace

✑ Saunas, jacuzzis y baños termales

Algunas mujeres se preocupan por el uso de saunas, *jacuzzis* y baños termales durante el embarazo. Quieren saber si pueden relajarse de esta manera.

Le recomendamos que no utilice saunas, ni *jacuzzis* ni baños termales. Su bebé depende de usted para mantener la temperatura corporal correcta. Si su temperatura corporal se eleva demasiado, y se mantiene así durante un período prolongado, puede dañar al bebé si ocurre en varios momentos fundamentales del desarrollo. Espere hasta que más investigaciones médicas determinen que no es perjudicial para el bebé.

ᔥ *Mantas eléctricas*

Ha habido bastante controversia sobre el uso de mantas eléctricas para mantenerse caliente durante el embarazo. Todavía hay muchos desacuerdos y discusiones sobre su seguridad. Algunos expertos ponen en duda si estas mantas pueden causar problemas de salud.

Consejo para la 9.ª Semana Hay un viejo cuento que dice que si una mujer, cuando está embarazada, se hace la permanente en el cabello , éste no se va a ondular. La única precaución que debe tener es que, si la afectan los olores, los gases que salen de la permanente o de las tinturas para el cabello podrían hacerla sentir mal.

Las mantas eléctricas producen un campo electromagnético de baja frecuencia. El feto puede ser más sensible a estos campos electromagnéticos que un adulto.

Como los investigadores no están seguros sobre los "niveles aceptables" de exposición para una mujer embarazada y el bebé, la alternativa más segura es no utilizar una manta eléctrica durante el embarazo. Hay otras formas de mantener el calor, como utilizar edredones de plumas y mantas de lana. Utilizar estas últimas es una mejor opción.

ᔥ *Hornos de microondas*

Algunas mujeres se preguntan si es sano utilizar hornos de microondas. ¿Están expuestas a la radiación? Los hornos de microondas son útiles para las personas ocupadas que preparan comidas. Sin embargo, no sabemos si existe peligro para usted si lo utiliza estando embarazada. Se necesita más investigación.

Las primeras investigaciones indican que los tejidos que se desarrollan en el cuerpo, que incluirían al feto, pueden ser particularmente sensibles a los efectos de las microondas. Un horno de microondas calienta los tejidos desde el interior. Siga las instrucciones de su horno y no se ponga cerca o, directamente, delante de él mientras esté en uso.

Nutrición

Las frutas y los vegetales son importantes durante el embarazo. Con ellos es muy fácil hacer una dieta más variada, ya que hay clases diferentes disponibles para cada estación. Son una fuente excelente de vitaminas, minerales y fibra. Comer una variedad de ellos puede proporcionarle hierro, ácido fólico, calcio y vitamina C.

Fuentes de vitamina C deliciosas e hipocalóricas

Hay cinco fuentes excelentes de vitamina C fáciles de añadir a su dieta y, si usted está tratando de cuidar su peso, ¡son también hipocalóricas! Pruebe lo siguiente:

- fresas: 1 taza contiene 94 mg de vitamina C
- jugo de naranja: 1 taza contiene 82 mg de vitamina C
- kiwi: 1, mediano, contiene 74 mg de vitamina C
- brócoli: ½ taza, cocido, contiene 58 mg de vitamina C
- pimientos rojos: 1/4 de un pimiento rojo mediano contiene 57 mg de vitamina C

La vitamina C es importante

La vitamina C puede ser muy importante durante el embarazo. Lo es para el desarrollo del tejido fetal y para la absorción de hierro. Investigaciones recientes indican que la vitamina C puede ayudar a prevenir la preeclampsia. Las deficiencias de esta vitamina se han relacionado, también, con el parto prematuro, ya que la vitamina C ayuda a construir el saco amniótico. La dosis diaria recomendada es de 85 mg: un poco más de lo que contiene su vitamina prenatal. Puede obtener la cantidad adicional que necesita comiendo frutas y verduras ricas en esa vitamina.

Para obtener hierro, fibra y ácido fólico adicional, coma todos los días una o dos raciones de frutas ricas en vitamina C y, por lo menos, una verdura verde oscura o amarilla. Las frutas y los vegetales que puede escoger, y las porciones recomendadas, incluyen los siguientes:

- uvas: ¾ de taza
- plátano, naranja, manzana: 1, mediano

- frutas deshidratadas: ¼ de taza
- jugos de frutas: ½ taza
- fruta cocida o enlatada: ½ taza
- brócoli, zanahoria u otras verduras: ½ taza
- papa: 1, mediana
- verduras de hoja verde: 1 taza
- jugos de verduras: ¾ de taza

No ingiera más que la dosis recomendada de vitamina C; demasiada puede causarle calambres estomacales y diarrea. También puede afectar de forma negativa el metabolismo del bebé.

Lo que también debería saber

✑ *¡Tener un bebé cuesta dinero!*

Toda pareja quiere saber cuánto costará tener un bebé. En realidad, esta pregunta tiene dos respuestas: cuesta mucho, y el costo varía de un lugar a otro del país.

Para determinar cuánto cuesta tener un bebé en donde usted vive, necesita considerar varios factores diferentes. Tener un seguro constituye una gran diferencia. Si no lo tiene, tendrá que pagar todo. Si lo tiene, deberá verificar algunas cosas. Haga las siguientes preguntas al empleador:

- ¿Qué tipo de cobertura tengo?
- ¿Tiene beneficios por maternidad? ¿Cuáles?
- ¿Cubren esos beneficios una cesárea?
- ¿Qué clase de cobertura hay para un embarazo de alto riesgo?
- ¿Tengo que pagar una franquicia? Si es así, ¿de cuánto?
- Si mi embarazo llega hasta el año entrante, ¿tendré que pagar franquicia por dos años?
- ¿Puedo presentar reclamaciones?
- ¿Hay un tope (límite) de la cobertura total?
- ¿Qué porcentaje de mis costos está cubierto?
- ¿Cubre los costos de los cursos prenatales?
- ¿Restringe mi cobertura la clase de alojamiento que puedo elegir, como una maternidad o una sala de partos?

- ¿Qué procedimientos debo seguir antes de ingresar en el hospital?
- ¿ Cubre mi seguro una enfermera partera (si es que le interesa)?
- ¿Incluye la cobertura los medicamentos?
- ¿Qué análisis cubre durante el embarazo?
- ¿Qué análisis cubre durante el trabajo de parto y el parto?
- ¿Qué tipos de anestesia cubre durante el trabajo de parto y el parto?
- ¿Cuánto tiempo puedo quedarme en el hospital?
- ¿Va el pago directamente a mi médico o a mí?
- ¿Qué servicios y condiciones no están cubiertos?
- ¿Qué tipo de cobertura hay para el bebé, después de que nazca?
- ¿Cuánto tiempo puede quedarse el bebé en el hospital?
- ¿Hay un costo adicional por incluir al bebé en la póliza?
- ¿Cómo incluyo al bebé en la póliza?
- ¿Podemos reunir un porcentaje de un gasto de la póliza de mi marido y el resto, de la mía?

Consejo para el Papá Pregunte a su pareja a cuáles de las citas prenatales le gustaría que usted asistiera. Algunas parejas van juntas a todas las citas, cuando les es posible. Pídale que le diga la fecha y la hora de cada cita.

Su seguro dicta muchos de los costos y decisiones por usted. Tener un bebé genera costos diferentes. Uno es el hospital. Buena parte de la cantidad que cubre por el hospital está determinada por la duración de la estancia y por los "servicios" que utilice. En algunos casos, una epidural o una cesárea aumentarán el costo. La cuenta de su médico no está incluida, excepto en algunos planes. Por lo general, un pediatra examina al bebé, le hace un reconocimiento médico y lo visita diariamente en el hospital. Esto constituye otra cuenta.

Sería recomendable pensar en los costos antes del embarazo y tener la seguridad de que se cuenta con un seguro para aliviar la carga. Sin embargo, muchos embarazos son sorpresas.

¿Qué puede hacer? Primero, busque respuestas a sus preguntas. Hable con la aseguradora, luego hable con alguien del consultorio de su médico que maneje las reclamaciones de seguros. Esta persona puede tener respuestas o conocer recursos de los que no le han hablado. No tema preguntar. Se sentirá más feliz si resuelve estas dudas por anticipado. Piense también que el embarazo *no es* el momento de descuidar detalles para ahorrar dinero.

Haga llamadas para poder comparar hospitales y precios. A veces conviene gastar un poco más de dinero para conseguir lo que usted quiere. Cuando haga sus consultas, pida detalles acerca de lo que incluyen los precios que le cotizan. Puede conseguir un precio que parezca menor y mejor que otros, pero que, en verdad, no cubre todo lo que usted quiere y necesita.

Hoy en día, algunos hospitales y centros médicos ofrecen "paquetes de maternidad" que pueden cubrir varios servicios por un costo establecido. Pregunte por ellos en su localidad.

Usted quiere estar preparada con suficiente anticipación. Lo último que necesita en ese momento es una sorpresa desagradable acerca de lo que cubre o de cuánto tendrá que pagar por los servicios médicos.

✌ Costos de tener un bebé en Canadá

El sistema de salud canadiense es diferente del de los Estados Unidos. Los canadienses pagan una prima mensual. El costo varía según la provincia en que viva. Al doctor que atiende el parto le paga el gobierno: le enviará la cuenta al gobierno, no a usted.

10.ª Semana

Edad del feto: 8 semanas

Si se acaba de enterar de que está embarazada,
podría empezar por leer los capítulos anteriores.

¿Qué tamaño tiene el bebé?

Hacia la 10.ª semana de embarazo, la longitud del bebé de coronilla a
nalgas es de alrededor de 1 ¼ a 1 ¾ pulgadas (de 3.1 a 4.2 cm). En este
momento, ya podemos empezar a medir cuánto pesa el bebé. Antes de
esta semana, el peso era demasiado pequeño para medir las diferencias
semanales. Ahora que el bebé comienza a aumentar un poco de peso, lo
incluimos en esta sección. El bebé pesa cerca de 0.18 de onza (5 g) y tiene
el tamaño de una ciruela pequeña.

¿Qué tamaño tiene usted?

Los cambios son graduales, y todavía no se le nota mucho. Tal vez esté
pensando en ropa de embarazada y esté buscándola pero, probablemente,
todavía no la necesita.

ॐ *Embarazo molar*

Una afección que la puede hacer aumentar demasiado y con rapidez es un embarazo molar, a veces denominado *neoplasia trofoblástica gestacional (NTG)* o *mola hidatiforme*. La incidencia de la NTG se controla fácilmente verificando los niveles de hGC. (Véase la 5.ª semana.) El embarazo molar se trata con cirugía.

Cuando ocurre un embarazo molar, por lo general, no se desarrolla un embrión. Crece otro tejido, que es tejido placentario anormal. El síntoma más común es la pérdida de sangre durante el primer trimestre. Otro síntoma es la discrepancia entre el tamaño de la futura madre y el tiempo que se supone que lleva de embarazo. La mitad de las veces, la mujer es muy grande; el 25% de las veces, es muy pequeña. Otros síntomas son náuseas y vómitos excesivos. Puede haber quistes en los ovarios.

La manera más eficaz de diagnosticar un embarazo molar es mediante una ecografía. La imagen ecográfica tiene una apariencia de "copo de nieve". Por lo general, un embarazo molar se encuentra cuando se realiza una ecografía al principio del embarazo para determinar la causa de una pérdida de sangre o de un rápido crecimiento del útero.

Cuando se diagnostica un embarazo molar, normalmente se realizan, lo antes posible, una dilatación y un legrado. Después de que ocurre un embarazo molar, es importante usar un método anticonceptivo eficaz para asegurarse de que ha desaparecido por completo. Antes de intentar un nuevo embarazo, la mayoría de los médicos recomiendan usar un método anticonceptivo confiable, como mínimo, durante un año.

Cómo crece y se desarrolla el bebé

El final de la 10.ª semana es el final del período embrionario. En este momento, empieza el período fetal, que se caracteriza por el rápido crecimiento del feto cuando se establecen las tres capas germinales. (Para obtener mayor información, véase la 4.ª semana). Durante el período embrionario, el embrión es más vulnerable a cosas que podrían interferir con su desarrollo. La mayoría de las anomalías congénitas ocurren antes de que termine la 10.ª semana. Es alentador saber que ya quedó atrás, sin problemas, una parte de importancia fundamental para el desarrollo del bebé.

Durante el período fetal ocurren pocas anomalías. Sin embargo, los fármacos y otras exposiciones perjudiciales, como un estrés o una radiación grave (rayos X), pueden destruir células fetales en cualquier momento del embarazo; así que, siga evitándolos.

Hacia el final de la 10.ª semana, ya están bien encaminados el desarrollo de los sistemas orgánicos y el cuerpo. Su bebé empieza a parecer más humano.

Cambios en usted

✃ *Cambios emocionales*

Cuando la gestación se confirma mediante un análisis o una prueba de embarazo, usted puede verse afectada de muchas formas. El embarazo puede cambiar muchas de sus expectativas. Algunas mujeres lo perciben como un signo de su condición de mujer; algunas lo consideran una bendición e, incluso, hay otras que sienten que es un problema que deben enfrentar.

Usted experimentará muchos cambios en su cuerpo. Se pregunta si todavía es atractiva. ¿ Le parecerá atractiva todavía a su pareja? (Muchos hombres creen que las embarazadas son hermosas.) ¿La ayudará su pareja? La ropa puede volverse un problema. ¿Se verá atractiva? ¿Puede aprender a adaptarse?

Si no se siente inmediatamente entusiasmada por el embarazo, no se sienta sola. Puede cuestionar su condición, es común. Algunas de estas reacciones son porque no está segura de lo que le depara el futuro.

Cuándo y cómo usted empieza a considerar al feto como persona es diferente para cada mujer. Algunas dicen que es cuando la prueba de embarazo es positiva. Otras dicen que ocurre cuando escuchan el latido cardíaco fetal, por lo general, alrededor de las 12 semanas. Para otras sucede cuando sienten por primera vez el movimiento del bebé, entre las 16 y las 20 semanas.

Puede parecerle que se emociona frente a muchas cosas. Se siente malhumorada, llora por cualquier tontería o se deja llevar por la ensoñación. Las oscilaciones emocionales son normales, y continúan, en cierta medida, durante todo el embarazo.

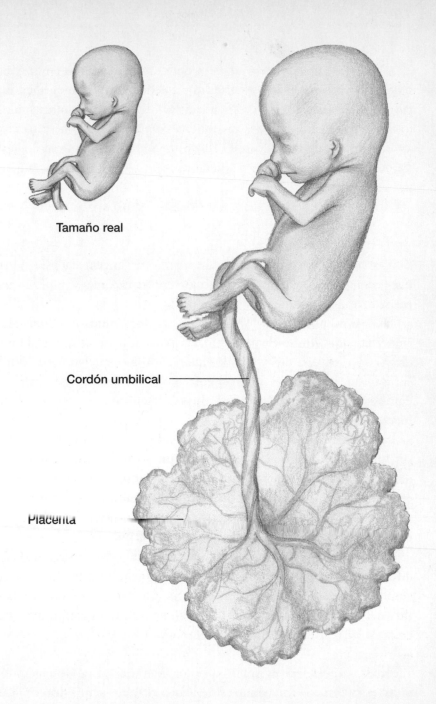

Tamaño real

Cordón umbilical

Placenta

Se muestra el bebé unido a la placenta por medio del cordón umbilical. Los párpados están fusionados y permanecen cerrados hasta la 27.ª semana (edad fetal: 25 semanas).

¿Qué puede hacer para ayudarse a enfrentar los cambios emocionales? Una de las cosas más importantes que puede hacer es obtener un buen cuidado prenatal. Siga las recomendaciones del médico. Acuda a todas las visitas prenatales. Establezca una buena comunicación con su médico y con la gente que trabaja con él. Haga preguntas. Si algo le molesta o la preocupa, háblelo con alguien confiable.

Cómo afecta al desarrollo del bebé lo que usted hace

⌒ *Vacunas e inmunidad*

Existen muchas vacunas que ayudan a prevenir enfermedades. Las vacunas se dan para proporcionar protección contra el contagio y, por lo general, se inyectan o se toman.

Muchas mujeres en edad fértil de los Estados Unidos y de Canadá han sido vacunadas contra el sarampión, las paperas, la rubéola, el tétanos y la difteria. La mayoría de los nacidos antes de 1957 estuvieron expuestos al sarampión, las paperas y la rubéola, y se contagiaron naturalmente, entonces se pueden considerar inmunes. Tienen anticuerpos, y por lo tanto, están protegidos.

Para aquellas mujeres nacidas después de 1957, la situación puede no ser tan clara. Con respecto al sarampión, es necesario un análisis de sangre para determinar la inmunidad. El diagnóstico de la rubéola es difícil sin un análisis de sangre, porque muchas enfermedades tienen síntomas semejantes. La evidencia necesaria de inmunidad contra las paperas consiste en el diagnóstico de un médico o la vacuna.

La vacuna contra el sarampión, las paperas y la rubéola (SRP) debe administrarse sólo cuando la mujer está siguiendo un método anticonceptivo. Debe seguir con la contracepción, como mínimo, 4 semanas después de recibir esta vacuna. Otras vacunas son también importantes, como la DPT (difteria, tos ferina y tétanos).

Riesgo de exposición. Es importante considerar el riesgo de exposición a diversas enfermedades cuando esté decidiendo qué vacuna debe aplicarse. Durante el embarazo, trate de disminuir toda posibilidad de exponerse a enfermedades. Evite visitar áreas de las que se sabe que tienen enfermedades diagnosticadas. Evite estar con personas (niños, por lo general) que tengan enfermedades conocidas.

Es imposible evitar la exposición a todas las enfermedades. Si ha estado expuesta, o si la exposición es inevitable, se deben sopesar el riesgo de la enfermedad y los potenciales efectos perjudiciales de la vacuna.

Luego, se debe evaluar la vacuna en cuanto a su eficacia y a su potencial para complicar el embarazo. Hay poca información sobre los efectos perjudiciales de las vacunas en el feto. En general, las vacunas elaboradas con microbios muertos son inocuas. A una mujer embarazada *jamás* se le debe dar la vacuna contra el sarampión, que se elabora con microbios vivos.

Los únicos agentes inmunizantes recomendados durante la gestación son la DTP y la vacuna contra la gripe, que se puede tomar durante el embarazo. Si no hay contraindicaciones, deberían tomarla todas las embarazadas que van a tener más de tres meses de embarazo durante la temporada de gripe. Por lo general, esto es entre noviembre y marzo, aunque algunos años va más allá de este mes. Hable con su médico al respecto.

La vacuna SPR debe administrarse *antes* del embarazo o después del parto. En octubre de 2001, los Centros para el Control y la Prevención de Enfermedades (CDC) cambiaron la recomendación sobre el tiempo que debe esperar una mujer para quedar embarazada después de recibir la vacuna contra la rubéola. El tiempo de espera se redujo de tres meses a un mes. El intervalo de seguridad para el sarampión y las paperas ya era de un mes.

Una embarazada debería recibir la primovacunación contra la poliomielitis sólo si el riesgo de exposición a la enfermedad es elevado. Sólo se debe usar vacuna inactivada contra la poliomielitis.

ꙮ *Rubéola durante el embarazo*

Es una buena idea comprobar si tiene inmunidad contra la rubéola antes de quedar embarazada. Durante el embarazo, la rubéola puede ser responsable de un aborto o de anomalías fetales. Como no existe tratamiento conocido, lo mejor es prevenirla.

Si no tiene inmunidad, puede recibir la vacuna mientras esté utilizando un método anticonceptivo confiable. No se vacune poco antes de quedar embarazada ni durante la gestación, porque existe la posibilidad de exponer al bebé al virus de la rubéola.

ᴥ *Varicela durante el embarazo*

¿Tuvo varicela cuando era niña? Si no la tuvo, usted puede ser la única de cada 2000 mujeres que va a desarrollar la enfermedad durante el embarazo. La varicela es una enfermedad de la niñez; sólo el 2% de los casos ocurre en el grupo etario de 15 a 49 años. Los CDC, la Academia Estadounidense de Pediatría y la Academia Estadounidense de Médicos Familiares recomiendan que los niños sanos mayores de un año se vacunen contra la varicela, lo que, por lo general, se hace entre los 12 y los 18 meses de edad.

Si se contagia de varicela durante el embarazo, cuídese bien. En un 15% de aquellos adultos que la tienen, se desarrolla un tipo de neumonía, que puede ser especialmente grave en una embarazada. Si se contagia de varicela durante el embarazo, poco antes de dar a luz, el bebé también puede tenerla; esto puede ser grave en un recién nacido.

Si está expuesta al contagio mientras está embarazada, ¡póngase inmediatamente en contacto con su médico! Una embarazada que tiene una exposición significativa a este virus de herpes sumamente infeccioso debería recibir inmunoglobulina de varicela zoster (IGVZ). Si la recibe dentro de las 72 horas posteriores a la exposición, puede ayudar a prevenir el contagio o puede atenuar la gravedad de los síntomas. Si se contagia de varicela, probablemente el médico la tratará con aciclovir, para disminuir los síntomas.

Si está expuesta durante el embarazo, y tiene la suerte de no contagiarse, ¡asegúrese de vacunarse antes del próximo embarazo!

ᴥ *Efectos de las infecciones en el bebé*

Algunas infecciones y enfermedades que una mujer contrae pueden también afectar el desarrollo del bebé durante el período de crecimiento. Vea en el cuadro de la izquierda una lista de algunas infecciones y enfermedades, y los efectos que pueden tener en un bebé en desarrollo.

Infecciones	Efectos en el feto
Citomegalovirus (CMV)	microcefalia, daño cerebral, pérdida de audición
Rubéola	cataratas, sordera, lesiones cardíacas, puede involucrar a todos los órganos
Sífilis	muerte fetal, defectos en la piel
Toxoplasmosis	posibles efectos en todos los órganos
Varicela	posibles efectos en todos los órganos

Nutrición

Las proteínas le proporcionan aminoácidos, que son fundamentales para el crecimiento y la reparación del embrión/feto, la placenta, el útero y las mamas. El embarazo aumenta las necesidades de proteínas. Trate de comer, por lo menos, 6 onzas (180 gramos) de proteínas cada día durante el primer trimestre y 8 onzas (240 gramos) por día durante el segundo y el tercer trimestre. Sin embargo, las proteínas deberían ser sólo el 15% de la ingesta total diaria de calorías.

Muchas fuentes de proteínas son ricas en grasa. Si tiene que cuidar el consumo de calorías, escoja fuentes de proteínas con poca grasa. Algunos alimentos proteicos que puede seleccionar, y las raciones recomendadas, son los siguientes:

- garbanzos: 1 taza
- queso, mozzarella: 1 onza (30 g)
- pollo, asado, sin piel: ½ pechuga (alrededor de 4 onzas [120 gramos])
- huevos: 1
- hamburguesas, carne asada, magra: 3½ onzas (100 g)
- leche: 8 onzas (240 ml)
- mantequilla de maní: 2 cucharadas
- atún, enlatado al natural: 3 onzas (90 g)
- Yogur: 8 onzas (240 ml)

✧ Desarrollo cerebral

La colina y el ácido docosahexaenoico (ADH) pueden ayudar a construir las células cerebrales del bebé durante el desarrollo fetal y después del nacimiento, si es amamantado. La colina está presente en la leche, los huevos, los maníes, el pan de trigo entero y la carne de res. El ADH se encuentra en el pescado, la yema de huevo, la carne de aves, la carne, el aceite de canola, las nueces y el germen de trigo. Si

Consejo para la 10.ª Semana Es común que, al principio del embarazo, sienta un hormigueo en los senos y que los sienta doloridos. De hecho, podrían ser unos de los primeros síntomas de embarazo.

consume estos alimentos durante el embarazo y la lactancia, puede ayudar al bebé a obtener estos importantes aportes complementarios.

✂ *Debe aumentar de peso*

Ahora debería estar engordando lentamente; si no lo hace, podría ser perjudicial para el bebé. Una mujer de peso normal puede esperar engordar entre 25 y 35 libras (11 y 16 kilos) en total durante el embarazo. El aumento de peso le da al médico una indicación de su bienestar y, también, el del bebé.

El embarazo no es el momento para experimentar con dietas diferentes o para reducir el consumo de calorías. Sin embargo, esto no significa que tenga luz verde para comer lo que quiera en cualquier momento. El ejercicio y un plan nutricional adecuado, sin "comida chatarra", la ayudarán a controlar el peso. Cuando elija alimentos, sea inteligente. Es verdad que está comiendo por dos, sin embargo, ¡debe comer de forma inteligente por los dos!

Lo que también debería saber

✂ *Biopsia de vellosidades coriónicas*

La *biopsia de vellosidades coriónicas* (BVC), es una prueba que se usa para detectar anomalías genéticas. La biopsia se efectúa al principio del embarazo, por lo general, entre la 9.ª y la 11.ª semana.

La BVC se realiza por muchas razones. Este análisis ayuda a identificar problemas relacionados con anomalías genéticas, como el síndrome de Down. Ofrece gran ventaja con respecto a la amniocentesis, porque se realiza mucho antes, y los resultados están disponibles en una semana. Si se tiene que terminar con el embarazo, se puede hacer antes y conlleva menos riesgos para la mujer.

La biopsia de vellosidades coriónicas se realiza mediante la colocación de un instrumento a través del cuello del útero o del abdomen para extraer tejido fetal de la placenta. El examen debe ser realizado sólo por alguien experimentado en la técnica.

Si su médico recomienda que se le practique una BVC, pregunte por los riesgos. El riesgo de aborto es pequeño: entre un 1% y un 2%. Si le realizan la BVC y el factor es Rh negativo, usted debe recibir RhoGAM después del procedimiento.

✥ Fetoscopia

La fetoscopia proporciona una vista del bebé y la placenta dentro del útero. En algunos casos, se pueden detectar y corregir anomalías y problemas.

El objetivo de la fetoscopia es corregir una anomalía antes de que el problema empeore, lo que evitaría que un feto se desarrolle normalmente. El médico puede ver algunos problemas más claramente con una fetoscopia que con una ecografía.

El examen se efectúa colocando un laparoscopio, como el que se emplea en la laparoscopia o la artroscopia, a través del abdomen. El procedimiento es similar al de la amniocentesis, aunque el fetoscopio es más grande que la aguja que se utiliza en este estudio.

Si su médico le sugiere hacerse una fetoscopia, hable con él acerca de los posibles riesgos, las ventajas y las desventajas del procedimiento. El examen debe ser realizado sólo por alguien experimentado en la técnica. Con este procedimiento, el riesgo de aborto es del 3% al 4%. No se realiza en cualquier parte. Si le hacen la fetoscopia y el factor es Rh negativo, debe recibir RhoGAM después del procedimiento.

Consejo para el Papá

¿Le preocupa la actividad sexual durante el embarazo? Ambos pueden tener preguntas, así que hablen del tema entre ustedes y, también, con el médico de su pareja. En algunas ocasiones, es posible que deban evitar tener relaciones sexuales durante el embarazo. Sin embargo, la gestación es una oportunidad para aumentar la proximidad y la intimidad como pareja. El sexo puede ser una parte positiva de esta experiencia.

11.ª Semana

Edad del feto: 9 semanas

¿Qué tamaño tiene el bebé?

Esta semana, la longitud del bebé de coronilla a nalgas es de 1 ½ a 2 ½ pulgadas (4.4 a 6 cm). El peso fetal es de alrededor de 0.3 onza (8 g). El bebé tiene el tamaño aproximado de una lima grande.

¿Qué tamaño tiene usted?

Mientras ocurren grandes cambios en el bebé, probablemente las cosas sucedan más lentamente para usted. Ya está casi al final del primer trimestre; el útero ha estado creciendo junto con el feto que contiene. Es casi lo bastante grande para llenar la pelvis y se puede sentir en el bajo vientre, por encima del medio del hueso púbico.

Todavía no podrá sentir los movimientos del bebé. Si cree que ya lo siente moverse, o tiene gases, o su embarazo está más adelantado de lo que usted cree.

Cómo crece y se desarrolla el bebé

Ahora el crecimiento fetal es rápido. La longitud de coronilla a nalgas se duplicará en las próximas tres semanas. Como puede ver en la ilustración de la página 128, la cabeza mide casi la mitad de la longitud total del bebé. A medida que la cabeza se extiende (se estira o se inclina hacia atrás, hacia la columna), la barbilla se despega del pecho, y el cuello se desarrolla y se alarga. Aparecen las uñas.

Los genitales externos empiezan a mostrar características distintivas. El desarrollo del feto en varón o niña se completa en tres semanas. Si ocurre un aborto a partir de este punto, posiblemente pueda decirse si es un varón o una niña.

En lo que respecta a las apariencias externas, todos los embriones empiezan la vida pareciéndose. Que el embrión se transforme en hombre o mujer está determinado por la información genética que contiene.

Cambios en usted

Durante el embarazo, algunas mujeres notan cambios en el cabello y en las uñas de las manos o los pies. Esto no les pasa a todas; pero si le pasa a usted, no se preocupe. Algunas mujeres afortunadas notan un aumento en el crecimiento del cabello y las uñas. Otras descubren que, durante este tiempo, pierden cabello.

Algunos médicos creen que estos cambios ocurren durante la gestación debido a una mayor circulación en todo el cuerpo; otros lo atribuyen a los cambios hormonales que ocurren en usted. Incluso, otros explican estas diferencias con un cambio en la "fase" del ciclo de crecimiento del cabello o las uñas. En todo caso, estas diferencias rara vez son permanentes. Es poco o nada lo que usted puede hacer.

Consejo para el Papá

Recuerde que a pesar de las náuseas del embarazo, las cefaleas y una cintura cambiante, ¡el embarazo es un milagro! El embarazo y el parto suceden sólo un número limitado de veces en la vida. Disfruten juntos de este momento especial. Recordarán con cariño el desafío de convertirse en padres y es probable que lleguen a decir: "No fue tan malo". ¡Lo sabemos porque las parejas reinciden en el embarazo y tienen más hijos!

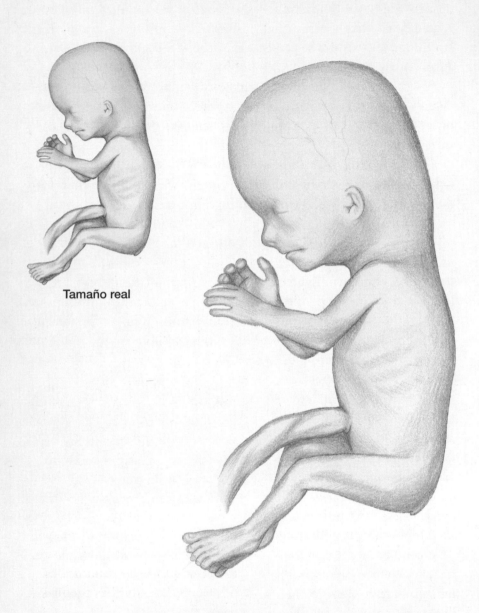

Tamaño real

Hacia la 11.ª semana de gestación (edad fetal: 9 semanas), comienzan a aparecer las uñas de las manos.

Cómo afecta al desarrollo del bebé lo que usted hace

✤ *Viajar durante el embarazo*

Frecuentemente, las embarazadas preguntan si viajar puede lastimar al bebé. Si su embarazo no tiene complicaciones, y usted no corre grandes riesgos, por lo general, viajar es aceptable. Consulte a su médico sobre cualquier viaje que esté pensando realizar, *antes* de hacer planes en firme o de comprar boletos.

Ya sea que viaje en coche, en autobús, en tren o en avión, es prudente que se levante y camine, al menos, cada hora. Las visitas regulares al baño pueden cubrir esta necesidad.

El mayor riesgo de viajar durante el embarazo es el desarrollo de complicaciones mientras se encuentra lejos de quienes conocen sus antecedentes médicos y los del embarazo. Si decide hacer un viaje, sea sensata en la planificación. No exagere. ¡Tome las cosas con calma!

Viajar en avión. Los viajes aéreos son seguros para gran parte de las embarazadas. La mayoría de las líneas aéreas estadounidenses permiten que las mujeres viajen hasta las 36 semanas de embarazo. En vuelos internacionales, el límite es a las 35 semanas de embarazo.

Las mujeres embarazadas con un riesgo importante de trabajo de parto prematuro o que tienen anomalías placentarias deben evitar todos los viajes aéreos. Si piensa volar durante el embarazo, tenga presente lo que sigue:

- Evite vuelos que vayan a gran altitud (al exterior sin escalas o vuelos de extremo a extremo del país), pues navegan a una altura muy alta, y los niveles de oxígeno son menores. Esto aumenta los latidos cardíacos suyos y los del bebé; además, éste recibe menos oxígeno.
- Si tiene problemas de hinchazón, use ropa y calzado amplios. (Éste es un buen consejo para todos los viajeros.) Evite las pantimedias, la ropa ajustada, las medias y los calcetines largos y las pretinas ceñidas.
- Puede ordenar comidas especiales, por ejemplo hiposódica o vegetariana, si quiere evitar algunos alimentos que pudieran causarle problemas.
- Beba mucha agua para mantenerse hidratada.

- Levántese y camine cuando pueda durante el vuelo. Intente caminar, por lo menos, 10 minutos cada hora. Algunas veces, con sólo ponerse de pie ayuda a la circulación.
- Intente obtener un asiento al lado del pasillo, cerca del baño. Si tiene que ir muchas veces, es más fácil si no tiene que pasar por encima de alguien para salir.
- En el aeropuerto, tenga cuidado con cualquier aparato de rayos X.

ࣲ *Seguridad en el automóvil durante el embarazo*

A muchas mujeres les preocupa conducir y utilizar cinturones de seguridad y arneses para hombros durante el embarazo. El uso de dispositivos de seguridad disminuye de manera espectacular la incidencia de lesiones en un accidente. Cada año, se relacionan directamente con accidentes automovilísticos más de 50,000 muertes y dos millones de lesiones. El uso del cinturón de seguridad y del arnés para hombros puede disminuir estas pérdidas. Si su embarazo es normal y usted se siente bien, no hay ninguna razón para no conducir mientras está embarazada.

Algunas mujeres creen que utilizar un dispositivo de seguridad podría ser perjudicial para el embarazo. A continuación se presentan algunas excusas comunes (y nuestras respuestas) para no utilizar cinturones de seguridad y arneses para hombros durante el embarazo.

- *"Utilizar un cinturón de seguridad va a dañar a mi bebé"*. No existe evidencia de que el uso del cinturón de seguridad aumente el riesgo de una lesión fetal o uterina. Con un cinturón de seguridad, la posibilidad de supervivencia es mayor que si no lo utiliza. Su supervivencia es importante para su hijo en gestación.
- *"No quiero quedar atrapada dentro del auto en caso de incendio"*. Pocos accidentes automovilísticos acaban en incendios. Aun cuando hubiera un incendio, si estuviera consciente, probablemente podría desabrochar el cinturón y escapar. Las expulsiones del automóvil suman cerca del 25% de todas las muertes en accidentes automovilísticos. El uso del cinturón de seguridad las evita.
- *"Yo manejo bien"*. Conducir a la defensiva ayuda, pero no evita un accidente.

- *"No necesito usar el cinturón de seguridad; sólo es una distancia corta".* La mayoría de los accidentes ocurren a menos de 25 millas (40 kilómetros) del hogar.

Se han realizado estudios en embarazadas que utilizaban cinturones de seguridad. En un estudio de California, sólo el 14% de las embarazadas utilizaba cinturones de seguridad, comparado con el 30% de las mujeres no embarazadas. Sabemos que el sistema de cinturón de seguridad regazo/hombro es seguro durante el embarazo, así que abróchelo por usted *y* por su bebé.

La forma adecuada de utilizar el cinturón de regazo y hombro

Hay una manera adecuada de utilizar el cinturón de seguridad durante el embarazo. Coloque la porción del cinturón de regazo por debajo su abdomen y a través de los muslos. Debe quedar ajustado, pero cómodo. El cinturón de hombros también debe estar ajustado, pero cómodo. Ajuste su posición para que el cinturón cruce su hombro sin que le lastime el cuello. Coloque el cinturón del hombro entre sus senos. No se quite esta parte del cinturón del hombro. Si es un viaje largo, ajuste el cinturón lo necesario para sentirse cómoda.

Nutrición

Los alimentos con carbohidratos proveen la principal fuente de energía para el bebé en gestación. Estos alimentos también aseguran que su cuerpo utilice las proteínas de forma eficiente. Los alimentos de este grupo son casi intercambiables, así que debería ser fácil comer todas las porciones que necesita. Algunos alimentos con carbohidratos que puede elegir, y las porciones adecuadas, son los siguientes:

- tortilla: 1, grande
- pasta, cereal o arroz, cocinados: ½ taza
- cereal, listo para comer: 1 onza (30 g)

- panecillo: ½, pequeño
- pan: 1 rebanada
- bollo: 1, mediano

Lo que también debería saber

✎ *Ecografía en el embarazo*

En este punto, posiblemente haya hablado de la ecografía con su médico o, tal vez, ya se haya hecho una. La *ecografía* es uno de los métodos más valiosos para evaluar un embarazo. Aunque los médicos, los hospitales y las compañías de seguros (sí, también se involucran en esto) no se hayan puesto de acuerdo sobre cuándo debe hacerse una ecografía o, incluso, si todas las embarazadas deben hacérsela, sin duda alguna ocupa su lugar. Este examen ha probado su utilidad para mejorar el resultado del embarazo. Se trata de un examen no invasivo, y no tiene riesgos asociados. ¡En los Estados Unidos, cada año se realizan casi 2.7 millones de ecografías obstétricas!

Consejo para la 11.ª Semana A partir de una ecografía, puede conseguir una "foto" del bebé antes del nacimiento. En algunos lugares, incluso pueden hacerle una cinta de video. Si tiene que hacerse una ecografía, averígüelo antes. Tal vez le pidan que lleve una cinta nueva sin uso.

La ecografía utiliza ondas sonoras de alta frecuencia que se producen al aplicar una corriente alterna a un transductor. Para mejorar el contacto con este dispositivo, se coloca un lubricante sobre la piel. El transductor se pasa sobre el abdomen por encima del útero y proyecta las ondas sonoras a través del abdomen hacia la pelvis. A medida que las ondas rebotan en los tejidos, se las dirige hacia ellos y regresan al transductor. El reflejo de las ondas sonoras se puede comparar con el "radar" empleado por aviones y barcos.

Los tejidos diferentes del cuerpo reflejan las señales ecográficas de manera muy diferente, y podemos distinguir unos de otros. Se puede distinguir el movimiento, así que podemos detectarlo en el feto o en partes de él, como el corazón. Con la ecografía, se puede ver latir el corazón del feto a las cinco o seis semanas de embarazo.

La ecografía puede detectar el movimiento fetal. Se pueden ver el cuerpo y los miembros del bebé moviéndose a las cuatro semanas de crecimiento embrionario (6.ª semana de embarazo).

El médico puede utilizar la ecografía de muchas maneras, en relación con su embarazo, para:

- ayudar a la identificación temprana del embarazo
- mostrar el tamaño y la tasa de crecimiento del embrión o feto
- identificar la presencia de dos o más fetos
- medir la cabeza, el abdomen o el fémur del feto para determinar la etapa de embarazo
- identificar algunos fetos con síndrome de Down
- identificar anomalías fetales, como la hidrocefalia y la microcefalia
- identificar anomalías de los órganos internos, como los riñones o la vejiga
- medir la cantidad de líquido amniótico para ayudar a determinar el bienestar del feto
- identificar la ubicación, el tamaño y la madurez de la placenta
- identificar anomalías placentarias
- identificar anomalías o tumores uterinos
- determinar la posición de un DIU
- distinguir entre un aborto, un embarazo ectópico y un embarazo normal
- escoger un lugar seguro para realizar cada uno de los siguientes exámenes: amniocentesis, obtención percutánea de sangre del cordón umbilical y biopsia de vellosidades coriónicas

Es probable que le pidan que beba mucha agua antes de un examen ecográfico. Si le han hecho una ecografía en un embarazo anterior, tal vez, una de las principales cosas que recuerde es ¡lo incómoda que estaba con la vejiga a punto de desbordarse!

La vejiga se encuentra frente al útero. Cuando está vacía, es más difícil ver el útero porque está más abajo dentro de los huesos pélvicos. Los huesos interfieren con las señales ecográficas y dificultan la interpretación de la imagen. Cuando la vejiga está llena, el útero sale de la pelvis y se ve con mayor facilidad. La vejiga actúa como una ventana a través de la cual se pueden ver el útero y el feto que contiene.

Diferentes tipos de ecografías. En muchos lugares, existe una ecografía tridimensional que proporciona imágenes claras y detalladas del feto dentro del vientre. Son tan claras que casi parecen fotografías. Para la embarazada, el estudio es casi el mismo. La diferencia está en que el programa de la computadora "traduce" la imagen y la hace tridimensional. Esta ecografía se puede utilizar cuando hay sospechas de anomalía fetales, y el médico quiere echar un vistazo más detallado. Uno de los usos de la ecografía tridimensional es ayudar a diagnosticar y evaluar el labio leporino y la fisura palatina en un feto. Ayuda al personal médico a definir la extensión de la anomalía para que se pueda implementar un programa de tratamiento inmediatamente después del nacimiento.

La ecografía con sonda vaginal, también conocida como *ecografía transvaginal*, se puede utilizar al principio del embarazo para lograr una mejor vista del bebé y la placenta. Se coloca una sonda dentro de la vagina y, desde ese ángulo, se ve el embarazo. ¡Para este procedimiento no se necesita tener llena la vejiga!

¿Se puede determinar el sexo del bebé con una ecografía? Algunas parejas piden ecografías para determinar si tienen un varón o una niña. Si el bebé está en una buena posición y tiene la edad suficiente para que se le hayan desarrollado los genitales, y éstos se pueden ver con claridad, la determinación puede ser posible. Sin embargo, muchos médicos estiman que esta única razón no es suficiente para hacer una ecografía. Háblelo con su médico. Entienda que la ecografía es un examen y que, a veces, los exámenes pueden fallar.

12.ª Semana

Edad del feto: 10 semanas

¿Qué tamaño tiene el bebé?

El bebé pesa entre ⅓ y ½ onza (8 y 14 g); la longitud de coronilla a nalgas es de casi 2 ½ pulgadas (6.1 cm). Como puede ver en la página 137, ¡el tamaño del bebé prácticamente se ha duplicado en las tres últimas semanas! En este momento, sigue siendo mejor medir al feto por la longitud que por el peso.

¿Qué tamaño tiene usted?

Hacia el final de las 12 semanas, el útero es lo bastante grande para permanecer por completo dentro de la pelvis. Usted puede sentirlo por encima del hueso púbico (sínfisis púbica). Mientras está embarazada, el útero tiene una notable habilidad para crecer. Durante el embarazo, crece hacia arriba para llenar la pelvis y el abdomen y, a las pocas semanas del parto, vuelve al tamaño normal previo al embarazo.

Antes de la gestación, el útero es casi sólido y contiene alrededor de ⅓ de onza (10 ml) o menos. Durante el embarazo, el útero se transforma en un recipiente muscular con una pared relativamente delgada lo bastante grande para alojar al feto, la placenta y el líquido amniótico. ¡El útero aumenta su capacidad de 500 a 1000 veces durante el embarazo! También cambia su peso. Cuando nace el bebé, el útero pesa cerca de 40 onzas (1.1 kg), en comparación con las 2 ½ onzas (70 g) previas al embarazo.

El crecimiento de la pared uterina durante los primeros meses de embarazo se debe a la estimulación hormonal del estrógeno y de la progesterona. Más adelante, la pared uterina se estira y se adelgaza por el crecimiento del bebé y la placenta.

Cómo crece y se desarrolla el bebé

Después de esta semana de embarazo, en el feto se forman pocas estructuras, si las hay. Sin embargo, las ya formadas siguen creciendo y desarrollándose. En su visita de la 12.ª semana (o cerca de esa fecha), ¡es probable que pueda escuchar los latidos del bebé! Se pueden oír con un *Doppler*, un aparato especial para escuchar (no, un estetoscopio), que amplifica el sonido de los latidos del bebé lo suficiente para que usted pueda oírlos.

El sistema esquelético tiene ahora centros de formación ósea (osificación) en casi todos los huesos. Se han separado los dedos de las manos y los pies, y están creciendo las uñas. En el cuerpo aparecen rudimentos aislados de vello. Los genitales externos comienzan a mostrar signos definidos de las características sexuales masculinas o femeninas.

El aparato digestivo (intestino delgado) es capaz de producir contracciones que empujan el alimento a través del intestino grueso. También es capaz de absorber glucosa (azúcar).

Consejo para el Papá

En esta visita al médico, es posible que se oigan los latidos del bebé. Si no puede estar ahí, pida a su pareja que lleve una grabadora para que pueda grabarlos, para que usted pueda escucharlos después.

En la base del cerebro del bebé, la glándula pituitaria comienza a fabricar muchas hormonas. Éstas son sustancias químicas que se fabrican en una parte del cuerpo, pero su acción se ejerce en otra .

También están sucediendo otras cosas: el sistema nervioso se ha desarrollado aún más; el bebé se mueve dentro del útero, pero es probable que todavía no lo sienta durante un tiempo. Estimular al feto en ciertos sitios

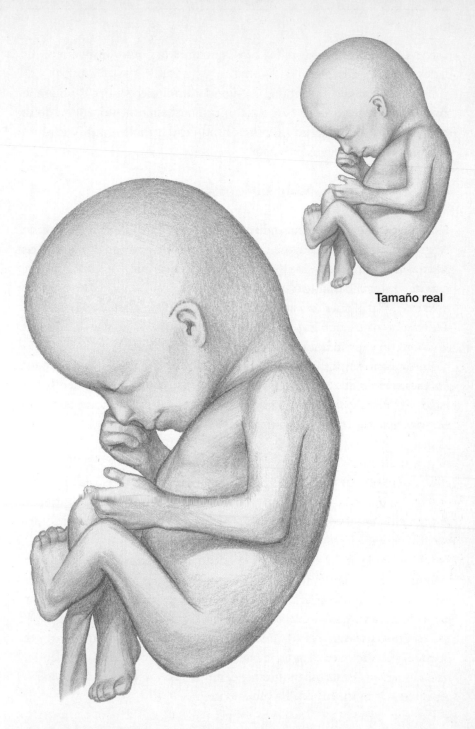

Tamaño real

El bebé está creciendo con rapidez. Ha duplicado su longitud en las tres últimas semanas.

puede hacer que entrecierre los ojos, que abra la boca y que mueva los dedos de las manos o los pies.

Está aumentando la cantidad de líquido amniótico; ahora el volumen total es de alrededor de 1 ½ onza (50 ml). En este momento, el líquido es similar al plasma materno (la porción no celular de la sangre), excepto que tiene muchas menos proteínas.

Cambios en usted

Es probable que esté comenzando a sentirse mejor de lo que se ha sentido en gran parte del embarazo. En este momento, empiezan a mejorar las náuseas del embarazo. Usted no ha crecido demasiado y es probable que todavía se sienta bastante cómoda.

Si este es su primer embarazo, todavía puede estar usando ropa común; si ha tenido otros embarazos, se le empezará a notar antes y se sentirá más cómoda con ropa más holgada, como la de embarazada.

Puede estar empezando a agrandarse en las zonas alrededor de la panza. Es probable que se le estén agrandando los senos, que pueden haber estado doloridos durante algún tiempo. También puede notar aumento de peso en la cadera, las piernas y los costados.

✣ Cambios en la piel

Durante el embarazo, la piel puede cambiar de muchas maneras. En muchas mujeres, la piel que baja por el centro del abdomen se oscurece o se pigmenta notablemente con un color marrón oscuro. Forma una línea vertical llamada *línea negra*.

De vez en cuando, en la cara y el cuello, aparecen manchas marrones irregulares de tamaño variable, llamadas *cloasma* o *máscara del embarazo*, que desaparecen o se aclaran después del parto. Los anticonceptivos orales pueden causar cambios similares en la pigmentación.

Las arañas vasculares (denominadas *telangiectasias* o *angiomas*) son pequeñas elevaciones rojas en la piel, con ramificaciones que se extienden hacia afuera. Se desarrollan durante el embarazo en un 65% de las mujeres blancas y en un 10% de las mujeres negras.

Una afección similar es el enrojecimiento de las palmas de las manos, conocido como *eritema palmar*. Se lo ve en el 65% de las mujeres blancas y en el 35% de las mujeres negras.

A menudo, las arañas vasculares y el eritema palmar ocurren juntos. Sus síntomas son pasajeros y desaparecen poco después del parto. Probablemente, la presencia de cualquiera de estas afecciones se deba a los niveles altos de estrógeno durante el embarazo.

↷ *Comenzar el embarazo con hipertensión arterial*

Si usted tiene hipertensión arterial antes de empezar el embarazo, corre un riesgo mayor de tener preeclampsia. Si no se trata durante el embarazo, la hipertensión reduce el flujo sanguíneo hacia el útero y aumenta el riesgo de retraso de crecimiento intrauterino (RCIU). En la futura madre, la hipertensión arterial puede causar convulsiones, enfermedades renales, enfermedades hepáticas, daño cardíaco y cerebral.

La mayoría de los medicamentos contra la hipertensión son inocuos para el embarazo. Sin embargo, se deben evitar los IECA (inhibidores de la enzima convertidora de angiotensina).

Consejo para la 12.ª Semana Si tiene diarrea que no desaparece en 24 horas, o si es recurrente, llame a su médico. Puede tomar leche de magnesia durante 24 horas para tratar de resolver el problema, pero no se automedique por más tiempo que éste.

Si su tensión arterial es alta al comenzar el embarazo, es posible que le realicen más ecografías para controlar el crecimiento del bebé. Su doctor quiere evitar el RCIU, cuando sea posible. Además, tal vez usted desee comprar un esfignomanómetro para que controle su tensión en casa en cualquier momento.

Cómo afecta al desarrollo del bebé lo que usted hace

↷ *Lesiones físicas durante el embarazo*

En un 6 o 7% de los embarazos ocurre algún tipo de traumatismo (lesión física). El 66% de estos casos lo representan los accidentes que involucran vehículos de motor; el 34% restante lo representan las caídas y las agresiones. Más del 90% de estos casos son lesiones menores.

Si experimenta un traumatismo durante el embarazo, puede ser atendida por personal de medicina de urgencias, traumatólogos, cirujanos generales y su obstetra. La mayoría de los expertos recomiendan que, después de un accidente, una embarazada quede en observación durante algunas horas. Esto proporciona tiempo suficiente para controlar al bebé. Si el accidente es más grave, es probable que se necesite un control más largo.

Nutrición

Algunas mujeres comprenden mal el concepto de aumentar el consumo de calorías durante el embarazo. Creen que pueden comer todo lo que desean. ¡No caiga en esta trampa! No es sano para usted ni para el bebé si usted engorda mucho durante el embarazo, especialmente al principio. Esto hace que la gestación sea más incómoda, y el parto puede ser más difícil. Además, puede ser complicado perder el peso adicional después del embarazo. Después del nacimiento del bebé, casi todas las mujeres están ansiosas por volver a la ropa "normal" y por verse como se veían antes. Tener que ocuparse del peso adicional puede interferir con el logro de ese objetivo.

✵ *Comida chatarra*

¿Acostumbra a comer comida chatarra? ¿La come varias veces por día? ¡El embarazo es el momento para terminar con ese hábito! Ahora que está embarazada, sus hábitos alimenticios afectarán a alguien más, aparte de a usted misma: su bebé. Si acostumbra a omitir el desayuno, a almorzar lo que sale "de una máquina" y, luego, a cenar en un restaurante de comidas rápidas, eso no ayuda a su embarazo.

Lo que come y cuándo lo come se vuelve más importante si se percata de que sus acciones afectan al bebé. La nutrición adecuada requiere cierta planificación de su parte, pero usted puede hacerlo. Evite alimentos que contengan mucha grasa o azúcar; en su lugar, escoja alternativas saludables. Si trabaja, lleve comidas sanas para el almuerzo o como refrigerio. Evite las comidas rápidas y la comida chatarra.

⌘ *Refrigerios nocturnos*

Para algunas mujeres, los refrigerios nutritivos nocturnos son benéficos. Sin embargo, la mayoría de las mujeres no los necesitan. Si suele tomar helados u otras cosas ricas antes de ir a dormir, lo paga durante el embarazo engordando exageradamente. Si padece acidez, indigestión o náuseas y vómitos, la comida que queda en su estómago tarde por la noche también puede provocarle más malestar.

⌘ *Grasas y dulces*

Tiene que ser prudente con las grasas y los dulces, a menos que su peso sea bajo y deba aumentarlo. La mayoría de estos alimentos son ricos en calorías y pobres en valores nutritivos. Consúmalos con moderación. En vez de elegir un alimento con poco valor nutritivo, como papas fritas o galletas, escoja una fruta, un poco de queso o una rebanada de pan integral con un poco de mantequilla de maní. ¡Satisfará el hambre y las necesidades nutritivas a la vez! Algunas de las grasas y los dulces que puede escoger, y sus porciones, incluyen:

- azúcar o miel: 1 cucharada
- aceite: 1 cucharada
- margarina o mantequilla: 1 porción
- mermelada o jalea: 1 cucharada
- aderezo para ensaladas: 1 cucharada

Lo que también debería saber

⌘ *Eritema infeccioso*

El eritema infeccioso, también conocido como *parvovirus B19*, fue la quinta enfermedad que se describió con cierto tipo de sarpullido. (*No* está relacionada con el parvovirus de los perros.) Esta enfermedad es una leve y moderadamente contagiosa infección transportada por el aire. Se propaga con facilidad en grupos como salones de clase o guarderías.

El sarpullido se parece a la piel enrojecida que deja una bofetada. Este enrojecimiento desaparece y vuelve a aparecer, y dura entre 2 y 34 días. No existe tratamiento.

Este virus es importante durante el embarazo porque interfiere con la producción de glóbulos rojos en la mujer y el feto. Si cree que ha estado expuesta al eritema infeccioso durante la gestación, póngase en contacto con su médico. Un análisis de sangre puede determinar si ya ha tenido el virus. Si no lo ha tenido, el médico puede controlarla para detectar problemas en el feto. Algunos de estos problemas pueden tratarse antes de que nazca el bebé.

✋ Detección de la fibrosis quística

La *fibrosis quística (FQ)* es una enfermedad genética que causa problemas digestivos y respiratorios. Por lo general, a los que tienen el trastorno se les hace un diagnóstico temprano. Gracias a la tecnología moderna y a las nuevas pruebas de detección sistemática, hoy en día podemos determinar si hay riesgo de dar a luz un bebé con FQ. Las pruebas de detección usan una muestra de sangre o de saliva.

Las probabilidades de tener el gen son muy bajas. Para que un bebé sufra de FQ, *ambos* padres deben ser portadores. Los de raza blanca tienen un 3% de probabilidades de ser portadores del gen de la FQ; los hispanos tienen un 2% de probabilidades; los afroamericanos, un 1.5%, y los asiáticos, un 1%. Sin embargo, aumentan las probalididades de ser portador del gen si tiene antecedentes familiares de fibrosis quística.

Pruebas para detectar la fibrosis quística. El examen para detectar la fibrosis quística se generaliza cada vez más. Suele ofrecerse a las parejas antes del embarazo, como parte del asesoramiento genético. Una de las pruebas disponibles se llama *análisis CF Complete*; puede identificar más de mil mutaciones del gen de la FQ. Este proceso de identificación permite a los médicos ofrecer una detección precisa de los portadores, lo que puede llevarlos al asesoramiento y al diagnóstico prenatales.

Si usted y su compañero son portadores del gen de la FQ, el bebé tendrá un 25% de probabilidades de padecer fibrosis quística, aun cuando tengan otros hijos sin este problema. Durante el embarazo, se puede analizar al bebé con una biopsia de vellosidades coriónicas (véase la 10.ª semana), alrededor de la 10.ª o la 11.ª semana de gestación. Para analizar al feto, se puede también utilizar la amniocentesis (véanse las páginas 174 y 175).

Si cree que la fibrosis quística es una preocupación seria o si tiene antecedentes familiares de la enfermedad, hable con su médico sobre este análisis.

La detección sistemática se recomienda a las personas con un alto riesgo de tener FQ, como los caucásicos, incluyendo a los judíos askenazíes. El examen es una decisión personal que usted y su pareja deben tomar basándose en la información proporcionada por sus médicos.

Muchas parejas escogen no realizarse el análisis porque no cambiaría lo que harían durante el embarazo. Además, no quieren exponer a la futura madre o al feto a los riesgos de la biopsia de vellosidades coriónicas (BVC) o de la amniocentesis.

13.ª Semana

Edad del feto: 11 semanas

¿Qué tamaño tiene el bebé?

¡Su bebé está creciendo con rapidez! La longitud de coronilla a nalgas es de 2 ½ a 3 pulgadas (6.5 y 7.8 cm), y pesa entre ½ y ¾ onza (13 a 20 g). Tiene el tamaño aproximado de un durazno.

¿Qué tamaño tiene usted?

El útero le ha crecido bastante. Probablemente puede sentir el borde superior por encima del hueso púbico en la parte más baja del abdomen, a unas 4 pulgadas (10 cm) por debajo del ombligo. Entre las 12 y 13 semanas, el útero llena la pelvis y comienza a crecer hacia arriba, dentro del abdomen. Parece una pelota pequeña y suave.

Quizás haya aumentado un poco de peso. Si las náuseas del embarazo han sido un problema y ha tenido dificultades para comer, no ha engordado mucho. A medida que se sienta mejor y el bebé comience a aumentar de peso, usted también aumentará.

Consejo para la 13.ª Semana **Cuando disminuya el consumo de cafeína durante el embarazo, lea las etiquetas. ¡Más de 200 alimentos, bebidas y medicamentos de venta libre contienen cafeína!**

Cómo crece y se desarrolla el bebé

El crecimiento del feto es particularmente asombroso desde ahora y hasta alrededor de las 24 semanas de embarazo. El bebé ha duplicado su longitud desde la 7.ª semana. Los cambios en el peso fetal también han sido impresionantes durante las 8 a 10 últimas semanas de embarazo.

Un cambio interesante es la disminución relativa del crecimiento de la cabeza del bebé comparada con la del resto del cuerpo. En la 13.ª semana, la cabeza es aproximadamente la mitad de la longitud de coronilla a nalgas. Para la 21.ª semana, mide aproximadamente ¼ del cuerpo del bebé; en el nacimiento, mide sólo ⅓ del cuerpo. El crecimiento del cuerpo del feto se acelera mientras que el crecimiento de la cabeza disminuye.

La cara del bebé comienza a verse más humana. Los ojos, que al principio estaban a los lados de la cabeza, se acercan en la cara. Las orejas ocupan su posición normal a los lados de la cabeza. Los genitales externos se han desarrollado lo suficiente para que pueda distinguirse un varón de una niña, si se examina fuera de la matriz.

Los intestinos se desarrollan inicialmente dentro de un abultamiento grande en el cordón umbilical fuera del cuerpo del feto. Alrededor de este momento, se retraen dentro de la cavidad abdominal fetal. Si no ocurre y los intestinos se mantienen fuera del abdomen en el nacimiento, tiene lugar un trastorno que se conoce como *onfalocele*; es raro (ocurre en 1 de cada 10,000 nacimientos). Por lo general, puede corregirse mediante cirugía, y los bebés después están bien.

Cambios en usted

¡Usted está perdiendo la cintura! La ropa le queda más apretada. Llegó el momento de empezar a usar prendas más sueltas.

⤳ Estrías

Las estrías, llamadas *estrías de distensión*, aparecen a menudo y en grados variables durante el embarazo. Pueden aparecer al principio o al final, por lo general, en el abdomen, los senos y la cadera o las nalgas. Después del embarazo, pueden desvanecerse tomando el mismo color del resto de la piel, pero ya no desaparecen. Para ayudar a evitar la aparición de estrías, aumente de peso lenta y regularmente, porque cualquier gran aumento puede hacer que aparezcan con mayor facilidad.

Si durante el embarazo utiliza cremas esteroides como hidrocortisona o desoximetasona para tratar las estrías, usted absorberá algo del esteroide hacia el sistema. La sustancia puede pasar luego al bebé que está gestando. *¡No use cremas esteroides durante el embarazo sin antes consultarlo con su médico!*

Algunas medidas que puede tomar. Aunque la formación de estrías puede ocurrir durante el embarazo, hay algunas cosas que puede hacer para ayudar a disminuir su intensidad. Intente lo siguiente:

• Beba mucha agua y coma alimentos saludables. Los alimentos ricos en antioxidantes –las frutas y las verduras de color rojo, naranja o amarillo fuerte– proporcionan nutrientes esenciales para la reparación y la cicatrización de los tejidos.
• Mantenga la elasticidad de la piel comiendo las cantidades adecuadas de proteínas y cantidades más pequeñas de grasas. La linaza, el aceite de linaza, el pescado y el aceite de pescado son buenas fuentes. Tenga cuidado con el consumo de pescado: no es bueno que coma *demasiado*. Véase en la 26.ª semana la discusión sobre el pescado.
• ¡Aléjese del sol!
• Continúe su programa de ejercicios.
• Pregunte a su médico sobre el uso de cremas con alfa hidroxiácidos, ácido cítrico o ácido láctico. Algunas de estas cremas y lociones mejoran la calidad de las fibras elásticas de la piel.

Tratamiento después del embarazo. Muchas mujeres quieren saber qué pueden hacer con las estrías que desarrollaron durante la gestación. Después del embarazo tiene muy pocas opciones de tratamiento. Algunos tratamientos nuevos que se utilizan hoy en día parecen ayudar mucho.

El uso de Retin-A o Renova, en combinación con ácido glicólico, ha demostrado ser bastante efectivo. Para Retin-A y Renova, se necesita receta; el ácido glicólico lo puede conseguir con su dermatólogo. El Cellex-C, con ácido glicólico, también mejora la apariencia de las estrías. Se ha estado usando con éxito una crema de venta libre para tratar las estrías. Se llama StriVectin-SD y puede comprarla directamente al fabricante. Véase la sección de Recursos, en la página 437.

El tratamiento más efectivo es el de rayo láser, pero puede ser muy caro. Por lo general, se hace en combinación con los métodos ya descritos. En el *tratamiento láser Nd:YAG*, se dirigen rayos de luz láser hacia el colágeno de la segunda capa de la piel para ayudar a suavizar las arrugas. El tratamiento con *láser de tinte pulsado* puede mejorar estrías antiguas y recientes. Sin embargo, el láser no le sirve a todos.

Los masajes han probado su efectividad: aumentan el flujo sanguíneo hacia el área para estimular el proceso de cicatrización y eliminar las células superficiales muertas. También pueden ayudar varias cremas. Si las estrías le molestan, hable de estos tratamientos con su médico.

༜ Cambios en los senos

Probablemente ha notado que sus senos están cambiando. (Véase la ilustración de la página 148). La glándula mamaria (otro nombre para el seno) obtuvo su nombre del término en latín para seno: *mamma*.

El seno está formado por glándulas, tejido conjuntivo para proporcionar soporte y tejido adiposo para proporcionar protección. Los sacos productores de leche se conectan con los conductos que llevan al pezón.

Antes del embarazo, cada mama pesa unas 7 onzas (200 g). Durante la gestación aumentan de tamaño y peso. Hacia el final del embarazo cada mama puede pesar 28 onzas (de 400 a 800 g). Durante la lactancia cada una puede pesar 28 onzas (800 g) o más.

El tamaño y forma de los senos varían mucho. Por lo general, el tejido mamario se proyecta por debajo el brazo. Las glándulas que forman la mama se abren en conductos en el pezón. Cada pezón contiene terminaciones nerviosas, fibras musculares, glándulas sebáceas, glándulas sudoríparas y unos veinte conductos galactóforos.

Consejo para el Papá Pregunte al médico si hay algún ejercicio que puedan realizar juntos, con regularidad, durante el embarazo, como caminar, nadar o jugar al golf o al tenis.

El pezón está rodeado por la *areola*, un área pigmentada y circular. Durante el embarazo, se oscurece y se agranda. El oscurecimiento de

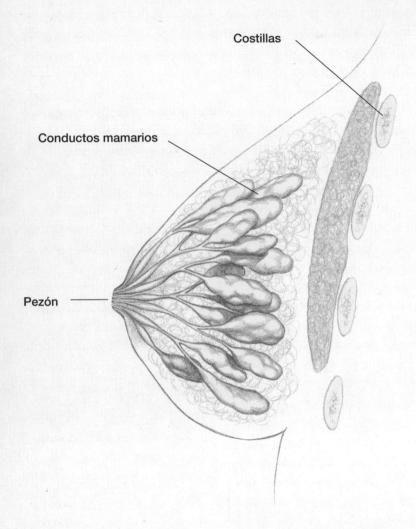

Costillas

Conductos mamarios

Pezón

Desarrollo del seno materno hacia el final del primer trimestre
(13 semanas de embarazo).

las areolas puede funcionar como una señal visual para el bebé que amamanta.

Durante la gestación, los senos sufren muchos cambios. En las primeras semanas, un síntoma común de embarazo son el cosquilleo o el dolor de las mamas. Después de unas 8 semanas, se agrandan y se vuelven nodulares o desiguales, cuando crecen y se desarrollan las glándulas y los conductos. A medida que las mamas cambian, puede notar que aparecen venas justo por debajo la piel.

Durante el segundo trimestre, comienza a formarse un líquido amarillo poco espeso llamado *calostro*. A veces se puede extraer del pezón mediante un masaje suave. Si las mamas le han crecido, puede observar en ellas estrías similares a las de su abdomen.

Las glándulas mamarias comienzan a desarrollarse en un embrión de 6 semanas. Para el momento del nacimiento, están presentes los conductos galactóforos. Después del nacimiento, los pechos de un recién nacido pueden estar inflamados y hasta pueden segregar una pequeña cantidad de leche. Esto puede ocurrir en los bebés de ambos sexos y se debe a la secreción de estrógeno.

Cómo afecta al desarrollo del bebé lo que usted hace

ᴥ *Trabajar durante el embarazo*

En la actualidad muchas mujeres trabajan fuera de su casa, y muchas siguen trabajando durante el embarazo. Es común que los empleadores y los pacientes consulten a los médicos acerca del trabajo y la gestación.

"¿Es seguro trabajar durante el embarzo?"

"¿Puedo trabajar durante todo el embarazo?"

"¿Corro peligro de perjudicar a mi bebé si trabajo?"

Más de la mitad de todas las mujeres trabajan o buscan trabajo. En los Estados Unidos, más de un millón de bebés nacen de mujeres que han estado empleadas en algún momento del embarazo. Estas mujeres tienen una comprensible preocupación por la seguridad y la salud ocupacional.

La legislación que puede afectarla. En los Estados Unidos, la *Ley contra la Discriminación por Embarazo* prohibe la discriminación laboral basada en el embarazo o el parto. Declara que el embarazo y los estados relacionados deben ser considerados como cualquier otra incapacidad o afección médica. Se puede pedir a un médico que certifique que una gestante puede trabajar sin ponerse en peligro a sí misma ni al embarazo. La incapacidad relacionada con el embarazo proviene de cualquiera de las siguientes situaciones:

- el embarazo en sí
- complicaciones del embarazo, como preeclampsia, trabajo de parto prematuro u otros problemas médicos
- situaciones laborales, como permanecer de pie por períodos largos o exponerse a sustancias químicas, inhalantes, gases, solventes o radiación

En los Estados Unidos, la *Ley de Licencias por Razones Familiares y Médicas* se aprobó en 1993. Si ha trabajado para su empleador actual, por lo menos durante un año, la ley le permite a un padre nuevo (hombre o mujer) tomar hasta 12 semanas de licencia sin goce de sueldo en cualquier período de 12 meses para el nacimiento de un bebé. Para tener derecho a esto, debe trabajar por lo menos 1250 horas por año (un 60% de una semana laboral normal de 40 horas). Además, si *ambos padres* trabajan para el mismo empleador, sólo se les permite un total de 12 semanas *entre los dos*. Esta ley sólo es aplicable a empresas que tienen 50 empleados o más en un radio de 75 millas (120 km). Los estados pueden permitir que un empleador rechace la restitución del trabajo a los empleados que están en el nivel de indemnización del 10% superior.

Cualquier tiempo que se tome *antes* del nacimiento del bebé cuenta como parte de las 12 semanas que una persona puede tomar en cualquier año. (Podría ser necesario hacerlo antes del parto si la mujer tiene problemas médicos o de salud y necesita tiempo libre, o si su pareja debe tomarlo para atenderla.) Esta licencia puede tomarse intermitentemente o al mismo tiempo.

Para mayor información sobre la Ley de Licencias por Razones Familiares y Médicas, llame al 800-522-0925.

Licencia para padres y leyes estatales o provinciales. Casi la mitad de los estados de los Estados Unidos han aprobado alguna legislación que se refiere a licencias para padres. Algunos estados brindan un seguro por discapacidad si tiene que dejar el trabajo por el embarazo o el parto.

En Canadá, hay licencias para padres sin goce de sueldo. La duración del tiempo que puede estar fuera del trabajo varía de una provincia a otra.

Las leyes estatales sobre licencias para padres difieren, así que consulte con su oficina laboral estatal o con el director de personal del departamento de recursos humanos de su empresa. Puede pedir un resumen de leyes estatales sobre licencias para padres a:

The Women's Bureau Publications
U.S. Department of Labor
Box EX
200 Constitution Avenue, NW
Washington, D.C. 20210

En Canadá, para obtener mayor información, póngase en contacto con la oficina de Recursos Humanos. Llame al Tele-Centro de Recursos Humanos de Canadá al (416) 730-1211 o al (800) 227-9914.

Algunos riesgos de trabajar durante el embarazo. Puede ser difícil conocer el riesgo exacto de un trabajo en particular. En la mayoría de los casos, no tenemos la suficiente información para conocer todas las sustancias específicas que pueden dañar a un bebé en desarrollo.

El objetivo es minimizar el riesgo para la madre y para el bebé, mientras todavía se permite que la mujer trabaje. Una mujer normal con un trabajo normal debería poder trabajar durante toda la gestación. Sin embargo, tal vez necesite modificar en algo su trabajo. Por ejemplo, tal vez necesite pasar menos tiempo de pie. Los estudios demuestran que las mujeres que están de pie en la misma posición durante períodos prolongados tienen más probabilidades de tener bebés prematuros y con bajo peso.

Trabaje con su médico y su empleador. Si surgen problemas, como un trabajo de parto prematuro o hemorragias, escuche las indicaciones de su médico. Si le sugieren que repose, siga ese consejo. A medida que avanza la gestación, tal vez tenga que trabajar menos horas o realizar tareas más livianas. Sea flexible. No ayuda ni a usted ni al bebé si se agota y hace que empeoren las complicaciones del embarazo.

Si trabaja, cuídese. Si trabaja, debería tomar algunas precauciones por usted y por su bebé.

- No participe en nada que sea peligroso para usted o para el bebé.
- No esté de pie durante períodos largos.
- Siéntese derecha al escritorio.
- Coloque una banqueta baja debajo del escritorio para descansar los pies.
- Descanse en las pausas o durante el almuerzo.
- Levántese y camine un poco cada 30 minutos. Ir al baño puede ser una buena razón para caminar y moverse un poco.
- No utilice ropa que le apriete la cintura, especialmente si pasa sentada la mayor parte del día.
- Beba mucha agua.
- Si puede, escuche música relajante.
- Lleve almuerzos y refrigerios saludables para que la ayuden a controlar el consumo de calorías. Las comidas rápidas están llenas de calorías sin valor nutritivo.
- Intente mantener un nivel mínimo de estrés.
- No comience proyectos nuevos o los que necesitan mucho tiempo y atención.

Nutrición

La cafeína es un estimulante del sistema nervioso central, que se encuentra en muchas bebidas y alimentos, incluidos el café, el té, las bebidas cola y el chocolate. Las investigaciones demuestran que, durante el embarazo, usted puede ser más sensible a la cafeína. El estimulante se halla también en algunos medicamentos, en particular los complementos dietéticos y fármacos para la cefalea. Durante más de 20 años, la Administración de Drogas y Alimentos

Una advertencia sobre la cafeína

Los niveles elevados de cafeína en una mujer embarazada –400 mg por día– pueden afectar el sistema respiratorio en desarrollo de un bebé. Un estudio demostró que esta exposición antes del nacimiento puede estar ligada a la muerte súbita del lactante (MSL).

(FDA) ha recomendado que las embarazadas eviten la cafeína. Hasta la fecha, no se han encontrado beneficios para usted ni para el bebé con su uso.

El consumo elevado de cafeína se ha asociado con un peso menor del niño al nacer y un tamaño menor de la cabeza en los recién nacidos. Algunos investigadores creen, además, que existe una asociación entre el consumo de cafeína y los abortos, parto de feto muerto y el trabajo de parto prematuro.

Disminuya el consumo de cafeína o elimínela de su dieta. La cafeína pasa a través de la placenta hasta el bebé. Puede afectar el metabolismo del calcio suyo y el del bebé también. Si está nerviosa, el bebé puede sufrir los mismos efectos. Un consumo elevado de cafeína puede aumentar las probabilidades de problemas respiratorios en el recién nacido. La cafeína pasa a la lecha materna, lo que puede provocar irritabilidad e insomnio en el bebé lactante. Un bebé metaboliza la cafeína con mayor lentitud que un adulto, y la cafeína se acumula en el bebé.

Los efectos de la cafeína en usted durante el embarazo pueden incluir irritabilidad, cefalea, malestar estomacal, insomnio y nerviosismo. Fumar puede aumentar el efecto estimulante de la cafeína.

Elimine la cafeína de su dieta o limite la cantidad que consume. Lea las etiquetas de los medicamentos de venta libre para saber si contienen cafeína. La mayoría de los profesionales están de acuerdo en que, probablemente, esté bien consumir hasta dos tazas comunes (*no de las altas*) de café, o su equivalente, cada día. Eso es menos de 200 mg por día.

Es una buena idea que elimine de su dieta toda la cafeína que pueda. Es más sano para el bebé, y tal vez usted también se sienta mejor. La siguiente lista detalla las cantidades de cafeína que provienen de varias fuentes:

- café, 5 onzas (150 ml): de 60 a 140 mg, o más
- té, 5 onzas (150 ml): de 30 a 65 mg
- chocolate para repostería, 1 onza (30 g): 25 mg
- chocolate, en tableta, 1 onza (30 g): 6 mg
- refrescos, 12 onzas (360 ml): de 35 a 55 mg
- analgésicos, dosis estándar: 40 mg
- remedios contra alergias y contra el catarro, dosis estándar: 25 mg

Lo que también debería saber

↪ *Enfermedad de Lyme*

La enfermedad de Lyme se refiere a una infección transmitida a los humanos por las garrapatas. Hay varias etapas de la enfermedad. Un 80% de las personas picadas tienen una lesión en la piel con una apariencia distintiva llamada *ojo de buey*. Pueden aparecer síntomas parecidos a los de la gripe. Después 4 a 6 semanas, los síntomas pueden agravarse.

Al principio de la enfermedad de Lyme, los análisis de sangre pueden no diagnosticarla. Cuando avanza la enfermedad, un análisis de sangre puede establecer el diagnóstico.

Sabemos que la enfermedad de Lyme puede atravesar la placenta. Sin embargo, en este momento no sabemos si el bebé corre peligro. Los investigadores continúan estudiando la situación.

Para tratar esta enfermedad se necesita un tratamiento antibiótico prolongado y, a veces, un tratamiento antibiótico intravenoso. Muchos medicamentos que se utilizan para tratar la enfermedad son inocuos para el embarazo.

Si es posible, evite exponerse a la enfermedad de Lyme. Aléjese de los lugares donde sepa que hay garrapatas, especialmente sitios boscosos. Si no los puede evitar, use blusas de manga larga, pantalones largos, sombrero o bufanda, calcetines y botas, o zapatos cerrados. Asegúrese de revisarse el cabello cuando entra, porque las garrapatas suelen alojarse en él. Contrólose la ropa para asegurarse de que no tiene garrapatas en los bolsillos, los puños ni los dobladillos.

14.ª Semana

Edad del feto: 12 semanas

¿Qué tamaño tiene el bebé?

La longitud de coronilla a nalgas es de 3 ½ a 4 pulgadas (de 8 a 9.3 cm). El bebé tiene el tamaño aproximado de un puño y pesa alrededor de 1 onza (25 g).

¿Qué tamaño tiene usted?

Ahora, la ropa para embarazada tal vez sea imprescindible. Algunas mujeres tratan de arreglárselas por un tiempo sin abotonar ni cerrar el cierre de los pantalones o usando gomas elásticas y alfileres de seguridad para aumentar el tamaño de la pretina. Otras usan la ropa de su pareja pero, por lo general, sólo es útil durante un breve tiempo. Cada día que pasa, usted está más grande. Disfrutará más de su embarazo y se sentirá cómoda con ropa que le quede bien y que dé margen para el crecimiento.

La manera en que su cuerpo responde a este crecimiento está influenciada por los embarazos previos y los cambios que su cuerpo experimentó entonces. La piel y los músculos se estiraron para contener el útero, la placenta y al bebé, y eso los cambió para siempre. La piel y los músculos pueden ceder más rápido para contener el útero y al bebé que crecen. Esto significa que, tal vez, el embarazo se le note antes y que se sienta más grande.

Cómo crece y se desarrolla el bebé

Como puede ver en la ilustración de la página contigua, en esta semana,

Si disfruta escuchando los latidos cardíacos del bebé, ¡hoy existen dispositivos para que pueda escucharlos en su hogar! Algunas personas creen que esto ayuda a la pareja a establecer vínculos con el bebé. Si le interesa conseguir un dispositivo Doppler para uso doméstico, pregúntele a su médico. O busque estos dispositivos por Internet. Véase la sección de Recursos, en la página 436.

las orejas del bebé se han movido desde el cuello hasta los lados de la cabeza. Los ojos se han estado moviendo gradualmente desde los lados de la cabeza hasta el frente de la cara. El cuello sigue alargándose, y la barbilla ya no se apoya en el pecho.

Prosigue el desarrollo sexual. Se hace más fácil determinar uno u otro sexo mirando los genitales externos, que están más desarrollados.

Cambios en usted

✍ *Papilomas cutáneos y lunares*

El embarazo puede hacer que los papilomas cutáneos y los lunares cambien y crezcan. Los papilomas cutáneos son pequeñas elevaciones de la piel que, durante el embarazo, pueden aparecer por primera vez o agrandarse. Los lunares pueden aparecer por primera vez durante la gestación, o los existentes pueden agrandarse y oscurecerse. Si un lunar cambia, se lo debe controlar. ¡Si nota cualquier cambio, muéstreselo a su médico!

¿Tiene hemorroides?

Las *hemorroides*, vasos sanguíneos dilatados alrededor del ano o dentro de él, son un problema común durante el embarazo o después. Durante la gestación, se deben a la disminución del flujo sanguíneo en la zona que rodea el útero y la pelvis por el peso de aquél, lo que causa congestión o bloqueo de la circulación. Las hemorroides pueden empeorar hacia el final del embarazo. Pueden, también, empeorar con cada embarazo subsiguiente.

El tratamiento de las hemorroides incluye evitar el estreñimiento comiendo cantidades adecuadas de fibra y bebiendo mucho líquido. Puede

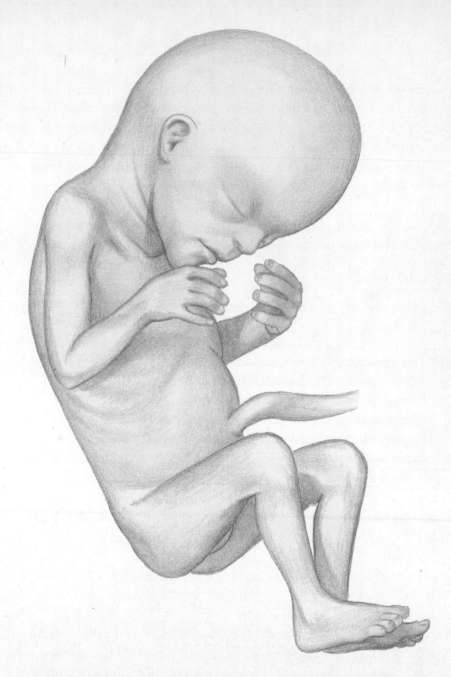

El bebé sigue cambiando. En esta semana, las orejas y ojos se mueven a una posición más normal.

evitarlas usando ablandadores de heces. Otras medidas incluyen baños de asiento o medicamentos en forma de supositorios, que se pueden comprar sin receta. En raras ocasiones se tratan con cirugía durante esta etapa.

Por lo general, las hemorroides mejoran después del embarazo, pero pueden no desaparecer del todo. Cuando termine la gestación puede usar los métodos de tratamiento mencionados anteriormente.

Si las hemorroides le causan grandes molestias, háblelo con su doctor, quien le recomendará el mejor tratamiento para usted.

Formas de aliviar las molestias de las hemorroides. Si las hemorroides son un problema, intente aliviarlas con cualquiera de las siguientes soluciones:

- Descanse por lo menos una hora todos los días con los pies y la cadera elevados.
- Acuéstese con las piernas elevadas y las rodillas ligeramente dobladas (posición de Sims) cuando duerma por la noche.
- Coma cantidades adecuadas de fibra y beba mucho líquido.
- Tome baños tibios (no calientes) para sentir alivio.
- Pueden ayudarla los supositorios que se venden sin receta.
- Aplique hielo, o compresas de algodón mojadas en hamamelis, en el área afectada.
- No permanezca de pie o sentada por períodos largos.

Cómo afecta al desarrollo del bebé lo que usted hace

༁ Radiografías, TAC y RMN durante el embarazo

Durante el embarazo, algunas mujeres se preocupan por los exámenes que utilizan radiación. ¿Pueden dañar al bebé? ¿Puede someterse a ellas en cualquier momento de la gestación?

Ninguna cantidad conocida de radiación es inocua para un bebé en gestación. Los peligros incluyen un mayor riesgo de mutaciones y de cáncer más adelante. Algunos doctores creen que la única cantidad de rayos X inocua durante el embarazo es ninguna.

Los investigadores se han vuelto más conscientes sobre los peligros potenciales de la radiación en un feto en desarrollo. Hoy se cree que el mayor riesgo para el feto está entre las 8 y las 15 semanas de gestación (entre las 6 y las13 semanas de edad fetal).

Los problemas como la neumonía o la apendicitis pueden ocurrir y ocurren en las gestantes y pueden requerir una radiografía para hacer el diagnóstico y el tratamiento adecuados. Hable con su médico sobre la necesidad de hacerse radiografías. Antes de someterse a algún examen médico, es su responsabilidad informar al médico y a otras personas relacionadas con su salud que está embarazada o que puede estarlo. Es más fácil encarar las cuestiones de seguridad y riesgo *antes* de realizar un examen.

Si se hace una radiografía o una serie de radiografías, y luego descubre que está embarazada, hable con su médico acerca del posible riesgo para su bebé. Su médico podrá darle consejos apropiados.

Las tomografías computadas, llamadas también TAC, son una forma especializada de rayos X. Esta técnica combina los rayos X con un análisis por computadora. Muchos investigadores creen que la cantidad de radiación que recibe un feto en una TAC es mucho menor que la que recibe de una radiografía normal. Sin embargo, estos estudios deben tomarse con cuidado hasta que conozcamos más los efectos que pueden tener sobre el feto incluso esta pequeña cantidad de radiación.

La resonancia magnética nuclear, llamada también RMN, es otra herramienta de diagnóstico que se utiliza ampliamente hoy en día. En este momento no se ha informado sobre efectos perjudiciales en el embarazo por el uso de la RMN. Sin embargo, probablemente sea mejor que la evite durante el primer trimestre del embarazo.

ᴥ *Cuidado dental*

Mientras esté gestando, no ignore sus dientes ni evite ir al dentista. Consúltelo por lo menos una vez durante el embarazo y dígale que está embarazada. Si necesita algún trabajo dental, pospóngalo hasta después de las 12 primeras semanas, si es posible. Tal vez no pueda esperar si tiene una infección, pues si no se trata puede ser perjudicial para usted o para el bebé.

Puede necesitar antibióticos o analgésicos. Si los necesita, consulte a su médico antes de tomarlos. Muchos antibióticos y analgésicos son inocuos durante el embarazo.

Durante la gestación, tenga cuidado con la anestesia para trabajos dentales. No hay problemas con la anestesia local. Evite la anestesia por inhalación y la anestesia general cuando sea posible. Si se requiere anestesia general, asegúrese de que sea administrada por un anestesista que esté enterado de su embarazo.

Emergencias dentales. Las emergencias dentales existen. Éstas pueden incluir endodoncia, extracción de un diente, una caries grande, un absceso o problemas a partir de un accidente o una lesión. Cualquiera de estas emergencias puede ocurrir durante el embarazo. Un problema dental grave debe ser tratado, porque los problemas que pueden surgir son más preocupantes que los riesgos a los que se expondría con el tratamiento.

A veces los rayos X son necesarios y pueden realizarse durante el embarazo. Antes de realizar las placas, su abdomen debe estar cubierto con un delantal de plomo. Si es posible, espere hasta el final del primer trimestre para realizarse cualquier trabajo dental.

Consejo para la 14.ª Semana   Si deben realizarle un trabajo dental o exámenes de diagnóstico, dígale al dentista o al médico que está embarazada, para que puedan tomar más precauciones con usted. Sería bueno que el dentista y el médico hablaran entre ellos antes de tomar ninguna decisión.

Nutrición

Tener sobrepeso al principio del embarazo puede presentar problemas especiales para usted. El médico puede recomendarle que aumente menos de las 25 a 35 libras (11 a 17 kilos) recomendadas para una mujer de peso normal. Probablemente, tendrá que escoger alimentos hipocalóricos y reducidos en grasas. Tal vez sea necesario que consulte a un nutricionista para que la ayude a desarrollar un plan alimenticio saludable. Se le aconsejará *no* hacer dieta durante el embarazo.

El exceso de peso puede causar más problemas, incluida la diabetes gravídica o la hipertensión arterial. También pueden ser más problemáticas la lumbalgia, várices y la fatiga. Si engorda demasiado durante el embarazo –un aumento mayor al recomendado por su médico–, puede tener una mayor posibilidad de necesitar una cesárea.

Si tiene sobrepeso, es probable que su médico quiera verla con mayor frecuencia. Tal vez sea necesario una ecografía para determinar la fecha de parto, porque es más difícil determinar la posición y el tamaño del feto. Las capas adicionales de grasa abdominal hacen que el examen manual sea más difícil. El médico puede pedir análisis para determinar la existencia de diabetes gravídica. Cuando se acerque la fecha de parto pueden ser necesarias otras pruebas diagnósticas.

> ## Consejo para el Papá
> Si sale de la ciudad, llame a su pareja por lo menos una vez al día. Déjele saber que está pensando en ella y en el bebé.

Lo que también debería saber

✑ Embarazo en las fuerzas armadas

¿Está embarazada y en servicio activo en las fuerzas armadas? Si lo está, ha tomado la decisión de quedarse allí. Antes de 1972, si estaba en servicio activo y quedaba embarazada, se la separaba automáticamente, ¡lo quisiera o no!

Hoy en día, si quiere permanecer en el servicio, puede hacerlo. Cada una de las ramas tiene su política particular sobre el embarazo. Abajo encontrará un resumen de ellas para el Ejército, la Armada, la Fuerza Aérea, la Infantería de Marina y la Guardia Costera.

Política del Ejército. Durante el embarazo, está eximida del examen de composición corporal y de condición física. No la pueden enviar al extranjero. A las 20 semanas, se le pide que no esté en posición de descanso o de firmes por más de 15 minutos. A las 28 semanas, su trabajo se limitará a 40 horas semanales, 8 horas diarias.

Política de la Armada. Durante el embarazo, está eximida del examen de composición corporal y de condición física. No se le permite desempeñarse en un barco después de las 20 semanas de embarazo. Está limitada a cumplir sus obligaciones en lugares que estén a 6 horas de un centro sanitario. Su semana laboral se limita a 40 horas y se le pide que no esté en posición de descanso o de firmes por más de 20 minutos.

Política de la Fuerza Aérea. Durante el embarazo, está eximida del examen de composición corporal y de condición física. Las restricciones se basan en su ambiente laboral. Si la asignan a un área donde no hay atención obstétrica, su misión terminará en la 24.ª semana.

Política del Cuerpo de Infantería de Marina. Estará en servicio completo hasta que un médico certifique que esto no es recomendable. No puede participar en operaciones de emergencia ni podrá ser destinada a embarcarse en un buque de la Armada. El personal de vuelo se queda en tierra, a menos que lo autorice una exención médica. Si un médico considera que no está apta para el entrenamiento físico o que no puede estar en formación, se la eximirá de estas actividades. Sin embargo, quedará disponible para asignaciones por todo el mundo.

Las infantes de marina embarazadas no saldrán de Hawai después del 6.º mes de embarazo. Si se desempeña en una nave, se la reasignará en la primera oportunidad, pero no más tarde de la 20.ª semana.

Guardia Costera de EE. UU. Durante el embarazo, esta eximida del examen de composición corporal y de condición física. Después de 28 semanas de embarazo, su trabajo se limitará a 40 horas. No se la asignará al extranjero. Otras restricciones del servicio se basan en su trabajo; sin embargo, no se la asignará a ningún servicio de rescate a nado mientras esté embarazada.

No le pueden cambiar el destino desde la 20.ª semana de embarazo hasta 6 meses después del parto. No la asignarán a servicios en vuelo después del segundo trimestre (26 semanas), y queda limitada a cumplir el servicio en lugares a 3 horas de un centro sanitario.

Algunas precauciones generales. Sabemos que las mujeres que quedan embarazadas mientras están en servicio activo enfrentan muchos retos. La presión por lograr los estándares militares de peso corporal puede tener efectos sobre su salud; ésa es la razón por la que estos requisitos son menos estrictos durante el embarazo. Esfuércese por comer alimentos saludables para que las reservas de hierro y los niveles de ácido fólico sean adecuados. Examine su trabajo para ver a qué peligros puede estar expuesta, como estar de pie por períodos prolongados, levantar mucho peso y estar expuesta a sustancias químicas tóxicas. Hable con su médico antes de recibir vacunas o inoculaciones. Todos estos factores pueden tener efectos en su embarazo.

Si le preocupa cualquiera de las situaciones anteriores, hable con un superior. Tal vez sea necesario realizar otros cambios además de los descritos.

ᴂ *Llevar a otras personas a las visitas médicas*

Lleve consigo a su pareja a todas las visitas prenatales que sea posible. Es bueno que él y el médico se conozcan antes de que empiece el trabajo de parto. Tal vez a su madre o a su suegra les gustaría acompañarla a oír los latidos del nieto. O quizá usted quiera llevar la grabadora y así grabarlos para que los oigan los demás. Las cosas han cambiado desde que su madre estuvo embarazada de usted; muchas futuras abuelas disfrutan este tipo de visitas.

Antes de llevar a otras personas, es una buena idea esperar hasta que usted haya oído los latidos del bebé. No siempre se oyen la primera vez, y esto puede ser frustrante y decepcionante.

Llevar niños a una visita médica. Algunas mujeres llevan a sus hijos consigo a una visita prenatal. A la mayor parte del personal de un consultorio no le preocupa si usted lleva niños de vez en cuando, comprenden que no siempre puede ser posible encontrar a alguien que los cuide. Sin embargo, si tiene problemas o muchas cosas importantes que hablar con el médico, no los lleve.

Si un niño está enfermo, si acaba de tener varicela o si tiene un resfriado, déjelo en casa. No exponga a todos los que están en la sala de espera.

A algunas mujeres les gusta llevar un hijo por vez a una visita si tienen más de uno. Esto hace que cada consulta sea especial para la madre y para ellos. Sin embargo, los niños que lloran o que se quejan pueden crear situaciones difíciles, así que, antes de ir con ellos, pregúntele al médico cuándo es bueno llevar a los miembros de la familia.

15.ª Semana

Edad del feto: 13 semanas

¿Qué tamaño tiene el bebé?

En esta semana de embarazo, la longitud fetal de coronilla a nalgas es de 4 a 4 ½ pulgadas (9.3 a 10.3 cm). El feto pesa cerca de 1 ¾ onzas (50 g), y su tamaño se aproxima al de una bola de sóftbol.

¿Qué tamaño tiene usted?

Usted puede decir fácilmente que está embarazada por los cambios en su bajo vientre, que alteran la forma como le queda la ropa. Puede sentir su útero a unas 3 o 4 pulgadas (de 7.6 a 10 cm) por debajo del ombligo.

El embarazo puede no ser obvio para otras personas cuando usted usa ropa de calle común, pero puede serlo si comienza a utilizar ropa de embarazada o si se pone un traje de baño.

Consejo para el Papá

Cuando necesite irse de viaje o no pueda ponerse en contacto, pida a sus amigos y a sus familiares que estén pendientes de su pareja y que estén disponibles para ayudarla.

Cómo crece y se desarrolla el bebé

Todavía es un poco prematuro para sentir movimientos, ¡aunque debería sentir moverse al bebé en las próximas semanas!

Sigue el rápido crecimiento del bebé. La piel es delgada. En este punto del desarrollo, a través de la piel, se pueden ver los vasos sanguíneos. El cuerpo del bebé está cubierto de pelo delgado, llamado *lanugo*.

Para esta época, el bebé puede chuparse el pulgar, lo que se ha visto mediante el examen ecográfico. Los ojos siguen moviéndose hacia el frente de la cara, pero todavía se hallan bastante separados.

Se siguen desarrollando las orejas. Como puede ver en la ilustración de la página 166, ahora se parecen más a orejas comunes. De hecho, el bebé parece cada día más humano.

Los huesos que ya se formaron están endureciéndose y reteniendo calcio (se están osificando) con mucha rapidez. Si se tomara una radiografía en este momento, sería visible el esqueleto fetal.

↷ *Pruebas de alfafetoproteína*

Mientras el bebé crece dentro de usted, produce *alfafetoproteína*. Esta proteína se encuentra en cantidades crecientes en el líquido amniótico. Parte de ella atraviesa las membranas fetales y entra en la circulación suya. Es posible medir la cantidad de alfafetoproteína extrayéndole sangre.

El nivel de esta proteína puede ser significativo durante el embarazo. Por lo general, se realiza una prueba de alfafetoproteína (AFP) entre las 16 y las 18 semanas de gestación. La fecha escogida para la prueba es importante y debe correlacionarse con la edad gestacional del embarazo y con su peso.

Un nivel elevado de alfafetoproteína puede indicar problemas con el feto, como espina bífida (problema de la médula espinal) o anencefalia (anomalía grave del sistema nervioso central). Algunos investigadores incluso han encontrado una asociación entre un nivel bajo de alfafetoproteína y el síndrome de Down. Antes, la única manera de saber si había síndrome de Down era la amniocentesis.

Si el nivel de alfafetoproteína es anormal, se realiza una ecografía minuciosa para determinar la existencia de espina bífida, anencefalia o síndrome de Down. Esta ecografía puede ayudar a saber cuánto tiempo de embarazo tiene.

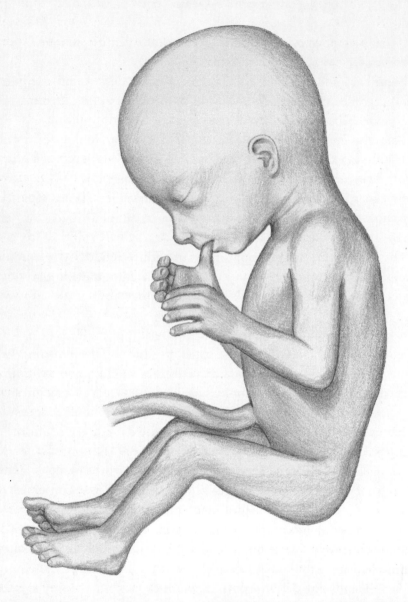

Hacia la 15.ª semana de embarazo (edad fetal: 13 semanas), el bebé puede chuparse el pulgar. Los ojos están en el frente de la cara, pero todavía están bastante separados.

La prueba de AFP no se realiza a todas las embarazadas, aunque se la exige en algunos estados. En Canadá no es una prueba habitual. Si no se la ofrecen, pregunte por ella. El riesgo es relativamente pequeño y le dice al médico cómo crece y se desarrolla el feto.

Cambios en usted

✂ *Pruebas de Papanicolaou durante el embarazo*

Durante su primera visita prenatal probablemente le hicieron una prueba de Papanicolaou; por lo general, se realiza una al principio de la gestación. Ahora tiene el resultado, y lo ha conversado con el médico, en especial si era anormal.

La prueba de Papanicolaou (o citología vaginal) es un examen de detección sistemática que se realiza durante un examen pélvico. Identifica las células cancerosas o precancerosas que provienen del cuello del útero, localizado en la parte alta de la vagina. Este examen ha contribuido a una disminución significativa de la mortalidad por cáncer de cuello uterino, gracias a la detección y tratamiento tempranos.

Una citología vaginal anormal. Las citologías vaginales son pruebas de detección sistemática. Si usted tiene una citología vaginal anormal, el médico debe verificar los hallazgos y decidir el tratamiento. Siga controlándose cuando el médico lo aconseje.

Esta citología anormal durante el embarazo debe manejarse individualmente. Cuando las células anormales no son "demasiado malas" (precancerosas o no tan graves), es posible controlarlas durante el embarazo con una colposcopia o citologías vaginales; por lo general, no se realizan biopsias en este período. El cuello del útero sangra fácilmente, debido a los cambios en la circulación sanguínea. Esta situación se debe manejar con cuidado.

Las mujeres que tienen partos vaginales pueden ver un cambio en las citologías vaginales anormales. Un estudio mostró que el 60% de un grupo de mujeres a las que se les diagnosticaron lesiones intraepiteliales escamosas de gran malignidad en el cuello uterino antes de dar a luz, tuvieron citologías normales después del nacimiento del bebé.

¿Cuál es el siguiente paso? Si su médico está preocupado, puede hacerle una *colposcopia*. La colposcopia es un procedimiento que utiliza un instrumento similar a unos binoculares o a un microscopio para ver el cuello del útero. Esto permite al médico ver dónde están las áreas anormales, de modo que se puedan tomar biopsias después del embarazo. La mayoría de los obstetras o ginecólogos realizan este procedimiento en su consultorio.

Una biopsia proporciona una mejor idea acerca de la naturaleza y el alcance del problema. Si existe la posibilidad de que las células anormales pudieran extenderse a otras partes del cuerpo, puede requerirse una *biopsia en cono*. Esta biopsia determina con precisión la amplitud de enfermedades más graves y elimina el tejido anormal. Esta cirugía se realiza con anestesia pero, por lo general, no se practica durante el embarazo.

Tratamiento de células anormales. Existen muchas formas de tratar células anormales en el cuello uterino, pero la mayoría de los métodos de tratamiento no se pueden realizar durante el embarazo. Entre ellos se encuentran la extirpación quirúrgica del sitio anormal (si se puede ver), la electrocauterización para eliminar o "quemar" pequeños puntos anormales, la criocauterización para congelar pequeñas lesiones, el tratamiento con láser para destruir áreas anormales en el cuello uterino y la biopsia en cono para detectar lesiones más comprometidas.

Cómo afecta al desarrollo del bebé lo que usted hace

ᔭ *Cambie ahora las posiciones de dormir*

Algunas mujeres tienen preguntas y preocupaciones acerca de las posiciones y hábitos para dormir mientras están embarazadas. Algunas quieren saber si pueden dormir boca abajo; otras, si deben dejar de dormir en camas de agua. (Sí, puede seguir durmiendo en una cama de agua.)

A medida que engorda durante el embarazo, cada vez se hará más difícil encontrar posiciones cómodas para dormir. Cuando duerma, no lo haga boca arriba; si lo hace, cuando el útero se agranda, puede hacer que se coloque encima de importantes vasos sanguíneos (la aorta y la vena cava inferior) que bajan por la parte posterior del abdomen. Esto puede disminuir la circulación hacia el bebé y hacia partes de su cuerpo. A algunas embarazadas también se les hace difícil respirar cuando están acostadas boca arriba.

Acostarse boca abajo provoca presión adicional sobre el útero en crecimiento. Ésta es otra razón para aprender a dormir de costado. Para algunas mujeres lo que más les agrada después del parto es ¡poder volver a dormir boca abajo!

Consejo para la 15.ª Semana Comience ahora a aprender a dormir de costado; lo que tiene su compensación cuando engorde más. A veces es útil emplear algunas almohadas adicionales. Ponga una detrás de usted de modo que, si gira sobre la espalda, no quede acostada de espaldas. Ponga otra almohada entre sus piernas, o apoye en ella la pierna "de arriba". Algunos fabricantes hacen una "almohada para embarazo" que sostiene todo el cuerpo.

Nutrición

En este momento, probablemente necesitará comenzar a añadir 300 calorías más a su plan alimenticio, para satisfacer las necesidades de desarrollo del bebé y de su cuerpo, que está cambiando. A continuación encontrará algunas opciones de alimentos adicionales para un día, para obtener esas 300 calorías. Tenga cuidado, 300 calorías *no* son mucha comida.

- Opción 1: 2 rodajas delgadas de carne de cerdo, ½ taza de repollo, 1 zanahoria
- Opción 2: ½ taza de arroz integral cocido, ¼ de taza de fresas, 1 taza de jugo de naranja, 1 rodaja de piña fresca
- Opción 3: un filete de salmón de 4 ½ onzas (130 g), 1 taza de espárragos, 2 tazas de lechuga romana
- Opción 4: 1 taza de pasta cocida, 1 rodaja de tomate fresco, 1 taza de leche al 1%, ½ taza de habas verdes cocidas, ¼ de melón
- Opción 5: 1 pote de yogur, 1 manzana mediana

Lo que también debería saber

ᗝ *Cómo tener una noche de sueño reparador*

Es posible que, ahora o más adelante, le sea difícil dormir profundamente. Intente algunas de las siguientes sugerencias para asegurar un sueño tranquilo.

• Acuéstese y levántese todos los días a la misma hora.
• No tome demasiado líquido por la noche. Tome menos cantidad después de las 6 de la tarde para que no tenga que levantarse para ir al baño toda la noche.
• Evite la cafeína al final de la tarde.
• Haga ejercicio con regularidad.
• Duerma en una habitación fresca; 70 °F (21.1 °C) es la temperatura más alta para un sueño confortable.
• Si siente acidez durante la noche, duerma contra un respaldar.

Puede sentir dificultad de respirar debido al tamaño del abdomen, lo que tal vez interfiera con su sueño. Si le sucede esto, intente acostarse sobre el lado izquierdo. Eleve la cabeza y los hombros con otras almohadas. Si no le proporciona alivio, podría ser beneficioso hacer un poco de ejercicio liviano, darse una ducha de agua caliente o sumergirse en agua tibia (no caliente) y tomar un vaso de leche tibia. Si no está cómoda en la cama, intente dormir parcialmente sentada en un sillón reclinable.

¿Fue difícil vivir con usted cuando tuvo las náuseas del embarazo?

Si tuvo las náuseas del embarazo y está empezando a sentirse mejor, tal vez quiera evaluar su relación con su pareja y con otras personas cercanas a usted. ¿Fue difícil llevarse bien con usted cuando se sentía mal? Su pareja necesita su apoyo a medida que el embarazo sigue avanzando, así como usted necesita el de él. Tal vez necesiten hacer un esfuerzo para poner mucho empeño en tratarse bien uno al otro; ¡los dos están juntos en esto!

16.ª Semana

Edad del feto: 14 semanas

¿Qué tamaño tiene el bebé?

Esta semana, la longitud del bebé de coronilla a nalgas es de 4 ½ a 4 ⅔ pulgadas (de 10.8 a 11.6 cm); su peso es alrededor de 2 ¾ onzas (80 g).

¿Qué tamaño tiene usted?

A medida que crece el bebé, también están creciendo el útero y la placenta. Hace seis semanas, el útero pesaba unas 5 onzas (140 g); hoy pesa unas 8 ½ onzas (250 g). También aumenta la cantidad de líquido amniótico que rodea al bebé: ahora hay unas 7 ½ onzas (250 ml) de líquido. El útero se puede sentir con facilidad a unas 3 pulgadas (7.6 cm) por debajo del ombligo.

Cómo crece y se desarrolla el bebé

La cabeza del bebé está cubierta de lanugo. El cordón umbilical se une al abdomen; esta unión ha descendido en el cuerpo del feto.

Las uñas de las manos están bien formadas. La ilustración de la página 173 muestra que está empezando a crecer un vello muy fino, llamado *lanugo*. En esta etapa, las piernas son más largas que los brazos, y ambos se mueven. Este movimiento lo puede ver durante un examen ecográfico. En este momento del embarazo, también puede llegar a sentir que el bebé se mueve.

Muchas mujeres describen estas sensaciones de movimiento como una "burbuja de gas" o un "revoloteo". A menudo es algo que ha notado durante unos pocos días o más, pero sin darse cuenta de lo que estaba sintiendo. ¡Luego se da cuenta de que lo que siente moverse dentro de usted es el bebé!

Cambios en usted

~ Movimiento fetal activo

Si todavía no ha sentido el movimiento del bebé, no se preocupe. El movimiento del feto, llamado también *movimiento fetal activo*, aparece, por lo general, entre las 16 y las 20 semanas de embarazo. El tiempo varía para cada mujer, y puede ser distinto de un embarazo a otro. Un bebé puede ser más activo que otro y se mueve más. Puede también afectar a lo que siente el tamaño del bebé o el número de fetos.

~ Prueba triple de detección sistemática

Hoy en día, hay pruebas disponibles que van más allá de la prueba de alfa-fetoproteína para ayudar a su médico a determinar si el bebé podría tener síndrome de Down. En la prueba triple de detección sistemática, se controla el nivel de alfafetoproteína, junto con las cantidades de coriogo-nadotropina humana (hCG) y el estriol no conjugado (una forma de estrógeno producido por la placenta).

Los niveles de estas tres sustancias químicas en la sangre pueden indicar mayor probabilidad de que el bebé padezca síndrome de Down. En madres de mayor edad, la tasa de detección del problema es de más del 60%, con una tasa de falso positivo de casi el 25%.

Si tiene un resultado anormal de una prueba triple de detección siste-mática, es probable que le recomienden una ecografía y una amniocente-sis. Un nivel elevado de alfafetoproteína puede indicar un riesgo mayor de una anomalía del tubo neural (como la espina bífida). En este caso, la hCG y el estriol serán normales.

Estos análisis de sangre se realizan para buscar problemas *posibles*. Son pruebas de *detección sistemática*. Por lo general, para confirmar cualquier diagnóstico se realiza una prueba *diagnóstica*.

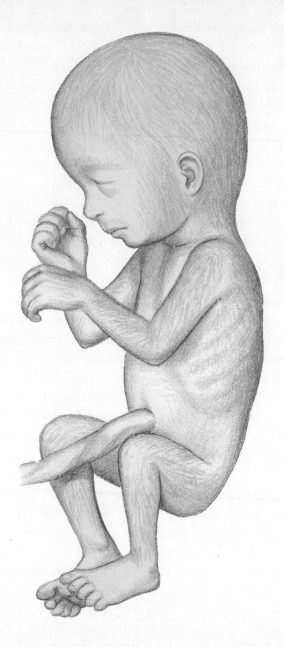

Esta semana, un lanugo suave cubre el cuerpo y la cabeza del bebé

Cómo afecta al desarrollo del bebé lo que usted hace

⌇ _Amniocentesis_

Si es necesario, se realiza una amniocentesis, por lo general, para hacer una evaluación prenatal alrededor de las 16 a 18 semanas de embarazo. En este punto, el útero tiene el tamaño suficiente, y hay líquido suficiente alrededor del bebé, para hacer posible esta prueba. Practicar el procedimiento en esta etapa da a la mujer tiempo suficiente para tomar una decisión sobre terminar el embarazo, si es lo que desea.

En una amniocentesis se hace una ecografía para localizar una bolsa de líquido donde el feto y la placenta no estén en el medio. Se limpia el abdomen sobre el útero. Se adormece la piel, y se pasa una aguja a través de la pared abdominal hasta el útero. Se saca líquido de la cavidad amniótica (el área alrededor del bebé) con una jeringa. Para realizar distintas pruebas, se necesita alrededor de 1 onza (30 ml) de líquido amniótico.

Las células fetales que flotan en el líquido amniótico se pueden cultivar y se pueden usar para identificar anomalías fetales. Conocemos más de 400 anomalías con las que puede nacer un niño; la amniocentesis identifica unas 40 (10%), incluidas las siguientes:

- problemas de cromosomas, en particular el síndrome de Down
- sexo del feto, si se deben identificar problemas específicos de un sexo, como la hemofilia o la distrofia muscular de Duchenne
- enfermedades del esqueleto, como la osteogénesis imperfecta
- infecciones fetales, como herpes o rubéola
- enfermedades del sistema nervioso central, como la anencefalia
- hematopatías, como eritroblastosis fetal.
- enzimopatía congénita (problemas químicos o deficiencias de enzimas), como cistinuria o enfermedad de la orina con olor a jarabe de arce.

Los riegos de la amniocentesis incluyen lesiones al feto, la placenta o el cordón umbilical, infección, aborto o el trabajo de parto prematuro. El uso de la ecografía para guiar la aguja ayuda a evitar las complicaciones, pero no elimina el riesgo. Puede haber pérdida de sangre del feto hacia la madre, lo que puede ser un problema porque la sangre fetal y la materna están separadas y pueden ser de tipos diferentes. Existe un riesgo particular para una mujer Rh negativa que esté gestando un bebé Rh positivo (véase la página 179). Este tipo de hemorragia puede provocar isoinmunización. Para impedirla, las mujeres Rh negativas deben recibir RhoGAM en el momento de la amniocentesis.

La pérdida fetal por complicaciones de la amniocentesis se calcula en menos del 3%. El procedimiento lo debería realizar sólo alguien experimentado.

ᴖ *¿Es usted una futura madre madura?*

Cada año, más mujeres quedan embarazadas entre los 30 y los 40 años. Si esperó para formar una familia, no está sola. En la década de 1980, casi se duplicaron los nacimientos de bebés de mujeres entre los 35 y los 44 años. En 1990, los primeros nacimientos de mujeres de 30 a 39 años de edad representaron el 25% de todos los nacimientos de mujeres de ese grupo etario. Cada día, en los Estados Unidos, casi 200 mujeres de 35 años o más dan a luz a su primer hijo. Los investigadores creen que en el siglo XXI, casi uno de cada 10 bebés nacerá de una madre de 35 años o más.

Cuando usted es más madura, es probable que su compañero también lo sea. Tal vez se haya casado más tarde, o éste sea su segundo matrimonio y quieren formar una familia. Algunas parejas han tenido esterilidad relativa y no logran un embarazo hasta que han realizado estudios diagnósticos y exámenes importantes, o incluso cirugías. O usted puede ser una madre soltera que ha optado por una inseminación con semen de donante para lograr un embarazo.

Hoy en día, muchos profesionales de la salud calculan los riesgos del embarazo por el estado de salud de la mujer y no, por su edad. Los problemas médicos preexistentes son el indicador más importante del bienestar de la mujer durante el embarazo. Por ejemplo, una mujer sana de 39 años tiene menos probabilidades de desarrollar problemas durante el embarazo que una mujer de alrededor de 20 que padece diabetes. El estado físico de una mujer puede tener un efecto mayor en el embarazo que la edad.

La mayoría de las mujeres que quedan embarazadas entre los 30 y los 40 años tienen buena salud. Una mujer con una buena condición física, que ha estado haciendo ejercicio con regularidad, puede tener un embarazo tan bueno como una mujer 15 o 20 años más joven. Con una excepción:

las mujeres que están embarazadas por primera vez y que tienen más de 40 años pueden tener más complicaciones que las mujeres de la misma edad que ya han tenido hijos. Pero la mayoría de las mujeres sanas van a tener un parto saludable.

Algunos problemas de salud se relacionan con la edad: el riesgo de desarrollar una enfermedad aumenta con los años. Se relacionan con la edad la hipertensión arterial y algunas formas de diabetes. Tal vez no sepa que padece estos trastornos, a menos que visite a su médico con regularidad. Cualquiera de ellos puede complicar un embarazo y, si es posible, debería estar bajo control antes de un embarazo.

El asesoramiento genético puede ser una opción inteligente. Si su pareja o usted tienen más de 35 años, puede ser recomendable recibir asesoramiento genético, porque puede resolver muchas dudas. El riesgo de anomalías cromosómicas sobrepasa el 5% para este grupo etario. La edad del padre también puede tener efectos en el embarazo.

El asesoramiento genético reúne a una pareja con profesionales capacitados para resolver las dudas y los problemas relacionados con la frecuencia, o riesgo de frecuencia, de un problema genético. En el asesoramiento genético, la información sobre genética humana se aplica a la situación particular de una pareja. La información se interpreta para que los dos puedan entenderla y tomar decisiones fundadas acerca de la maternidad. Para mayor información sobre el asesoramiento genético, véase la sección "Prepararse para el embarazo".

Consejo para la 15.ª Semana Algunos de los alimentos que normalmente le encanta comer pueden hacerla tener náuseas durante el embarazo. Es probable que deba sustituirlos por otros alimentos nutritivos que tolere mejor.

Cuando la madre es mayor, frecuentemente el padre también. Puede ser difícil determinar qué edad –la del padre o la de la madre– es más importante para el embarazo. Algunos estudios demostraron que los hombres de 55 años o más tienen mayores probabilidades de tener hijos con síndrome de Down. Estos estudios indican que el riesgo aumenta si la madre es mayor. Estimamos que a los 40 años el riesgo de un hombre de tener un hijo con síndrome de Down es del 1%; ese porcentaje se duplica a los 45 años, pero aún así sólo es del 2%.

Hoy en día, algunos investigadores recomiendan que los hombres tengan hijos antes de los 40 años. Éste es un punto de vista conservador, y no todos están de acuerdo con él. Se necesitan más datos e investigaciones antes de poder hacer aseveraciones definitivas sobre la edad del padre y su efecto sobre el embarazo.

¿Será diferente el embarazo si usted es una mujer mayor? Si usted es una embarazada mayor, es probable que su médico la revise con mayor frecuencia, o que usted tenga que hacerse más pruebas. Tal vez le recomienden hacerse una amniocentesis o una biopsia de vellosidades coriónicas para determinar si el bebé tendrá síndrome de Down. Esto es aconsejable, aun cuando no esté dispuesta a terminar su embarazo; conocer este hecho puede ayudarla a prepararse para el nacimiento de su hijo.

Durante el embarazo se la evaluará con más cuidado en busca de signos y síntomas de diabetes gravídica o de hipertensión. Ambas pueden ser problemáticas para el embarazo, pero con cuidado médico adecuado, por lo general, se manejan bastante bien. También es más frecuente que las mujeres maduras puedan tener gemelos.

Respecto de los efectos físicos, puede aumentar más de peso, pueden aparecerle estrías, puede notar que sus senos se caen y puede sentir falta de tono muscular. El embarazo a una edad más avanzada se hace sentir. Poner atención a su estilo de vida –nutrición y ejercicio– puede ayudarla mucho.

La fatiga puede ser uno de los mayores problemas, debido a las exigencias sobre su tiempo y su energía. Ésta es la queja más común de las mujeres embarazadas. El descanso es esencial para su salud y la del bebé. Aproveche cada oportunidad que tenga para descansar o tomar una siesta. No comience tareas ni funciones nuevas. No se ofrezca como voluntaria para un gran proyecto en el trabajo ni en ningún otro lugar. Aprenda a decir "no". ¡Se sentirá mejor!

El ejercicio moderado puede ayudarla a aumentar el nivel de energía, y puede eliminar o aliviar algunas molestias. Sin embargo, hable con su médico antes de iniciar un programa nuevo de ejercicios.

El estrés también puede ser un problema. Para aliviar sus sensaciones, haga ejercicio, coma sano y descanse lo más que pueda. Tómese tiempo para usted misma.

Algunas mujeres descubren que un grupo de apoyo para embarazadas es una forma excelente de enfrentar las dificultades que experimentan. Pídale a su médico mayor información.

Gracias a las investigaciones, sabemos que el trabajo de parto y el parto en sí pueden ser diferentes para una mujer mayor. El cuello uterino puede no dilatarse tan fácilmente como el de una mujer más joven, así que el trabajo de parto puede ser más largo. Las mujeres mayores también tienen una tasa más elevada de cesáreas. Una de las causas puede ser que, por lo general, las mujeres mayores tienen bebés más grandes. Después del nacimiento del bebé, el útero puede no contraerse con igual rapidez. Las pérdidas de sangre posparto pueden durar más y ser más fuertes.

Para una mirada más profunda sobre el embarazo en las mujeres de más de 35 años, lea el libro *Your Pregnancy after 35* (El embarazo después de los 35).

Nutrición

Buenas noticias: las mujeres embarazadas deben tomar refrigerios con frecuencia, ¡en particular durante la segunda mitad del embarazo! Debe tomar tres o cuatro refrigerios por día, además de las tres comidas normales. Sin embargo, hay un par de trucos. Primero, estos refrigerios deben ser nutritivos. Segundo, es probable que sus comidas deban ser un poco más pequeñas para que pueda comer los refrigerios. Un objetivo de nutrición del embarazo es comer lo suficiente para que los nutrientes importantes estén siempre disponibles, para que los utilicen su cuerpo y el feto en desarrollo.

Por lo general, usted quiere que el refrigerio sea rápido y fácil de preparar. Puede ser necesario algo de planificación y esfuerzo de su parte para asegurarse de que tiene alimentos nutritivos para el refrigerio. Prepárelos por adelantado. Corte verduras frescas para usarlas más adelante en ensaladas y para comerlas con aderezos hipocalóricos. Mantenga a mano huevos cocidos. Son buenas opciones la mantequilla de maní (normal o reducida en calorías), los pretzels y las palomitas de maíz sin mantequilla. El queso cottage y el queso semidescremado le proporcionan calcio. Los jugos de frutas pueden reemplazar los refrescos. Si el jugo tiene más azúcar de la que necesita, agréguele agua. Los tés de hierbas pueden ser sanos. (Véase la discusión sobre los tés de hierbas en la 30.ª semana.)

Lo que también debería saber

✎ *No se acueste boca arriba*

La semana 16 es el momento decisivo: ya no puede acostarse boca arriba en la cama para dormir o descansar, ni en el piso para hacer ejercicio o relajarse. Esta posición agrega presión a la aorta y a la vena cava, lo que puede reducir el flujo sanguíneo hacia el bebé.

El flujo de sangre que va de la madre al bebé aporta los nutrientes que el feto necesita para desarrollarse y crecer. No ponga en peligro la salud y el bienestar del bebé olvidando esta acción tan importante.

Es correcto reclinarse en una silla o recostarse sobre almohadas. ¡Recuerde, no se acueste boca arriba!

✎ *Sensibilidad al Rh*

Las pruebas de laboratorio que se le han practicado determinaron su grupo sanguíneo y el factor Rh. Es posible que ya conozca esta información. El grupo sanguíneo (O, A, B, AB) y el factor Rh son importantes. El factor Rh es una proteína de la sangre; es un rasgo genético. Ser Rh positivo significa que tiene este factor; ser Rh negativo significa que no lo tiene. Antiguamente, las mujeres con Rh negativo que gestaban un bebé Rh positivo enfrentaban embarazos complicados, del que podía nacer un bebé muy enfermo.

Su sangre está separada de la del bebé; si usted es Rh positiva, no necesita preocuparse por ello; pero si es Rh negativa, necesita saberlo.

Si usted es Rh negativa y su bebé es Rh positivo, o si ha recibido una transfusión sanguínea o hemoderivados de alguna clase, existe el riesgo de que se haya vuelto sensible al Rh o isoinmune. *Isoinmunizarse* significa que usted fabrica anticuerpos que circulan dentro de su sistema sin dañarla, pero que pueden atacar la sangre Rh positiva del bebé que está gestando. (Si su bebé es Rh negativo, no hay problemas.) Sus anticuerpos pueden atravesar la placenta y atacar la sangre del bebé. Esto puede provocar hemopatías en el feto o en el recién nacido. El bebé se puede poner anémico mientras todavía está dentro del útero, y esto puede ser muy grave. La exposición a los anticuerpos no causa problemas en la madre gestante.

Por fortuna, esta reacción es evitable: el uso de inmunoglobulina Rh (RhoGAM) ha aliviado muchos problemas. Se aplica a las 28 semanas de gestación para evitar la sensibilización antes del parto. En la actualidad, son pocas las mujeres sensibilizadas. Si usted es Rh negativa y está embarazada, una inyección de RhoGAM debería ser parte del embarazo. RhoGAM es un derivado que se extrae de la sangre humana. Si tiene razones religiosas, éticas o personales para no utilizar sangre o hemoderivados, consulte a su médico o a su ministro.

Le pueden aplicar una inyección de RhoGAM si está expuesta a la sangre del bebé, lo que es más probable durante los tres últimos meses de embarazo y en el parto. Una lesión en el abdomen podría exponerla a la sangre fetal. Le pueden dar también varias dosis de RhoGAM después del parto si los análisis de sangre muestran que un número de glóbulos Rh positivos (del bebé) mayor al normal entró en su torrente sanguíneo.

RhoGAM también se aplica dentro de las 72 horas del parto, si el bebé es Rh positivo. Si es negativo, no la necesita después del parto como no la necesitó durante el embarazo. Pero es mejor no correr ese riesgo, así que aplíquese una inyección de RhoGAM durante la gestación.

Si usted tiene un embarazo ectópico y es Rh negativa, debe recibir RhoGAM. Esto también se hace en el caso de abortos espontáneos o provocados. Si se realizan otros procedimientos que puedan hacer que se mezclen la sangre de la madre y la del bebé, como la amniocentesis o la BVC, y usted es Rh negativa, debe recibir RhoGAM.

Consejo para el Papá

¿Tiene preocupaciones que no ha compartido con nadie? ¿Está inquieto por la salud de su pareja o la del bebé? ¿Está preocupado por su papel durante el trabajo de parto y el nacimiento? ¿Le interesa ser un buen padre? Comparta estas inquietudes con su pareja. No la preocupará. De hecho, es probable que se sienta aliviada al saber que no está sola sintiéndose un poco abrumada por este monumental cambio de vida.

17.ª Semana

Edad del feto: 15 semanas

¿Qué tamaño tiene el bebé?

La longitud del bebé de coronilla a nalgas es de 4 ½ a 4 ¾ pulgadas (11 a 12 cm). El peso fetal se ha duplicado en dos semanas y es de unas 3 ½ onzas (100 g). En esta semana, el bebé tiene el tamaño aproximado de una mano extendida.

¿Qué tamaño tiene usted?

El útero está de 1 ½ a 2 pulgadas (de 3.8 a 5 cm) por debajo del ombligo. Ahora se le nota más y tiene una obvia hinchazón en el bajo vientre. En esta época, la ropa holgada o de embarazada es imprescindible para su comodidad. Cuando su pareja la abraza, puede sentir la diferencia en su bajo vientre.

Todavía está cambiando el resto del cuerpo. Es normal que en este punto del embarazo haya engordado un total de 5 a 10 libras (de 2.25 a 4.5 kg).

Cómo crece y se desarrolla el bebé

Si observa la ilustración de la página 183 y luego mira los capítulos anteriores, verá los cambios increíbles que están ocurriendo en el bebé.

Durante esta semana y las siguientes comienza a formarse grasa. Conocida también como *tejido adiposo*, la grasa es importante para la producción de calor y para el metabolismo del cuerpo.

A las 17 semanas de desarrollo, el agua constituye unas 3 onzas (89 g) del cuerpo del bebé. En un bebé a término, la grasa constituye unas 5 ¼ libras (2.4 kg) del peso total promedio de 7 ¾ libras (3.5 kg).

Usted ha sentido al bebé moviéndose, o lo sentirá pronto. Tal vez no lo note todos los días. A medida que avanza el embarazo, los movimientos se hacen más fuertes y, probablemente, más frecuentes.

Cambios en usted

Sentir el movimiento de su bebé puede tranquilizarla dándole seguridad de que las cosas marchan bien en el embarazo; esto es especialmente cierto si ha tenido problemas.

A medida que avanza el embarazo, la parte alta del útero se vuelve casi esférica. Aumenta con mayor rapidez de longitud (hacia arriba, en el abdomen) que de ancho; de modo que se hace más ovalado que redondo. El útero llena la pelvis y comienza a crecer dentro del abdomen. Empuja los intestinos hacia arriba y hacia los lados. Finalmente, llega casi hasta el hígado. El útero no está flotando, aunque tampoco está firmemente fijo en un punto.

Cuando usted se pone de pie, el útero toca la pared abdominal en el frente. En esta posición, se lo puede sentir con mayor facilidad. Cuando está acostada, cae hacia atrás sobre la columna y los vasos sanguíneos (vena cava y aorta).

∾ *Dolor de los ligamentos redondos*

En cada lado de la parte superior del útero y en la pared pélvica lateral se unen ligamentos redondos. Durante el embarazo y el crecimiento del útero, estos ligamentos se estiran y se distienden; se alargan y se engrosan. Sus movimientos pueden estirar y distender los ligamentos, produciendo un dolor o molestia llamado *dolor de los ligamentos redondos*. No señala un problema; indica que su útero está creciendo. El dolor puede ocurrir en un lado o en ambos, o puede ser peor en un lado que en el otro. Este dolor no le hace daño ni a usted ni al bebé.

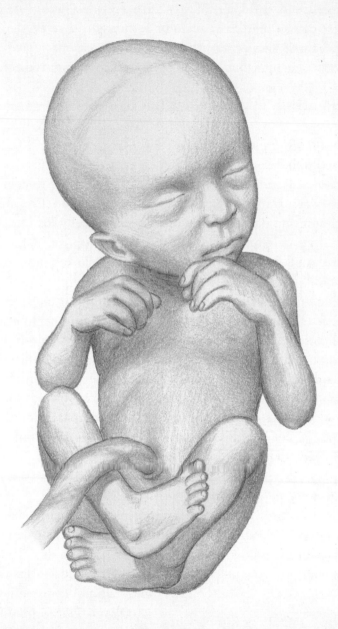

Las uñas del bebé están bien formadas. El bebé comienza a acumular un poco de grasa.

Si experimenta este dolor, tal vez se sienta mejor si se recuesta y descansa. Hable con su médico si el dolor es fuerte o si se presentan otros síntomas. Las señales de advertencia de problemas más graves incluyen hemorragias por la vagina, pérdida de líquido por la vagina o dolor fuerte.

Cómo afecta al desarrollo del bebé lo que usted hace

༝ *Aumento del flujo vaginal*

Durante el embarazo, es normal tener un aumento del flujo o las secreciones vaginales, denominado *leucorrea*. Por lo general, este flujo es blanco o amarillo, y relativamente espeso. No es una infección. Creemos que lo causa el aumento del flujo sanguíneo hacia la piel y los músculos que rodean la vagina, lo que le da una coloración violeta o azul. Esta apariencia, visible para el médico al principio del embarazo, se denomina *signo de Chadwick*.

Si tiene un flujo intenso, tal vez tenga que utilizar toallas higiénicas. Evite utilizar pantimedias y ropa interior de nailon; para permitir una mayor circulación de aire, use ropa interior con entrepierna de algodón.

Durante el embarazo pueden producirse, y se producen, infecciones vaginales. El flujo que acompaña estas infecciones es, a menudo, hediondo. Es amarillo o verde, y provoca irritación o escozor alrededor o dentro de la vagina. Si tiene cualquiera de estos síntomas, llame al doctor. Muchas de las cremas y los antibióticos que se usan para tratar las infecciones vaginales son inocuos durante la gestación.

༝ *Duchas vaginales durante el embarazo*

Casi todos los médicos están de acuerdo en que usted *no* debe hacerse duchas vaginales durante el embarazo. ¡Están decididamente prohibidas las duchas con peras de goma!

El uso de una ducha puede hacer que sangre o puede originar problemas más graves, como una embolia gaseosa. Ésta se produce cuando entra aire en el torrente circulatorio por la presión de la ducha. Es raro, pero puede provocarle problemas muy graves.

Consejo para el Papá

Ofrezca a su pareja masajes en la cabeza, la espalda y los pies, que alivien la tensión y relajen los músculos.

Nutrición

Algunas mujeres escogen una alimentación vegetariana debido a preferencias personales o religiosas. Durante el embarazo, a algunas mujeres la carne les provoca náuseas. ¿Es prudente seguir una dieta vegetariana durante el embarazo? Puede serlo, si presta mucha atención a los tipos y combinaciones de alimentos que come.

Si elimina la carne de su dieta, necesita comer bastantes calorías para satisfacer sus necesidades de energía. Estas calorías deben ser de la clase correcta, como frutas y verduras frescas. Evite las calorías que tienen poco o ningún valor nutritivo. El objetivo es comer bastantes fuentes diferentes de proteína que proporcionen energía para el feto y para usted.

Es importante que obtenga las vitaminas y minerales que necesita. Si come una gran variedad de granos enteros, frijoles y arvejas secos, frutos secos y germen de trigo, debería poder satisfacer las necesidades de hierro, cinc y otros oligoelementos. Debe encontrar otras fuentes de calcio y de vitaminas B_2, B_{12} y D.

Si no come carne porque la hace sentir mal, pida a su médico que la mande a un nutricionista. Probablemente va a necesitar ayuda para elaborar un buen plan de alimentación. Si es vegetariana por elección, y lo ha sido durante un tiempo, puede saber cómo obtener muchos de los nutrientes que necesita. Sin embargo, si tiene dudas, asegúrese de hablarlas con su médico.

Lo que también debería saber

✒ Prueba cuádruple de detección sistemática

La prueba cuádruple de detección sistemática puede ayudar a su médico a determinar si el bebé tiene síndrome de Down. Este análisis de sangre también ayuda a descartar otros problemas del embarazo, como anomalías del tubo neural.

La prueba cuádruple es igual a la triple detección sistemática, con el agregado de una cuarta cuantificación: el nivel de inhibina A. Esta medición eleva en un 20% la sensibilidad de la prueba triple estándar para determinar si un feto tiene síndrome de Down.

La prueba cuádruple de detección sistemática puede identificar el 79% de los fetos que tienen síndrome de Down. Tiene un resultado falso positivo el 5% de las veces.

✑ ¿Está pensando en usar a una doula?

Tal vez esté pensando si quiere que una *doula* la asista durante el nacimiento del bebé. Una doula es una mujer capacitada para proporcionarle apoyo y asistencia durante el trabajo de parto y el parto del bebé. La doula permanece con usted desde el comienzo del trabajo de parto hasta que nace el bebé.

Una doula se diferencia de una partera en que no ayuda a dar a luz. Su virtud llega en forma de apoyo físico y emocional durante el trabajo de parto y el parto. Esto abarca desde darle un masaje hasta ayudarla a concentrarse en la respiración. Incluso, una doula puede ayudarla a que empiece a amamantar al bebé.

La virtud real de una doula es brindar apoyo a una mujer que escogió tener un trabajo de parto y un parto sin medicamentos. Si ha decidido que quiere anestesia, sin importar la que elija, la doula puede no ser una elección inteligente para usted.

Aunque la función principal de una doula es proporcionar apoyo a la madre durante el trabajo de parto, a veces ayuda al asistente de trabajo de parto. No lo sustituye; trabaja con él. Sin embargo, en algunas situaciones, una doula puede *desempeñarse* como asistente de parto.

Consejo para la 17.ª Semana Si experimenta calambres en las piernas durante el embarazo, no esté de pie por períodos largos. Descanse de costado con la mayor frecuencia posible. La puede ayudar hacer ejercicios de estiramiento con cuidado. También puede usar una almohadilla térmica en el área acalambrada, pero no la utilice durante más de 15 minutos por vez. Añada potasio a su dieta para que la ayude a tratar los calambres antes de que comiencen; las pasas de uva y los plátanos son excelentes fuentes de potasio.

Los servicios de una doula pueden ser caros y varían entre US$ 250 y US$ 1500, (en los Estados Unidos). Este costo cubre las reuniones anteriores al nacimiento, la atención durante el trabajo de parto y el parto, y una o más visitas prenatales. Incluso puede reunirse con usted después del nacimiento del bebé.

Preguntas para una futura doula

Si está pensando en una doula para que la asista durante el trabajo de parto y el parto, entreviste a varias antes de escoger una. A continuación se enumeran algunas preguntas que, tal vez, quiera hacerle y algunas percepciones que podría querer analizar después de la entrevista.

- ¿Qué títulos y qué capacitación tiene? ¿Está certificada? ¿Por qué organización?
- ¿Ha tenido hijos? ¿Qué método de parto usó?
- ¿Cuál es su filosofía sobre el parto?
- ¿Está familiarizada con el método que hemos elegido (si piensa utilizar algún método en especial) ?
- ¿Qué clase de plan utilizaría para ayudarnos durante el trabajo de parto?
- ¿Cuál es su disponibilidad para responder a nuestras preguntas antes del nacimiento?
- ¿Con qué frecuencia nos reuniremos antes del nacimiento?
- ¿Cómo la localizamos cuando empiece el trabajo de parto?
- ¿Qué sucede si no está disponible cuando comience el trabajo de parto? ¿Trabaja con otras doulas? ¿Podemos conocer a algunas?
- ¿Tiene experiencia en ayudar a una madre nueva a amamantar? ¿Cuál es su disponibilidad después del nacimiento para ayudar con este y otros problemas?
- ¿Cuáles son sus honorarios?
- Las percepciones incluyen la facilidad con que se puede hablar y comunicar con la doula. ¿Escuchó ella bien y respondió a sus preguntas? ¿Se sintió cómoda con ella?
- Si no congenió con una doula, ¡pruebe con otra!

Si usted y su pareja deciden que una doula esté presente en el trabajo de parto y el nacimiento, comente esta decisión con el médico. Tal vez sienta la presencia de la doula como una intromisión y no acepte la idea. O quizá pueda darle el nombre de alguien con quien suele trabajar.

Si decide utilizar los servicios de una doula, comience a buscarla con tiempo. Empiece en el 4.º mes de embarazo; y, ciertamente, no más tarde del 6.º mes. Si espera más, aún puede encontrar a alguien, pero sus opciones pueden ser limitadas. Comenzar con tiempo le permite relajarse y evaluar de forma más crítica a cualesquiera mujeres que entreviste. Busque en la guía telefónica local los nombres de doula que trabajen en su zona, o visite DoulaNetwork.com para hallar una.

18.ª Semana

Edad del feto: 16 semanas

¿Qué tamaño tiene el bebé?

En esta semana, la longitud del bebé de coronilla a nalgas es de 5 a 5 ½ pulgadas (12.5 a 14 cm). El peso del feto es de alrededor de 5 ¼ onzas (150 g).

¿Qué tamaño tiene usted?

Usted puede sentir el útero justo debajo del ombligo. Si pone los dedos de lado y mide, está a unos dos dedos de ancho (1 pulgada) por debajo del ombligo. El útero tiene el tamaño de un melón o un poco más.

En este punto, el aumento total de peso debería ser de 10 a 13 libras (4.5 a 5.8 kg); sin embargo, esto puede variar mucho. Si ha engordado aún más, hable con su médico; tal vez necesite ver a un nutricionista. Todavía le queda más de la mitad del embarazo por delante, y va a aumentar más.

Aumentar más peso del que se recomienda puede hacer que el embarazo y el parto sean más difíciles. Y el exceso de peso puede ser difícil de perder después.

Continúe vigilando lo que come. Elija los alimentos por la nutrición que les proporcionan a usted y al bebé.

Cómo crece y se desarrolla el bebé

El bebé sigue creciendo y desarrollándose, pero ahora el rápido ritmo de crecimiento disminuye un poco. Como puede ver en la ilustración de la página 191, el bebé ahora tiene apariencia humana.

ᔐ *Desarrollo del corazón y sistema circulatorio*

Aproximadamente en la 3.ª semana de desarrollo fetal, se unen dos tubos para formar el corazón. Éste comienza a contraerse hacia el día 22 de desarrollo o, aproximadamente, al comienzo de la 5.ª semana de gestación. Durante un examen ecográfico, se puede ver latir el corazón a las cinco o seis semanas de embarazo.

El tubo cardíaco se divide en dos abultamientos, que se convierten en las cámaras del corazón, llamadas *ventrículos* (izquierdo y derecho) y *aurículas* (derecha e izquierda). Estas divisiones ocurren entre la 6.ª y la 7.ª semana. Durante la 7.ª semana crece un tejido que separa las aurículas izquierda y derecha, y entre ellas aparece una abertura llamada agujero oval. Esta abertura deja que la sangre pase de una aurícula a la otra, permitiéndole que se desvíe de los pulmones. Al nacer, esta abertura se cierra.

Los ventrículos, las cámaras inferiores del corazón (que están por debajo de las aurículas), también desarrollan un tabique. Las paredes ventriculares son musculares. El ventrículo izquierdo bombea sangre hacia el cuerpo y el cerebro, y el ventrículo derecho bombea sangre hacia los pulmones.

Las válvulas cardíacas se desarrollan al mismo tiempo que las cámaras. Estas válvulas llenan y vacían el corazón. Los tonos cardíacos y los soplos cardíacos se producen por el paso de la sangre a través de estas válvulas.

La sangre del bebé fluye hacia la placenta a través del cordón umbilical. En la placenta, se transportan el oxígeno y nutrientes desde su sangre hasta la sangre del feto. Aunque la circulación de su sangre y la del bebé

Consejo para el Papá

Ofrézcase para hacer mandados. Lleve la ropa a la tintorería y recójala cuando esté lista. Vaya al banco en lugar de su pareja. Lleve el coche a lavar. Devuelva los libros de la biblioteca o las películas alquiladas.

se aproximan, no existe conexión directa. Estos sistemas circulatorios están completamente separados.

Al nacer, el feto tiene que pasar rápidamente de depender por completo de usted para obtener oxígeno a depender de su propio corazón y pulmones. Se cierra el agujero oval y, por primera vez, la sangre va al ventrículo derecho, a la aurícula derecha y a los pulmones para oxigenarse. Es una conversión verdaderamente milagrosa.

A las 18 semanas de gestación, la ecografía puede detectar algunas anomalías del corazón. Esto puede ser útil para identificar algunos problemas, como el síndrome de Down. Un ecografista diestro busca anomalías cardíacas específicas. Si se sospecha una anomalía, se pueden ordenar más ecografías para seguir el desarrollo del bebé a lo largo del embarazo.

Cambios en usted

✎ *¿Tiene dolor de espalda?*

Casi toda embarazada experimenta dolor de espalda en algún momento del embarazo. Ya puede haberlo sentido, o puede tenerlo más adelante, a medida que engorde más. Algunas mujeres tienen un dolor fuerte de espalda después de hacer ejercicio físico excesivo, caminar, inclinarse, levantar peso o estar de pie. Es más común sufrir dolores de espalda moderados que problemas graves. Algunas mujeres necesitan tener más cuidado cuando se levantan de la cama o se ponen de pie después de estar sentadas. En casos graves, a algunas mujeres les resulta difícil caminar.

Un cambio en la movilidad de las articulaciones puede contribuir al cambio de postura y causa molestias en la parte baja de la espalda. Esto es más común en la última parte del embarazo.

El crecimiento del útero desplaza el centro de gravedad hacia delante, sobre las piernas, lo que puede afectar a las articulaciones que rodean la pelvis. Todas las articulaciones están

Consejo para la 18.ª Semana Durante los ejercicios las exigencias de oxígeno aumentan. Su cuerpo está más pesado y su equilibrio puede cambiar. Puede también cansarse más rápidamente. Recuerde esto cuando ajuste su programa de ejercicios.

El bebé sigue creciendo. Esta semana, mide unas 5 pulgadas (12.5 cm) de coronilla a nalgas. Ahora parece mucho más humano.

más flexibles. Las causas potenciales son los aumentos hormonales; sin embargo, las molestias pueden ser también una indicación de problemas más graves, como pielonefritis o cálculos en los riñones (véase la página 197). Consulte a su médico si el dolor de espalda es un problema crónico.

¿Qué puede hacer para evitar o aliviar el dolor? Pruebe alguno de los siguientes consejos, o todos, lo más temprano que pueda durante el embarazo, y tendrá su compensación cuando éste avance.

- Vigile su dieta y el aumento de peso.
- Durante el embarazo, continúe haciendo ejercicio dentro de las pautas establecidas.
- Acostúmbrese a dormir de costado.
- Encuentre tiempo durante el día para levantar los pies y acostarse durante 30 minutos de costado.
- Si tiene más hijos, duerma una siesta cuando ellos lo hagan.
- Puede tomar paracetamol, o acetaminofeno, para el dolor.
- Use calor en la zona que le duele.
- Si el dolor se vuelve constante o más fuerte, consulte a su médico.

Cómo afecta al desarrollo del bebé lo que usted hace

↷ Ejercicios en el segundo trimestre

Todos hemos oído relatos sobre mujeres que siguieron realizando ejercicio o actividades extenuantes sin problemas hasta el día del parto. Se cuentan historias sobre atletas que estaban embarazadas cuando ganaron medallas en los juegos olímpicos. Este tipo de entrenamiento y de estrés físico no es bueno para la mayoría de las mujeres embarazadas.

Mientras el útero crece y el abdomen se agranda, puede verse afectado el sentido del equilibrio. Puede sentirse torpe. Éste no es el momento para deportes de contacto, como el básquetbol, o para deportes en los que pueda caerse con facilidad, lesionarse o recibir un golpe en el abdomen.

Las embarazadas pueden participar sin riesgos en muchos deportes y actividades durante todo el embarazo. Ésta es una actitud diferente de la que se tenía hace 20, 30 y 40 años. Entonces eran comunes el reposo en cama y un mínimo de actividades. En la actualidad, creemos que el ejercicio y la actividad deportiva pueden beneficiarla a usted y al bebé.

Hable de sus actividades particulares en una visita prenatal. Si su embarazo es riesgoso o si ha tenido varios abortos, es particularmente importante que hable con su médico sobre hacer ejercicio *antes* de iniciar una actividad. Éste no es el momento para entrenar para algún deporte o para aumentar su actividad. De hecho, éste puede ser un buen momento para disminuir la cantidad o la intensidad de los ejercicios que realiza. Escuche a su cuerpo; él le dirá cuándo es el momento de tomar las cosas con calma.

¿Qué sucede con las actividades en las que ya está involucrada o que le gustaría empezar? A continuación hay una discusión sobre varias actividades y sobre cómo la afectarían durante el segundo y el tercer trimestre. (Para obtener información adicional sobre ejercicios en el embarazo, véase la 3.ª semana.)

Natación. Nadar puede ser bueno para usted durante el embarazo. El apoyo y la sustentación del agua pueden ser relajantes. Si usted nada, hágalo durante todo el embarazo. Si no sabe nadar y ha estado realizando ejercicios acuáticos (ejercitación en la parte baja de una piscina), también puede seguir con ellos durante toda la gestación. Éste es un ejercicio que puede comenzar en cualquier momento del embarazo, si no exagera.

Ciclismo. Ahora no es el momento de aprender a andar en bicicleta. Si se siente cómoda andando en bicicleta y tiene sitios seguros donde hacerlo, puede disfrutar este ejercicio con su pareja o su familia.

El equilibrio cambiará a medida que cambie su cuerpo, lo que puede hacer que sea difícil subir a la bicicleta y bajar de ella. Una caída de la bicicleta podría lesionarla a usted o al bebé.

Una bicicleta fija es buena cuando hay mal tiempo y para el final del embarazo. Muchos médicos sugieren que utilice una bicicleta fija en los dos o tres últimos meses del embarazo para evitar el peligro de una caída.

Caminatas. Caminar es un ejercicio muy recomendable durante el embarazo. Puede ser un buen momento para que usted y su pareja conversen. Incluso cuando el clima es malo, puede caminar en muchos lugares, como un centro comercial cerrado, y hacer ejercicio. Es adecuada una caminata de dos millas a un buen ritmo. A medida que el embarazo avanza, tal vez necesite disminuir la velocidad y la distancia. Éste es un ejercicio que puede comenzar en cualquier momento de la gestación, si no exagera.

Trote. Muchas mujeres continúan trotando durante la gestación. Este ejercicio puede estar permitido, pero confírmelo primero con el médico. Si su embarazo es riesgoso, no es una buena idea que lo practique.

El embarazo no es el momento para aumentar la distancia o para entrenarse para una carrera. Use ropa cómoda y zapatos deportivos con buena amortiguación. Dése todo el tiempo que necesite para refrescarse.

En el transcurso del embarazo, probablemente va a necesitar aminorar la velocidad o disminuir la distancia que corre. Tal vez hasta tenga que optar por caminar. Si nota dolor, contracciones, hemorragias u otros síntomas mientras trota o después de hacerlo, llame de inmediato al doctor.

Otras actividades deportivas

- El tenis y el golf son seguros hasta el segundo y el tercer trimestre, pero pueden proporcionar poco ejercicio real.
- No es aconsejable cabalgar durante cualquier momento del embarazo.
- Evite hacer esquí acuático mientras esté embarazada.
- Está permitido jugar a los bolos, aunque varía la cantidad de ejercicio que obtiene. Tenga cuidado al final del embarazo; podría caerse o forzar la espalda. Cuando cambia el equilibrio, jugar a los bolos puede volverse más difícil.
- Hable con el médico acerca de esquiar en la nieve antes de entrar en una pista. Una vez más, hacia el final de la gestación, su equilibrio cambia significativamente. Una caída podría ser perjudicial para usted y para el bebé. Casi todos los médicos están de acuerdo en que esquiar durante la segunda mitad del embarazo no es una buena idea. Algunos doctores pueden permitir esquiar al principio, pero sólo si no hay complicaciones con este embarazo o con los anteriores.
- No es aconsejable andar en motos de nieve, motos de agua y motocicletas. Algunos médicos pueden permitirle que lo haga si no es

agotador. Sin embargo, la mayoría piensa que el riesgo es demasiado grande, especialmente si ha tenido problemas en este embarazo
o en uno anterior.

Nutrición

El hierro es importante para usted mientras está embarazada. Necesita
unos 30 mg diarios para satisfacer el aumento de las necesidades de la
gestación, debido al incremento en el volumen sanguíneo. El bebé utiliza
sus reservas de hierro para crear las suyas propias para los primeros
meses de vida. Esto protege al bebé de la deficiencia de hierro si usted lo
amamanta.

La mayoría de las vitaminas prenatales contienen la cantidad suficiente
de hierro para satisfacer sus necesidades. Si debe tomar aportes complementarios de hierro, tome su pastilla con un vaso con jugo de naranja o
de toronja para aumentar la absorción. Cuando tome el aporte complementario o cuando coma alimentos ricos en hierro, evite beber leche, café
o té; impiden que el cuerpo absorba el hierro que necesita.

Si se siente cansada, tiene problemas para concentrarse, tiene cefalea,
vahídos o indigestión, o si se marea con facilidad, puede tener una deficiencia de hierro. Una forma fácil de saberlo es revisar el interior del
párpado inferior. Si está recibiendo hierro suficiente, debe ser de color
rosa oscuro; el lecho ungueal también debe ser de ese color.

El cuerpo absorbe sólo del 10 al 15% del hierro que usted consume y lo
almacena de forma eficiente; pero usted necesita comer alimentos ricos en
hierro con regularidad para mantener esas reservas. Los alimentos ricos
en hierro incluyen pollo, carnes rojas, vísceras (hígado, corazón, riñones),
yema de huevo, frutas secas, espinaca, col berza y tofu. Combinar un alimento que contenga vitamina C y uno rico en hierro asegura una mejor
absorción del hierro por su cuerpo. Un buen ejemplo es comer una ensalada de espinaca con gajos de naranja o toronja.

Su vitamina prenatal contiene unos 60 mg de hierro. Si come una dieta
equilibrada y toma esta vitamina todos los días, tal vez no necesite hierro
adicional. Si este tema le preocupa, háblelo con su médico.

Lo que también debería saber

℘ Infecciones en la vejiga

Uno de los problemas más comunes durante el embarazo es la micción frecuente. Las infecciones urinarias pueden hacer que usted orine aun con mayor frecuencia durante el embarazo. Una infección urinaria es el problema más común que involucra la vejiga o los riñones durante el embarazo. A medida que el útero crece, se ubica directamente en la parte superior de la vejiga y en los uréteres, los conductos que van desde los riñones hasta la vejiga. Esto bloquea el flujo de orina. Otro nombre para las infecciones urinarias es *cistitis*.

Los síntomas de la cistitis incluyen la sensación de urgencia para orinar, micción frecuente y urodinia, en especial al terminar la micción. Una infección urinaria más grave puede hacer que aparezca sangre en la orina.

Su médico puede hacerle un análisis y un cultivo de orina en la primera visita prenatal. Puede controlar la orina en busca de una infección en otros momentos del embarazo y cuando surjan síntomas molestos.

Usted puede ayudar a evitar la infección si no retiene orina. Vacíe su vejiga tan pronto como sienta la necesidad. No espere para ir al baño, podría originar una infección urinaria. Beba bastante líquido; el jugo de arándano puede ayudarla a evitar infecciones. Para algunas mujeres, es útil vaciar la vejiga después de tener relaciones sexuales.

Si tiene una infección de vejiga durante el embarazo, llame al médico y cuídese. Gracias a la investigación, se ha descubierto que los riesgos de tener un hijo con retraso mental o que padecerá retrasos en el desarrollo aumentan cuando las infecciones urinarias no se tratan. Una infección urinaria durante el embarazo podría ser también la causa de un trabajo de parto prematuro y de un bebé con bajo peso al nacer.

Si no se siente cómoda al tener que tomar medicamentos para tratar el problema, entienda que existen muchos antibióticos inocuos. Si tiene una infección urinaria, haga todo el tratamiento con antibióticos que le recetaron. ¡Si no trata el problema, puede ser perjudicial para el bebé!

Si no se tratan, las infecciones urinarias pueden empeorar. Incluso pueden provocar pielonefritis, una infección grave en los riñones (véase la siguiente discusión).

Pielonefritis. La pielonefritis es un problema más grave que se produce como resultado de una cistitis. Este tipo de infección ocurre en el 1 o 2% de todas las mujeres embarazadas.

Los síntomas incluyen micción frecuente, una sensación de ardor durante la micción, la sensación de tener necesidad de orinar sin que salga nada, fiebre alta, escalofríos y dolor de espalda. La pielonefritis puede exigir hospitalización y tratamiento con antibióticos por vía intravenosa.

Si tiene pielonefritis o infecciones urinarias recurrentes, quizá tenga que tomar antibióticos durante todo el embarazo para evitar una reinfección.

Cálculos renales. Otro problema que involucra los riñones y la vejiga son los cálculos renales. Se presentan en uno de cada 1500 embarazos. Los cálculos renales causan un dolor agudo en la espalda o en el bajo vientre. También pueden estar asociados con sangre en la orina.

Durante el embarazo se puede tratar fácilmente un cálculo en el riñón tomando analgésicos y bebiendo mucho líquido. De esta forma, el cálculo se puede eliminar sin tener que hacer una extracción quirúrgica o una litotricia (un procedimiento ecográfico).

19.ª Semana

Edad del feto: 17 semanas

¿Qué tamaño tiene el bebé?

En esta semana, la longitud del feto de coronilla a nalgas es de 5 ¼ a 6 pulgadas (13 a 15 cm). El bebé pesa cerca de 7 onzas (200 g). ¡Es increíble pensar que aumentará de peso más de 15 veces desde ahora hasta el nacimiento!

¿Qué tamaño tiene usted?

Usted puede sentir el útero a una ½ pulgada (1.3 cm) por debajo del ombligo. La ilustración de la página 200 le da una buena idea del tamaño relativo que tienen usted, el útero y el bebé que está gestando. ¡Una vista de perfil muestra realmente los cambios que hay en usted!

El aumento total de peso en este punto está entre las 8 y las 14 libras (3.6 y 6.3 kg). De este peso, ¡corresponden al bebé sólo unas 7 onzas (200 g)! La placenta pesa unas 6 onzas (170 g); el líquido amniótico pesa otras 11 onzas (320 g). El útero pesa 11 onzas (320 g). Cada una de las mamas ha aumentado unas 6 1½ onzas (180 g). El resto del aumento de peso se distribuye entre el incremento del volumen sanguíneo y otras reservas maternas.

Cómo crece y se desarrolla el bebé

✥ *El sistema nervioso del bebé*

Ya desde la 4.ª semana se aprecia el inicio del sistema nervioso del bebé (cerebro y otras estructuras, como la médula espinal) cuando empieza a desarrollarse la placa neural. Hacia la 6.ª semana están establecidas las principales divisiones del sistema nervioso central.

Estas divisiones consisten en el prosencéfalo, el mesencéfalo, el rombencéfalo y la médula espinal. En la 7.ª semana, el prosencéfalo se divide en los dos hemisferios que se convertirán en los dos hemisferios cerebrales del encéfalo.

✥ *Hidrocefalia*

La organización y desarrollo del encéfalo continúan a partir de esta etapa temprana. El líquido cefalorraquídeo que circula alrededor del encéfalo y la médula espinal, lo produce el plexo coroideo. El líquido debe poder fluir sin restricción. Si las aberturas se bloquean, y el flujo se restringe por cualquier razón, puede provocar *hidrocefalia* (agua en el encéfalo).

La hidrocefalia causa el agrandamiento de la cabeza. Esto ocurre en casi uno de cada 2000 bebés, y es responsable de cerca del 12% de todas las anomalías congénitas graves que se descubren al nacer.

A menudo, la hidrocefalia se asocia con la espina bífida, lo que ocurre en casi el 33% de los casos. También puede asociarse con mielomeningocele y onfalocele (hernias de la médula y del ombligo). Se pueden acumular entre 15 y 45 onzas (de 500 a 1500 ml) de líquido, pero se ha encontrado mucho más que eso. Todo ese líquido comprime el tejido encefálico, lo que es motivo de mucha preocupación.

La manera mejor de diagnosticar el problema es una ecografía. Por lo general, la hidrocefalia se puede ver en una ecografía a las 19 semanas de embarazo. De vez en cuando, se encuentra por medio de exámenes habituales y "palpando" o midiendo el útero.

Antes no se podía hacer nada con respecto a la hidrocefalia hasta después del parto. Hoy, en algunos casos, se puede realizar un tratamiento intrauterino, es decir, mientras el feto está todavía en el útero.

Existen dos métodos para tratar la hidrocefalia en el útero. En uno, se pasa una aguja a través del abdomen de la madre hasta la zona del encéfalo

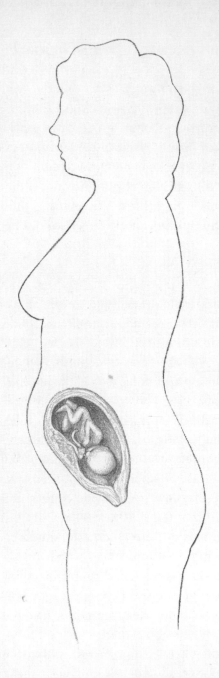

Tamaño comparativo del útero a las 19 semanas de embarazo (edad fetal: 17 semanas). El útero se puede sentir justo por debajo del ombligo.

del bebé donde se está acumulando líquido. Se extrae un poco para aliviar la presión en el encéfalo del bebé. En otro método, se coloca un pequeño tubo plástico en la zona donde se acumula líquido. Este tubo se deja colocado para que el líquido drene continuamente.

La hidrocefalia es un problema muy riesgoso. Estos procedimientos son muy especializados y debe realizarlos sólo alguien con experiencia en las técnicas más recientes. Esto requiere hacer consultas con un perinatólogo especializado en embarazos riesgosos.

Cambios en usted

❧ *Sensación de mareo*

La sensación de mareo durante la gestación es un síntoma bastante común que, a menudo, se debe a la hipotensión arterial. Por lo general, no aparece sino hasta el segundo trimestre, pero puede hacerlo antes.

Existen dos razones comunes para la hipotensión arterial durante el embarazo. Puede causarla el útero que crece al presionar la aorta y la vena cava. Esto se denomina *hipotensión arterial en decúbito supino* y ocurre cuando usted se acuesta. Se puede aliviar o impedir si no duerme ni se recuesta de espaldas.

La segunda causa de hipotensión es por levantarse rápidamente después de haber estado sentada, arrodillada o en cuclillas. Esto se denomina *hipotensión ortostática*. La tensión arterial baja cuando usted se levanta rápidamente mientras la sangre sale del cerebro debido a la gravedad. Este problema se soluciona levantándose lentamente.

Si usted tiene anemia, también puede sentirse mareada, débil o cansada, o puede fatigarse con facilidad. Durante el embarazo, la sangre se examina sistemáticamente; el médico le dirá si tiene anemia. (Para obtener mayor información sobre la anemia, véase la 22.ª semana.)

El embarazo también afecta el nivel de glucemia. La hiperglucemia o la hipoglucemia pueden hacerle sentir mareos o desvanecimiento. Muchos doctores analizan sistemáticamente a las embarazadas para detectar problemas con la glucemia durante el embarazo, en especial si tienen problemas de mareos o antecedentes familiares de diabetes. La mayoría de las mujeres pueden evitar o aliviar el problema si ingieren una dieta equilibrada, si no saltean comidas y si no dejan que pase mucho tiempo sin comer. Lleve consigo una fruta o varias galletas para levantar rápidamente la glucemia cuando lo necesite.

¡Haga más comidas cada día!

Los investigadores han descubierto que las embarazadas que durante el día ingieren comidas pequeñas con frecuencia proveen una mejor nutrición al bebé que las que ingieren tres comidas grandes. Aunque estén comiendo la misma cantidad de calorías, hay una diferencia.

Los estudios han hallado que, para el desarrollo del feto, es mejor cuando se mantiene constante la concentración sanguínea de nutrientes maternos (haciendo pequeñas comidas con frecuencia), que cuando la madre hace tres comidas grandes y después pasa bastante tiempo sin volver a comer. Tres comidas grandes significan que la concentración de nutrientes sube y baja durante el día, lo que no es beneficioso para el bebé en gestación. Además, hacer pequeñas comidas frecuentemente puede ayudar a aliviar o a evitar algunos otros problemas asociados con el embarazo, como las náuseas, la acidez y la indigestión.

Cómo afecta al desarrollo del bebé lo que usted hace

✑ Señales de advertencia durante el embarazo

Muchas mujeres se ponen nerviosas porque no creen que sabrían si sucedió algo importante o grave durante el embarazo. La mayoría de las mujeres tienen pocos problemas, si los tienen, durante el embarazo. Si usted está preocupada, lea la siguiente lista de los síntomas más importantes a los que debe prestar atención. Llame a su médico si experimenta cualquiera de ellos:

- hemorragia vaginal
- inflamación intensa del rostro o de los dedos de las manos
- dolor abdominal fuerte
- pérdida de flujo por la vagina, por lo general un chorro de líquido, pero a veces un hilo o una humedad continua
- un gran cambio en el movimiento del bebé o falta de movimiento

- fiebre alta (más de 101.6 °F; 38.7 °C) o escalofríos
- vómitos intensos o incapacidad para retener alimentos o líquidos
- visión borrosa
- Micción dolorosa
- cefalea que no cede o cefalea fuerte
- una lesión o accidente, como una caída o un accidente automovilístico.

Una forma de conocer mejor al médico es preguntarle su opinión sobre las preocupaciones que usted tiene. No se avergüence por hacerle preguntas sobre lo que sea; probablemente las ha oído antes, y él preferiría estar enterado de los problemas mientras son fáciles de tratar.

Remisión a un perinatólogo. Si los problemas lo justifican, la pueden enviar a un perinatólogo, un obstetra que ha pasado dos años o más haciendo una especialización. Estos especialistas tienen experiencia en el cuidado de mujeres con embarazos muy riesgosos.

Tal vez usted no tenga un embarazo riesgoso al principio. Sin embargo, si se le presentan problemas a usted (como el trabajo de parto prematuro) o al bebé (como la espina bífida), pueden enviarla a un perinatólogo para hacer una consulta y para que, posiblemente, se ocupe de usted durante el embarazo. Usted puede volver con su médico de siempre para el parto.

Si está consultando a un perinatólogo, tal vez tenga que dar a luz en un hospital distinto del que haya elegido. Por lo general, esto es así porque en el hospital hay servicios especializados o pueden hacerles pruebas especializadas a usted o al bebé.

Nutrición

✒ *Uso de hierbas durante el embarazo*

¿Utilizó, alguna vez, hierbas y productos herbáceos, en forma de tés, tinturas, pastillas o polvos, para tratar distintos problemas médicos y de salud? ¡Le aconsejamos que no se trate usted misma con ningún remedio fitoterapéutico durante el embarazo *sin consultarlo antes con su médico!*

Tal vez le parezca que está bien utilizar algún remedio fitoterapéutico, pero podría ser peligroso para el embarazo. Por ejemplo, si padece de estreñimiento, quizá decida utilizar sena como laxante. Sin embargo, la sena estimula los músculos uterinos y puede causarle un aborto. Algunas hierbas pueden irritarles los intestinos a usted y al bebé. Así que vaya a lo seguro: sea extremadamente cuidadosa con cualquier sustancia que su médico no le haya recomendado específicamente. ¡Consúltelo siempre antes de tomar algo!

∽ *Preste atención al consumo de calcio*

Durante la gestación, es muy importante que usted reciba suficiente calcio cada día. Necesita 1200 mg diarios, un 50% más que antes del embarazo. Para obtener mayor información sobre el calcio y algunos consejos sobre formas de agregarlo a su plan alimentario, véase la discusión sobre nutrición de la 7.ª semana.

Lo que también debería saber

∽ *Alergias durante el embarazo*

A veces las alergias empeoran un poco durante el embarazo. Si toma antialérgicos, no dé por hecho que son inocuos. Muchos antialérgicos son combinaciones de varios medicamentes con los que debería tener cuidado durante el embarazo. Consulte al médico sobre su medicación, ya sea de venta con receta o de venta libre. Este consejo funciona también para los atomizadores nasales.

Entre los medicamentos inocuos para el embarazo se encuentran los antihistamínicos y los descongestivos; de estos últimos, pueden recomendarse los que contienen oximetazolina, como el Afrin. Los atomizadores nasales que contienen cromoglicato sódico, como el Nasalcrom, también son inocuos. Si los problemas alérgicos interfieren con su estilo de vida normal, pregunte a su médico cuáles de las marcas que puede usar son las más inocuas.

Consejo para el Papá Cuando pueda, tómese tiempo libre de su trabajo o de otras obligaciones para pasarlo con su pareja. Juntos, concéntrense en planificar el embarazo y en prepararse para el nacimiento del bebé.

Para ayudar a enfrentar las alergias, trate de evitar cualquier cosa que las provoque. Por ejemplo, si le molesta el polvo, mantenga cerradas las ventanas y evite las actividades al aire libre por la mañana, cuando el polen suele estar peor que nunca. Cuando pase la aspiradora, utilice una mascarilla. Si vive en un clima muy seco, use un humidificador. Para ayudar a aliviar el problema, beba mucho líquido.

Algunas mujeres afortunadas notan que, durante el embarazo, las alergias y sus síntomas mejoran. Algunas cosas con las que tenían dificultades antes del embarazo ya no son un problema.

Consejo para la 19.ª Semana El pescado puede ser una opción alimenticia saludable durante el embarazo, pero no coma tiburón, ni pez espada, ni atún (fresco o congelado) más de una vez por semana.

¿Va a ser una madre soltera?

Muchas mujeres deciden tener un hijo sin tener esposo; estas situaciones varían de una mujer a otra. Algunas mujeres están profundamente comprometidas con su pareja, el padre del bebé, pero han elegido no casarse. Otras mujeres están embarazadas sin el apoyo de su pareja. Y otras mujeres solteras han elegido la inseminación (artificial) con semen de donante como medio para quedar embarazadas.

Sin importar cuál sea su situación personal, todas ellas comparten muchas preocupaciones. Esta discusión refleja algunos de los temas que han expuesto.

En la mayoría de las situaciones –ya sea que la madre sea soltera, viuda o divorciada– el entorno general de un niño es más importante que la presencia de un hombre en la casa. En los Estados Unidos, el 86% de los hogares de progenitores solteros están dirigidos por una mujer. Estudios recientes indican que si la mujer tiene otros adultos que la apoyen y de los que puede depender, un niño puede criarse bien en el hogar de una madre soltera.

Algunas personas pueden pensar que su elección es desaconsejable y se lo van a decir. Sin embargo, eso no le incumbe a nadie más que a usted. Si alguien está decidido a hacerle pasar un mal rato, cambie de tema. No discuta con nadie sus motivos para tener un bebé, a menos que usted lo *quiera*.

Aun cuando esté "sola", en realidad no lo está. Busque el apoyo de sus familiares y sus amigos. Las madres de niños pequeños pueden identificarse con sus experiencias: recientemente han tenido experiencias similares. Si tiene amigos o familiares con hijos pequeños, hable con ellos. Probablemente compartiría con ellos sus preocupaciones aun cuando estuviera casada. Trate de no dejar que su situación particular altere esto.

Es importante que encuentre personas con las que pueda contar para que la ayuden durante el embarazo y después del nacimiento del bebé. Una mujer dijo que pensaba a quién podría llamar a las 2 de la mañana si el bebé estuviera llorando de manera incontrolable. Cuando respondió a esa pregunta, tuvo el nombre de alguien con quien creía que podría contar para cualquier emergencia: ¡durante el embarazo y después también!

Puede ser útil escoger a alguien que esté con usted durante el trabajo de parto y el parto, y que esté para ayudar después. La única parte del trabajo de parto y del parto que podría necesitar una planificación especial porque es soltera es el plan para llegar al hospital cuando se ponga de parto. Una mujer quería que manejara su amiga, pero cuando llegó el momento, no la pudo encontrar. Su siguiente opción (todo parte del plan) fue llamar un taxi, que la llevó al hospital con tiempo de sobra.

Cuestiones legales. Debido a que su situación es especial, es importante que tenga respuestas a las preguntas. Las que aparecen a continuación han sido planteadas por mujeres que escogieron ser madres solteras. Las repetimos aquí sin responderlas porque son cuestiones legales que debería revisar con un abogado de su zona que se especialice en legislación familiar. Estas preguntas pueden ayudarla a aclarar el tipo de cuestiones que necesita tener en cuenta como madre soltera.

- Una amiga soltera que tuvo un bebé me dijo que sería mejor considerar las implicaciones legales de esta situación. ¿A qué se refería?
- He oído que en algunos estados, si no estoy casada, tengo que obtener un certificado especial de nacimiento. ¿Es verdad?
- Voy a tener un bebé sola, y me preocupa saber quién puede tomar decisiones médicas por mí y por el bebé que estoy esperando. ¿Qué puedo hacer con respecto a esto?
- No estoy casada, pero estoy profundamente comprometida con el padre del bebé. ¿Puede mi pareja tomar decisiones médicas por mí si tengo problemas durante el trabajo de parto o después del nacimiento?

- Si me sucede algo, ¿puede mi pareja tomar decisiones médicas por nuestro hijo después de que nazca?

- ¿Cuáles son los derechos legales del padre de mi bebé si no estamos casados?

- ¿Tienen derechos legales los padres de mi pareja con respecto a su nieto (mi hijo)?

- El padre de mi bebé y yo nos separamos antes de que yo supiera que estaba embarazada. ¿Tengo que hablarle sobre el bebé?

- Opté por una inseminación (artificial) con semen de donante. Si algo me pasa durante el trabajo de parto o el parto, ¿quién puede tomar decisiones médicas por mí? ¿Quién puede tomar decisiones por mi bebé?

- Quedé embarazada por inseminación con semen de donante. ¿Qué tengo que poner en el acta de nacimiento donde dice "nombre del padre"?

- ¿Hay alguna forma de que pueda averiguar algo más sobre los antecedentes médicos familiares del donante de semen?

- ¿Me informará el banco de semen si aparecen problemas médicos en la familia del donante?

- Cuando mi hijo crezca, puede necesitar de algún tipo de ayuda médica (como un riñón de donante) de un hermano. ¿Me dará el banco de semen la información familiar?

- Me hice una inseminación con semen de donante, y me preocupa el derecho del padre del bebé a ser parte de la vida de mi hijo en el futuro. ¿Debería estar preocupada?

- ¿Qué tipo de disposiciones debo hacer para mi hijo en caso de que yo muera?

- Alguien me dijo en broma que mi hijo o hija podría casarse con su hermana o hermano algún día y que no lo sabría porque he sido inseminada con semen de donante. ¿Es posible?

- ¿Hay otras cosas que debería tener en cuenta debido a mi situación especial?

20.ª Semana

Edad del feto: 18 semanas

¿Qué tamaño tiene el bebé?

En este punto del desarrollo, la longitud de coronilla a nalgas es de 5 ½ a 6 ½ pulgadas (14 a 16 cm). El bebé pesa alrededor de 9 onzas (260 g).

¿Qué tamaño tiene usted?

Felicidades: las 20 semanas señalan la mitad. ¡Está en la mitad del embarazo! Recuerde, si su embarazo llega a término, toda la gestación dura 40 semanas desde el principio de su última menstruación.

Es probable que el útero se encuentre aproximadamente al mismo nivel que el ombligo. Su doctor ha estado vigilando su crecimiento y el agrandamiento del útero. Hasta este punto, el crecimiento puede haber sido irregular pero, por lo general, se regulariza más después de la 20.ª semana.

ᴖ Medir el crecimiento del útero
Frecuentemente, el crecimiento del útero se mide para controlar el crecimiento del bebé. El médico utiliza una cinta métrica o sus dedos y mide en dedos de ancho.

Para medir el crecimiento, el médico necesita un punto de referencia. Algunos miden a partir del ombligo, muchos lo hacen desde la *sínfisis púbica*. Éste es el lugar donde se unen los huesos púbicos en la parte media inferior del abdomen. Esta zona ósea se ubica por encima de la uretra (de donde sale la orina), a unas 6 a 10 pulgadas (15.2 a 25.4 cm) por debajo del ombligo, según su estatura. Se lo puede sentir a 1 o 2 pulgadas (2.5 a 5 cm) por debajo de donde comienza su vello púbico.

Las medidas se realizan desde la sínfisis púbica hasta la parte alta del útero. Después de 20 semanas de embarazo, usted debería aumentar alrededor de ½ pulgada (1 cm) cada semana. Así, si usted mide 8 pulgadas (20 cm) a las 20 semanas, en la siguiente visita (4 semanas más tarde), debería medir cerca de 10 pulgadas (24 cm).

Si en este punto del embarazo mide 11 ¼ pulgadas (28 cm), puede requerir evaluación adicional con una ecografía, para determinar si va a tener gemelos o para ver si la fecha de parto es correcta. Si en este punto sólo mide 6 pulgadas (15 a 16 cm), puede ser motivo para hacer evaluaciones adicionales con un ecógrafo. Su fecha de parto podría estar equivocada, o puede haber preocupación por un retraso de crecimiento intrauterino o por algún otro problema.

No todos los médicos miden de la misma manera, y no todas las mujeres miden lo mismo. Los bebés varían en tamaño. Si amigas embarazadas le preguntan: "¿Cuánto mediste?", no se preocupe si las medidas son distintas. Las medidas varían entre las mujeres y, a veces, son diferentes para una mujer de un embarazo al otro.

Si tiene cita con un doctor al que no consulta normalmente o si consulta con uno nuevo, tal vez tenga medidas distintas. Esto no indica problemas ni que alguien esté midiendo en forma incorrecta. Sencillamente, todos miden en forma algo distinta.

> ### Consejo para la 20.ª Semana
>
> Una ecografía hecha en este punto del embarazo posibilita la determinación del sexo del bebé, pero éste debe cooperar. El sexo se reconoce viendo los genitales. Aun cuando el sexo parezca obvio, se ha sabido que los ecografistas se han equivocado con respecto al sexo de un bebé.

Hacer que la misma persona la mida de manera regular puede ser útil para seguir el crecimiento del bebé. Dentro de ciertos límites, el cambio en las medidas es un indicio del bienestar y del crecimiento del feto. Si parece anormal, puede ser una señal de advertencia. Si le preocupa su tamaño y el crecimiento del embarazo, háblelo con su médico.

Cómo crece y se desarrolla el bebé

⁓ La piel del bebé

La piel que cubre al bebé comienza a crecer a partir de dos capas: la *epidermis*, que está en la superficie, y la *dermis*, que es la capa más profunda. Para este momento del embarazo, la epidermis está dispuesta en cuatro capas. Una de éstas contiene crestas epidérmicas, que son responsables de los patrones superficiales de las yemas de los dedos, las palmas de las manos y las plantas de los pies. Están determinados genéticamente.

La dermis está por debajo de la epidermis. Forma proyecciones que empujan hacia arriba, penetrando en la epidermis. Cada proyección contiene un pequeño vaso sanguíneo (capilar) o un nervio. Esta capa más profunda contiene también grandes cantidades de grasa.

Cuando nace un bebé, su piel está cubierta por una sustancia blanca que parece una pasta, llamada *unto sebáceo*. La empiezan a segregar las glándulas de la piel alrededor de las 20 semanas de embarazo. El unto sebáceo protege la piel del bebé del líquido amniótico.

El cabello aparece alrededor de las 12 a 14 semanas de embarazo. Crece desde la epidermis; el extremo del cabello (papila del pelo) empuja hacia abajo entrando en la dermis. El cabello se ve por primera vez en el feto en el labio superior y en las cejas. Por lo general, se pierde cerca del nacimiento y lo reemplaza un cabello más grueso proveniente de folículos nuevos.

Consejo para el Papá Es probable que alrededor de las 20 semanas de embarazo le realicen una ecografía a su pareja. Trate de estar presente. Pida a su pareja que tenga en cuenta su agenda cuando haga la cita para la ecografía.

⁓ Imágenes ecográficas

La ilustración de la página contigua muestra un examen ecográfico (y una ilustración interpretada) en una embarazada de unas 20 semanas de gestación. A menudo es más fácil entender una ecografía en el momento en que se está haciendo. Las imágenes que se ven se parecen a una película.

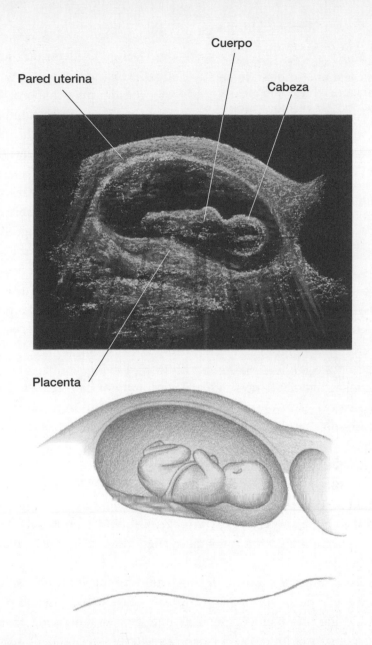

Pared uterina

Cuerpo

Cabeza

Placenta

Ecografía de un bebé de 20 semanas de gestación (edad fetal: 18 semanas). La ilustración interpretada puede ayudarla a ver más detalles.

> Hacerse una de esas ecografías "de recuerdo" en un centro comercial no es una buena idea. No se aconseja nunca el uso informal de cualquier tipo de examen médico sólo como diversión. Una de nuestras preocupaciones es que la ecografía muestre una anomalía y que no se lo digan. No es buena idea sustituir las pruebas médicas normales que su doctor le ordena por estas pruebas de entretenimiento.

Si observa cuidadosamente la ilustración, le encontrará sentido. Lea los rótulos, y trate de ver al bebé dentro del útero. Una imagen ecográfica es como mirar una rodaja de un objeto. La imagen que ve es bidimensional.

Una ecografía realizada en este punto del embarazo es útil para confirmar o ayudar a establecer la fecha de parto. Si la ecografía se realiza demasiado temprano o demasiado tarde (en los dos primeros o los dos últimos meses), no es tan buena la exactitud para determinar la fecha de embarazo. Si hay dos o más fetos, por lo general, se los puede ver. En este momento, también se pueden ver algunos problemas fetales.

⸙ *Obtención percutánea de sangre del cordón umbilical*

La obtención percutánea de sangre del cordón umbilical, también llamada *cordocentesis*, es una prueba que se realiza en el feto mientras todavía está dentro del útero. La ventaja de la prueba es que los resultados están listos en pocos días. La desventaja es que conlleva un riesgo de aborto ligeramente más elevado que la amniocentesis.

Con ayuda de la ecografía y a través del vientre de la madre, se inserta una aguja delgada en una diminuta vena del cordón umbilical. Se extrae una pequeña muestra de la sangre del bebé para analizarla. La obtención percutánea detecta anomalías sanguíneas, infecciones e incompatibilidad del factor Rh.

Se puede controlar la sangre del bebé antes del nacimiento y, si fuera necesario, se le puede hacer una transfusión. Este procedimiento puede ayudar a evitar una anemia potencialmente mortal, que puede desarrollarse si la madre es Rh negativa y tiene anticuerpos que están destruyendo la sangre del bebé. Si usted es Rh negativa, debe recibir RhoGAM después de este procedimiento.

Cambios en usted

✎ *Estiramiento de los músculos abdominales*

Los músculos abdominales se están estirando y separando a medida que crece el bebé. Los músculos están unidos a la porción inferior de las costillas y bajan verticalmente hasta la pelvis. Pueden separarse en la línea media del cuerpo. Estos músculos se llaman rectos; cuando se separan, se produce una hernia llamada *diástasis de los rectos*.

Notará la separación con mayor frecuencia cuando esté recostada y levante su cabeza, tensando los músculos abdominales. Parecerá que hubiera un abultamiento en el medio del abdomen. Incluso podría sentir el borde del músculo a cada lado del abultamiento. No es doloroso y no los perjudica ni a usted ni al bebé. Lo que usted siente en el espacio que hay entre los músculos es el útero. Aquí se puede sentir con mayor facilidad el movimiento del bebé.

Si éste es su primer bebé, tal vez no note para nada la separación; pero, con cada embarazo, puede volverse más evidente. El ejercicio puede fortalecer estos músculos, pero puede seguir teniendo el abultamiento o el espacio.

Después del embarazo, estos músculos se tensan y cierran el espacio. La separación no será tan evidente, pero tal vez siga estando presente. Es probable que una faja no la ayude a deshacerse del abultamiento o la separación.

Cómo afecta al desarrollo del bebé lo que usted hace

✎ *Relaciones sexuales*

El embarazo puede ser un momento importante para acercarse a su pareja. Al ir creciendo en tamaño, el coito puede ser más difícil porque usted se siente incómoda. Durante esta etapa del embarazo, puede continuar disfrutando de las relaciones sexuales con algo de imaginación y con posiciones diferentes (en las que usted no esté recostada sobre la espalda y que su pareja no esté directamente encima de usted).

Si siente presión emocional por parte de su pareja –ya sea por su preocupación por la seguridad del coito o porque le pida tener relaciones sexuales frecuentes–, háblelo abiertamente con él. No tenga miedo de invitar a su pareja a las visitas prenatales para hablar de estas cosas con el médico.

Si tiene problemas de contracciones, pérdidas de sangre o complicaciones, usted y su pareja deberían hablar con el médico. Deben decidir juntos si deberían continuar manteniendo relaciones sexuales durante el embarazo.

Nutrición

Muchas mujeres usan endulzantes artificiales para ayudar a disminuir las calorías. El aspartamo y la sacarina son los dos edulcorantes más comunes que se añaden a alimentos y a bebidas. Es posible que el aspartamo (que se vende bajo las marcas Nutrasweet y Equal) sea el más popular. Se utiliza en muchos alimentos y bebidas para ayudar a reducir el contenido de calorías. La sacarina también se añade a muchos alimentos y bebidas. Ahora se está comercializando un producto bastante nuevo, llamado Splenda.

～ *Aspartamo*

El aspartamo es una combinación de dos aminoácidos: fenilalanina y ácido aspártico. Ha habido controversia acerca de su inocuidad. Le aconsejamos optar por alimentos que no contengan este edulcorante. En este momento no estamos seguros de su inocuidad para las embarazadas y los bebés en gestación. Si padece del fenilcetonuria, debe seguir una dieta reducida en fenilalanina o el bebé podría verse afectado negativamente. La fenilalanina que contiene el aspartamo contribuye a la que ya tiene la dieta.

～ *Sacarina*

La sacarina es otro endulzante artificial que se utiliza en muchos alimentos y bebidas. Aunque ya no se utiliza tanto como antes, todavía se encuentra en muchos alimentos, bebidas y otras sustancias. El *Center for Science in the Public Interest* (Centro para la Ciencia en beneficio del Interés Público) informa que las pruebas que se han hecho en la sacarina no indican que sea inocua para usarla durante el embarazo. Probablemente sería mejor que evitara consumir este producto mientras esté embarazada.

✌ *Evite el aspartamo y la sacarina*

No utilice estos endulzantes artificiales o aditivos alimenticios durante el embarazo, si puede evitarlo. Es probable que sea mejor eliminar de los alimentos y bebidas que consume cualquier sustancia que realmente no necesite. Hágalo por el bien de su bebé.

✌ *Splenda*

En 1998, la Administración de Drogas y Alimentos anunció que se aprobaba el uso de Splenda como edulcorante en una amplia variedad de productos alimenticios. En este momento, usted puede comprarlo en frascos o en sobres, y también se encuentra en una gran cantidad de productos.

Splenda es la marca comercial de un edulcorante reducido en calorías llamado *sacaralosa*, un derivado del azúcar. La sacaralosa pasa a través del cuerpo sin ser metabolizada: el cuerpo no la reconoce ni como azúcar ni como carbohidrato, por lo que es reducida en calorías.

La sacaralosa se usa en aderezos para ensaladas, alimentos precocinados, postres, bebidas a base de productos lácteos, jaleas y mermeladas, café y té, jarabes y goma de mascar. **El uso de Splenda es inocuo para embarazadas y mujeres que amamantan.**

Lo que también debería saber

✌ *Oír los latidos del bebé*

A las 20 semanas, es posible que oiga los latidos del bebé con un estetoscopio. Antes de que los médicos contaran con un equipo *Doppler* que les permitiera oír los latidos y con las ecografías para ver latir el corazón, el estetoscopio ayudaba a oír los latidos del bebé. Por lo general, para la mayoría de las muejres, esto ocurría después del movimiento fetal activo.

El sonido que oye con un estetoscopio puede ser diferente del que está acostumbrada a oír en el consultorio médico. No se trata de un sonido fuerte. Si jamás ha escuchado a través de un estetoscopio, al principio puede resultarle difícil. A medida que el bebé crece y los sonidos son más fuertes, resulta más fácil.

Si no puede oír los latidos del bebé con un estetoscopio, no se preocupe. ¡No siempre es fácil para un médico que hace esto con regularidad!

Si oye un sonido como un susurro (latido del bebé), tiene que diferenciarlo de un sonido como un golpe (latido de la madre). El corazón de un bebé late rápidamente, por lo común, de 120 a 160 pulsaciones por minuto. En cambio, su latido o frecuencia del pulso es más lento, alrededor de 60 a 80 pulsaciones por minuto. Pídale a su médico que la ayude a distinguir los sonidos.

21.ª Semana

Edad del feto: 19 semanas

¿Qué tamaño tiene el bebé?

Su bebé crece más en esta primera semana de la segunda mitad de su embarazo. Ahora pesa unas 10 ½ onzas (300 g), y su longitud de coronilla a nalgas es de alrededor de 7 ¼ pulgadas (18 cm). Tiene un tamaño aproximado al de una banana grande.

¿Qué tamaño tiene usted?

Usted puede sentir el útero a alrededor de media pulgada (1 cm) por encima del ombligo. En el consultorio del médico, su útero mide casi 8 ½ pulgadas (21 cm) desde la sínfisis púbica. El aumento de peso debe oscilar entre 10 y 15 libras (4.5 y 6.3 kilos).

Para esta semana ha perdido definitivamente la cintura. Sus amigos y parientes, y también los desconocidos, ya se dan cuenta de que está embarazada. ¡Le sería difícil esconder su estado!

Consejo para la 21.ª Semana
Una buena forma de añadir calcio a su dieta es cocinar el arroz y la avena en leche descremada en lugar de hacerlo en agua.

Cómo crece y se desarrolla el bebé

La rápida velocidad de crecimiento del bebé se ha reducido, aunque el bebé continúa desarrollándose, y sus sistemas orgánicos están madurando.

✂ *El aparato digestivo fetal*

El aparato digestivo fetal funciona en forma rudimentaria. Hacia la 11.ª semana de embarazo, el intestino delgado comienza a contraerse y relajarse, lo que empuja sustancias por su interior. El intestino delgado es capaz de transferir azúcar desde su propio interior al cuerpo del bebé.

A las 21 semanas de embarazo, el aparato digestivo fetal se ha desarrollado lo suficiente para permitir que el feto trague líquido amniótico. Después de tragarlo, el feto absorbe gran parte del agua que contiene y pasa la materia no absorbida hasta el intestino grueso.

✂ *El feto traga*

Como hemos mencionado, el bebé puede tragar antes de nacer. Se puede observar cómo traga el bebé en las distintas etapas del embarazo por medio de la ecografía. Hemos visto bebés tragando líquido amniótico ya desde la 21.ª semana del embarazo.

¿Por qué traga un bebé en el útero? Los investigadores creen que, probablemente, tragar el líquido amniótico contribuye al crecimiento y al desarrollo del aparato digestivo fetal. Además, puede preparar al aparato digestivo para funcionar después del nacimiento.

Consejo para el Papá Ya es tiempo de empezar a pensar nombres para el bebé. Algunas veces las parejas tienen ideas muy distintas sobre los nombres que quisieran ponerle a su hijo. Hay muchos libros disponibles que podrían ayudarlos. ¿Les gustaría honrar a un amigo o familiar poniéndole su nombre al bebé? ¿Utilizarán un nombre de la familia? ¿Qué problemas podrían surgir si escogieran un nombre peculiar, difícil de pronunciar o de escribir? ¿Las iniciales forman alguna palabra? ¿Qué apodos están ligados a ese nombre? Empiecen a pensar en todo esto ahora, aunque hayan decidido que no van a escoger un nombre hasta que conozcan al bebé.

Se han realizado estudios para determinar cuánto líquido traga y pasa el feto por su aparato digestivo. Las evidencias indican que al final del embarazo los bebés pueden tragar grandes cantidades de líquido amniótico: hasta 17 onzas (500 ml) en un periodo de 24 horas.

El líquido amniótico que el feto traga aporta sólo una pequeña cantidad de sus necesidades calóricas, pero los investigadores creen que puede aportar nutrientes esenciales para su desarrollo.

ᴈ *Meconio*

Durante el embarazo, tal vez oiga el término *meconio* y se pregunte qué significa. Se trata de los desechos no digeridos del líquido amniótico presentes en el aparato digestivo fetal. El meconio está compuesto principalmente de células mucosas de las paredes del aparato gastrointestinal del bebé. No contiene bacterias, por lo que es estéril.

Es una sustancia cuya coloración va del negro verdoso al café claro y que el bebé expulsa de su intestino antes del parto, durante el trabajo de parto, o después del nacimiento.

El paso de meconio al líquido amniótico puede ser producto de sufrimiento fetal. La presencia de meconio durante el trabajo de parto puede ser un indicio de sufrimiento fetal.

Si el bebé ha tenido una evacuación intestinal antes del nacimiento, y hay meconio en el líquido amniótico, el feto puede tragar ese líquido. Si inhala meconio a los pulmones, puede dar lugar a una neumonía o neumonitis. Por eso, si se observa meconio durante el parto, se intenta extraerlo de la boca y la garganta del bebé con un pequeño tubo de succión.

Cambios en usted

Además de su útero, otras partes del cuerpo continúan cambiando y creciendo. Tal vez note hinchazón en la parte baja de las piernas y en los pies, en especial al terminar el día. Si permanece mucho tiempo de pie, notará menos hinchazón si puede sentarse y descansar un rato.

ᴈ *Coágulos de sangre en las piernas*

Una complicación grave del embarazo son los coágulos de sangre en las piernas o ingles. Los síntomas son inflamación de las piernas, acompañada de dolor y enrojecimiento o de calor en la zona afectada.

El problema tiene muchos nombres, entre ellos *trombosis venosa, enfermedad tromboembólica, tromboflebitis y trombosis venosa profunda de las extremidades inferiores*. Aunque no no es una afección propia del embarazo, es más probable que aparezca en este estado. Ello se debe a que el flujo de sangre en las piernas se hace más lento como consecuencia de la presión del útero y a los cambios en la sangre y sus mecanismos de coagulación.

La causa más probable de los coágulos de sangre en las piernas durante la gestación es la disminución del flujo sanguíneo, también denominada *estasis*. Si usted ha tenido antes un coágulo de sangre –en las piernas o en otra parte del cuerpo– menciónelo a su doctor al principio del embarazo. Se trata de una información importante que él necesita conocer.

Trombosis venosa profunda. La trombosis superficial y la trombosis venosa profunda de las piernas son afecciones diferentes. Un coágulo de sangre en las venas superficiales de las piernas no es grave generalmente se observa en las venas próximas a la superficie de la piel. Este tipo de coágulos se trata con un analgésico suave, como acetaminofeno, elevación de la pierna, sostén de la pierna con un vendaje Ace o con medias de sostén y, ocasionalmente, con calor. Si la afección no mejora enseguida, debe considerarse la posibilidad de una trombosis venosa profunda.

La trombosis venosa profunda (TVP) es más grave, y requiere de diagnóstico y tratamiento. Los síntomas de trombosis venosa profunda en la parte inferior de la pierna pueden diferir muchísimo, según sea la ubicación del coágulo y su gravedad. El comienzo de la trombosis venosa puede ser rápido, muy doloroso y con inflamación de la pierna y el muslo.

Si por cualquier razón, relacionada con un embarazo o no, usted ya ha tenido un coágulo antes, consulte a su médico desde el principio. Es importante que se lo mencione en la primera visita prenatal.

El mayor peligro de la trombosis venosa profunda es una embolia pulmonar, pues parte del coágulo se desprende y se traslada desde la pierna hasta el pulmón. Éste es un problema raro durante el embarazo, y se registra en sólo uno de cada 3,000 a 7,000 partos. Aunque es una complicación seria, se puede evitar con un tratamiento a tiempo.

Esté atenta a estos síntomas. Con la trombosis venosa profunda (TVP), la pierna puede verse pálida y fría, pero por lo general una parte de ella está sensible, caliente e inflamada. A menudo, la piel que cubre las venas afectada está enrojecida, incluso puede presentar franjas rojas en la zona donde se produjo el coágulo.

La presión en la pantorrilla o en la pierna puede provocar dolor extremo, y también resulta muy doloroso caminar. Una manera de darse cuenta si tiene trombosis venosa profunda es recostarse y doblar los dedos de los pies hacia la rodilla. Si siente molestia en la parte posterior de la pierna, es un signo positivo de este problema; se denomina *señal de Homan*. (Este tipo de dolor aparece también al tensar un músculo o si se produce un moretón.) En estos casos, consulte al médico.

Diagnóstico del problema. Los estudios diagnósticos de la TVP son distintos para una mujer embarazada que para una que no lo está. En la no embarazada, se puede tomar una radiografía acompañada de una inyección de contraste en las venas de la pierna para buscar coágulos. En una gestante normalmente no se realiza este examen, dada la exposición a la radiación y a la sustancia de contraste; el diagnóstico se obtiene mediante ecografía. Este tipo de exámenes no está disponible en todas partes, pero sí en la mayoría de los principales centros médicos.

Tratamiento. El tratamiento de la TVP requiere por lo general hospitalización y terapia con heparina (diluyente de la sangre). La heparina debe administrarse por vía intravenosa; no se puede ingerir en forma de comprimidos. Su utilización durante el embarazo es inocua y no se transfiere al feto. Es probable que la mujer que recibe heparina necesite aumentar la ingesta de calcio durante el embarazo. Mientras se administra heparina, se requiere que la mujer repose. Se puede elevar la pierna y aplicar calor, aparte de que se recetan analgésicos suaves.

La recuperación, incluida la hospitalización, puede tomar de 7 a 10 días. Después de este período, se sigue administrando heparina hasta el alumbramiento. Después del embarazo, la mujer debe continuar con un diluyente de la sangre durante varias semanas, según la gravedad del coágulo.

Si una mujer presenta un coágulo durante un embarazo, es posible que necesite heparina en embarazos posteriores. En ese caso, se puede administrar el medicamento mediante un catéter intravenoso permanente, o con inyecciones diarias que la misma mujer se aplica bajo supervisión del médico.

Otro medicamento utilizado es la warfarina, medicamento oral. La warfarina (Coumadin) no se receta durante el embarazo porque traspasa la placenta y puede ser perjudicial para el bebé. Por lo general, la warfarina se suministra a la mujer después del parto para evitar coágulos. Se puede recetar durante unas cuantas semanas o unos meses, según la gravedad del coágulo.

Cómo afecta al desarrollo del bebé lo que usted hace

ꕔ *Inocuidad de la ecografía*

En la página contigua aparece una ilustración de un examen ecográfico acompañada por una ilustración interpretada. Ambas muestran a un bebé dentro del útero; la futura madre tiene además un quiste grande en el abdomen.

Muchas mujeres dudan de que los exámenes ecográficos sean seguros. La mayoría de los investigadores médicos están de acuerdo en que este tipo de exámenes no representan ningún riesgo para la madre ni para el bebé. Se han realizado muchas investigaciones sin que se hallara evidencia de problema alguno.

La ecografía es una herramienta valiosísima para diagnosticar problemas y responder a algunas preguntas que surgen durante el embarazo. La información que proporcionan estos exámenes puede brindar tranquilidad tanto al médico como a la embarazada.

Si su médico le ha recomendado un examen ecográfico y a usted la preocupa, háblelo con él. Probablemente hay una razón muy importante para realizarlo, y podría afectar el bienestar de su bebé en desarrollo.

Nutrición

Algunas mujeres tienen antojos durante el embarazo. Desde hace mucho tiempo, se ha considerado que los antojos son un signo no específico de

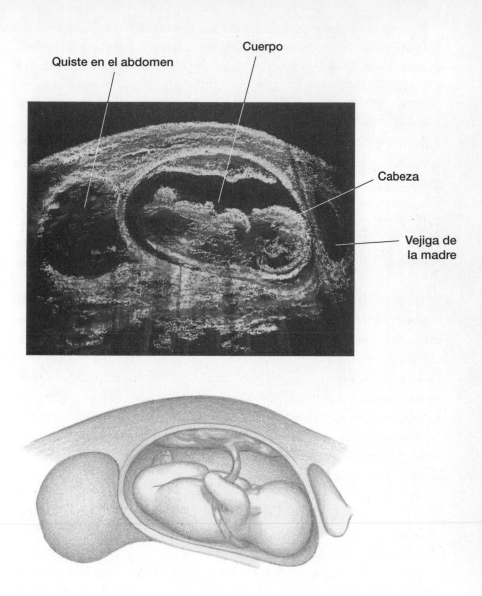

Quiste en el abdomen

Cuerpo

Cabeza

Vejiga de la madre

La ecografía puede utilizarse para detectar problemas. En esta ecografía de un bebé en el útero, hay un quiste en el abdomen de la futura madre. La ilustración interpretada aclara la imagen ecográfica.

embarazo. El antojo de un alimento en especial puede ser bueno y malo. Si el alimento que se le antoja es nutritivo y sano, cómalo con moderación. No ingiera alimentos que sean perjudiciales para usted. Si se le antojan alimentos con alto contenido de grasas y azúcares, o cargados de calorías no nutritivas, tenga cuidado. Coma una pequeña porción pero no sea demasiado permisiva con usted misma. Intente comer otro alimento, como una fruta fresca o un trozo de queso, en vez de satisfacer su antojo.

¿Qué alimentos se les antojan a las mujeres embarazadas?

Las investigaciones recientes indican tres antojos comunes entre las embarazadas:

- El 33% tienen antojo de chocolate
- El 20% tiene antojo de algún tipo de dulce
- El 19% tiene antojo de frutas y jugos cítricos

No entendemos todas las razones por las que una mujer puede sentir antojo por un alimento mientras está embarazada. Creemos que los cambios hormonales y emocionales que se producen en este período contribuyen a la situación.

Lo opuesto a los antojos es la aversión a ciertos alimentos. Algunos alimentos que usted comía sin problemas antes del embarazo ahora pueden provocarle malestar estomacal. Esto es común. Una vez más, creemos que las hormonas del embarazo están implicadas. En este caso, las hormonas afectan al aparato gastrointestinal, lo que puede modificar su reacción a ciertos alimentos.

Lo que también debería saber

¿tendrá usted várices?

Las *várices* ocurren en cierto grado en casi todas las mujeres embarazadas. Parece existir una predisposición heredada a las várices que puede empeorarse por el embarazo, el avance de la edad y la presión provocada por permanecer de pie durante períodos largos.

Las várices son vasos sanguíneos congestionados de sangre. Se producen principalmente en las piernas, pero pueden presentarse también en la vulva y en el recto. El cambio en el flujo sanguíneo y la presión del útero empeoran las várices, lo cual produce molestias.

En la mayoría de los casos, las várices se hacen más evidentes y más dolorosas a medida que avanza el embarazo. Al aumentar de peso (en especial si usted pasa mucho tiempo de pie), pueden empeorar.

Los síntomas varían. Para algunas mujeres, el principal síntoma es una mancha o un punto azul púrpura en las piernas con pocas molestias o ninguna, excepto tal vez al anochecer. Otras mujeres tienen várices abultadas que requieren elevar las piernas al final del día.

Después del embarazo, la inflamación de las venas debería reducirse, pero probablemente las várices no desaparezcan del todo. Hay varios métodos para deshacerse de ellas, entre ellos los tratamientos con láser, las inyecciones y la cirugía. Ésta última se denomina *extirpación de venas*. No sería usual operar várices durante el embarazo, aunque es un tratamiento para tener en cuenta cuando deje de estar embarazada.

Tratamiento de várices. Seguir estas medidas puede ayudar bastante a evitar la inflamación de las venas.

- Use medias elásticas de sostén; hay muchos tipos disponibles. Pídale sugerencias a su médico.
- Use ropa que no restrinja la circulación en las rodillas ni en las ingles.
- Permanezca de pie el menor tiempo posible. Acuéstese de costado o eleve las piernas todo el tiempo que pueda. Esto permite que las venas drenen con mayor facilidad.
- Use zapatos de tacón bajo siempre que pueda.
- Cuando esté sentada, no cruce las piernas. Esto interrumpe la circulación y puede empeorar los problemas.
- El tipo de ejercicio que escoja puede agravar el problema. El ejercicio de alto impacto, como los aeróbicos con escalón o el trote, puede causar traumatismos en las venas. Los ejercicios de bajo impacto, como el ciclismo, el yoga prenatal o utilizar un entrenador elíptico, pueden ser mejores opciones.

22.ª Semana

Edad del feto: 20 semanas

¿Qué tamaño tiene el bebé?

Ahora su bebé pesa unas 12 ¼ onzas (350 g). La longitud de coronilla a nalgas es en este momento de aproximadamente 7 ⅔ pulgadas (19 cm).

¿Qué tamaño tiene usted?

Su útero está ahora a alrededor de ¾ pulgada (2 cm) por encima del ombligo o a casi 9 pulgadas (22 cm) de la sínfisis púbica. Seguramente, usted se siente "cómodamente embarazada". Todavía no es mucho lo que se ha agrandado su abdomen y no le estorba demasiado. Aún puede agacharse doblando la cintura y sentarse con comodidad. No tiene que esforzarse para caminar. Es probable que hayan pasado las náuseas del embarazo, y usted se siente bastante bien. En este momento, ¡hasta es divertido estar embarazada!

Consejo para la 22.ª Semana

Beba más líquidos (el agua es el mejor) durante lo que le resta de embarazo para ayudar a su cuerpo a acompañar el ritmo de aumento del volumen sanguíneo. Sabrá que está bebiendo la cantidad suficiente de líquido cuando su orina se vea casi tan clara como el agua.

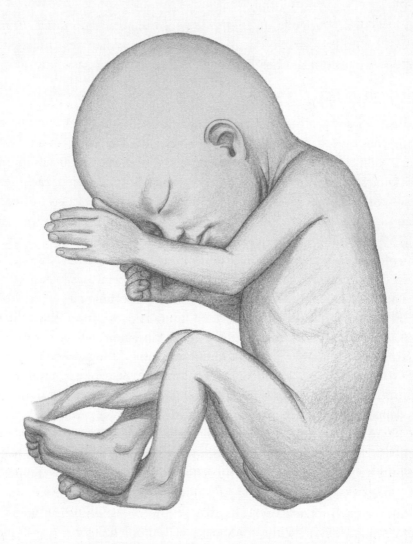

Hacia la 22.ª semana de embarazo (edad fetal: 20 semanas), los párpados y cejas del bebé están bien desarrollados. Las uñas han crecido y ahora cubren las puntas de los dedos.

Cómo crece y se desarrolla el bebé

Su bebé sigue creciendo. El cuerpo se hace cada día más grande. Como puede ver en la ilustración de la página anterior, se han desarrollado los párpados e incluso las cejas. También pueden verse las uñas.

ᔣ Función del hígado

Los sistemas orgánicos del bebé se están especializando para cumplir sus funciones específicas. La función del hígado del feto es distinta a la del adulto. En el hígado del adulto, se producen enzimas (sustancias químicas) que son importantes para diversas funciones del cuerpo. En el feto, estas enzimas están presentes pero en menores cantidades a las existentes después del nacimiento.

Una función importante del hígado es la descomposición y el tratamiento de la bilirrubina. La bilirrubina es un producto de la descomposición de los glóbulos. La vida de los glóbulos rojos fetales es menor que la del adulto. Debido a ello, el feto produce más bilirrubina que un adulto.

El hígado fetal tiene una capacidad limitada para convertir la bilirrubina y eliminarla del torrente sanguíneo. La bilirrubina pasa, a través de la placenta, de la sangre fetal a la sangre materna. El hígado de la madre contribuye a eliminar la bilirrubina fetal. Si un bebé nace prematuramente, puede tener dificultades para procesar la bilirrubina, porque su hígado es demasiado inmaduro para eliminarla del torrente sanguíneo.

Un recién nacido con la bilirrubina alta puede presentar *ictericia*. La ictericia del recién nacido la provoca típicamente la transición del tratamiento de la bilirrubina por parte del sistema de la madre al tratamiento por parte del propio bebé. El hígado del bebé no puede mantener el ritmo. Es más probable que la ictericia se presente en un bebé inmaduro, pues su hígado no está preparado para realizar esta función.

Un recién nacido con ictericia muestra una coloración amarilla en la piel y en los ojos. Generalmente, la ictericia se trata con fototerapia, mediante una luz que penetra la piel y destruye la bilirrubina.

(Para obtener información detallada sobre ésta y otras situaciones que pueden presentarse en un bebé recién nacido, lea nuestro libro *Your Baby's First Year Week by Week* [*el primer año del bebé semana a semana*]).

Cambios en usted

❧ *Fibronectina fetal*

En algunos casos, las molestias normales del embarazo, como dolor en el bajo vientre, dolor de espalda, presión pélvica, contracciones uterinas (con o sin dolor), calambres y cambios en el flujo vaginal, se pueden confundir con un trabajo de parto prematuro. Hasta ahora no habíamos encontrado un método confiable para determinar si una mujer está realmente en riesgo de tener un bebé prematuro, pero en este momento contamos con un examen que puede ayudar a los médicos a realizar esta determinación.

La fibronectina fetal (fFN) es una proteína que se encuentra en el saco amniótico y en las membranas fetales. Sin embargo, después de las 22 semanas de embarazo no vuelve a estar presente hasta aproximadamente la 38.ª semana.

Cuando se encuentra en las secreciones cervicovaginales de una mujer embarazada después de la 22.ª semana (y antes de la 38.ª), indica un aumento en el riesgo de trabajo de parto prematuro. Si no está presente, el riesgo de trabajo de parto prematuro es bajo, y lo más probable es que la mujer no entre en parto durante las 2 semanas siguientes.

Esta prueba se realiza de la misma manera que una citología vaginal. Se toma una muestra de las secreciones de la parte alta de la vagina, detrás del cuello del útero; se envía al laboratorio, y los resultados están disponibles dentro de las 24 horas.

❧ *¿Qué es la anemia?*

La anemia es un problema común durante el embarazo. Si sufre de anemia, es importante tratarla, por usted y por el bebé. Si está anémica, no se sentirá bien durante el embarazo, se cansará con facilidad y también puede tener mareos.

Existe un delicado equilibrio en el cuerpo entre la producción de los glóbulos que llevan oxígeno al resto de su cuerpo y la destrucción de los mismos. La anemia es la afección en la que el número de glóbulos rojos es bajo. Si está anémica, significa que usted no tiene la cantidad adecuada de glóbulos rojos.

Durante el embarazo aumenta el número de glóbulos rojos en el torrente sanguíneo. También aumenta la cantidad de *plasma* (la parte líquida de la sangre), pero a mayor velocidad. Su médico lleva un control de estos cambios en su sangre mediante el valor del *hematocrito*. El hematocrito es la proporción de glóbulos rojos que contiene la sangre. También se controla su nivel de *hemoglobina*. La hemoglobina es el componente proteínico de los glóbulos rojos. Si está anémica, su hematocrito está por debajo de 37 y su hemoglobina, por debajo de 12.

Normalmente se pide un hematocrito en la primera visita prenatal junto con otras pruebas de laboratorio y se puede repetir una o dos veces durante el embarazo. Si usted está anémica, se efectúa con mayor frecuencia.

Siempre hay alguna pérdida de sangre durante el parto. Si usted está anémica al momento de dar a luz, tiene un riesgo mayor de necesitar una transfusión después del nacimiento. Siga los consejos de su médico acerca de la dieta y los aportes complementarios que le indique.

Anemia ferropénica. El tipo más común de anemia durante el embarazo es la *anemia ferropénica*, pues el bebé utiliza parte de las reservas de hierro de su cuerpo. Si usted tiene anemia ferropénica, a su cuerpo no le ha quedado hierro suficiente para producir glóbulos rojos porque el bebé ha usado parte de ese hierro para sus propios glóbulos.

La mayoría de las vitaminas prenatales contienen hierro, pero también puede ingerirse como aporte complementario. Si no puede tomar ninguna vitamina prenatal, es posible que le receten de 300 a 350 mg de sulfato ferroso o de gluconato ferroso dos o tres veces por día. El hierro es el más importante de los aportes complementarios que tome. Casi todos los embarazos lo requieren.

Aun con aportes complementarios de hierro, algunas mujeres contraen anemia ferropénica durante el embarazo debido a diversos factores que pueden predisponerlas, entre ellos:

• no tomar hierro o una vitamina prenatal que lo contenga
• hemorragias durante el embarazo
• fetos múltiples

- cirugía anterior del estómago o de parte del intestino delgado (que dificulte la absorción de una cantidad adecuada de hierro antes del embarazo)
- uso excesivo de antiácidos, lo cual provoca que disminuya la absorción de hierro
- hábitos alimenticios pobres

El objetivo de tratar la anemia ferropénica es aumentar la cantidad de hierro que usted consume. El hierro se absorbe poco a través del tubo digestivo y se debe tomar diariamente. Puede administrarse en forma inyectable, pero es doloroso y puede manchar la piel.

La ingesta de aportes complementarios de hierro puede tener efectos secundarios, como náuseas y vómitos con malestar estomacal. Si ocurre esto, posiblemente deba reducir la dosis. También puede provocar estreñimiento.

Si usted no puede tomar un aporte complementario de hierro por vía oral, aumente el consumo de ciertos alimentos, como hígado o espinaca, para ayudar a prevenir la anemia. Pida información a su médico sobre el tipo de alimentos que debe incluir en su dieta.

Anemia drepanocítica. En las mujeres de piel oscura y de ascendencia Mediterránea o Africana, la anemia drepanocítica puede provocar problemas significativos durante el embarazo. En estos casos, la anemia sobreviene debido a que la médula ósea, que produce los glóbulos rojos, no puede reemplazar esos glóbulos con la misma rapidez con que se destruyen. Además, en la anemia drepanocítica, los glóbulos rojos producidos son anormales y pueden provocar fuertes dolores, ya que quedan bloqueados en los vasos sanguíneos y no pueden fluir.

Usted puede ser portadora del rasgo de la anemia drepanocítica sin tener la enfermedad, pero es posible que le transmita el rasgo o la enfermedad a su bebé. Si hay antecedentes en su familia, no deje de comentárselo a su médico.

El rasgo drepanocítico se detecta fácilmente mediante un análisis de sangre. En el feto, la anemia drepanocítica se puede diagnosticar mediante amniocentesis (tratada en la 16.ª semana) o por biopsia de vellosidades coriónicas (tratado en la 10.ª semana).

Las mujeres que poseen el rasgo drepanocítico tienen más probabilidades de padecer pielonefritis (véase la 18.ª semana) y bacterias en la orina, así como también de contraer anemia drepanocítica durante el embarazo.

Las mujeres que padecen anemia drepanocítica pueden sufrir dolores recurrentes (crisis drepanocítica) durante toda la vida. Los dolores en la zona abdominal o en las extremidades se producen porque los glóbulos rojos anormales bloquean los vasos sanguíneos. Los dolores pueden ser graves y requerir hospitalización para su tratamiento con líquidos y analgésicos.

La hidroxicarbamida ha probado su efectividad como tratamiento, pero su utilización conlleva ciertos riesgos. Debido a que no contamos con datos sobre sus efectos a largo plazo, se aconseja a las mujeres embarazadas no utilizarla.

Los riesgos que corren las mujeres embarazadas que padecen esta enfermedad son las dolorosas crisis drepanocíticas, infecciones e incluso insuficiencia cardíaca congestiva. Los riesgos para el feto incluyen una alta incidencia de abortos espontáneos y partos de fetos muertos, que se calcula pueden llegar hasta el 50% de los casos. Aunque los riesgos son mayores, muchas de las mujeres que padecen anemia drepanocítica tienen embarazos exitosos.

Talasemia. Otro tipo de anemia que se encuentra con menor frecuencia es la talasemia, que se produce más comúnmente en las poblaciones del Mediterráneo. Se caracteriza por la producción insuficiente de parte de la proteína simple que constituye los glóbulos rojos, de la cual resulta la anemia. Si usted tiene antecedentes familiares de talasemia o sabe que la padece, coménteselo a su médico.

Cómo afecta al desarrollo del bebé lo que usted hace

∾ Cuando usted "no anda bien"

Es posible que pueda tener diarrea o un resfriado durante el embarazo, así como otras infecciones víricas como la gripe. Estos problemas pueden preocuparla.

- ¿Qué puedo hacer cuando no me siento bien?
- ¿Qué medicamentos o tratamientos están permitidos?
- Si me enfermo, ¿debo tomar mis vitaminas prenatales?
- Si me enfermo y no puedo hacer mi dieta habitual, ¿qué debo hacer?

Si se enferma durante el embarazo, no dude en llamar a su médico. Siga el plan de acción que el médico le recomiende. Él le sabrá indicar los medicamentos que puede tomar para sentirse mejor. Aunque sólo se trate de un resfriado o una gripe, su médico necesita saber si usted no se siente bien. Si se requieren medidas adicionales, el médico las recomendará.

¿Existe algo que usted puede hacer para ayudarse? Sí, lo hay. Si tiene diarrea o una posible infección vírica, aumente el consumo de líquidos. Beba mucha agua, jugos y otros líquidos sin sustancias sólidas, como caldo. Verá que este tipo de dieta líquida absoluta la ayudará a sentirse un poco mejor.

Consejo para el Papá Cuando vaya en el coche con su pareja, pregúntele si hay algo en que pueda ayudarla. Puede ofrecerse a ayudarla a subir y bajar del vehículo. Puede proponerle intercambiar los coches (si tienen más de uno), si para ella es más cómodo manejar el otro. Pregúntele si necesita ayuda para ajustar el cinturón de seguridad o el asiento. Trate de que los viajes en coche y el manejar sean para ella lo más sencillos y accesibles que sea posible.

Abandonar su dieta habitual durante unos cuantos días no les hará daño ni a usted ni a su bebé, pero es importante que beba bastantes líquidos. Los alimentos sólidos pueden ser difíciles de manejar y pueden empeorar la diarrea. Los productos lácteos también pueden agravar la diarrea.

Si la diarrea se prolonga más de 24 horas, llame al médico. Pregúntele qué medicamentos contra la diarrea puede tomar durante el embarazo.

Si se siente mal, puede dejar de tomar su vitamina prenatal durante unos cuantos días. Sin embargo, vuelva a tomarla en cuanto pueda retener los alimentos.

No ingiera ningún medicamento sin consultarlo primero con el médico. Por lo general, un cuadro vírico con diarrea es un problema de corto plazo y no durará más de unos días. Probablemente deba quedarse en casa sin ir al trabajo y reposar hasta que se sienta mejor.

Nutrición

Necesita beber agua y otros líquidos durante su embarazo, ¡en gran cantidad! Los líquidos ayudan al cuerpo a procesar las sustancias nutritivas, a desarrollar células nuevas, a mantener el volumen sanguíneo y a regular la temperatura corporal. Se sentirá mejor durante el embarazo si bebe más agua de lo que acostumbra.

Los estudios muestran que por cada 15 calorías que quema el cuerpo, se necesita cerca de 1 cucharada de agua. Si usted quema 2000 calorías por día, ¡debe beber unos 2 litros de agua! Debido a que durante el embarazo aumentan sus necesidades calóricas, también aumenta su necesidad de agua. Lo ideal es tomar de 6 a 8 vasos de agua diarios; puede lograrlo tomando pequeños sorbos de agua y de otros líquidos a lo largo del día. Si reduce el consumo durante las últimas horas, podrá ahorrarse varios viajes nocturnos al baño.

Algunas mujeres se preguntan si pueden ingerir otras bebidas aparte del agua. El agua es lo mejor; sin embargo, hay otros líquidos que pueden ayudarla a satisfacer sus necesidades. Puede beber leche, jugos de frutas o de verduras, y algunos tés de hierbas. También el consumo de verduras, frutas, otros productos lácteos, carnes y cereales puede ayudarla a cubrir la cantidad ideal. Evite el café, el té común y las gaseosas, porque pueden contener sodio y cafeína, que actúan como diuréticos. Estos productos, esencialmente, *aumentan* su necesidad de líquidos.

Algunos de los problemas comunes que ciertas mujeres experimentan durante el embarazo pueden aliviarse bebiendo agua. Si usted bebe mucha agua, puede aliviar los dolores de cabeza, los calambres uterinos y las infecciones urinarias.

Controle la orina para saber si está bebiendo lo suficiente. Si su coloración va del amarillo claro a transparente, quiere decir que está consumiendo líquidos suficientes. La orina de color amarillo oscuro es señal de que debe aumentar la ingesta de líquidos. No espere a sentir sed para beber algo. Para cuando sienta sed, ya habrá perdido por lo menos el 1% de los líquidos de su cuerpo.

Lo que también debería saber

ᴥ *Estrés durante el embarazo*

Durante el embarazo es normal sentir estrés. Su cuerpo está cambiando, su pareja y usted están ante la perspectiva de convertirse en padres, y tal vez no se sienta totalmente bien. Puede sentir el estrés del trabajo o de sus otras obligaciones. ¡Relájese y tome las cosas con calma! El estrés no es bueno para nadie y menos para una mujer embarazada.

Hay unas cuantas cosas que puede hacer para aliviar el estrés en su vida. Inténtelas y aliente a su pareja a intentarlas, si él también está estresado.

* Duerma lo suficiente cada noche. La falta de sueño puede provocar estrés.
* Descanse y relájese durante el día. Lea o escuche música durante un rato de tranquilidad.
* El ejercicio puede ayudarla a deshacerse del estrés. Dé un paseo o vaya al gimnasio. Mire un video de ejercicios para mujeres embarazadas. Realice algo activo y físico (pero no demasiado físico) para aliviar el estrés. Pida a su pareja que la acompañe.
* Coma nutritivamente. Disponer de suficientes calorías durante el día la ayudará a evitar los "bajones".
* Haga algo que disfrute, y hágalo por usted.
* Ponga cara de felicidad. Algunas veces, tan sólo el cambiar la manera de pensar sobre algo (siendo más positiva) puede tener efecto sobre usted. Una sonrisa en lugar de un ceño fruncido puede ayudar a aliviar el estrés.
* Si los olores son importantes para usted, asegúrese de incluirlos en su vida. Encienda velas perfumadas o compre flores aromáticas para que la ayuden a relajarse.
* No sea "el Llanero Solitario". Comparta sus preocupaciones con su pareja o busque un grupo de mujeres embarazadas con las que pueda hablar.

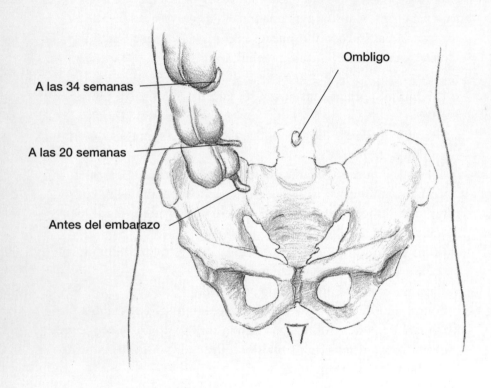

A las 34 semanas

A las 20 semanas

Antes del embarazo

Ombligo

Posición del apéndice en momentos distintos del embarazo.

ᘒ *Apendicitis*

La apendicitis puede presentarse en cualquier momento, aun durante el embarazo. Éste puede dificultar el diagnóstico, ya que algunos síntomas son típicos de un embarazo normal, por ejemplo las náuseas y los vómitos. También es difícil diagnosticarla porque, al crecer el útero, el apéndice se mueve hacia arriba y hacia afuera, por lo tanto el dolor y la molestia se localizan en un lugar diferente al normal. Vea la ilustración de la página 236.

El tratamiento de la apendicitis es la cirugía inmediata. Se trata de una cirugía abdominal mayor, con una incisión de unas 3 ó 4 pulgadas, que necesita unos cuantos días de hospitalización. En algunas situaciones se utiliza la laparoscopia con incisiones más pequeñas, pero puede ser más difícil realizarla durante el embarazo debido a que el útero está agrandado.

Si un apéndice infectado se desgarra, puede provocar complicaciones graves. La mayoría de los médicos creen que es mejor operar y extirpar un apéndice "normal" que arriesgarse a una infección en la cavidad abdominal por el desgarro de un apéndice infectado. Se administran antibióticos; muchos de ellos son inocuos durante el embarazo.

23.ª Semana

Edad del feto: 21 semanas

¿Qué tamaño tiene el bebé?

Para esta semana, ¡su bebé pesa casi 1 libra (455 g)! La longitud de coronilla a nalgas es de 8 pulgadas (20 cm). El bebé tiene aproximadamente el tamaño de una muñeca pequeña.

¿Qué tamaño tiene usted?

Su útero se prolonga unas 1 ½ pulgadas (3.75 cm) por encima de su ombligo o alrededor de 9 ¼ pulgadas (23 cm) desde la sínfisis púbica. Los cambios en el abdomen progresan lentamente, pero ahora su aspecto es definitivamente redondo. El aumento de peso total debe estar entre 12 y 15 libras (5.5 y 6.8 kg).

Cómo crece y se desarrolla el bebé

El bebé continúa creciendo. Su cuerpo se va rellenando, pero la piel todavía está arrugada; aumentará más de peso todavía. Véase la ilustración de la página 239. A veces, el lanugo del cuerpo se oscurece en esta etapa. La cara y el cuerpo se parecen más a los de un niño al nacer.

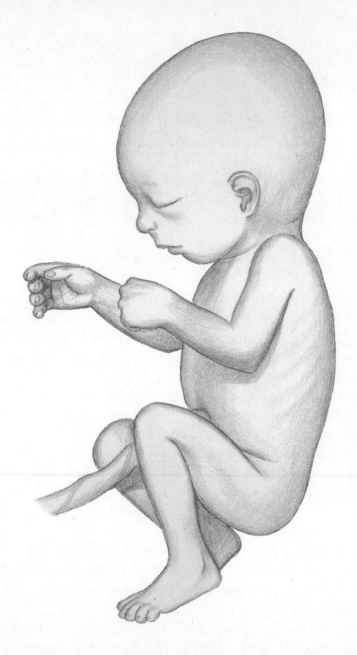

Para la 23.ª semana de embarazo (edad fetal: 21 semanas), las cejas y los párpados del bebé ya están bien desarrollados.

৯ Función del páncreas fetal

El páncreas del bebé está desarrollándose. Este órgano es importante para la producción de hormonas, en especial la insulina, necesaria para descomponer y utilizar los azúcares.

Cuando el feto se expone a la hiperglucemia, el páncreas fetal responde incrementando la insulinemia. Se ha identificado la presencia de insulina en el páncreas ya a las 9 semanas de embarazo y se ha podido detectar en la sangre fetal a las 12 semanas de gestación.

Generalmente, la insulinemia de bebés nacidos de madres diabéticas es alta; ésta es una de las razones por las que su médico podría hacerle análisis para saber si tiene diabetes.

Cambios en usted

En este momento, sus amigos podrían hacer comentarios acerca de su tamaño. Tal vez digan que creen que usted tendrá mellizos porque se ve demasiado grande o quizás que está demasiado pequeña para el tiempo que cree que lleva de embarazo. Si estas cosas la preocupan, convérselas con su médico.

Él la medirá en cada visita, y continuará atento a los cambios en el aumento de peso y en el tamaño del útero. Recuerde que las mujeres y los bebés tienen tamaños distintos y crecen a ritmos diferentes. Lo importante es el cambio y crecimiento continuos.

A medida que su bebé crece, la placenta también lo hace, y aumenta la cantidad de líquido amniótico.

৯ Pérdida de líquido

A medida que el embarazo avanza, el útero se agranda y se hace más pesado. Al principio, se encuentra directamente detrás de la vejiga, frente al recto y a la parte más inferior del colon, que es parte del intestino grueso.

Más adelante, el útero descansa sobre la vejiga. Según aumenta de tamaño, puede ejercer una considerable presión sobre la vejiga. En ocasiones, podrá notar que su ropa interior está mojada.

Tal vez dude sobre si perdió orina o si está perdiendo líquido amniótico. Puede resultar difícil distinguir entre una y otro. No obstante, cuando se rompen las membranas, por lo general se siente la pérdida de un chorro de líquido o una pérdida continua desde la vagina. Si le ocurre esto, ¡llame al médico de inmediato!

✒ Continúan los cambios emocionales

¿Nota que sus cambios de humor han empeorado? ¿Todavía llora con facilidad? ¿Se pregunta si alguna vez podrá volver a controlarse?

No se preocupe. Estos sentimientos son típicos a esta altura del embarazo. La mayoría de las autoridades en el tema creen que se deben a los cambios hormonales que se producen durante todo el embarazo.

Es poco lo que usted puede hacer con relación a estos períodos de cambios anímicos. Si cree que su pareja u otras personas están sufriendo con sus arrebatos emocionales, hable con ellos al respecto. Explíqueles que estos sentimientos son comunes en las mujeres embarazadas. Pídales que la comprendan. Luego relájese y trate de no alterarse. Es un síntoma normal del embarazo.

Cómo afecta al desarrollo del bebé lo que usted hace

✒ Diabetes y embarazo

Antes la diabetes era un problema muy serio durante el embarazo y continúa siendo una complicación importante. Pero en la actualidad, muchas diabéticas pueden llevar adelante un embarazo sin riesgos con la debida atención médica, una buena dieta y obedeciendo las indicaciones de su médico.

Antes de que contáramos con la insulina, no era común que una diabética quedara embarazada. Pero, con el descubrimiento de la insulina y el desarrollo de diversas maneras de controlar al feto, hoy en día es raro enfrentar problemas graves. El índice de supervivencia fetal es satisfactorio. La diabetes es una afección definida como la falta de insulina en el torrente sanguíneo. La insulina es importante para descomponer el azúcar y transportarla a las células. Si usted no tiene insulina, tendrá hiperglucemia y un contenido elevado de azúcar en la orina.

Hay dos tipos de diabetes: el *tipo 1* hace que el cuerpo deje de producir insulina, el *tipo 2* hace que el organismo no utilice la insulina de forma efectiva. Las investigaciones han demostrado que la diabetes del tipo

2 se está volviendo más común en las mujeres embarazadas. El resultado de cualquiera de los tipos es que circula demasiada azúcar en la sangre de la mujer.

La diabetes durante el embarazo puede provocar graves problemas de salud, entre ellos, trastornos renales, visuales y otros de carácter sanguíneo o vascular, como ateroesclerosis o infarto de miocardio. Cualquiera de ellos puede ser grave para usted y para su bebé.

Control de la diabetes durante el embarazo. Si no se controla la diabetes durante el embarazo, hay grandes probabilidades de que usted tenga un bebé grande. Esto aumenta las posibilidades de que necesite una cesárea, aumenta el riesgo de preeclampsia y, además, el bebé tiene mayor riesgo de padecer hipoglucemia e ictericia.

Una forma de mantener estable la glucemia es nunca saltarse una comida y hacer suficiente ejercicio, lo que se puede verificar con los resultados de la prueba por punción de dedo. Tal vez deba modificar la cantidad del medicamento oral que toma regularmente y posiblemente tenga que usar insulina durante el embarazo. Si ya se aplica insulina, quizás deba modificar la dosis, el plazo entre una aplicación y otra, o la cantidad que se aplica. También, es posible que deba controlar la glucemia de cuatro a ocho veces por día.

Consejo para el Papá

¿Tiene usted también síntomas de embarazo? Los estudios muestran que casi el 50% de los futuros padres experimentan síntomas físicos de embarazo cuando su pareja está embarazada. El término de origen francés *couvade*, que significa "incubar" o "empollar", se utiliza para describir esta condición en los hombres. Los síntomas del futuro padre pueden ser náuseas, aumento de peso y antojo de ciertos alimentos.

La insulina es el método más seguro para controlar la diabetes durante el embarazo. No obstante, las mujeres embarazadas deben evitar la insulina de efecto prolongado. Durante el embarazo, no se recomiendan los antidiabéticos orales, como el metformin.

Diagnóstico de diabetes en el embarazo. Es bien conocida la tendencia del embarazo a revelar si la mujer tiene predisposición a la diabetes. Las mujeres con problemas de hiperglucemia durante la gestación tienen más posibilidades de contraer diabetes en el futuro. Los síntomas de la diabetes son:

- micción más frecuente
- visión borrosa
- pérdida de peso
- mareos
- aumento del apetito

Puede ser necesario hacer análisis de sangre para diagnosticar la diabetes durante el embarazo. En ciertos lugares, estos análisis se realizan sistemáticamente. Si usted padece diabetes o sabe que algún miembro de su familia la padece o la ha padecido, infórmelo a su médico. Él decidirá cuál es el mejor curso de acción para usted.

Diabetes gravídica. Algunas mujeres contraen diabetes sólo durante el embarazo; esto se conoce como *diabetes gravídica* y afecta a un 10% de los embarazos. Después de que termina el embarazo, casi todas las mujeres que han padecido esta afección vuelven a la normalidad, y el problema desaparece. Sin embargo, si aparece diabetes gravídica en un embarazo, existe casi un 90% de probabilidades de que se repita en embarazos posteriores.

Creemos que esta enfermedad ocurre por dos razones. La primera es que el cuerpo de la madre produce menos insulina durante el embarazo. La segunda es que el organismo de la madre no puede utilizar la insulina de manera efectiva. Ambas situaciones causan hiperglucemia.

Un indicador de las probabilidades de que una mujer contraiga diabetes gravídica es su peso al nacer. Un estudio demostró que las mujeres cuyo peso al nacer había estado *por debajo del percentil 10* tenían tres o cuatro veces más probabilidades de contraer diabetes gravídica durante el embarazo.

Si no se trata, la diabetes gravídica puede ser grave para usted y para el bebé. Ambos estarán expuestos a una elevada concentración de azúcar, lo cual no es sano para ninguno de los dos. Usted podría tener *polihidramnios* (cantidad excesiva de líquido amniótico), que puede causar un trabajo de parto prematuro porque el útero se distiende demasiado.

Una mujer con diabetes gravídica puede tener un trabajo de parto muy largo, porque el bebé será bastante grande. Algunas veces, el bebé no puede pasar por el canal de parto, y se necesita una cesárea.

Si tiene hiperglucemia, puede padecer más infecciones durante el embarazo. Las infecciones más comunes se presentan en los riñones, la vejiga, el cuello uterino y el útero.

Para el tratamiento de la diabetes gravídica se recomienda hacer ejercicio con regularidad y aumentar el consumo de líquidos. Para controlar este problema, la dieta es esencial. Es probable que su médico le recomiende un plan de alimentación con seis comidas por día con un total de 2000 a 2500 calorías. Tal vez la envíe a un nutricionista.

Nutrición

∽ *Consumo de sodio*

Durante el embarazo, necesitará tener cuidado con el consumo de sodio, puesto que un exceso puede provocar hinchazón e inflamación. Evite los alimentos que contengan grandes cantidades de sodio o de sal, como los frutos secos salados, las papas fritas, los encurtidos, los alimentos enlatados y los alimentos procesados.

Lea las etiquetas de los productos. Allí encontrará la cantidad de sodio por porción. Algunos libros indican el contenido de sodio de alimentos que no tienen etiquetas, como las comidas rápidas. Verifique todo. ¡Se sorprenderá de ver cuántos miligramos de sodio contiene una hamburguesa preparada!

Observe la tabla de la página siguiente, que presenta algunos alimentos comunes y su contenido de sodio. En ella puede ver que los alimentos que contienen sodio no siempre saben salados. Antes de comer, ¡lea las etiquetas y verifique cualquier otra información disponible!

Consejo para la 23.ª *Semana* No consuma más de 3 gramos (3000 mg) diarios de sodio; puede ayudarla a reducir la retención de líquidos.

Contenido de sodio de diversos alimentos

Alimento	Tamaño de la porción	Contenido de sodio (mg)
Queso americano	1 rebanada	322
Espárragos	lata de 14.5 oz	970
Hamburguesa Big Mac	1 normal	963
Pollo a la King	1 taza	760
Bebida cola	8 oz	16
Queso cottage	1 taza	580
Pepinillo en vinagre	1 mediano	928
Lenguado	3 oz	201
Gelatina dulce	3 oz	270
Jamón horneado	3 oz	770
Melón	1/2	90
Frijoles blancos	8 1/2 oz	1 070
Langosta	1 taza	305
Avena en copos	1 taza	523
Papas fritas	20 normales	400
Sal	1 cucharadita	1 938

Lo que también debería saber

✂ *Azúcar en la orina*

Es común que las embarazadas no diabéticas tengan una pequeña cantidad de azúcar en la orina durante el embarazo. Eso se debe a los cambios en los niveles de azúcar y a cómo la procesan los riñones, pues ellos controlan la cantidad de azúcar presente en su sistema. Si hay una cantidad excesiva de azúcar, la perderá a través de la orina. El azúcar en la orina se denomina *glucosuria*. Es algo común durante la gestación, en particular durante el segundo y el tercer trimestre.

Muchos médicos realizan análisis a todas las mujeres embarazadas para determinar si tienen diabetes, por lo general alrededor del final del segundo trimestre. Estos análisis son de particular importancia si hay antecedentes familiares de diabetes. Los análisis de sangre para diagnosticar la diabetes son el de glucemia en ayunas y el de tolerancia a la glucosa (TTG).

Para hacerse un análisis de glucemia en ayunas, usted cena normalmente la noche anterior. A la mañana siguiente, antes de comer nada, concurre al laboratorio para que le extraigan sangre. Un resultado normal indica que la diabetes no es probable. Un resultado anormal indica hiperglucemia, lo cual requiere otros estudios.

Para esos estudios adicionales se realiza un test de tolerancia a la glucosa. En este caso, se le pide que ayune después de cenar el día anterior. Por la mañana, en el laboratorio, le dan a beber una solución que contiene una cantidad medida de azúcar. Se parece a una botella de gaseosa, pero su sabor no es tan agradable. Después de que ha bebido la solución, se le extrae sangre a intervalos predeterminados; por lo general, a los 30 minutos, a la hora y a las dos horas, y a veces, incluso a las tres horas. La extracción de sangre a intervalos fijos da un indicio de cómo su organismo procesa el azúcar.

Si necesita tratamiento, su médico le preparará un plan.

24.ª Semana

Edad del feto: 22 semanas

¿Qué tamaño tiene el bebé?

Para esta semana, su bebé pesa alrededor de 1 ¼ libras (540 g). Su longitud de coronilla a nalgas es de aproximadamente 8 ½ pulgadas (21 cm).

¿Qué tamaño tiene usted?

Su útero se encuentra ahora a alrededor de 1 ½ a 2 pulgadas (de 3.8 a 5.1 cm) por encima del ombligo. Mide casi 10 pulgadas (24 cm) por encima de la sínfisis púbica.

Cómo crece y se desarrolla el bebé

Su bebé se está completando. La cara y el cuerpo se parecen más a los de un niño al momento de nacer. Aunque ya pesa poco más de una libra, todavía es muy pequeño.

༺ La función del saco y del líquido amnióticos

Hacia el 12.º día después de la fecundación, empieza a formarse el saco amniótico. El bebé crecerá y se desarrollará en el líquido amniótico, dentro del saco amniótico. (Véase la ilustración de la página contigua.) El líquido amniótico tiene varias funciones importantes.

- Proporciona un medio en el que el bebé se puede mover con facilidad.
- Brinda al feto amortiguación contra lesiones.
- Regula la temperatura del bebé.
- Proporciona una manera de evaluar la salud y la madurez del bebé.

El líquido amniótico aumenta con rapidez de un volumen promedio de 1½ onzas (50 ml) hacia la 12.ª semana de gestación a 12 onzas (400 ml) en la mitad del embarazo. El volumen del líquido amniótico sigue aumentando a medida que se aproxima la fecha de parto, hasta que alcanza un máximo aproximado de 2 pintas (1 litro) entre las 36 y las 38 semanas de gestación.

La composición del líquido amniótico cambia a lo largo del embarazo. Durante la primera mitad, es muy similar al plasma materno (líquido de la sangre sin los glóbulos), excepto que tiene un contenido de proteínas mucho menor. A medida que el embarazo avanza, la orina fetal contribuye cada vez más al aumento del líquido amniótico presente. El líquido amniótico contiene también glóbulos fetales viejos, lanugo y unto sebáceo.

El feto traga líquido amniótico durante buena parte del embarazo. Si el feto no puede tragarlo, usted contraerá una afección por exceso de líquido amniótico denominada *polihidramnios*. Por otra parte, cuando lo hace pero no orina (por ejemplo, si al bebé le faltan los riñones), el volumen del fluido amniótico que rodea al feto puede ser muy pequeño. Esto se denomina *oligohidramnios*.

Consejo para la 24.ª Semana Dos causas importantes de la acidez son comer demasiado y comer antes de acostarse. Para sentirse mejor, haga cinco o seis comidas diarias, poco abundantes y nutritivas, y evite los refrigerios antes de irse a dormir.

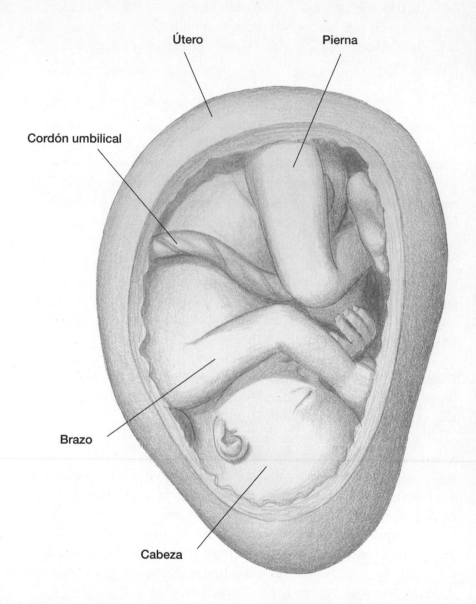

Útero

Pierna

Cordón umbilical

Brazo

Cabeza

Hacia la 24.ª semana, el feto no parece tener mucho espacio donde moverse dentro del útero. A medida que pasan las semanas, el espacio se reduce todavía más.

El líquido amniótico es importante. Le proporciona al feto espacio donde moverse y le permite crecer. Si la cantidad de líquido amniótico no es la adecuada, por lo general el feto muestra una disminución del crecimiento.

Cambios en usted

✑ *Problemas nasales*

Algunas mujeres se quejan de tener congestión nasal o hemorragias nasales frecuentes durante el embarazo. Algunos investigadores creen que estos síntomas ocurren por los cambios circulatorios debidos a las variaciones hormonales propias de la gestación. Esto puede hacer que las mucosas y los conductos nasales se inflamen y sangren con más facilidad.

Algunos descongestivos y atomizadores nasales han probado ser inocuos para el embarazo. Algunas marcas que puede tener en cuenta son los descongestivos con clorfenamina (Cloro-Trimetón) y los atomizadores nasales con oximetazolina (Afrin, Dristan Long-Lasting). Antes de utilizar algún producto, consulte a su médico.

También puede ser útil un humidificador, en especial durante los meses invernales, cuando la calefacción reseca el aire. Algunas mujeres consiguen aliviarse aumentando el consumo de líquidos o utilizando un lubricante suave en la nariz, como la vaselina.

✑ *Depresión durante el embarazo*

Mucha gente ha oído hablar sobre la depresión puerperal (sentirse triste o deprimida tras el nacimiento del bebé). Durante los últimos años, los medios de comunicación han proporcionado mucha información sobre el tema. Sin embargo, es probable que no haya oído mucho sobre la depresión *durante* el embarazo, pero ésta sucede. Los estudios muestran que hasta un 25% de las futuras madres experimenta algún grado de depresión, y casi un 10% padece una depresión grave.

Cuando una mujer está embarazada, el organismo sufre muchos cambios, y puede ser difícil distinguir entre algunos de los cambios normales del embarazo y las señales de depresión. Muchos síntomas de depresión son similares a los del embarazo, por ejemplo la fatiga y el insomnio. La diferencia es su intensidad y su duración. Algunos síntomas comunes de depresión son:

- tristeza profunda que dura días, sin una causa lógica
- dificultad para dormir, o despertarse muy temprano
- ganas de dormir todo el tiempo o gran fatiga (esto puede ser normal al principio del embarazo, pero suele mejorar después de unas semanas)
- falta de apetito (distinto de las náuseas y los vómitos)
- falta de concentración
- pensar en hacerse daño

Si tiene estos síntomas y no mejoran en unas cuantas semanas, o si siente que todos los días son malos, hable con su médico. Existen medicamentos que pueden ayudarla, como los antidepresivos; algunos son inocuos durante el embarazo. Si padece una depresión grave, puede necesitar medicamentos, por su salud y la del bebé. Además, tal vez sea buena idea recibir terapia psicológica.

Para el tratamiento de la depresión se sugiere también hacer bastante ejercicio y asegurarse de estar recibiendo las cantidades necesarias de vitamina B, de ácido fólico y de ácidos grasos omega-3 (véase la información sobre pescado en la 26.ª semana). Entre otras terapias se encuentran los masaje y la reflexología.

Otra opción para tratar este tipo de depresión es la terapia con luz, semejante al tratamiento al que se somete a las personas que padecen "trastorno afectivo estacional". Hay pruebas de que cuando una persona está deprimida, la exposición a una luz blanca fluorescente durante 60 minutos por día, hasta 5 veces por semana, puede ser beneficiosa. Un estudio reciente mostró que el 50% de las personas que recibieron este tratamiento mejoraron su estado de ánimo. Creemos que la luz brillante influye en los biorritmos y ayuda a liberar ciertas hormonas que ayudan a controlar la depresión.

Si usted cree que está deprimida, coménteselo a su médico en una consulta prenatal. Hay medidas que su médico y usted pueden tomar para que vuelva a sentirse mejor. ¡Es importante que lo haga por usted y por su bebé!

Cómo afecta al desarrollo del bebé lo que usted hace

❧ *Lo que el bebé puede escuchar*

¿Oye sonidos un bebé en gestación desde dentro del útero? Gracias a diversos estudios de investigación, sabemos que el sonido puede penetrar el líquido amniótico y llegar a los oídos en desarrollo del bebé.

Si usted trabaja en un lugar ruidoso, tal vez podría pedir que la ubiquen un lugar más silencioso durante el embarazo. De los datos recabados en varios estudios, se cree que el ruido fuerte crónico y los estallidos sonoros cortos e intensos pueden causar daño auditivo en el feto antes y después del nacimiento.

No hay problema en exponer al bebé a ruidos fuertes, como los de un concierto, de vez en cuando. Pero si usted se ve expuesta con regularidad a ruidos tan fuertes que la obliguen a gritar, podría haber daño potencial para su bebé.

Nutrición

Una preocupación común de muchas embarazadas se refiere a las salidas a comer. Quieren saber si deben evitar determinados tipos de comida, como la Mexicana, la Vietnamita, la Tailandesa o la Griega. Les preocupa que ciertos alimentos muy condimentados o muy pesados puedan ser perjudiciales para el bebé. Está bien salir a comer, pero tal vez encuentre alimentos que no le sienten bien.

Los mejores tipos de alimentos para comer en un restaurante son los que tolera bien en casa. Por lo general, las mejores opciones son el pollo, los pescados, las verduras frescas y las ensaladas.

En cambio, puede tener trastornos estomacales o intestinales si concurre a restaurantes que sirven platos muy condimentados o sofisticados. Puede incluso notar que

Consejo para el Papá

Éste es un buen momento para averiguar sobre las clases prenatales que se dictan en la zona donde viven. Averigüe cuántas hay, cuándo y dónde debe anotarse y el costo. Quizás puedan tomar clases en el hospital o en la maternidad donde planean tener al bebé. Traten de terminar las clases por lo menos un mes antes de la fecha de parto.

aumenta de peso por retención de agua después de visitar uno de estos lugares.

Evite los restaurantes que sirven alimentos muy salados, con alto contenido de sodio o con muchas calorías y grasa, como las salsas, los fritos, la comida chatarra y los postres empalagosos. En los restaurantes de especialidades puede resultarle difícil controlar el consumo de calorías.

Otro reto es mantener una dieta saludable si usted trabaja fuera de casa. Probablemente deba asistir a comidas de negocios o deba viajar por motivos de trabajo. Sea selectiva. Si cuenta con un menú de donde elegir, busque opciones sanas o reducidas en calorías. Puede preguntar sobre la forma de preparación, tal vez pueda pedir que le cocinen un platillo al vapor en vez de frito. En los viajes de trabajo, lleve consigo algo de su propia comida. Escoja alimentos sanos y no perecederos, como las frutas y las verduras, que no necesitan refrigeración.

Lo que también debería saber

✧ *Cómo afecta el embarazo a su sexualidad*

Embarazo y sexo. ¿Le interesa? ¿Es demasiado para pensarlo en este momento? ¿Ha aumentado su apetito sexual? ¿Es el sexo lo último en lo que piensa?

Por lo general, las mujeres experimentan alguno de los dos siguientes patrones de comportamiento sexual durante su embarazo. Uno es una disminución del deseo durante el primer trimestre y el tercero, con un aumento durante el segundo. El otro es una disminución gradual del deseo sexual a medida que avanza el embarazo.

Durante el primer trimestre, puede sentir fatiga y náuseas. Durante el tercer trimestre, el aumento de peso, el mayor tamaño de su vientre, la sensibilidad en los senos y otros problemas pueden hacer que disminuya su deseo sexual. Todo eso es normal. Hable con su pareja sobre cómo se siente, y traten de encontrar una solución que los satisfaga a los dos.

En algunas mujeres el embarazo aumenta el deseo sexual. En ciertos casos, la mujer puede experimentar orgasmos u orgasmos múltiples por primera vez cuando está embarazada. Esto se debe a que se acentúa la actividad hormonal y a que aumenta el flujo sanguíneo hacia la zona de la pelvis.

Otras mujeres se sienten menos atractivas debido a su tamaño y a los cambios producidos en su cuerpo. Hable con su pareja sobre lo que siente. La ternura y la comprensión pueden ayudarlos a ambos.

Es posible que, a medida que avanza el embarazo, necesiten cambiar de posición para mantener relaciones sexuales. El vientre puede hacer que ciertas posiciones sean más incómodas que otras. Además, le aconsejamos no acostarse boca arriba después de la 16.ª semana y hasta después del parto, porque el peso del útero restringe la circulación. Puede tratar de ponerse de costado o en una posición en la que usted esté arriba.

Cuándo evitar la actividad sexual. Algunas situaciones deben alertarla sobre abstenerse de mantener relaciones sexuales. Si tiene antecedentes de trabjo de partos prematuros, posiblemente el médico le aconseje que evite las relaciones y los orgasmos, pues estos provocan ligeras contracciones uterinas. Las sustancias químicas que contiene el semen también pueden estimular las contracciones, así que tal vez tampoco sea aconsejable que su pareja eyacule dentro de usted.

Si tiene antecedentes de abortos, posiblemente el médico la prevenga contra las relaciones y los orgasmos. No obstante, no hay datos que vinculen el sexo con el aborto. Evite la actividad sexual si tiene placenta previa o placenta baja, cuello uterino insuficiente, trabajo de parto prematuro, rotura de la bolsa de aguas, coitos dolorosos, hemorragia o flujo vaginal sin motivo, o si alguno de los integrantes de la pareja tiene un herpes que no está curado, o si cree que ha empezado el trabajo de parto.

Prácticas sexuales que se deben evitar. Ciertas prácticas sexuales deben evitarse durante el embarazo. No inserte en la vagina ningún objeto que pudiera causar lesiones o una infección. Soplar aire dentro de la vagina es peligroso, porque puede hacer que una burbuja potencialmente mortal penetre en el torrente sanguíneo. (Esto puede ocurrir estando embarazada o no). La estimulación de los pezones libera oxitocina, la cual provoca contracciones uterinas; quizás prefiera hablar de esto con su médico.

☞ *Cuello uterino insuficiente*

El término cuello uterino insuficiente se refiere a la dilatación indolora y prematura del cuello uterino que, por lo general, se traduce en el parto de un bebé prematuro. Puede ser un problema importante durante el embarazo.

La dilatación (estiramiento del cuello uterino) pasa inadvertida para la mujer hasta que comienza a parir al bebé; a menudo se presenta sin aviso. El diagnóstico se hace generalmente después de uno o más partos prematuros sin dolores previos.

Normalmente se desconoce la causa de la insuficiencia cervicouterina. Algunos investigadores médicos creen que ocurre debido a lesiones o cirugías anteriores en el cuello del útero, como la dilatación y legrado por un aborto provocado o un aborto espontáneo.

Por lo general, el cuello del útero no se dilata de esta manera antes de la 16.ª semana del embarazo. Antes de este momento, los fetos no tienen el peso suficiente para hacer que el cuello del útero se dilate y adelgace.

La pérdida de un embarazo a causa de un cuello uterino insuficiente es totalmente distinta a un aborto espontáneo. Un aborto espontáneo durante el primer trimestre es común. El cuello uterino insuficiente es una complicación relativamente rara en el embarazo.

El tratamiento, por lo general, es quirúrgico. El cuello uterino débil se refuerza con una sutura que lo cierra, llamada *cerclaje de McDonald*.

Si éste es su primer embarazo, no hay forma de que pueda saber si tiene cuello uterino insuficiente. Si ha tenido problemas antes o si ha tenido partos prematuros, y le han dicho que podría tener cuello uterino insuficiente, no deje de darle esta importante información a su doctor.

25.ª Semana

Edad del feto: 23 semanas

¿Qué tamaño tiene el bebé?

El bebé pesa ahora cerca de 1 ½ libras (700 g) y su longitud de coronilla a nalgas es de unas 8 ¾ pulgadas (22 cm). Recuerde que éstas son medidas promedio y que varían según el bebé y el embarazo.

¿Qué tamaño tiene usted?

Observe la ilustración de la página contigua. Para esta semana, su útero ha crecido bastante. Su mayor tamaño es evidente cuando se mira de perfil.

La distancia desde la sínfisis púbica hasta la parte superior del útero es de unas 10 pulgadas (25 cm). Si visitó al médico cuando tenía entre 20 y 21 semanas de embarazo, habrá aumentado alrededor de 1 ½ pulgadas (4 cm) desde ese momento. Ahora su útero tiene el tamaño aproximado de un balón de fútbol.

La parte superior del útero se encuentra aproximadamente en el punto medio entre el ombligo y la parte inferior del esternón. (El esternón es el hueso que está entre los senos, donde se unen las costillas.)

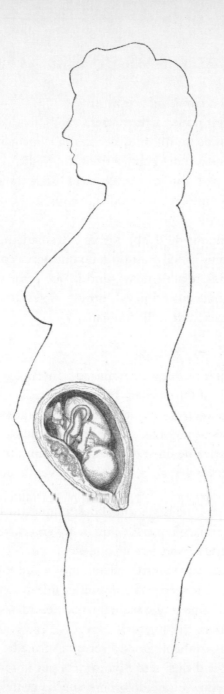

Tamaño comparativo del útero a las 25 semanas de embarazo (edad
fetal: 23 semanas). Se puede sentir a aproximadamente 2 pulgadas
(5 cm) por encima del ombligo.

Cómo crece y se desarrolla el bebé

ꙮ *Supervivencia de un bebé prematuro*

Aunque no le parezca, si su bebé naciera ahora, tendría posibilidades de sobrevivir. Algunos de los mayores avances en la medicina se han logrado con relación al cuidado del bebé prematuro. Nadie quiere que un bebé nazca tan pronto, pero con los nuevos métodos de tratamiento, como los respiradores, los monitores y los medicamentos, un bebé tiene posibilidad de sobrevivir.

El bebé pesa menos de 2 libras y es extremadamente pequeño. La supervivencia es muy difícil para un niño que nazca con estas características, de modo que probablemente tendría que pasar varios meses en el hospital, con riesgos de infección y de otras posibles complicaciones. Véase también la información de la 29.ª semana.

ꙮ *¿Es un varón? ¿Es una niña?*

Una de las preguntas más comunes que se plantean los futuros padres es: "¿Cuál es el sexo de nuestro bebé?" La amniocentesis puede revelar el sexo mediante un estudio cromosómico. También se puede saber a través de una ecografía, pero los resultados pueden ser inexactos. No se haga demasiadas ilusiones acerca de un sexo específico si se utilizó la ecografía para definirlo. Para muchas personas, la incógnita es parte del regocijo de tener un bebé.

Hay quienes creen que la velocidad del ritmo cardíaco del bebé indica el sexo. El ritmo cardíaco normal de un bebé varía entre 120 y 160 latidos por minuto. Algunas personas creen que una frecuencia rápida indica que se trata de una niña, y que un ritmo lento indica que es un varón. Lamentablemente, esta creencia no está apoyada en una evidencia científica. No presione a su médico para que saque una conjetura basada en este método, porque sería sólo una conjetura.

Una fuente más confiable podría ser que su madre, su suegra u otra persona la mire y le diga si será niño o niña por la forma de su vientre. Aunque decimos esto en tono de broma, mucha gente cree en su validez. Hay quienes afirman que jamás se han equivocado al adivinar o pronosticar el sexo de un bebé antes del nacimiento. Como en el caso anterior, este método tampoco tiene bases científicas.

Su doctor se interesa más en la salud y el bienestar suyo y del bebé. Se concentrará en asegurarse de que usted y su bebé –sea niño o niña– transiten el embarazo sin problemas y de que pasen el embarazo, el trabajo de parto y el parto con buena salud.

Cambios en usted

✺ *Prurito*

El prurito es un síntoma común del embarazo. La piel no muestra ni bultos ni lesiones, simplemente pica. Casi el 20% de las mujeres embarazadas padece prurito, a menudo durante las últimas semanas, aunque puede suceder en cualquier momento. Puede aparecer en cada embarazo y también cuando se utilizan anticonceptivos orales. El prurito no presenta riesgos para usted ni para el bebé.

Consejo para la 25.ª Semana El embarazo puede ser un tiempo de crecimiento personal y de comunicación con su pareja. Escúchelo cuando habla. Hágale saber que él es una fuente importante de apoyo afectivo para usted.

A medida que el útero va creciendo y llenando su pelvis, la piel y los músculos abdominales se estiran, y el prurito es una consecuencia natural. Se pueden usar lociones para ayudar a reducirlo. Trate de no rascarse e irritar la piel, ¡puede empeorar el malestar! Quizás podría preguntarle a su médico sobre el uso de antihistamínicos o de lociones refrescantes que contengan mentol o alcanfor. Por lo general no se necesita ningún tipo de tratamiento.

✺ *El estrés puede afectarla*

El estrés puede tener efectos en su embarazo. Las investigaciones están mostrando una relación cada vez mayor entre el estrés que sufre la futura madre y los problemas del embarazo, como la preeclampsia, el aborto y el trabajo de parto prematuro.

Si en este momento se encuentra bajo mucho estrés (ha perdido el trabajo, se ha mudado o ha fallecido alguien cercano), asegúrese de cuidarse bien. Coma bien, descanse lo suficiente y trate de aliviar el estrés. Hablar del tema puede ayudar, pídale al médico que le recomiende un grupo de apoyo.

Cómo afecta al desarrollo del bebé lo que usted hace

✑ Caídas y lesiones por caídas

Las caídas son la causa más frecuente de lesiones menores durante el embarazo. Por fortuna, una caída generalmente no provoca lesiones graves ni al feto ni a la madre. El útero se halla bien protegido en el abdomen dentro de la pelvis, y el feto está protegido contra las lesiones por la amortiguación del líquido amniótico que lo rodea. El útero y las paredes abdominales también ofrecen cierta protección.

Si usted se cae. Si se cae, llame a su doctor, quien seguramente querrá revisarla. Se sentirá más tranquila después de un control y de que se verifique el latido cardíaco del bebé. Después de una caída, puede ser reconfortante sentir el movimiento del bebé.

Las lesiones menores del abdomen se tratan de forma usual, como si no estuviera embarazada. No obstante, de ser posible, evite los rayos X.

Después de una caída, puede ser importante realizar una ecografía, lo cual se decidirá en cada caso según la gravedad de los síntomas y de la lesión.

Cuídese para evitar caídas. Recuerde que su equilibrio y su movilidad cambian a medida que usted aumenta de tamaño. Cuídese especialmente en invierno, cuando los estacionamientos y las aceras pueden estar mojados o cubiertos de hielo. Muchas embarazadas se caen también por las escaleras; utilice siempre el barandal. Camine por áreas bien iluminadas e intente permanecer en las aceras.

A medida que aumenta su tamaño, camine más despacio; no va a poder moverse con la facilidad a la que está acostumbrada. Con el equilibrio modificado más algún mareo que pueda sentir, es importante estar alerta para evitar caerse.

Señales que deben atenderse después de una caída. Algunas señales pueden alertarla sobre problemas que surjan después de una caída:

- hemorragia
- pérdida abundante de líquido de la vagina, que indica rotura de las membranas
- dolor abdominal intenso

Una de las consecuencias más serias de una caída o una lesión es el desprendimiento prematuro de la placenta (tratado en la 33.ª semana), es decir que la placenta se separa prematuramente del útero. Otras lesiones de importancia son un hueso roto o una lesión que la inmovilice. (Véase la siguiente información).

Tratamiento de fracturas. Algunas veces una caída o un accidente provoca una fractura en un hueso, lo cual puede requerir radiografías y cirugía. El tratamiento no puede esperar hasta después del embarazo; el problema debe tratarse inmediatamente. Si se encuentra en esa situación, insista en que llamen a su obstetra antes de realizarle algún examen o de comenzar con un tratamiento.

Si es necesario aplicar rayos X, deben proteger su abdomen y su pelvis. Si esto no es posible, debe sopesarse la necesidad de aplicarlos y el riesgo que ello implica para el bebé.

En el caso de una fractura simple que requiera su reducción o la colocación de un clavo, puede ser necesario utilizar anestesia o analgésicos. Lo mejor para usted y para el bebé es evitar, de ser posible, la anestesia general. Si necesita analgésicos, utilice la dosis mínima.

Si fuera necesario aplicar anestesia general para reparar una fractura, se debe monitorear al bebé con sumo cuidado. Tal vez no tenga opción. El cirujano y el obstetra trabajarán juntos para proporcionarle los mejores cuidados a usted y al bebé.

Nutrición

Con el embarazo aumenta la necesidad de vitaminas y minerales. Lo mejor es tratar de satisfacerla a través de los alimentos que se consumen. Sin embargo, siendo realistas, sabemos que para muchas mujeres es difícil. Ésta es una de las razones por las que el médico le receta una vitamina prenatal: para ayudarla a cubrir las necesidades nutricionales.

Algunas mujeres necesitan más ayuda durante el embarazo, por eso, a menudo se les recetan aportes complementarios. Es el caso de las adolescentes (cuyo cuerpo aún está en desarrollo), las mujeres de peso extremadamente bajo, las que seguían una dieta muy pobre antes de la concepción y aquellas que han tenido partos múltiples. Las mujeres que fuman o que

Algunos alimentos alternativos

A medida que avanza el embarazo, puede resultarle más difícil añadir alimentos nutritivos a su dieta. Tal vez esté aburrida de los alimentos que ha venido consumiendo. La siguiente información puede serle útil para escoger otros alimentos sanos.

- Los carbohidratos complejos ricos en fibra proporcionan a su cuerpo una fuente constante de energía y la ayudan a sentirse satisfecha durante más tiempo. Pruebe los panes de harina integral, las tortillas o el *risotto*.
- Las verduras de hoja verde, como la espinaca y el brócoli, contienen nutrientes distintos de los que contienen las verduras de color naranja, como las batatas o las zanahorias. Trate de comer una combinación de ellas todos los días. Un platillo que puede satisfacer sus necesidades y que al mismo tiempo es sabroso es una "olla de calabaza". En una sartén antiadherente, caliente un poco de agua, añada calabacitas, tomates, calabaza amarilla y cebolla, todos cortados en trozos. Tape y cocine entre 30 y 45 minutos.
- Los alimentos ricos en nutrientes, como las frutas y las verduras, proporcionan muchas vitaminas y minerales pero, por lo general, tienen pocas calorías. Por ejemplo, el kiwi tiene más vitamina C y E que cualquier otra fruta. Además, es un laxante natural.
- Al escoger lechuga, la mejor es la más oscura. La lechuga romana y la espinaca tienen mucha vitamina A y ácido fólico. La lechuga repollada tiene más fibra y es una buena fuente de potasio. La rúcula y la lechuga de hoja aportan textura y vitaminas A y C.
- Para ayudar a controlar el antojo de algo dulce, limítese a 100 calorías de dulce por día: un puñado de caramelos de goma, cuatro Kisses® de Hershey's® o media barra de chocolate de tamaño normal. ¡Lea las etiquetas!
- ¿Busca maneras diferentes de ingerir los nutrientes que necesita? Reemplace una porción de verduras por ½ taza de salsa para espagueti. Una porción del grupo de panes y cereales por tres tazas de palomitas de maíz. Y si quiere proteínas, escoja entre ¼ de taza de sustituto de huevo, 2 cucharadas de mantequilla de cualquier clase de fruto seco o 4 onzas de proteína vegetal texturizada.

beben mucho necesitan aportes complementarios, así como también aquellas que padecen afecciones crónicas, las que toman ciertos medicamentos y las que tienen problemas para digerir la leche de vaca, el trigo u otros alimentos esenciales. En algunos casos, las vegetarianas pueden necesitar aportes complementarios.

Su médico analizará la situación con usted. Si necesita algo más que una vitamina prenatal, él se lo dirá.

Atención: ¡Nunca tome *ningún* aporte complementario sin la aprobación de su médico! (Véase también la información sobre Nutrición en la
27.ª semana.)

Lo que también debería saber

⌇ *Enfermedades de las glándulas tiroideas*

Los problemas y las enfermedades de las glándulas tiroideas pueden afectar al embarazo. La glándula tiroidea produce la hormona tiroidea; esta
hormona afecta a todo el organismo y
es importante para el metabolismo.

Los niveles de la hormona tiroidea
pueden estar elevados o bajos. Los
niveles elevados provocan una afección
llamada *hipertiroidismo*, y los niveles
bajos provocan *hipotiroidismo*. Es posible que las mujeres que tienen antecedentes de abortos o partos prematuros,
o que presentan trastornos cerca del
momento del parto tengan problemas
con los niveles de hormona tiroidea.

Consejo para el Papá

Ofrézcase a hacer las
compras. Esto puede ser algo en-
gorroso para algunos hombres,
pero los teléfonos celulares han
logrado que los hombres sean mejores compradores. Aun cuando
no vaya solo, acompañe a su pareja para levantar y cargar las
compras.

Síntomas que puede notar. El embarazo puede enmascarar los síntomas
de las enfermedades de la glándula tiroidea. O tal vez usted experimente
cambios que los hagan sospechar, a usted y a su médico, que la glándula
tiroidea no está funcionando debidamente. Estos cambios podrían incluir
agrandamiento de la glándula tiroidea, cambios en el pulso, enrojecimiento de las palmas, y palmas calientes y húmedas. Puesto que los niveles de la hormona tiroidea pueden variar durante la gestación (*por causa
de ésta*), el médico debe tener cuidado al interpretar los resultados del
laboratorio acerca de esta hormona mientras usted está embarazada.

Estudio de la glándula tiroidea. La glándula tiroidea se estudia primor-
dialmente mediante análisis de sangre (pruebas tiroideas) que miden la
cantidad de hormona tiroidea producida. Los análisis miden también los
niveles de otra hormona, la tirotropina, que se produce en la base del

encéfalo. Otro estudio que se realiza con rayos X (captación con yodo radiactivo) no se debe practicar durante el embarazo.

Tratamiento de las enfermedades de la glándula tiroidea. Si usted padece de hipotiroidismo, se le recetará un reemplazo de la hormona tiroidea (tiroxina), que se cree es inocuo para el embarazo. Es posible que el médico tenga que verificar el nivel durante el período de gestación mediante análisis de sangre para asegurarse de que esté recibiendo suficiente hormona tiroidea.

Si padece de hipertiroidismo, el medicamento que se usa para tratarlo es el propiltiouracilo, que sí pasa a través de la placenta y llega al bebé. El médico recetará la cantidad más baja posible para reducir los riesgos para el bebé. Por lo tanto, se deben realizar análisis de sangre para controlar la cantidad necesaria de medicamento. Otro medicamento que se utiliza para el hipertiroidismo es el yodo. Este medicamento debe evitarse durante el embarazo porque produce efectos perjudiciales para un bebé en desarrollo.

¿Le preocupa el carbunco?

Recientemente, habrá leído en la prensa acerca de las preocupaciones surgidas respecto al carbunco. ¿Le preocupa cuál debe ser el tratamiento correcto para una mujer embarazada? Las investigaciones indican que las mujeres embarazadas y aquellas que están amamantando *sólo* se deben tratar si hay "una contaminación ambiental confirmada o si están expuestas a una fuente de alto riesgo, conforme lo determine el Departamento de Salud local". El tratamiento inicial se realiza con antibióticos que contienen ciprofloxacina (Cipro), que no presentan riesgos para el embarazo.

Después del parto, es importante hacerle análisis al bebé y observar si aparecen señales de problemas tiroideos relacionados con los medicamentos que se recetaron durante el embarazo. Si tiene antecedentes de problemas con la glándula tiroidea, o si está tomando o si ha tomado medicamentos para ese problema, infórmeselo al médico. Conversen acerca del tratamiento que deberá realizar durante el embarazo.

26.ª Semana

Edad del feto: 24 semanas

¿Qué tamaño tiene el bebé?

Su bebé pesa ahora casi 2 libras (910 g). Para esta semana, la longitud de coronilla a nalgas está cercana a las 9 ¼ pulgadas (23 cm). Mire la ilustración de la página 267. El bebé está empezando a aumentar de peso.

¿Qué tamaño tiene usted?

La medida del útero está a unas 2 ½ pulgadas (6 cm) por encima del ombligo, o a casi 10 ½ pulgadas (26 cm) de la sínfisis púbica. Durante esta segunda mitad del embarazo, usted crecerá cerca de ½ pulgada (1 cm) cada semana. Si ha estado siguiendo un plan alimenticio nutritivo y equilibrado, el aumento total de peso está, probablemente, entre las 16 y las 22 libras (7.2 a 9.9 kg).

Consejo para la 26.ª Semana Acostarse de costado (es mejor el izquierdo) para descansar le proporciona la mejor circulación al bebé. Tal vez no se hinche tanto si descansa sobre el costado izquierdo durante el día.

Cómo crece y se desarrolla el bebé

Hasta ahora ha oído los latidos del bebé en varias visitas. Oír el latido del bebé es tranquilizador.

El feto ya tiene ciclos de sueño y de vigilia bien diferenciados. Es posible que usted note un patrón; en ciertos momentos del día, el bebé está muy activo, mientras que en otros, está dormido. Además, los cinco sentidos ya están completamente desarrollados.

～ *Arritmia cardíaca*

Cuando escuche los latidos del bebé durante el embarazo, tal vez se asuste al oír que un latido desaparece. Al latido irregular se le llama *arritmia*, y su mejor descripción es un pulso o un palpitar regular con un ocasional latido saltado o faltante. Las arritmias en los fetos no son raras.

Hay muchas causas para las arritmias fetales. Una de ellas puede ocurrir cuando el corazón crece y se desarrolla; a medida que madura, con frecuencia, la arritmia desaparece. Puede suceder en el feto de una embarazada que tiene lupus.

Si se descubre una arritmia antes del trabajo de parto y del parto, puede requerir el control de la frecuencia cardíaca fetal durante el trabajo de parto. Cuando se detecta una arritmia durante el trabajo de parto, puede ser deseable que haya un pediatra en el momento de dar a luz. Se asegurará de que el bebé esté bien o que se le dé tratamiento de inmediato si existe algún problema.

Cambios en usted

Usted está haciéndose más grande a medida que crecen el útero, la placenta y el bebé. Puede tener con mayor frecuencia molestias como dolor de espalda, presión en la pelvis, calambres en las piernas y cefaleas.

El tiempo pasa volando. Se está aproximando al final del segundo trimestre. Ya han pasado dos tercios del embarazo; no falta mucho para que nazca su bebé.

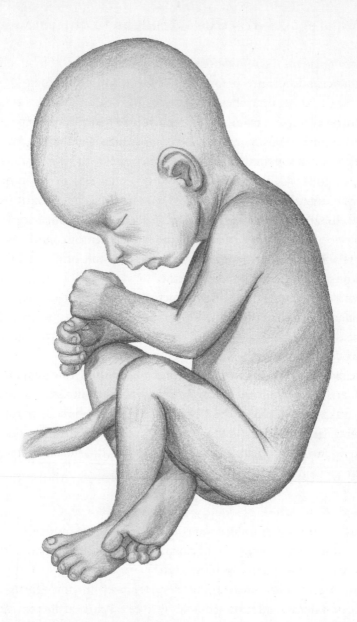

Para esta semana, el bebé pesa cerca de 2 libras (910 g). Ahora está aumentando de peso y llenándose.

Cómo afecta al desarrollo del bebé lo que usted hace

❧ Cómo tener un trabajo de parto y un parto exitoso

No es demasiado pronto para empezar a pensar en el trabajo de parto. Una forma de tener un trabajo de parto exitoso es entender los elementos que contribuyen a ese éxito. A continuación se mencionan algunas cosas que tal vez pueda considerar a medida que avanza el embarazo.

Infórmese sobre el embarazo y la experiencia del parto. El conocimiento es poder. Cuando comprenda lo que puede ocurrir y lo que va a ocurrir durante el embarazo, podrá relajarse más. Lea nuestros otros libros sobre el embarazo, haga preguntas y hable sobre sus preocupaciones con el médico, y comparta la información y sus conocimientos con su pareja.

Las relaciones que mantenga con su doctor y con otros miembros del equipo de salud son muy importantes. Sea una buena paciente siguiendo las indicaciones médicas, controlando su peso, comiendo sanamente, tomando las vitaminas prenatales y acudiendo a todas las citas y las pruebas. Cuente con que el equipo médico trabajará mucho por usted. Cada uno de ustedes debe apoyar al otro.

Ser capaz de ayudar a tomar decisiones que afecten a su atención médica, entre ellas las posiciones para el nacimiento, los métodos de alivio del dolor, la alimentación del bebé y el nivel de participación de su compañero en el trabajo de parto, la ayudan a sentirse más controlada durante el trabajo de parto y el parto. Hable con el médico durante las visitas prenatales acerca de preguntas y situaciones diferentes.

❧ ¿Dañará al bebé trabajar con una computadora?

Muchas mujeres están preocupadas por trabajar frente a una pantalla de computadora. Actualmente no hay nada que sugiera que trabajar con una computadora pueda dañar al bebé.

Si usted trabaja con una computadora, tenga en cuenta la forma en que se sienta y el tiempo que está sentada. (Esto es así para cualquier trabajo en el que esté sentada la mayor parte del tiempo.) Siéntese en una silla que brinde buen apoyo para la espalda y las piernas. Siéntese derecha y no cruce las piernas cuando esté sentada. Apoye los pies sobre un banco bajo o una caja para aliviar la tensión en la espalda. Asegúrese de levantarse y de caminar, al menos, una vez cada 15 minutos, ya que necesita mantener una buena circulación en las piernas.

⌇ *Control uterino en el hogar*

El control uterino en el hogar se utiliza para identificar a las mujeres que tienen un trabajo de parto prematuro. Los trastornos asociados a un parto prematuro incluyen un parto prematuro anterior, infecciones, ruptura prematura de membranas, hipertensión producida por el embarazo y fetos múltiples.

El control uterino en el hogar combina el registro de las contracciones uterinas con un contacto telefónico diario con el médico. Un registro de las contracciones se transmite por teléfono desde el hogar de la mujer hasta un centro donde éstas pueden evaluarse. Gracias a las computadoras personales, el médico puede ver los registros en su consultorio o su casa.

El costo del control en el hogar varía, pero está entre U$S80 y U$S100 diarios; algunas compañías de seguros lo cubren. A veces, este costo se justifica si se evita un parto prematuro: ahorra miles de dólares en el cuidado de un bebé prematuro (a veces más de U$S100,000).

No todos están de acuerdo en que el control en el hogar sea beneficioso o que sea redituable. Puede ser difícil identificar a todas las mujeres que lo necesitan. La necesidad del control uterino en el hogar debe evaluarse de forma individual. Hable sobre esta opción con su médico si ha tenido un trabajo de parto prematuro o si tiene otros factores de riesgo para un nacimiento prematuro.

Nutrición

⌇ *Comer pescado durante el embarazo*

Comer pescado es sano; es particularmente bueno para usted durante el embarazo. Según algunos estudios, las mujeres que comen distintos pescados durante el embarazo tienen embarazos más largos y dan a luz bebés con mayor peso. Esto es importante porque cuanto más tiempo un bebé permanezca dentro del útero, son mejores sus probabilidades de estar fuerte y sano en el momento del parto.

Estudios recientes han demostrado que las mujeres que comen pescado durante el embarazo pueden tener menos problemas con un parto prematuro. Es posible que este beneficio provenga de los ácidos grasos omega-3 que contiene el pescado, que originan una respuesta hormonal que la ayuda a protegerla del trabajo de parto prematuro. Los ácidos grasos omega-3

Consejo para el Papá

En este momento, puede ser que su pareja no se sienta muy atractiva. Invítela a salir: ¡vayan a cenar y al cine! Dígale que es bella. Tómele una foto de cuerpo entero como recuerdo de lo preciosa que está ahora.

también pueden ayudar a evitar la hipertensión producida por el embarazo y la preeclampsia.

Muchas variedades de pescado son inocuas, y debería incluirlas en su dieta. La mayoría tiene poca grasa y es rica en vitamina B, hierro, cinc, selenio y cobre. Hay muchas opciones de pescado que son agregados excelentes y sanos para su dieta, y puede comerlas las veces que quiera. En la tabla de la página contigua tiene una lista de buenas opciones.

Ácidos grasos omega-3. Algunos de los pescados con un alto contenido en ácidos grasos omega-3 son las anchoas, los arenque, la lisa, la caballa (no, el carite), el salmón, las sardinas y las truchas. Si usted es vegetariana o no le gusta el pescado, añada a su plan alimenticio aceite de canola, linaza, soja, nueces y germen de trigo, porque estos alimentos contienen aceite linoleico que es un tipo de ácido graso omega-3.

Algunos investigadores creen que comer pescados grasos o tomar ácidos grasos omega-3 en otra forma (como en cápsulas de aceite de pescado) también puede aumentar el desarrollo intelectual del bebé. Los estudios han demostrado que el aceite de pescado es importante para el desarrollo cerebral del feto. Un estudio en mujeres embarazadas demostró que cuando consumen aceite de pescado, éste llega al cerebro del feto en desarrollo.

Es importante incluir ácidos grasos omega-3 en su plan alimenticio. Sin embargo, algunos estudios han averiguado que es mejor no exceder los 2.4 g de ácidos grasos omega-3 por día.

Intoxicación por metilmercurio. Algunos peces están contaminados con una sustancia peligrosa como consecuencia de la contaminación provocada por el hombre. Las personas que los comen corren el riesgo de intoxicarse por metilmercurio. El mercurio es una sustancia frecuentemente natural así como un derivado de la contaminación. Se transforma en un problema cuando se libera en el aire como contaminante. Se deposita en los océanos desde donde acaba en algunos tipos de peces.

La FDA determinó que cierto nivel de metilmercurio en los peces es peligroso para los humanos. Sabemos que esta sustancia puede pasar de la madre al feto a través de la placenta. Las investigaciones han demostrado que cada año nacen 60,000 niños con riesgo de desarrollar problemas neurológicos ligados al consumo de mariscos por parte de las madres durante el embarazo. Debido a que el cerebro se desarrolla con rapidez, un feto puede ser más vulnerable a la intoxicación por metilmercurio.

Los estudios indican que las mujeres embarazadas y las que están tratando de concebir deberían tener cuidado: no deberían comer algunos tipos de pescado más de una vez por mes, entre ellos tiburón, pez espada y atún (fresco o congelado). Si está amamantando, limite el consumo de estos pescados a una vez por semana. El atún en lata es un poco más seguro, pero no coma más de una lata de 6 onzas (170 g) por semana.

También puede ser riesgoso comer algunos pescados de agua dulce, como la lucioperca americana y el lucio. Para estar segura, consulte con las autoridades locales o estatales para que la asesoren sobre comer pescados de agua dulce.

Buenas opciones en pescados y mariscos

Ésta es una lista de pescados que puede comer con la frecuencia que quiera durante el embarazo.

bacalao	pez gato
bacalao del Pacífico	caballa
eglefino	arenque
halibut del Pacífico	salmón
lenguado	platija
marlín	pargo
perca	róbalo
reloj anaranjado	abadejo
roncador	gallineta nórdica

Puede comer los siguientes mariscos con la frecuencia que desee, siempre y cuando estén bien cocidos.

almejas	camarones
cangrejo	langosta
ostras	vieiras

Recuerde: ¡No coma más de 12 onzas (340 g) de pescado por semana!

Precauciones adicionales con respecto a los pescados. En los pescados pueden aparecer otros tipos de contaminantes ambientales. En algunos pescados, como la anchoa de banco y la trucha lacustre, se encuentra dioxina y bifenilos policlorados (BPC); evítelos.

Los peces también se pueden contaminar con parásitos, bacterias, virus y toxinas y, al comerlos, usted puede enfermarse, algunas veces muy gravemente. El sushi y el ceviche son comidas con pescado que pueden contener virus o parásitos. Los crustáceos crudos, si están contaminados, pueden causarle hepatitis A, cólera o gastroenteritis. ¡Evite *todos* los pescados crudos durante el embarazo! Otros pescados que debe evitar durante el embarazo incluyen algunos que se encuentran en aguas cálidas tropicales, especialmente en Florida, el Caribe y Hawai. Evite los siguientes pescados "locales" de esas zonas: anchoa de banco, atún, barracuda, jurel, mahimahi, mero y pargo.

Aconsejamos a las mujeres embarazadas que no coman sushi; sin embargo hay algunas comidas de sushi que sí pueden comer: el sushi hecho con anguila *cocida* y los rollos con cangrejo y verduras *al vapor*.

Si no está segura sobre si debería comer un pescado en particular o si le gustaría obtener más información, llame a la Administración de Drogas y Alimentos, a la línea telefónica gratuita 800-332-4010.

Lo que también debería saber

✑ Retin-A

El Retin-A (tretinoína), que no se debe confundir con el Accutane (isotretinoína), es una crema o loción que se usa para tratar el acné y para ayudar a eliminar las arrugas finas del rostro. **¡Si está embarazada y utiliza Retin-A, suspéndalo de inmediato!**

No tenemos datos suficientes para saber si su uso es inocuo para el embarazo. Pero sí sabemos que cualquier tipo de medicamento que utilice, ya sea que se tome, se inhale, se inyecte, o sea de uso externo (extendido sobre la piel), entra en el torrente sanguíneo. Y cualquier sustancia que haya en el torrente sanguíneo puede pasar al bebé.

Algunos medicamentos que utiliza la futura madre se concentran en el bebé. El cuerpo de la madre puede manejarlos, pero el del bebé puede no ser capaz de hacerlo. Si algunas sustancias se acumulan en el feto, pueden tener efectos importantes en su desarrollo. En el futuro tal vez sepamos más acerca de esos efectos. En este momento, lo mejor es evitar usar Retin-A por el bien de su bebé.

✣ *Cremas y ungüentos con esteroides*

Durante el embarazo, pueden aparecer afecciones en la piel que necesitan un tratamiento con cremas o ungüentos. Este tratamiento puede incluir preparaciones con esteroides. Antes de utilizar cualquiera de ellas, consúltelo con su médico.

✣ *Convulsiones*

La existencia de antecedentes de convulsiones –antes del embarazo, durante un embarazo anterior o en éste– es el tipo de información que usted debe compartir con su médico.

Las convulsiones pueden ocurrir, y ocurren, sin aviso. Una convulsión indica un estado anormal relacionado con el sistema nervioso, el cerebro en particular. Durante la convulsión, a menudo la persona pierde el control del cuerpo. La naturaleza grave de este problema durante el embarazo se acrecienta por la preocupación por la seguridad del bebé.

Si usted no ha tenido jamás problemas de convulsiones, sepa que, por lo general, un breve período de mareos o aturdimiento *no* es una convulsión. Normalmente, las convulsiones las diagnostica alguien que observa una y nota los síntomas antes mencionados. Para diagnosticar una convulsión puede hacer falta un electroencefalograma (EEG).

Medicamentos para controlar las convulsiones. Si usted toma medicamentos para controlar o prevenir las convulsiones, comparta con su médico esta información importante al inicio de la gestación. La medicación se puede tomar durante el embarazo para controlar las convulsiones, pero algunos medicamentos son más inocuos que otros.

Por ejemplo, el Dilantin puede provocar anomalías congénitas en un bebé, incluidos problemas faciales, microcefalia (cabeza pequeña) y retraso del desarrollo. Durante el embarazo se utilizan otros medicamentos para prevenir las convulsiones. Uno de los más comunes es el fenobarbital, pero hay cierta preocupación sobre la inocuidad de este medicamento.

Las convulsiones durante el embarazo o en cualquier otro momento requieren una seria discusión con su médico y un mayor control durante el embarazo. Si tiene dudas o preocupaciones acerca de antecedentes de posibles convulsiones, hable de ellas con el médico.

27.ª Semana

Edad del feto: 25 semanas

¿Qué tamaño tiene el bebé?

Esta semana marca el inicio del tercer trimestre. Además del peso y longitud de coronilla a nalgas, agregamos la longitud total del cuerpo del bebé desde la cabeza hasta los dedos del pie. Esto le dará una idea todavía mejor del tamaño que tiene el bebé durante esta última parte del embarazo.

Esta semana, su bebé pesa un poco más de 2 libras (1 kg), y la longitud de coronilla a nalgas es de unas 9 ⅔ pulgadas (24 cm). La longitud total es de 15 ¼ pulgadas (34 cm). Observe la ilustración de la página 276.

Consejo para la 27.ª Semana Las clases de educación prenatal no son sólo para parejas. Frecuentemente, se ofrecen clases para madres solteras o para mujeres cuyas parejas no pueden asistir. Pregunte a su médico qué clases puede tomar.

¿Qué tamaño tiene usted?

Su útero llega a unas 2 ¾ pulgadas (7 cm) por encima de ombligo. Si se calcula desde la sínfisis púbica, mide más de 10 ½ pulgadas (27 cm) desde allí hasta la parte alta del útero.

Cómo crece y se desarrolla el bebé

✺ *Desarrollo de los ojos*

Los ojos aparecen por primera vez en el embrión alrededor del día 22 de desarrollo (unas cinco semanas de gestación). Al principio se parecen a un par de muescas poco profundas a cada lado del cerebro en desarrollo. Estas muescas siguen desarrollándose y, con el tiempo, se convierten en unas bolsas llamadas *vesículas ópticas*. A partir del ectodermo se desarrolla el cristalino de cada ojo. (El ectodermo se analiza en la 4.ª semana.)

Al comienzo del desarrollo los ojos se encuentran a los lados de la cabeza. Entre las 7 y las 10 semanas de gestación, se mueven hacia la parte media de la cara.

Alrededor de las 8 semanas de gestación, se forman los vasos sanguíneos que llegan hasta el ojo. Durante la 9.ª semana, se forma la pupila, que es la abertura redonda del ojo. En ese momento, comienza a formarse la conexión nerviosa que va desde los ojos hasta el cerebro, denominada *nervio óptico*.

Alrededor de las 11 a las 12 semanas, los párpados que cubren los ojos se hallan fusionados (conectados entre sí). Se mantienen así hasta alrededor de las 27 o las 28 semanas de embarazo, cuando se abren.

La retina, ubicada en la parte posterior del ojo, es sensible a la luz. Es la parte del ojo donde entran en foco las imágenes de luz. Aproximadamente a las 27 semanas de gestación, desarrolla sus capas normales. Estas capas reciben la luz y la información luminosa y la transmiten al cerebro para su interpretación: es lo que conocemos como "vista".

Cataratas congénitas. Una catarata congénita es un problema ocular que puede estar presente al momento de nacer. La mayoría de la gente cree que las cataratas ocurren sólo en la vejez, pero eso es un error. ¡Pueden aparecer en un bebé recién nacido!

En lugar de ser transparente o claro, el cristalino que concentra la luz en la parte posterior del ojo es opaco o turbio. Por lo general, este problema se produce por una predisposición genética (es hereditario). Sin embargo, se ha encontrado en niños cuyas madres padecieron rubéola alrededor de la 6.ª o 7.ª semana de embarazo.

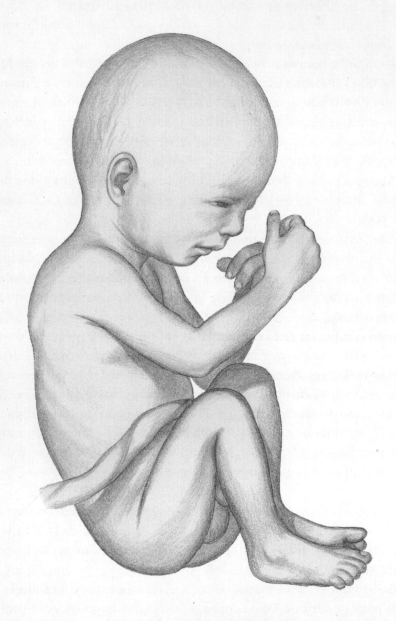

Para esta época, se abren los párpados del feto. El bebé comienza a abrir y a cerrar los ojos mientras está dentro del útero.

Microftalmía. Otro problema ocular congénito es la microftalmía, en la que el tamaño total del ojo es demasiado pequeño. El globo ocular puede medir sólo dos tercios del tamaño normal. A menudo, esta anomalía aparece con otras anomalías de los ojos. Con frecuencia es el resultado de infecciones maternas, como citomegalovirosis (CMV) o toxoplasmosis, mientras el bebé se desarrolla dentro del útero.

Cambios en usted

✄ *Sentir los movimientos del bebé*

Sentir los movimientos del bebé (movimiento fetal activo) es una de las partes más preciosas del embarazo. Esta acción puede ser el inicio de su vinculación afectiva con el bebé. Muchas mujeres sienten que empiezan a relacionarse con el bebé y su personalidad antes del nacimiento, al sentir sus movimientos. Por lo general, este movimiento es tranquilizador y es una sensación que disfruta la mayoría de las embarazadas. Su pareja puede experimentar y disfrutar esos movimientos tocando su abdomen cuando el bebé está activo.

✄ Los movimientos del bebé.

Los movimientos del bebé pueden variar en intensidad. Pueden variar desde una ligera palpitación, que a veces se describe como sentir una mariposa o una burbuja de gas, al principio del embarazo, hasta movimientos enérgicos o, incluso, patadas dolorosas y presión a medida que el bebé crece.

Las mujeres suelen preguntar con qué frecuencia debe moverse el bebé. Quieren saber si deben preocuparse si el bebé se mueve demasiado o no se mueve lo suficiente. Estas preguntas son difíciles de responder puesto que su sensación difiere de las de otras mujeres. El movimiento del bebé en cada uno de sus embarazos puede ser diferente. Por lo general, es más tranquilizador tener un bebé que se mueva con frecuencia; pero no es raro que un bebé tenga momentos tranquilos cuando no hay mucha actividad.

Si ha estado haciendo muchas cosas, tal vez no haya notado los movimientos del bebé debido a que ha estado activa y ocupada. Para saber si el bebé se está moviendo o está quieto, puede acostarse de costado. Muchas mujeres dicen que su bebé está más activo durante la noche, lo que las mantiene despiertas y hace que sea difícil dormir.

Si el bebé está tranquilo y no está tan activo como lo que parece normal o lo que usted esperaba, consúltelo con su médico. Siempre puede ir al consultorio a oír los latidos del bebé si no se ha estado moviendo como suele hacerlo. En la mayoría de los casos, no hay nada por qué preocuparse.

Recuento de patadas. Hacia el final del embarazo puede pedírsele que registre la frecuencia con que siente moverse al bebé. Esta prueba se realiza en casa y se conoce como *recuento de patadas*. Le dará tranquilidad sobre el bienestar del feto; esta información es similar a la que se obtiene de una cardiotocografía en reposo. Véase la discusión de la 41.ª semana.

Su médico puede utilizar uno de dos métodos comunes. El primero es contar cuántas veces se mueve el bebé en una hora. El otro es anotar cuánto tarda el bebé en moverse diez veces. Por lo general, usted puede escoger cuándo quiere realizar la prueba. Un buen momento es después de una comida, porque el bebé suele estar más activo en ese momento. Normalmente, esta prueba se realiza en el hogar.

Dolor bajo las costillas cuando el bebé se mueve. Algunas mujeres se quejan de dolor debajo de las costillas y en el bajo vientre cuando el bebé se mueve. Este tipo de dolor no es un problema raro, pero puede causarle suficiente molestia para preocuparla. El movimiento del bebé ha aumentado hasta tal punto, que probablemente lo sentirá todos los días, y los movimientos se vuelven cada vez más fuertes. Al mismo tiempo, el útero se está agrandando y ejerce más presión sobre todos los órganos. El útero, que crece y se expande, presiona el intestino delgado, la vejiga y el recto.

Si la presión es realmente dolorosa, no la ignore. Necesita comentarlo con su médico. En la mayoría de los casos, no es un problema serio.

ᔕ *Descubrir un bulto en las mamas*

Descubrir un bulto en las mamas es importante, durante el embarazo o en cualquier otro momento. Es importante que usted aprenda de joven a hacerse un autoexamen de mamas, y que lo realice regularmente (por lo general, después de cada período menstrual). El 90% de los bultos en las mamas los hallan las mujeres al autoexaminarse.

Probablemente, su médico le realizará exámenes de mamas con regularidad, por lo general, cuando le haga la citología vaginal anual. Si se realiza un examen todos los años y no tiene bultos en las mamas, la ayuda a estar segura de que no tiene bultos antes de empezar el embarazo.

Durante el embarazo, la detección de un bulto en las mamas puede retrasarse por los cambios en las mamas; puede ser más difícil sentir un bulto. El aumento del tamaño de las mamas durante el embarazo y la lactancia tiende a esconder los bultos o masas en el tejido mamario.

Examine sus mamas durante el embarazo al igual que lo hace cuando no está embarazada. Hágalo cada cuatro o cinco semanas; un buen momento para hacerlo es el primer día de cada mes.

Pruebas para hallar bultos en las mamas. La prueba habitual para hallar bultos en las mamas es el examen que se realiza usted misma o el que realiza su doctor. Otras pruebas incluyen una exploración radiológica, llamada *mamografía*, y un examen ecográfico de la mama.

Si se encuentra un bulto, puede requerirse una mamografía o un examen ecográfico de la mama. Como la mamografía utiliza rayos X, se debe proteger el embarazo durante el procedimiento, por lo general, cubriendo el abdomen con un delantal de plomo.

No se ha demostrado que el embarazo acelere el curso o crecimiento de un bulto en la mama. Pero sí sabemos que, durante la gestación, a veces es difícil encontrar un bulto, debido a los cambios en las mamas.

Tratamiento durante el embarazo. A menudo, se puede drenar o aspirar un bulto en la mama. El líquido extraído del quiste se envía al laboratorio para su evaluación, para garantizar que no existan células anormales. Si el abultamiento o quiste no se puede drenar con una aguja, puede ser necesario realizarle una biopsia. Si el líquido es transparente, es una buena señal. El líquido sanguinolento es más preocupante y se debe estudiar con un microscopio en el laboratorio.

Si el análisis de un bulto indica cáncer de mama, el tratamiento puede comenzar durante el embarazo. Las complicaciones del tratamiento incluyen riesgos para el feto relacionados con la quimioterapia antineoplásica, la radiación o la medicación, como anestesia o analgésicos para una biopsia. Si un bulto es canceroso, se debe evaluar, junto con las necesidades del embarazo, la necesidad de aplicar radioterapia y quimioterapia antineoplásica.

Cómo afecta al desarrollo del bebé lo que usted hace

✂ Clases prenatales

¿Cuándo debería empezar a pensar en inscribirse en clases prenatales? Aun cuando apenas es el comienzo del tercer trimestre, éste es el momento de anotarse. Es buena idea inscribirse en las clases, así puede terminarlas antes de llegar al final de la gestación. Al hacerlo así, tendrá tiempo de practicar lo que aprenda. ¡Y no va a estar apenas iniciando las clases cuando dé a luz!

¿Deben tomar clases prenatales usted y su pareja? Durante el embarazo, probablemente ha aprendido lo que va a suceder en el parto hablando con el médico y haciendo preguntas. Ha aprendido también lo que le espera, a partir del material de lectura que le hayan dado en las visitas prenatales, de nuestros otros libros, como *Your Pregnancy Questions and Answers* (El embarazo: preguntas y respuestas), *Your Pregnancy After 35* (El embarazo después de los 35), *Your Pregnancy for The Father-To-Be* (El embarazo para el futuro padre) o *Your Pregnancy–Every Woman's Guide* (El embarazo. Guía para todas las mujeres), o de otras fuentes. Sin embargo, las clases de parto le ofrecen otra manera de aprender sobre esta parte importante del embarazo. La ayudan a prepararse para el trabajo de parto y el parto.

Al encontrarse regularmente en las clases, por lo general, una vez por semana durante cuatro a seis semanas, usted puede aprender sobre muchas cosas que le interesan. A menudo, las clases abarcan una amplia variedad de temas, incluidos los siguientes:

- ¿Cuáles son los métodos de parto diferentes?
- ¿Qué es el "parto natural"?
- ¿Qué es una cesárea?
- ¿Qué métodos hay para calmar el dolor?
- ¿Qué necesita saber (y practicar) para el método de parto que escogió?
- ¿Necesitará una episiotomía?

- ¿Necesitará un enema?
- ¿Cuándo es necesario una cardiotocografía?
- ¿Qué sucederá cuando llegue al hospital?
- ¿Son adecuadas para usted la epidural o algún otro tipo de anestesia?

Éstas son preguntas importantes; discútalas con su médico si no obtiene respuestas durante las clases prenatales.

¿Quién va a las clases prenatales? Por lo general, las clases se imparten a grupos pequeños de embarazadas y sus parejas o asistentes de trabajo de parto. Ésta es una forma excelente de aprender. Usted puede relacionarse con otras parejas y hacer preguntas. Descubrirá que otras mujeres están preocupadas por muchas de las cosas que le preocupan a usted, como el trabajo del parto y el tratamiento del dolor. Es bueno saber que usted no es la única que piensa en lo que le espera.

Las clases prenatales no son sólo para las embarazadas primerizas. Una clase prenatal puede ayudarla si usted tiene una pareja nueva, si han pasado algunos años desde que tuvo un hijo, si tiene preguntas o si quiere repasar lo que le espera.

Estas clases contribuyen a disminuir cualquier preocupación o inquietud que usted o su pareja tengan sobre el trabajo de parto y el parto. Y la ayudarán a disfrutar aún más el nacimiento de su bebé.

¿Dónde tomar las clases? Las clases de parto se ofrecen en diversos ambientes. Muchos hospitales donde se atienden partos ofrecen clases prenatales, a menudo dictadas por las enfermeras de trabajo de parto y parto, o por una partera. Otros tipos de clases tienen distintos grados de participación.

Esto significa que el tiempo de dedicación o la profundidad de cobertura de un tema serán diferentes para cada una las distintas clases que existan. Pregunte en el consultorio de su médico acerca de las clases que recomiendan, pueden ayudarla a decidir qué tipo de clase es la mejor para usted.

¿Qué va a aprender? Las clases tienen el propósito de informarlos a usted y a su pareja o asistente de trabajo de parto sobre el embarazo, lo que sucede en el hospital y lo que ocurre durante el trabajo de parto y el parto.

Algunas parejas descubren que las clases son una buena oportunidad para que el hombre participe más y para ayudarlo a sentirse más cómodo con el embarazo. Esto le da la oportunidad de participar más activamente en el momento del trabajo de parto y del parto, así como durante el resto del embarazo. Véase también la discusión de la 31.ª semana sobre los diferentes métodos de parto.

¿Puede tomar clases prenatales si tiene problemas? Si tiene problemas para asistir a las clases prenatales debido a su costo, a la falta de tiempo o a que está en reposo, es posible tomar clases en su casa. Algunos instructores irán a su casa para darles clases privadas a usted y a su pareja. O podría utilizar algunos videos. *Great Expectations: Laugh and Learn About Childbirth* (*Grandes Expectativas: Ríase y Aprenda Sobre el Parto*) es un conjunto de dos videos que le puede proporcionar mucha de la información que aprendería en una clase. Los dos videos cuestan U$S65, incluidos los gastos de envío; para obtener mayor información llame al 877-715-2844 o visite www.laughandlearn.com.

Consejo para el Papá

Ofrézcase para hacer algunos tareas que puedan ser más difíciles para su pareja. Puede ser de gran ayuda que limpie la bañera o el baño. Para que ella esté más segura, guarde las cosas que vayan en un lugar alto o de difícil acceso.

↝ Asiento de seguridad para bebés

No es demasiado pronto para comenzar a pensar en sistemas de seguridad para bebés y niños. Algunas personas creen que pueden sujetar a su bebé sin riesgo en un accidente. Otras dicen que su hijo no se sentará quieto en un asiento de seguridad.

En un accidente, un niño que no está sujeto se convierte en un proyectil. ¡La fuerza de un choque puede arrancar literalmente a un niño de los brazos de un adulto! Un estudio demostró que *hay más de 30 muertes por año* de niños que no estaban sujetos cuando iban a la casa desde el hospital después del nacimiento En casi todos los casos, si el bebé hubiera estado colocado en un sistema de seguridad para niños aprobado, hubiera sobrevivido al accidente.

Comience temprano a enseñarle sobre seguridad a su hijo. Si lo coloca siempre en su sistema de seguridad en el automóvil, se transformará en algo natural. ¡Usted puede aumentar la aceptación de un sistema de seguridad por parte del niño, si usted también usa el cinturón de seguridad!

Todos los estados tienen ahora leyes sobre sistemas de seguridad para bebés. Para obtener mayor información, llame al departamento de policía o al hospital local.

Muchos hospitales exigen que usted lleve al bebé a casa desde allí con un sistema de seguridad para bebés aprobado. Si quiere información adicional, un pediatra o la Academia Estadounidense de Pediatría puede proveerle una lista de sistemas de seguridad para niños y bebés. Las revistas de consumidores los evalúan con bastante frecuencia. Consulte en la biblioteca local.

Nutrición

Algunas de las vitaminas importantes que puede necesitar durante el embarazo incluyen la vitamina A, la vitamina B y la vitamina E. Examinemos cada vitamina y cómo la ayudan durante el embarazo.

Vitamina A: Esta vitamina es esencial para la reproducción humana. Por fortuna, en América del Norte no es común su deficiencia. Lo que más preocupa hoy en día es el *uso excesivo* de la vitamina antes de la concepción y en la primera etapa del embarazo. (Esto se refiere sólo a la vitamina A en forma de retinol, normalmente derivado de aceites de pescado. Se cree que la forma de betacaroteno, de origen vegetal, es inocua.)

La DDR (dosis diaria recomendada) es de 2700 UI (unidades internacionales) para una mujer en edad de procrear. La dosis máxima es de 5000 UI. El embarazo no cambia estas necesidades. Es probable que obtenga la vitamina A de los alimentos que consume, así que no se recomienda el uso de aportes complementarios durante el embarazo. Lea las etiquetas de los alimentos para conocer su consumo de vitamina A.

Vitamina B: Las vitaminas B importantes para usted en el embarazo incluyen la B_6, la B_9 (ácido fólico) y la B_{12}. Influyen en el desarrollo de los nervios del bebé y en la formación de los glóbulos. Si no consume suficiente vitamina B_{12} durante el embarazo, puede desarrollar anemia.

Los alimentos que son buenas fuentes de vitamina B incluyen la leche, los huevos, el tempeh, el miso, los plátanos, las papas, la col berza, el aguacate y el arroz integral.

Vitamina E: Esta vitamina es importante durante el embarazo porque ayuda a metabolizar las grasas, a fortalecer los músculos y a desarrollar los glóbulos rojos. Por lo general, usted obtiene la cantidad suficiente de vitamina E si come carne. Los vegetarianos y las mujeres embarazadas que no pueden comer carne tienen más dificultades para obtener la cantidad necesaria. Los alimentos ricos en esta vitamina incluyen el aceite de oliva, el germen de trigo, la espinaca y las frutas deshidratadas. Consulte a su médico o lea la etiqueta de su vitamina prenatal para ver si proporciona el 100% de la DDR.

Tenga cuidado con *cada* sustancia que ingiera durante el embarazo. Si tiene alguna pregunta, consulte a su médico.

Lo que también debería saber

✎ *Lupus eritematoso diseminado (LED)*

Algunas mujeres tienen, antes del embarazo, enfermedades que exigen el uso de medicación por el resto de su vida. A menudo están preocupadas por los efectos que la medicación puede tener en los bebés en desarrollo. Una de estas enfermedades es el lupus eritematoso diseminado (LED).

Muchas mujeres jóvenes tienen lupus y toman esteroides para controlarlo. Quieren saber si la medicación que toman puede dañar al bebé. ¿Deben seguir tomando los esteroides durante el embarazo?

El lupus es una enfermedad autoinmune idiopática que aparece con mayor frecuencia en mujeres jóvenes o de mediana edad. (Las mujeres tienen lupus con mucha mayor frecuencia que los hombres: la proporción es de casi nueve mujeres por cada hombre.) Las que tienen lupus poseen una gran cantidad de anticuerpos en su torrente sanguíneo. Estos anticuerpos están dirigidos hacia los propios tejidos de la mujer, lo que causa problemas.

El diagnóstico de LED se efectúa por medio de análisis de sangre, que buscan los anticuerpos sospechosos. Los análisis de sangre que se hacen para encontrar el lupus son una prueba de anticuerpos antilúpicos, y una prueba de anticuerpos antinucleares.

Los anticuerpos pueden dirigirse hacia los diversos órganos del cuerpo y pueden dañar realmente alguno. Los órganos afectados incluyen las articulaciones, la piel, los riñones, los músculos, los pulmones, el cerebro y el sistema nervioso central. El síntoma más común del lupus es el dolor articular, que a menudo se confunde con artritis. Otros síntomas o problemas incluyen lesiones, exantema o llagas en la piel, fiebre e hipertensión. .

No existe cura para el lupus. Generalmente, el embarazo no afecta al lupus eritematoso diseminado. Sin embargo, en las mujeres que tienen lupus, aumentan ligeramente los abortos, los trabajos de partos prematuros y las complicaciones cerca del momento del parto. Si los riñones estuvieron comprometidos y hubo daño renal durante el brote, usted tendrá que estar alerta para detectar problemas renales durante el embarazo.

Por lo general, para el tratamiento del lupus se recetan esteroides, forma abreviada de corticoesteroides. El principal medicamento utilizado es la prednisona; normalmente se receta para uso diario. Puede ser innecesario tomar prednisona todos los días, a menos que surjan complicaciones por el lupus durante el embarazo.

❧ *Programa informático para hacer ejercicio*

¿Necesita que se le recuerde hacer ejercicio durante el día? Ahora hay un programa que puede cargar en su computadora para que la ayude a mantenerse en forma. El programa StretchWare, que pertenece a Shelter Publications, la guía a través de muchas rutinas diferentes. Puede ejercitar las manos, los hombros, la parte inferior de la espalda, las piernas o el cuello; cada rutina es fácil y rápida.

28.ª Semana

Edad del feto: 26 semanas

¿Qué tamaño tiene el bebé?

Su bebé pesa casi 2 ½ libras (1.1 kg); la longitud de coronilla a nalgas es de aproximadamente unas 10 pulgadas (25 cm). La longitud total es de 15 ¾ pulgadas (35 cm).

¿Qué tamaño tiene usted?

Su útero se encuentra ahora bastante por encima de su ombligo. A veces este crecimiento parece gradual. Otras veces, puede parecer como si los cambios ocurrieran rápidamente, casi de la noche a la mañana.

Consejo para la 28.ª Semana Aunque faltan varias semanas para el parto, no es demasiado pronto para empezar a planear el viaje al hospital. Esto incluye saber cómo localizar a su pareja (tenga siempre con usted todos sus números de teléfono). También considere qué hará si él no está lo bastante cerca para llevarla. ¿Quiénes podrían llevarla? ¿Cómo puede ponerse en contacto con ellos? ¡Haga planes ahora!

El útero está a unas 3 ¾ pulgadas (8 cm) por encima del ombligo; pero si se calcula desde la sínfisis púbica, mide unas 11 pulgadas (28 cm) hasta la parte superior del útero. En este momento, su aumento de peso debería estar entre las 17 y las 24 libras (7.7 y 10.8 kg).

Cómo crece y se desarrolla el bebé

Hasta este momento, la superficie del cerebro en desarrollo ha estado lisa. Alrededor de las 28 semanas de embarazo, el cerebro forma en la superficie los surcos y las muescas característicos. Aumenta también la cantidad de tejido cerebral.

Pueden estar presentes las cejas y pestañas; crece más el cabello de la cabeza. El cuerpo se llena y se redondea. Comienza a llenarse debido, en parte, a un incremento de la grasa debajo de la piel. Antes, el feto tenía una apariencia delgada.

Su bebé pesa ahora casi 2 ½ libras (1.1 kg). Éste es un crecimiento sorprendente en comparación con hace 11 semanas, cuando pesaba sólo unas 3 ½ onzas (100 g) a las 17 semanas de embarazo. ¡En 11 semanas, el bebé ha aumentado de peso más de 10 veces! En las cuatro últimas semanas, desde la 24.ª de embarazo hasta esta semana, duplicó su peso. ¡Su bebé está creciendo con rapidez!

Cambios en usted

✌ *La placenta*

La placenta desempeña un papel fundamental en el crecimiento, el desarrollo y la supervivencia del feto. La ilustración de la página 288 muestra al feto unido al cordón umbilical que, a su vez, se une a la placenta.

En el desarrollo de la placenta y el saco amniótico se hallan involucradas dos importantes capas de células, llamadas amnios y corion. Su desarrollo y su función son complicados, y su descripción está más allá del alcance de este libro. Sin embargo, puede señalarse que el amnios es la capa que rodea al líquido amniótico en el que flota el feto.

La placenta comienza a formarse con células trofoblásticas. Estas células crecen a través de las paredes de los vasos sanguíneos maternos y establecen contacto con su torrente sanguíneo, sin que se mezclen su sangre con

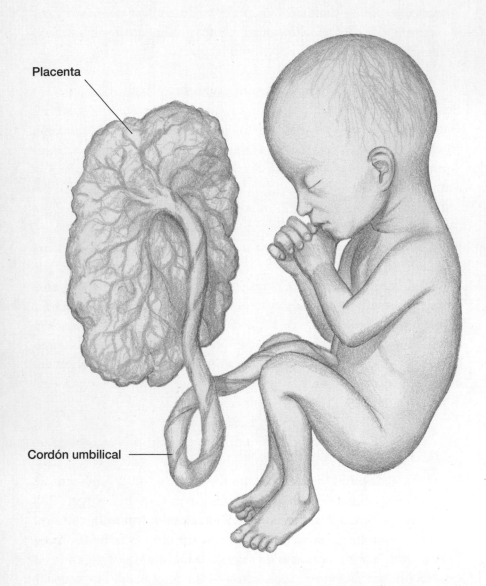

Placenta

Cordón umbilical

La placenta, que aquí se muestra con el feto, conduce oxígeno y
nutrientes al bebé en gestación. Es una parte importante del embarazo.

la sangre fetal. (La circulación del feto está separada de la suya.) Estas células crecen en los vasos sanguíneos sin establecer una conexión vascular (u orificio) entre los vasos sanguíneos. Pero en la placenta, el flujo sanguíneo del feto está cerca del suyo.

En este libro, hemos seguido de cerca el aumento de peso del bebé. La placenta también crece a un ritmo rápido. A las 10 semanas de gestación pesaba cerca de ¾ de onza (20 g). Diez semanas mást tarde, a las 20 semanas de gestación, pesa casi 6 onzas (170 g). En otras diez semanas, la placenta habrá aumentado hasta 15 onzas (430 g). Al término del embarazo, a las 40 semanas, ¡puede pesar casi 1 ½ libras (650 g)!

Los vasos sanguíneos fetales y la placenta en desarrollo empiezan a conectarse ya en la 2.ª o la 3.ª semana de desarrollo. Alrededor de la 3.ª semana de gestación, las proyecciones (vellosidades) de la base de la placenta se fijan firmemente en la capa subyacente del útero.

Las vellosidades son importantes durante el embarazo. El espacio que las rodea (espacio intervelloso) toma una estructura en forma de panal por los vasos sanguíneos maternos. Las vellosidades absorben nutrientes y oxígeno de la sangre materna; éstos se transportan hasta el feto por la vena umbilical que se encuentra en el cordón del mismo nombre. Los productos de desecho del bebé se transportan por las arterias umbilicales hasta el espacio intervelloso y se transfieren al torrente circulatorio materno. De este modo, el feto se libera de ellos.

¿Qué hace la placenta? La placenta está involucrada en el transporte de oxígeno hacia el bebé y de dióxido de carbono desde el bebé. Está involucrada también en la nutrición y en la eliminación de los productos de desecho desde el bebé.

Además de estas funciones, la placenta tiene una importante función hormonal. Produce la coriogonadotropina humana (hCG) (estudiada en la 5.ª semana). Esta hormona se encuentra en su torrente sanguíneo en cantidades cuantificables dentro de los 10 días posteriores a la fecundación. Para determinar si una mujer está embarazada, las pruebas de embarazo verifican los niveles de hCG. La placenta también comienza a producir otras hormonas, el estrógeno y la progesterona, hacia la 7.ª o la 8.ª semana de embarazo.

¿Cómo es la placenta? Una placenta normal, a término, es plana, tiene la apariencia de un pastel y es redonda u ovalada. Mide unas 6 a 8 pulgadas (15 a 20 cm) de diámetro y de ¾ a 1 ¼ pulgadas (2 a 3 cm) de espesor en su parte más gruesa. Pesa, en promedio, entre 17 ½ y 24 onzas (de 500 a 650 g).

Las placentas varían considerablemente en tamaño y en forma. Se puede encontrar una placenta muy grande (placentomegalia) cuando una mujer está infectada con sífilis o cuando un bebé tiene eritroblastosis (sensibilización Rh por parte del bebé). Algunas veces ocurre sin explicación obvia. Se puede encontrar una placenta pequeña en embarazos normales, pero también se puede hallar con retraso de crecimiento intrauterino.

La parte de la placenta que se une a la pared del útero tiene una apariencia rolliza o esponjosa. El lado fetal de la placenta, el más próximo al feto dentro del saco amniótico, es liso. Está cubierto por el amnios y el corion.

La placenta es de color rojo o marrón rojizo. Cerca del momento del nacimiento puede tener manchas blancas, que son depósitos de calcio.

En los embarazos múltiples, puede haber más de una placenta, o puede haber una sola placenta con más de un cordón umbilical saliendo de ella. Por lo general, en el caso de mellizos, hay dos sacos amnióticos, con dos cordones umbilicales que van hasta los fetos desde una placenta.

El cordón umbilical, que es la unión desde la placenta hasta el feto, contiene dos arterias umbilicales y una vena umbilical, que llevan sangre desde el bebé y hasta él. Mide unas 22 pulgadas (55 cm) de largo y, por lo general, es blanco.

Durante la gestación, pocas mujeres tienen problemas que afectan a la placenta, entre ellos el desprendimiento prematuro de placenta (véase la 33.ª semana) y la placenta previa (véase la 35.ª semana). Después del parto, a veces es un problema la retención de placenta (véase la 38.ª semana).

Cómo afecta al desarrollo del bebé lo que usted hace

✍ *Enfrentarse al asma materno*

El asma es una enfermedad respiratoria que se caracteriza por un aumento de la reactividad o la sensibilidad al estímulo de la tráquea y de los bronquios, importantes ambos en la respiración. Los problemas con el asma se manifiestan por respiración dificultosa, disnea, tos y sibilancia. (La sibilancia es un ruido como un silbido o un siseo que se producen cuando el aire atraviesa las vías respiratorias estrechadas.)

El asma aparece y desaparece, con un empeoramiento grave de los síntomas alternado con períodos asintomáticos. Afecta aproximadamente al 2% de la población de los Estados Unidos y Canadá, y es igualmente común en otros países.

Puede ocurrir a cualquier edad, pero aproximadamente el 50% de los casos de asma aparece antes de los 10 años. Otro 33% de los casos ocurre a los 40 años. El embarazo no parece causar ningún problema constante ni pronosticable con el asma. Algunas embarazadas parecen estar mejor durante el embarazo, mientras que otras siguen igual; unas pocas empeoran.

> ## *Consejo para el Papá*
> Hace dos o tres meses que su pareja ha estado sintiendo los movimientos del bebé. En este momento, ¡es probable que usted también pueda sentirlos! Coloque la mano suavemente sobre el vientre de su mujer y déjela ahí un rato. Su pareja puede decirle cuándo se está moviendo el bebé.

Asma en el embarazo. El asma que no se controla puede ser un problema grave durante el embarazo. Puede contribuir a la hipertensión arterial de la madre y a trabajo de partos prematuros, bebés con bajo peso al nacer o bebés más pequeños. Los medicamentos que se utilizan comúnmente para tratar el asma parecen ser inocuos. Las investigaciones han demostrado que los inhaladores tienen menos efectos en el bebé porque en el torrente sanguíneo de la madre entra menos medicamento.

ᴄᴏ *Tratar los ataques de asma*

La mayoría de las embarazadas asmáticas pueden tener un embarazo, un trabajo de parto y un parto seguros. Si una mujer tiene ataques de asma graves cuando no está embarazada, también puede tenerlos durante el embarazo.

Durante la gestación, el consumo de oxígeno aumenta en un 25%. Es por eso que el tratamiento del asma es tan importante, para que el bebé pueda obtener el oxígeno que necesita para crecer y desarrollarse. Es probable que el plan de tratamiento que realizaba antes del embarazo siga siendo útil. Esto incluye los medicamentos recetados para el asma antes del embarazo o durante él.

Los medicamentos contra el asma, como la terbutalina, y los corticoesteroides, como la hidrocortisona o metilprednisolona, se pueden usar durante el embarazo. También se pueden usar la aminofilina o la teofilina. Son también inocuos para el embarazo la orciprenalina (Alupent) y el salbutamol (Ventolin).

Si su asma es grave, su médico puede recetarle un atomizador nasal antiinflamatorio, como el cromoglicato sódico (Nasalcrom) o un corticoesteroide inhalatorio, como la beclometasona (Vanceril). Hable de esta situación en una de las primeras consultas prenatales.

Nutrición

Tal vez se esté preguntando qué alimentos comer y cuáles quitar de su dieta durante esta etapa del embarazo. Vea la siguiente tabla, que le ofrece algunas pautas.

¿Qué tipos de alimentos como?

Alimentos	Raciones diarias
Frutas y verduras amarillas o verde oscuro	1
Frutas y verduras con vitamina C (tomates, cítricos)	2
Otras frutas y verduras	2
Cereales y panes de integrales	4
Productos lácteos, incluyendo leche	4
Fuentes de proteína (carnes, aves, huevos, pescado)	2
Frijoles y arvejas secos, semillas y nueces	2

Alimentos para comer con moderación		Alimentos que se deben evitar
Cafeína	200 mg	Cualquiera que contenga alcohol
Grasas	cantidades limitadas	Aditivos alimentarios, cuando sea
Azúcar	cantidades limitadas	posible

Lo que también debería saber

✐ Pruebas y procedimientos adicionales

Las 28 semanas de gestación son el momento en que muchos médicos inician o repiten ciertos análisis de sangre o procedimientos. También se puede realizar una prueba de tolerancia a la glucosa para determinar si hay diabetes.

En este momento del embarazo, si usted es Rh negativa, probablemente reciba una inyección de RhoGAM. La inyección evita que se sensibilice si la sangre del bebé se mezcla con la suya; el RhoGAM la protege contra la sensibilización hasta el momento del parto.

∽ *¿En qué posición está el bebé?*

En esta etapa del embarazo, es común que usted le pregunte al médico en qué posición se halla el bebé: ¿está de cabeza?, ¿está de nalgas?, ¿está de costado?

En este punto de la gestación, es difícil –por lo general, imposible– decir al palpar el abdomen cómo se presenta el bebé, y si viene de nalgas, de pies o de cabeza. El bebé cambia de posición a lo largo del embarazo.

No daña tratar de palpar el abdomen para ver dónde están la cabeza u otras partes. En tres o cuatro semanas más, la cabeza del bebé estará más solidificada; en ese momento será más fácil para el doctor determinar en qué posición está el bebé (denominada *presentación fetal*).

¿Es seguro el parto en casa?

Recientemente, ha habido un interés creciente por dar a luz en el hogar, en parte porque algunas mujeres sienten que es "más natural". Otro factor para tomar esta decisión pueden ser los costos elevados de un trabajo de parto y un parto, especialmente si no tiene una cobertura total del seguro. Además, puede haber oído que amigas o conocidas tuvieron un parto en casa y que todo salió bien. Pero, ¿es realmente seguro?

Según los estándares de cualquier médico, la respuesta es un rotundo "¡No!". Las investigaciones han demostrado que dar a luz en la casa es una empresa extremadamente riesgosa. Un estudio demostró que, cuando los niños nacen en el hogar, se producen el doble de muertes de bebés y varias complicaciones graves y peligrosas. Hubo también peligros para la madre: las mujeres primerizas que dieron a luz en la casa casi triplicaron el riesgo de complicaciones después del parto. Además, la probabilidad de problemas graves aumentó cuando la mujer tenía diabetes gravídica o hipertensión arterial, o cuando tenía más de un bebé.

El Colegio Estadounidense de Obstetras y Ginecólogos ha manifestado con firmeza que el parto en casa es peligroso para la madre y el bebé. Nosotros debemos estar de acuerdo. Aunque no podemos recomendar un parto en casa, tal vez esté interesada en un ambiente más natural para tener a su bebé. Háblelo con su médico; puede recomendarle algunas medidas que se pueden tomar para brindarle una experiencia de un parto más natural a la vez que le permite hacerlo con la seguridad de un hospital o de una maternidad debidamente equipada.

29.ª Semana

Edad del feto: 27 semanas

¿Qué tamaño tiene el bebé?

Para este momento, el bebé pesa unas 2 ¾ libras (1.250 kg). La longitud de coronilla a nalgas es de casi 10 ½ pulgadas (26 cm), y la longitud total es de 16 ½ pulgadas (37 cm).

¿Qué tamaño tiene usted?

Midiendo desde el ombligo, su útero está aproximadamente a unas 3 ½ a 4 pulgadas (de 7.6 a 10.2 cm) por encima de él. El útero está aproximadamente a 11 ½ pulgadas (29 cm) por encima de la sínfisis púbica. Si usted vio al médico cuatro semanas atrás, alrededor de la 25.ª semana, en ese momento, probablemente midió una 10 pulgadas (25 cm). En cuatro semanas, usted ha crecido alrededor de 1 ½ pulgada (4 cm). Esta semana, el aumento de peso debería ser de entre 19 y 25 libras (8.55 y 11.25 kg).

Consejo para la 29.ª Semana Si su doctor le aconseja reposo en cama, siga sus instrucciones. Puede ser difícil detener sus actividades y quedarse inactiva cuando usted tiene muchas cosas que hacer, pero recuerde, ¡es por la salud del bebé y la suya!

Cómo crece y se desarrolla el bebé

✍ *Crecimiento fetal*

Semana a semana, hemos indicado el cambio en el tamaño del bebé a medida que avanza la gestación. Utilizamos pesos promedio para darle una idea de lo grande que está el feto en un momento determinado. Sin embargo, son sólo promedios; los bebés varían mucho en tamaño y en peso.

Debido a que el crecimiento es rápido durante el embarazo, los bebés que nacen prematuramente pueden ser menudos. Incluso unas pocas semanas menos dentro del útero tienen un efecto drástico en su tamaño. Después de las 36 semanas de gestación, el bebé sigue creciendo, pero a un ritmo más lento.

Se han identificado un par de factores interesantes en relación con el peso al nacer:

> ### *Consejo para el Papá*
>
> Después de que nazca el bebé, tal vez quiera tomarse un tiempo libre para ayudar en casa y ser parte del desarrollo temprano del bebé. La Ley de Licencias por Razones Familiares y Médicas, de 1993, se aprobó para ayudar a las personas a tener tiempo libre para cuidar a los miembros de la familia. Pregunte ahora a su empleador o a su supervisor si esta ley le corresponde; si es así, y planea tomar tiempo libre, comience a hacer los arreglos necesarios en las próximas semanas.

• Los niños pesan más que las niñas.
• El peso aumenta a medida que aumenta el número de embarazos o de bebés nacidos de la misma madre.

Estas afirmaciones son generales y no se aplican a todo mundo, pero parece que aplican en muchos casos. El peso al nacer del bebé promedio a término es de 7 a 7 ½ libras (3.280 a 3.400 kg).

¿Qué tan maduro está el bebé? Un bebé nacido entre la 38.ª y la 42.ª semana de embarazo es un *bebé a término* o *recién nacido a término*. Antes de la 38.ª semana, se puede aplicar al bebé el término *prematuro*. Después de las 42 semanas de embarazo, el bebé está retrasado y se usa el término *posmaduro*.

El nacimiento de un bebé antes del final del embarazo muchas veces se denomina *prematuro y pretérmino* en forma indistinta, aunque hay una diferencia entre ambos. Un feto de 32 semanas de gestación, pero con función pulmonar madura al tiempo de nacer, se conoce como "infante de pretérmino" más apropiadamente, en vez de infante prematuro. La designación "prematuro" describe mejor al bebé que tiene los pulmones inmaduros al momento de nacer.

⁓ Bebés prematuros

El trabajo de parto prematuro aumenta el riesgo de aparición de problemas en el bebé; aumenta también el riesgo de muerte fetal. Los bebés nacidos prematuramente, por lo general, pesan menos de 5 ½ libras (2.500 kg).

La ilustración de la página 301 muestra un bebé prematuro con varios conductores conectados al cuerpo para vigilar la frecuencia cardíaca. Se usan muchos otros accesorios, como vías intravenosas, tubos y máscaras que proveen oxígeno.

En 1950, la tasa de mortalidad neonatal era de alrededor del 2%. Hoy en día, la tasa es menor al 1%. Hoy sobrevive casi el doble de bebés prematuros que 50 años atrás.

La disminución de la tasa de mortalidad se aplica principalmente a los nacidos durante el tercer trimestre (27 semanas de gestación o más), que pesan al menos 2 ¾ libras (1 kg) y que no tienen anomalías congénitas. La mortalidad aumenta cuando la edad gestacional y peso al nacer están por debajo de estos niveles.

Han contribuido para elevar esas estadísticas de supervivencia los métodos mejores para el cuidado de los bebés prematuros. Hoy pueden sobrevivir los bebés nacidos a las 25 semanas de embarazo. Sin embargo, está por verse la supervivencia a largo plazo y la calidad de vida de estos bebés a medida que crezcan.

¿Qué índice de supervivencia tienen los bebés prematuros? La información reciente indica que para los bebés que pesaron alrededor de 1 libra (500 g) a 1 ½ libra (700 g), el índice de supervivencia es de alrededor del 43%. Para los que pesan entre 1 ½ libras y 2 ¾ libras (1 kg), la tasa de supervivencia es de alrededor del 72%. Estas tasas varían de un hospital a otro.

La permanencia promedio en el hospital para los bebés prematuros abarca desde 125 días para bebés que pesan entre 1 ⅓ y 1 ½ libras (entre

600 y 700 g), hasta 76 días para los bebés cuyo peso al nacer es de 2 a 2 ¾ libras (900 g a 1 kg).

Cualquier discusión sobre los índices de supervivencia debe incluir la tasa de frecuencia de incapacidades que sufren estos bebés prematuros. En la banda del menor peso al nacer, tuvieron incapacidades muchos de los bebés que sobrevivieron. Los bebés con mayor peso también las tuvieron, pero las estadísticas para este grupo fueron mucho más bajas.

Por lo general, para el bebé es mejor permanecer en el útero todo el tiempo que sea posible, así puede crecer y desarrollarse por completo. De vez en cuando, para el bebé es mejor nacer antes, como cuando el feto no está recibiendo una nutrición adecuada.

Causas del trabajo de parto y del parto prematuros. En la mayoría de los casos, se desconocen las causas del trabajo de parto y del parto prematuros. Las causas que entendemos incluyen un útero con forma anormal, fetos múltiples, polihidramnios, desprendimiento prematuro de la placenta o placenta previa, ruptura prematura del amnios y del corion, cuello uterino insuficiente, anomalías del feto, muerte fetal, retención de DIU, enfermedad materna grave o cálculo incorrecto de la edad gestacional.

Puede ser difícil hallar la causa del trabajo de parto y parto prematuro. Siempre se intenta determinar qué causa un trabajo de parto prematuro antes de que empiece el parto. De esta manera, puede ser más efectivo el tratamiento.

Pruebas que el médico puede realizar. Una prueba, llamada SalEst, puede ayudar a determinar si una mujer se pondrá de parto demasiado pronto. Esta prueba mide los niveles de la hormona estriol en la saliva de la embarazada. Las investigaciones han demostrado que, frecuentemente, hay un repentino aumento en esta sustancia química varias semanas antes de un parto precoz. Un resultado positivo significa que la mujer tiene una posibilidad siete veces mayor de tener a su bebé antes de la 37.ª semana de embarazo. Otra prueba es la fibronectina fetal (fFN); véase la 22.ª semana.

Algunas de las preguntas difíciles que se deben responder cuando empieza el trabajo de parto prematuro incluyen las siguientes:

- ¿Es mejor para el bebé estar dentro del útero o nacer?
- ¿Son correctas las fechas del embarazo?
- ¿Es en verdad un trabajo de parto?

Cambios en usted

✣ Tratamiento del trabajo de parto prematuro

¿Se puede hacer algo con respecto al trabajo de parto prematuro? Sí, se puede. Ahora se trata de varias maneras diferentes.

El tratamiento utilizado con mayor frecuencia para el trabajo de parto prematuro es el reposo. Se le aconseja a la mujer que permanezca en cama y que se acueste de costado (no importa cuál). No todos están de acuerdo con este tratamiento pero, a menudo, el reposo en cama es muy eficaz para detener las contracciones y el trabajo de parto prematuro. Si le sucede esto y le aconsejan reposar, podría significar que usted no puede ir a trabajar ni continuar con muchas actividades. Vale la pena estar de acuerdo con el reposo si puede evitar el parto prematuro de su bebé.

Si tiene que guardar cama durante el embarazo, tómese con calma el regreso al ritmo normal de las cosas después de que nazca el bebé. Permanecer acostada durante bastante tiempo puede causar la pérdida de tono muscular, lo que puede llevarla a estar fuera de forma. Tal vez le lleve un tiempo regresar a su nivel normal de actividad. Tome las cosas con calma, y no se apresure a realizar ninguna actividad física hasta que se sienta lista. ¡Regrese lentamente a su vida posterior al reposo!

Medicamentos para ayudar a detener el trabajo de parto prematuro. Para ayudar a contener el trabajo de parto, se pueden usar agentes antiadrenérgicos, también llamados *relajantes uterinos*. Estos medicamentos son relajantes musculares; relajan el útero y disminuyen las contracciones. (El útero es principalmente un músculo, que empuja al bebé para que pase a través del cuello uterino durante el trabajo de parto.) En este momento, la FDA sólo ha aprobado la ritodrina (Yutopar) para el tratamiento de trabajo de partos prematuros.

La ritodrina se da en tres formas diferentes: intravenosa, como inyección intramuscular y como píldora. Por lo general, inicialmente se da en forma intravenosa, lo que puede requerir una permanencia en el hospital de un par de días o más. Los efectos secundarios de la ritodrina en la madre incluyen taquicardia, hipotensión arterial, sensación de ansiedad o de temor, opresión o dolor torácico, cambios en la actividad eléctrica del corazón, líquido en los pulmones, problemas metabólicos en la madre,

Alivio para el aburrimiento por reposo

Tal vez se le aconseje guardar reposo si experimenta una cantidad de complicaciones del embarazo. Permanecer en cama le quita al cuello del útero la presión del peso del bebé, lo que puede ayudarla si tiene un trabajo de parto prematuro. Descansar sobre un costado aumenta al máximo el flujo de sangre hacia el útero, lo que lleva más oxígeno y nutrientes al bebé.

El reposo puede significar desde permanecer en cama parte del día hasta permanecer en cama todos los días. Puede ser muy aburrido estar recluida en una cama. Aquí encontrará algunas sugerencias para ayudarla a vencer el aburrimiento.

- Pase el día en una habitación diferente del dormitorio. Utilice el sofá de la sala o del cuarto de estar para las actividades diurnas.
- Utilice colchones de espuma y almohadas adicionales para estar más cómoda.
- Mantenga cerca el teléfono.
- Mantenga cerca el material de lectura, el control remoto de la televisión, una radio y otras cosas necesarias.
- Establezca una rutina diaria. Al levantarse, cámbiese. Dúchese o báñese todos los días. Péinese y póngase lápiz de labios. Duerma una siesta si lo necesita. Acuéstese a la hora normal.
- Mantenga cerca de usted alimentos y bebidas. Utilice un refrigerador portátil para mantenerlos fríos. Utilice un recipiente térmico para la sopa o el café.
- Comience un diario. Nuestro libro, *Your Pregnancy Journal Week by Week (Diario del embarazo semana a semana)*, es fácil de utilizar y le permite registrar sus pensamientos y sentimientos para compartirlos con su pareja y, más adelante, con su hijo.
- Realice algunas actividades manuales que no provoquen desorden, como hacer punto cruz, tejer, tejer a ganchillo, dibujar o coser. ¡Haga algo para el bebé!
- Utilice el tiempo para leer y para preparar la llegada del bebé.
- Pase algo de tiempo planificando la habitación del bebé (el trabajo lo tendrá que hacer otra persona), decidiendo lo que necesita para el ajuar y haciendo una lista de todo lo que va a necesitar después de que su hijo esté en casa.
- ¡Clasifique! Utilice el tiempo para clasificar recetas, para poner las fotografías en los álbumes, ordenar cupones o para hacer un álbum de recortes con información para después de la llegada del bebé.
- Llame a la organización de beneficencia o a la organización política local que prefiera y ofrézcase para hacer llamadas telefónicas, preparar sobres o escribir cartas.
- Para sentirse apoyada, llame a otras mujeres que hayan estado en reposo. En los Estados Unidos hay un grupo nacional de apoyo que ayuda a mujeres con embarazos riesgosos. Ellos pueden proporcionarle información y ponerla en contacto con otras mujeres que hayan tenido la misma experiencia. Póngase en contacto con Sidelines en el 714-497-2265.

entre ellos hiperglucemia, hiponatriemia y hasta acidosis de la sangre (similar a una reacción diabética), cefaleas, vómitos, temblores, fiebre o alucinaciones.

Cuando se detienen las contracciones prematuras, se puede cambiar a medicamentos orales, en cuyo caso se tomarán cada 2 o 4 horas. La ritodrina está aprobada para su uso en embarazos de más de 20 semanas y de menos de 36 semanas de gestación. En algunos casos, el medicamento se utiliza sin dar primero una inyección intravenosa. La mayoría de las veces, esto se realiza en mujeres con antecedentes de trabajo de partos prematuros o mujeres con embarazos múltiples.

Recientemente se llevó a cabo un estudio para investigar formas de ayudar a detener un parto prematuro. Los investigadores descubrieron que el uso de una hormona en algunas mujeres puede reducir el riesgo de dar a luz un bebé prematuro. Esta hormona se llama *progesterona* (caproato de 17 alfa-hidroxiprogesterona).

En el estudio, a las mujeres que habían tenido problemas con partos prematuros en embarazos anteriores, se les dio una inyección semanal de progesterona. Este tratamiento redujo de manera sustancial la tasa de partos prematuros. Es necesario realizar más estudios, pero hay esperanzas de que este tratamiento lleve a una disminución de los partos de este tipo, que pueden ser un problema grave.

Es probable que el feto tenga problemas similares a los descritos: después del nacimiento, en los bebés de algunas madres que tomaron ritodrina antes del parto, se ha detectado hipoglucemia. En estos bebés, se ha visto también comúnmente taquicardia.

Para detener el trabajo de parto prematuro, también se puede utilizar como relajante muscular la terbutalina. Aunque se ha demostrado que es un medicamento efectivo, la FDA no lo ha aprobado todavía para su uso en los Estados Unidos. Los efectos secundarios de la terbutalina son similares a los de la ritodrina.

Para tratar la preeclampsia, se utiliza sulfato de magnesio (para obtener mayor información sobre la preeclampsia, véase la 31.ª semana). Desde hace tiempo se sabe que el sulfato de magnesio también puede ayudar a detener un trabajo de parto prematuro. Este medicamento se administra con mayor frecuencia por vía intravenosa, y requiere de hospitalización. Sin embargo, a veces se puede administrar como preparación oral, sin hospitalización. Si usted toma sulfato de magnesio, debe ser controlada frecuentemente.

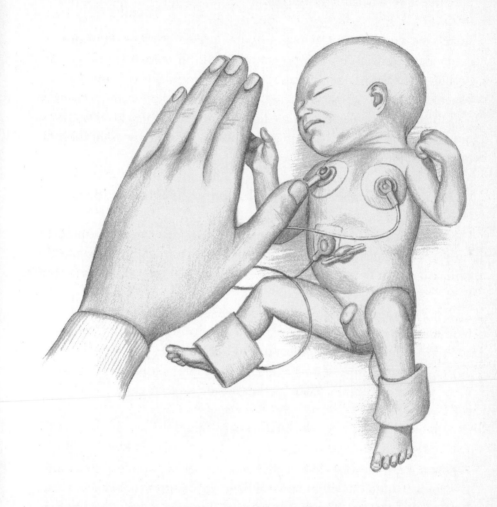

Bebé prematuro (nacido a las 29 semanas de embarazo) con monitores conectados. Obsérvese su tamaño comparado con el de una mano adulta.

En los primeros intentos por detener un trabajo de parto, también se pueden usar sedantes o narcóticos. Esto puede consistir en una inyección de morfina o petidina (Demerol). Ésta no es una solución a largo plazo, pero puede ser inicialmente efectiva.

Beneficios de detener un trabajo de parto prematuro. Los beneficios de detener un trabajo de parto prematuro incluyen reducir los riesgos de problemas fetales y de problemas relacionados con el parto. Si usted experimenta un trabajo de parto prematuro, tal vez necesite ver con frecuencia a su médico. Probablemente el médico controle su embarazo con exámenes ecográficos y cardiotocografías en reposo. (Véase la discusión sobre la tocografía en reposo en la 41.ª semana.)

Cómo afecta al desarrollo del bebé lo que usted hace

La mayor parte de lo tratado esta semana se relaciona con el bebé prematuro y el tratamiento del trabajo de parto prematuro. Si se lo diagnostican, y su doctor le recomienda guardar reposo y le receta medicamentos para detenerlo, ¡siga su consejo!

Si le preocupan las instrucciones de su médico, háblelo con él. Si se le pide que no trabaje o que reduzca sus actividades, y usted no sigue este consejo, está arriesgando su bienestar y el del feto. No vale la pena correr el riesgo. Si experimenta un trabajo de parto prematuro, no tema pedir otra opinión o la opinión de un perinatólogo.

Nutrición

Esperamos que haya estado escuchando a su cuerpo durante el embarazo. Descansa cuando está cansada. Va al baño en cuanto siente la necesidad. Pone atención a cualquier molestia nueva. También puede escuchar a su cuerpo cuando se trata de comer y beber. Cuando tiene hambre o sed, come o bebe algo. Comer con frecuencia porciones pequeñas le proporciona una provisión constante de nutrientes al bebé en gestación.

Tenga a su alcance refrigerios nutritivos. Cuando esté muy ocupada, son buenas opciones las pasas de uva, las frutas deshidratadas y las nueces.

Sepa a qué hora del día o de la noche suele tener más hambre y esté preparada.

Sea diferente, si quiere serlo. Coma espagueti en el desayuno y cereal en el almuerzo, si es eso lo que le gusta. No se obligue a comer algo que no le guste o que la haga sentir mal; siempre hay alternativas. Mientras coma alimentos nutritivos y preste atención al tipo de alimentos que come, se está ayudando a usted misma y al bebé que está gestando.

Lo que también debería saber

ᔑ *Infección por estreptococos del grupo B*

La infección por estreptococos del grupo B (EGB) casi nunca causa problemas en los adultos, pero puede causar infecciones potencialmente mortales para los recién nacidos. Con frecuencia, esta infección se transmite de persona a persona por contacto sexual.

En las mujeres, los estreptococos del grupo B se encuentran, con mayor frecuencia, en la vagina o el recto. Es posible que tenga los EGB en su sistema y que no se sienta enferma ni tenga ningún síntoma.

Los Centros para el Control y la Prevención de Enfermedades, el Colegio Estadounidense de Obstetras y Ginecólogos, y la Academia Estadounidense de Pediatría han desarrollado recomendaciones dirigidas a prevenir esta infección en los recién nacidos. Una de las recomendaciones es la de que todas las mujeres que tengan factores de riesgo sean tratadas por EGB. Los factores de riesgo incluyen los siguientes:

- otro bebé con infección por EGB
- trabajo de parto prematuro
- ruptura de membranas por más de 18 horas
- temperatura de 100.4 °F (38 °C) inmediatamente antes del parto o durante su transcurso

La segunda recomendación es que se realice un cultivo de EGB de las zonas rectal y vaginal de todas las mujeres embarazadas, entre las 35 y las 37 semanas de gestación. Las mujeres que tengan un cultivo positivo deben recibir antibióticos, como penicilina o ampicilina, durante el parto.

30.ª Semana

Edad del feto: 28 semanas

¿Qué tamaño tiene el bebé?

En este punto del embarazo, su bebé pesa unas 3 libras (1.35 kg). Su longitud de coronilla a nalgas supera apenas las 10 ¾ pulgadas (27 cm), y la longitud total es de 17 pulgadas (38 cm).

¿Qué tamaño tiene usted?

Midiendo desde el ombligo, su útero está a unas 4 pulgadas (10 cm) por encima de él. Desde la sínfisis púbica, la parte superior del útero está a unas 12 pulgadas (30 cm).

¡Puede costarle creer que todavía le quedan10 semanas! Tal vez sienta que se está quedando sin espacio a medida que el útero crece bajo sus costillas. Sin embargo, el feto, la placenta y el útero, junto con el líquido amniótico, seguirán creciendo.

El aumento de peso total promedio durante el embarazo es de 25 a 35 libras (11.4 a 15.9 kg). Casi la mitad se concentra en el crecimiento del útero, el bebé y la placenta y en el volumen de líquido amniótico. Este crecimiento se da sobre todo en el frente del abdomen y en la pelvis, donde usted lo nota más. Puede experimentar una creciente incomodidad en la pelvis y en el abdomen a medida que avanza el embarazo. En este punto, usted debe estar aumentando alrededor de una libra por semana.

Cómo crece y se desarrolla el bebé

⟫ *Nudos en el cordón umbilical*

La ilustración de esta semana, página 306, muestra un feto y su cordón umbilical. ¿Puede ver el nudo en el cordón umbilical? Tal vez se pregunte cómo puede formarse un nudo como éste. No creemos que el cordón umbilical se desarrolle así.

Por lo general, un bebé es bastante activo durante el embarazo. Creemos que estos nudos se producen cuando el bebé se mueve al principio del embarazo. En el cordón umbilical se forma una lazada; el bebé pasa por esa lazada y se forma el nudo. Lo que usted hace no causa ni impide esta clase de complicación, que puede ser seria. Los nudos en el cordón umbilical no son frecuentes.

Consejo para el Papá

Ahora es el momento de pensar en el cambio del horario de trabajo para poder estar más en casa durante la última parte del embarazo y después del nacimiento del bebé. Casi todos los padres desean poder pasar más tiempo en casa. Si usted viaja mucho, tal vez necesite modificar su agenda para poder estar hacia el final del embarazo. Los bebés llegan cuando quieren. ¡Si quiere estar presente en el nacimiento, planifíquelo con tiempo!

Cambios en usted

⟫ *Ruptura de las membranas*

Las membranas que rodean al bebé y que contienen el líquido amniótico se denominan *bolsa de las aguas*. Normalmente no se rompen hasta justo antes de que empiece el trabajo de parto, cuando empieza o en su transcurso. Pero no siempre sucede así; a veces se rompen mucho antes.

Después de que rompe aguas, es necesario tomar determinadas precauciones. Las membranas del embarazo ayudan a proteger de infecciones a su bebé. Cuando rompe aguas y pierde líquido aumenta el riesgo de infecciones. Una infección puede ser perjudicial para el bebé. Cuando rompa aguas, llame inmediatamente al doctor.

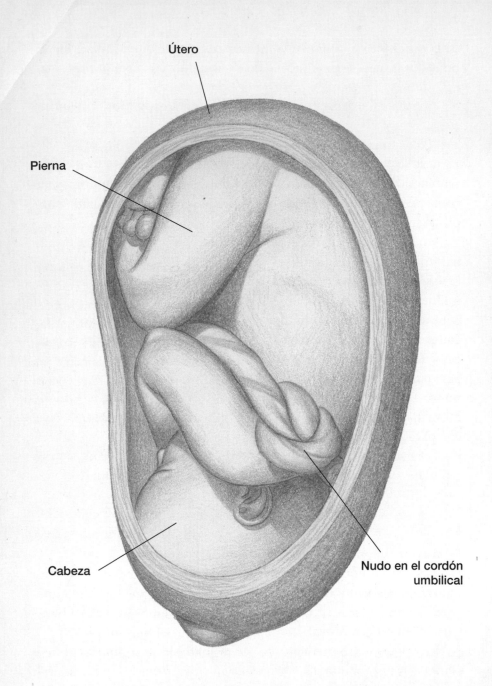

Útero

Pierna

Cabeza

Nudo en el cordón umbilical

Este feto tiene un nudo en el cordón umbilical.

Cómo afecta al desarrollo del bebé lo que usted hace

ꙥ *Baños durante el embarazo*

Muchas mujeres se preguntan si bañarse en la última parte del embarazo dañará de alguna manera al bebé. La mayoría de los médicos cree que no hay problemas en bañarse a lo largo del embarazo. Podrían advertirle que tenga cuidado cuando entre o salga de la bañera y que se asegure de que el agua no esté muy caliente. La mayoría no le dirá que evite bañarse mientras está embarazada; sin embargo, si usted cree que ha roto aguas, evite hacerlo en una bañera.

Las mujeres también quieren saber cómo se darán cuenta si rompen aguas mientras se duchan o se bañan. Cuando se rompen aguas, por lo general, notará un chorro de líquido seguido de un goteo lento. Si ocurre mientras se está bañando, tal vez no note el primer chorro de líquido. Sin embargo, probablemente notará el goteo de líquido, que puede durar bastante tiempo.

Consejo para la 30.ª Semana Una buena postura puede ayudar a aliviar la presión en la parte baja de la espalda y a eliminar un poco las molestias del dolor de espalda. Mantener una buena postura puede costarle algo de esfuerzo, pero vale la pena si alivia el dolor.

ꙥ *Elegir dónde dar a luz*

Probablemente ya es momento de considerar dónde quiere dar a luz. En algunos lugares, tal vez no tenga opción; en su zona, tal vez tenga muchas.

Sea cual fuere el lugar que escoja, lo más importante es la salud del bebé y el bienestar de ambos. Cuando decida dónde tener al bebé, asegúrese de tener respuesta a las siguientes preguntas, si es posible.

- ¿Qué instalaciones hay y cuál es el personal disponible?
- ¿Hay disponibilidad de anestesia? ¿Hay un anestesista disponible las 24 horas?
- ¿Cuánto tiempo les toma prepararse y realizar una cesárea, si es necesaria? (Debería ser 30 minutos o menos.)
- ¿Hay un pediatra disponible las 24 horas en caso de emergencia o de problemas?

• ¿ Está siempre dotada de personal la sala de neonatología?
• En caso de que haya una emergencia o un bebé prematuro que deba
  trasladarse a una sala de neonatología de alto riesgo, ¿cómo lo hacen? ¿En ambulancia? ¿En helicóptero? ¿A qué distancia queda la
  más cercana, si no está en este hospital?

Pueden parecerle muchas preguntas, pero las respuestas pueden hacer
que se sienta más tranquila. Cuando se habla de la salud de su bebé y de la
suya, es bueno saber que, cuando es necesario, las medidas de emergencia
se pueden usar de manera eficiente y oportuna.

LDRP. En el LDRP (trabajo de parto, parto, recuperación y puerperio, por
su sigla en inglés), la sala en la que se la recibe al principio es donde hará
el trabajo de parto, tendrá al bebé, se recuperará y permanecerá durante
toda su estancia en el hospital. No existen en todas partes, pero cada día se
vuelven más populares.

Este concepto ha evolucionado porque muchas mujeres no quieren ser
trasladadas desde el sector de partos hasta otro lugar del hospital después
de la recuperación. Por lo general, la sala de neonatología está cerca del
sector de trabajo de parto, de parto y de recuperación. Esto le permite ver
al bebé cuando quiera y tenerlo en su habitación por períodos más largos.

Área de partos. En muchos lugares, hará el trabajo de parto en una sala de
dilatación, y luego será trasladada a una sala de partos en el momento del
nacimiento. Después de esto, es probable que vaya al piso de puerperio,
que es el área donde pasará el resto de su estancia en el hospital.

La mayoría de los hospitales le permiten tener al bebé con usted todo el
tiempo que quiera. Esto se denomina *alojamiento en conjunto*. Algunos
hospitales tienen también, en su habitación, un catre, un sofá o un sillón
que se hace cama para que su pareja pueda quedarse con usted después
del parto. Verifique la disponibilidad de las distintas prestaciones en los
hospitales de su localidad.

Sala de partos. Otra opción es la sala de partos; generalmente se refiere a
que el bebé nazca en la misma sala en la que se hizo el trabajo de parto. No
tienen que trasladarla desde una sala de dilatación hasta otro lugar para

que nazca el bebé. Aun cuando utilice una sala de partos, es probable que tengan que trasladarla a otro sector del hospital para la recuperación y el resto de la estadía.

Nutrición

Algunas mujeres preguntan si los tés de hierbas son inocuos para el embarazo. Han escuchado que algunos tés pueden ser buenos para las embarazadas. Muchos tés de hierbas son inocuos; otros, no. Los tés de hierbas que puede usar con tranquilidad son el de manzanilla, el de diente de león, el de raíz de jengibre, el de hoja de ortiga, el de menta y el de frambuesa roja.

Hay algunos tés de hierbas que no debe utilizar mientras está embarazada. Los estudios indican que los que debe evitar incluyen caulófilo, cimicifusa negra, poleo americano, milenrama, sello de oro, matricaria, zaragatona, artemisa, consuelda, tusílago, enebro, ruda, tanaceto, corteza de algodonero indio, grandes cantidades de salvia, sena, cáscara sagrada, arraclán, helecho, olmo americano y *Mitchella repens*.

Beneficios de beber ciertos tés de hierbas

manzanilla	ayuda para a la digestión
diente de león	ayuda contra la hinchazón y es calmante estomacal
raíz de jengibre	ayuda contra las náuseas y la congestión nasal
hoja de ortiga	rico en hierro, calcio y otras vitaminas y minerales
menta	alivio para los dolores por gases y calmante estomacal
frambuesa roja	ayuda contra las náuseas y estabiliza las hormonas

Lo que también debería saber

✺ *Decisiones sobre el cuidado del niño*

Tal vez le parezca que éste es un lugar raro para colocar información sobre el cuidado de un bebé al que todavía le quedan diez semanas antes de nacer, pero es importante que empiece a pensar en ello si planea volver a trabajar.

¡El cuidado de calidad tiene mucha demanda y poca oferta! Los expertos re-comiendan que empiece a buscar una guardería *por lo menos 6 meses* antes de que la necesite. Para algunas mujeres, ¡esto puede significar el final del se-gundo trimestre!

Si encuentra un lugar que le guste, regístrese lo antes posible; puede haber lista de espera. Si después encuentra algo que le convenga más, siempre puede cambiar de idea.

Decidir qué tipo de cuidados puede ser mejor para su bebé puede ser una tarea que supone un desafío. Usted y su pareja deben tomar muchas decisiones al seleccionar el tipo de cuidados que quieren para su bebé. La mejor forma de hacerlo es conocer las opciones antes de comenzar.

Antes de que puedan determinar qué lugar es mejor para su familia, deben examinar las necesidades suyas y las de su hijo. Las opciones para el cuidado del niño incluyen:

- cuidado domiciliario por un miembro de la familia o por otra persona
- cuidado en el hogar de un cuidador
- una guardería

Cuidado domiciliario. Puede escoger el cuidado domiciliario, ya sea por un pariente o por otra persona. Es bastante fácil cuando alguien va a su casa a cuidar al bebé. No tiene que preparar al bebé antes de salir por la mañana y nunca tendrá que sacar al bebé si hay mal tiempo. También le ahorra tiempo por la mañana y por la tarde si no tiene que dejar ni recoger al bebé.

Cuando la persona que cuida al bebé no es de la familia, puede ser muy caro que vaya a su casa. También está contratando a alguien que no conoce para que entre en su casa y se ocupe del bebé. Debe ser diligente al pedirle referencias y al revisarlas con mucho cuidado.

Cuidado en el hogar del cuidador. Puede decidir llevar al bebé a casa de otra persona. Un ambiente hogareño puede hacer que el bebé se sienta más cómodo. Sin embargo, no todos los estados regulan este tipo de servi-cio, así que debe revisar cada lugar con mucho cuidado. Llame al Departamento de Seguridad Económica de su estado; pídales que la ayuden a obtener más información.

Guarderías. Una guardería es un medio en el que se cuida a muchos niños en un lugar más grande. Estos centros varían mucho en las instalaciones y los servicios que brindan, la cantidad de atención que proporcionan a cada niño, el tamaño de los grupos y la filosofía sobre el cuidado de niños.

Algunas guarderías no aceptan bebés. Los bebés tienen necesidades especiales; asegúrese de que la guardería que seleccione para el suyo pueda satisfacerlas.

Costos del cuidado del niño. Puede resultarle muy caro conseguir atención para su bebé. No estamos hablando de ninguna situación extraordinaria; estamos hablando de una situación normal en su casa, en otra casa o en una guardería.

Ya sea que alguien vaya a su hogar o que usted lleve al bebé al de otra persona, es probable que tenga que pagar impuestos locales, estatales y federales por esta persona, incluidos los de la seguridad social y los del sistema de salud. Para obtener mayor información, póngase en contacto con el Servicio de Impuestos Internos (IRS) o con el Departamento de Seguridad Económica de su estado. Si la persona trabaja en su casa, tal vez tenga que pagar seguro por accidentes de trabajo e impuestos por seguro de desempleo. Asegúrese de tener seguro de vivienda o seguro para el arrendatario para cubrirlos mientras estén en su casa.

Prepárese con tiempo: los cuidados cuestan y pueden ser muy altos en muchos lugares del país.

☞ *Cáncer en el embarazo*

La gestación es un momento feliz para la mayoría de las mujeres, lleno de expectativas y de emoción. Sin embargo, de vez en cuando, pueden ocurrir problemas graves. Una de las complicaciones graves que sucede rara vez es el cáncer.

Este análisis *no* se incluye para asustarla, sino para proporcionarle información. No es un tema agradable, en especial en este momento Sin embargo, todas las mujeres deberían tener acceso a esta información. Su inclusión en este libro tiene dos aspectos:

- aumentar su conciencia sobre un problema grave
- proporcionarle un recurso que la ayude a formular preguntas en un diálogo con su doctor, si usted quiere hablar de ello.

Cáncer antes del embarazo. Si está embarazada y ha tenido cáncer antes, dígaselo a su médico en cuanto descubra su embarazo. Tal vez necesite tomar decisiones sobre un cuidado personalizado para usted durante el embarazo.

Cáncer durante el embarazo. La aparición de cáncer en cualquier momento es estresante. Cuando aparece durante el embarazo, es aún más estresante. El doctor debe considerar cómo tratar el cáncer, pero también está preocupado por el bebé en gestación.

La forma en que se manejan estos temas depende de cuándo se descubre el cáncer. Las preocupaciones de una mujer pueden incluir las siguientes:

- ¿Habrá que terminar con el embarazo para poder tratar el cáncer?
- ¿Dañarán al bebé el tratamiento o los medicamentos que se usen?
- ¿Afectará el cáncer al feto o le pasará a él?
- ¿Deberá posponerse la terapia hasta después del parto o de la interrupción del embarazo?

Afortunadamente, muchos cánceres en las mujeres ocurren después de edad fecunda, lo que reduce la posibilidad de cáncer durante la gestación. El cáncer durante el embarazo es algo raro y se debe tratar en forma individual.

Algunos de los cánceres detectados durante el embarazo incluyen tumores de mama, leucemia y linfomas, melanomas, neoplasias ginecológicas (cáncer de los órganos femeninos, como el cuello del útero, el útero y los ovarios), y tumores óseos.

Cambios enormes afectan al cuerpo durante el embarazo. Los investigadores sugieren formas en que estos cambios pueden afectar el posible descubrimiento de un cáncer durante el embarazo.

- Algunos creen que las neoplasias que reciben la influencia del aumento de los niveles hormonales del embarazo pueden ser más frecuentes durante la gestación
- El aumento del flujo sanguíneo, acompañado de cambios en el sistema linfático, puede contribuir a la transferencia del cáncer a otras partes del cuerpo.
- Los cambios anatómicos y fisiológicos del embarazo (crecimiento del abdomen y cambios en la mama) pueden dificultar la detección o el diagnóstico de un cáncer incipiente.

Estas tres creencias sobre el cáncer durante el embarazo parecen tener cierta validez, pero varían mucho según el cáncer y el órgano involucrado.

Cáncer de mama. El cáncer de mama es raro en mujeres menores de 35 años. Afortunadamente, no es una complicación común durante el embarazo.

Durante el embarazo, puede ser más difícil hallar un cáncer de mamas debido a los cambios en las mamas, como sensibilidad, aumento del tamaño y hasta hinchazón. De todas las mujeres que padecen cáncer de mama, un 2% está embarazada al momento del diagnóstico. La mayoría de los datos indican que el embarazo no aumenta el índice de crecimiento o de dispersión del cáncer de mama.

El tratamiento del cáncer de mama varía y debe ser personalizado. Puede requerir cirugía, quimioterapia antineoplásica o radiación; puede usarse con una combinación de todos estos tratamientos.

Una forma de cáncer de la que debe ser consciente es el *cáncer inflamatorio de mama*. Aunque es muy raro, puede ocurrir durante el embarazo y después del él, y puede confundirse con una mastitis, que es una inflamación de la mama. Los síntomas del cáncer inflamatorio de mama incluyen inflamación o dolor en la mama, enrojecimiento, secreción por el pezón o ganglios linfáticos inflamados sobre la clavícula o debajo del brazo. Puede notar un bulto, aunque no siempre hay uno presente.

Si experimenta cualquiera de estos síntomas, *¡tranquilícese!* Casi todo el tiempo se trata de una infección de mama relacionada con el amamantamiento. Sin embargo, si está preocupada, consulte a su médico. Para diagnosticar la enfermedad se hace una biopsia. Para aprender más sobre este tipo de cáncer, visite www.ibcsupport.org.

Cáncer cervicouterino y cáncer vaginal. Se cree que el cáncer cervicouterino ocurre aproximadamente en uno de cada 10,000 embarazos. Sin embargo, casi el 1 % de las mujeres que tienen cáncer cervicouterino están embarazadas cuando se diagnostica. El cáncer cervicouterino es curable, en particular si se detecta y trata en sus etapas iniciales.

Se han notificado también durante el embarazo tumores de la vulva, el tejido que rodea la abertura vaginal. Es una complicación rara; han ocurrido sólo unos pocos casos.

Otras neoplasias en el embarazo. El *linfoma de Hodgkin* (una forma de cáncer) afecta comúnmente a los jóvenes. Ahora se controla durante largos períodos con radiación y quimioterapia antineoplásica. La enfermedad aparece en uno de cada 6,000 embarazos. La gestación no parece tener un efecto negativo en el curso del linfoma de Hodgkin.

Las embarazadas que tienen *leucemia* han presentado un aumento en la probabilidad de un parto prematuro. También pueden experimentar un aumento en las hemorragias después del embarazo. Por lo general, la leucemia se trata con quimioterapia antineoplásica o radioterapia.

El *melanoma* puede ocurrir durante el embarazo. Un melanoma es un cáncer derivado de las células epiteliales que producen *melanina* (pigmento). Un melanoma maligno puede dispersarse por el cuerpo. La gestación puede causar el empeoramiento de los síntomas o los problemas. Un melanoma puede extenderse a la placenta y al bebé.

Son raros los *tumores óseos* durante el embarazo. Sin embargo, dos tipos de tumores óseos benignos (no cancerosos) pueden afectar al embarazo y parto. Estos tumores, que se conocen como *osteocondromas* y *exostosis*, pueden involucrar la pelvis e interferir con el parto. Con estos tumores, es más probable la posibilidad de tener una cesárea.

31.ª Semana

Edad del feto: 29 semanas

¿Qué tamaño tiene el bebé?

Su bebé sigue creciendo. Pesa unas 3 ½ libras (1.6 kg), su longitud de coronilla a nalgas es de 11 ¾ pulgadas (28 cm) y la longitud total es de 18 pulgadas (40 cm).

¿Qué tamaño tiene usted?

Desde la sínfisis púbica, ahora mide un poco más de 12 pulgadas (31 cm) hasta la parte superior del útero. Desde el ombligo, mide casi 4 ½ pulgadas (11 cm).

A las 12 semanas de gestación, el útero apenas llenaba la pelvis. Como puede ver en la ilustración de la página 318, esta semana el útero ocupa buena parte de su abdomen.

El aumento de peso total del embarazo en este momento debería estar entre las 21 y las 27 libras (9.45 y 12.15 kg).

Consejo para el Papá

Ya es momento de empezar a hablar con su pareja sobre los accesorios que necesitará el bebé, como la cuna, el asiento para el auto y el ajuar. Tendrán que hacer algunas compras antes de que nazca. La mayoría de los hospitales o maternidades no lo dejarán llevar al bebé a casa si no es en un asiento para auto.

Cómo crece y se desarrolla el bebé

✥ Retraso de crecimiento intrauterino (RCIU)

El retraso de crecimiento intrauterino (RCIU) indica que el recién nacido es pequeño para su edad gestacional. Por definición, su peso al nacer está por debajo del 10.º percentil (el 10% más bajo) para la edad gestacional del bebé. Esto significa que 9 de cada 10 bebés de crecimiento normal son más grandes.

Cuando la edad gestacional es la apropiada –lo que quiere decir que las fechas son correctas y que el embarazo está tan avanzado como se espera– y el peso desciende por debajo del 10.º percentil, hay razones para preocuparse. Los niños con retraso de crecimiento tiene una tasa más alta de muerte y de daño que los bebés que nacen con un peso normal.

Diagnóstico y tratamiento del RCIU.

Diagnosticar el RCIU puede ser difícil. Una de las razones por las que su médico la mide en cada visita es para ver cómo crecen su útero y el bebé. Por lo general, hay un problema si al medir el útero durante un período de tiempo no se observan cambios. Si a las 27 semanas de gestación usted midió 10 ¾ pulgadas (27 cm) y a las 31 semanas sólo mide 11 pulgadas (28 cm), su doctor podría preocuparse por el RCIU y puede pedir distintas pruebas.

El diagnóstico de este tipo de problema es una razón importante para ir a sus citas prenatales. Tal vez no le guste que la pesen en cada visita, pero ayuda a su médico a ver que el embarazo y el bebé están creciendo.

El retraso de crecimiento intrauterino se puede diagnosticar o confirmar por medio de una ecografía; también se puede usar para constatar que el bebé está sano y que no existen anomalías que se deban atender en el nacimiento.

Cuando se diagnostica RCIU, evite hacer cosas que pudieran empeorarlo: deje de fumar, mejore su nutrición, deje de consumir drogas y alcohol.

Otro tratamiento es el reposo en cama. El reposo sobre un costado permite que el bebé reciba mejor flujo sanguíneo, y ésta es la mejor posibilidad que tiene de aumentar su crecimiento. Si el RCIU se debe a una enfermedad materna, el tratamiento implica mejorar la salud general de la madre.

Un bebé con retraso de crecimiento intrauterino corre el riesgo de morir antes de nacer. Evitar esto implica hacer nacer al bebé antes de tiempo. Los bebés con RCIU pueden no tolerar bien el trabajo de parto; la posibilidad de una cesárea aumenta debido al sufrimiento fetal. En algunos casos, el bebé puede estar más seguro fuera del útero que dentro de él.

Causas del RCIU. ¿Qué provoca el retraso de crecimiento intrauterino? A continuación mencionamos algunos trastornos que aumentan la posibilidad de tener retraso de crecimiento intrauterino o un feto pequeño.

Fumar y otro uso del tabaco pueden inhibir el crecimiento de un bebé. Cuantos más cigarrillos se fuman, mayor es el deterioro y menor es el bebé.

Una mujer de estatura promedio o menor que no aumenta el peso suficiente, puede tener un bebé con retraso de crecimiento. Ésta es una de las razones por las que son tan importantes durante el embarazo una buena nutrición y una dieta sana. No intente restringir el aumento de peso normal durante la gestación. Las investigaciones indican que cuando las calorías se restringen a menos de 1,500 por día durante un período prolongado, se puede provocar RCIU.

La preeclampsia y la hipertensión arterial pueden tener un efecto notorio en el crecimiento fetal. Pueden también retrasar el crecimiento fetal la citomegalovirosis, la rubéola y otras infecciones.

Puede ser una causa de retraso de crecimiento intrauterino la anemia materna. (La anemia se estudia en la 22.ª semana.) Las anomalías pueden causar un crecimiento inhibido porque el bebé recibe menos nutrición durante el embarazo. Una mujer que ha tenido un bebé con retraso de crecimiento tiene mayores probabilidades de que le suceda lo mismo en embarazos posteriores.

Las mujeres que viven a grandes alturas tienen más posibilidades de tener bebés con bajo peso que las que viven a menores alturas. Pueden ser también causas de que nazca un bebé más pequeño que lo normal el alcoholismo y la drogadicción, las enfermedades renales y esperar más de un bebé.

Otras causas para tener un bebé pequeño, no relacionadas con el RCIU, incluyen el hecho de que una mujer pequeña podría tener un bebé pequeño. Además, un embarazo prolongado puede traducirse en un bebé desnutrido y más pequeño. Un feto anómalo o anormal también puede ser más pequeño, sobre todo cuando hay anomalías cromosómicas.

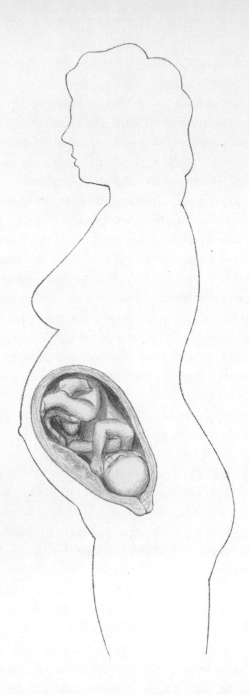

Tamaño comparativo del útero a las 31 semanas de embarazo (edad fetal: 29 semanas). El útero se puede sentir a unas 4 ½ pulgadas (11 cm) por encima del ombligo.

Cambios en usted

❧ *Inflamación en las piernas y en los pies durante el embarazo*

Tal vez haya notado, especialmente hacia el final del embarazo, que si se quita los zapatos y pasa cierto tiempo descalza, tal vez no pueda volver a ponérselos. Este problema está relacionado con la inflamación.

También puede haber notado que el uso de medias de nailon apretadas en las rodillas (o calcetines apretados) le deja marcas en las piernas. Puede parecer que aún las lleva puestas. Evite la ropa que le ajusta y la limita si experimenta inflamación.

Su cuerpo produce un 50% más de sangre y de líquidos corporales durante el embarazo para satisfacer las necesidades del bebé. Algunos de estos líquidos adicionales se filtran a los tejidos corporales. Cuando el útero en crecimiento presiona las venas pélvicas, se bloquea parcialmente el flujo sanguíneo hacia la parte baja del cuerpo. Esto empuja el líquido hacia las piernas y los pies, y causa la inflamación.

Síndrome del túnel carpiano durante el embarazo

El síndrome del túnel carpiano se caracteriza por dolor en la mano y en la muñeca, que se puede extender hasta el antebrazo y el hombro. La causa del dolor es la compresión del nervio mediano en la muñeca. Los síntomas pueden ser adormecimiento, hormigueo o escozor de la mitad interior de una mano o de ambas. Al mismo tiempo, los dedos se sienten dormidos y sin fuerza. Más de la mitad de las veces, están comprometidas ambas manos.

Este problema puede ocurrir durante el embarazo, debido a la retención de líquidos y a la inflamación de la muñeca y del área del brazo. Hasta un 25% de las mujeres experimentan síntomas leves durante el embarazo, pero no necesitan tratamiento. El síndrome completo, para el que puede ser necesario hacer un tratamiento, es menos frecuente; sólo aparece en el 1 o 2% de las mujeres embarazadas.

El tratamiento depende de los síntomas. El síndrome del túnel carpiano puede tratarse con cirugía; sin embargo, rara vez se realiza durante el embarazo. En las mujeres embarazadas, frecuentemente se usan entablillados para dormir y descansar, intentando mantener recta la muñeca. La mayoría de las veces, los síntomas desaparecen tras el parto.

La presencia del síndrome del túnel carpiano durante el embarazo *no* significa que vaya a padecer este problema después del nacimiento del bebé. En raras ocasiones, los síntomas pueden volver mucho tiempo después del embarazo. En estos casos, tal vez sea necesaria una cirugía.

También afecta a la circulación de estos líquidos corporales la manera como se sienta. Cruzar las piernas, ya sea a la altura de las rodillas o a la altura de los tobillos, restringe el flujo sanguíneo a las piernas. Para mejorar la circulación, no las cruce.

Cómo afecta al desarrollo del bebé lo que usted hace

ᔐ *Posiciones para dormir*

Ya hemos descrito la importancia de descansar con regularidad y de acostarse de costado cuando duerme. (Véase la 15.ª semana.) Es en este momento cuando tendrá su compensación. Tal vez note que comienza a retener líquido si no se recuesta de costado cuando duerme o descansa. Acostarse de costado la ayudaría a sentirse mejor rápidamente.

ᔐ *Visitar al doctor*

Es importante que vaya a todas las citas prenatales con su doctor. Tal vez le parezca que en ellas no sucede gran cosa, especialmente cuando todo está normal y progresa bien. Pero la información que su médico recoge le dice mucho sobre su condición y la del bebé.

El médico está atento a las señales que le indiquen que usted podría tener un problema, como cambios en la tensión arterial y en el peso o el crecimiento inadecuado del bebé. Si no se descubren estos problemas a tiempo, pueden acarrear consecuencias graves para usted y para el bebé.

ᔐ *Métodos de parto*

Es el momento de empezar a pensar en cómo quiere tener a su bebé. Tal vez le parezca demasiado pronto, pero el momento de hacerlo es ahora. ¿Por qué? Porque muchos de los métodos que se utilizan comúnmente necesitan mucho tiempo para que usted y su pareja, o el asistente de trabajo de parto, se preparen para utilizarlos.

Si decide que quiere un método en particular, como el Lamaze, es probable que deba inscribirse con bastante anticipación para conseguir un lugar en una clase. Además, usted y el asistente de parto querrán tener tiempo para practicar lo que aprendan y así poder utilizarlo durante el trabajo de parto y el parto.

¿Qué es el parto natural? Algunas mujeres deciden antes del nacimiento del bebé que quieren tener un trabajo de parto y *parto natural*. ¿Qué significa esto? La descripción o definición del parto natural varía de una pareja a otra.

Mucha gente equipara el parto natural con un trabajo de parto sin fármacos. Otros lo equiparan con el uso de analgésicos suaves o locales, como los que adormecen el área de la vagina para el parto o para hacer una episiotomía y repararla. La mayoría está de acuerdo en que el parto natural es el que se realiza con la menor cantidad posible de procedimientos artificiales. Por lo general, una mujer que elige el parto natural necesita algunas instrucciones previas para prepararse.

Los tres métodos de parto natural más importantes. Existen tres importantes métodos de parto natural: Lamaze, Bradley y Grantly Dick-Read.

- *Lamaze* es la técnica más antigua de preparación para el parto. Condiciona a las madres, a través del entrenamiento, a reemplazar en el parto los esfuerzos improductivos por otros provechosos, y enfatiza la relajación y la respiración como formas de distenderse durante el trabajo de parto y el parto.
- Las clases de *Bradley* enseñan el método Bradley de relajación y de concentración interior. Se utilizan muchas formas de relajarse. Se pone mucho énfasis en la relajación y la respiración profunda desde el abdomen para hacer que el trabajo de parto sea más cómodo. Las clases comienzan en cuanto se confirma el embarazo y continúan después del parto.
- El método Grantly Dick-Read intenta cortar el ciclo miedo-tensión-dolor del trabajo de parto y el parto. Estas clases fueron las primeras en incluir a los padres en la experiencia del nacimiento.

¿Debería considerar el parto natural? El parto natural no es para todas las mujeres. Si usted llega al hospital con una dilatación de 1 cm, contracciones fuertes y dolor, tal vez el parto natural sea difícil para usted. En este caso, podría ser apropiada una epidural.

Por otro lado, si usted llega al hospital con una dilatación de 4 ó 5 cm y las contracciones están bien, el parto natural podría ser una opción razonable.

Es imposible saber por anticipado qué sucederá, pero sirve mucho ser consciente de todo y estar lista para todo.

Es importante mantener una mentalidad abierta durante el proceso impredecible del trabajo de parto y el parto. No se sienta culpable o decepcionada si no puede hacer todo lo que planeó antes del trabajo de parto. Puede necesitar que le den una epidural; o tal vez el nacimiento no se pueda lograr sin hacer una episiotomía. No deje que nadie la haga sentir culpable o que la hagan sentir como si hubiera logrado menos si termina necesitando una cesárea, una epidural o una episiotomía.

Tenga cuidado con los instructores de las clases que dicen que el trabajo de parto es indoloro, que nadie necesita realmente una cesárea; que las infusiones intravenosas son innecesarias o que hacer una episiotomía es tonto. Esto puede crear expectativas irreales en usted. Si necesita cualquiera de estos procedimientos, puede sentir como si hubiera fracasado durante el trabajo de parto.

El objetivo del trabajo de parto y del parto son un bebé y una mamá sanos. Si esto significa que usted termine en una cesárea, no ha fracasado. Agradezca que se pueda realizar una cesárea de forma segura. Los bebés que antes no hubieran sobrevivido al trabajo de parto, ahora pueden nacer sin percances. ¡Éste es un logro maravilloso!

Nutrición

Con frecuencia, las precauciones para el embarazo pueden aplicarse a la vida cotidiana, como evitar la intoxicación por *salmonela*. La bacteria de la salmonela puede causar una variedad de problemas, desde un ligero malestar gástrico hasta una intoxicación alimentaria grave y, algunas veces, fatal. Cualquiera de estos casos sería grave para usted.

La bacteria de la salmonela tiene muchas fuentes: ¡hay más de 1,400 cepas diferentes! Se encuentran en los huevos y la carne de ave crudos. La bacteria se destruye al cocinar un alimento, pero es acertado tomar precauciones adicionales. Recuerde las siguientes medidas para garantizar su seguridad.

- Cuando prepare aves o productos hechos con huevos crudos, lave la encimera, los utensilios, los platos y las ollas con agua caliente y detergente, o desinfectante, en cuanto termine.

- Cocine bien las aves.
- No consuma productos hechos con huevos crudos, como la ensalada César, la salsa holandesa, ponche de huevo casero, helados caseros, etcétera. No pruebe antes de cocinar la masas de pastel, la masa de galletitas ni ninguna otra cosa que contenga huevos crudos.
- Cuando consuma huevos, asegúrese de que estén bien cocinados. Hierva los huevos, por lo menos, durante 7 minutos; escálfelos durante 5 minutos; fríalos de cada lado durante 3 minutos. No coma los huevos fritos de un solo lado.

Lo que también debería saber

✍ *Hipertensión provocada por el embarazo*

La hipertensión provocada por el embarazo ocurre sólo durante este período. Con la hipertensión del embarazo, la presión sistólica (el primer número) sube a más de 140 m de mercurio, o sea un aumento de 30 m de mercurio sobre la tensión arterial inicial. Una medida diastólica (el segundo número) de 90, o un aumento de 15 m de mercurio, también indica un problema. Un ejemplo es el caso de una mujer cuya tensión arterial al principio del embarazo es de 100/60. Más adelante, es de 130/90. Esto indica que está desarrollando hipertensión arterial o preeclampsia.

Su doctor podrá determinar controlándola en cada visita prenatal si su tensión arterial se está elevando a un nivel grave. Ésta es una de las razones por las que es tan importante ir a todas las citas.

✍ *¿Qué es la preeclampsia?*

La *preeclampsia* describe una variedad de síntomas que sólo ocurren durante el embarazo o poco después del parto. Los problemas de preeclampsia se caracterizan por un grupo de síntomas:

- inflamación (edema)
- proteína en la orina (proteinuria)
- presión arterial elevada (hipertensión)
- cambios en los reflejos (hiperreflexia)

Otros síntomas importantes e inespecíficos de la preeclampsia incluyen dolor bajo las costillas del lado derecho, cefalea, vista de manchas u otros cambios en la visión. Todas éstas son señales de advertencia. Menciónelas a su doctor de inmediato, ¡en particular si ha tenido problemas con la tensión arterial durante el embarazo!

Consejo para la 31.ª Semana Usar anillos y relojes puede causarle problemas de circulación. A veces el anillo queda tan apretado en el dedo de una embarazada que lo debe cortar un joyero. Sería mejor que no usara anillos si se hincha. Algunas embarazadas compran anillos baratos más grandes para utilizarlos durante el embarazo. O podría poner los anillos en una cadena bonita y usarlos alrededor del cuello o como pulsera.

La preeclampsia puede convertirse en *eclampsia*. La eclampsia se refiere a convulsiones en una mujer con preeclampsia, que no se deben a antecedentes previos de epilepsia o un trastorno convulsivo.

La mayoría de las mujeres se hinchan un poco durante el embarazo; la inflamación en las piernas no significa que usted tenga preeclampsia. También es posible tener hipertensión durante el embarazo sin tener preeclampsia.

¿Qué causa la preeclampsia? Nadie conoce la causa exacta de la preeclampsia o la eclampsia. Aparecen con mayor frecuencia durante el primer embarazo. Las mujeres de más de 35 años de edad que tienen su primer bebé tienen más posibilidades de desarrollar hipertensión arterial y preeclampsia. (Para obtener mayor información sobre el embarazo después de los 35 años, véase la 16.ª semana .)

Algunos investigadores creen que las mujeres que trabajan son más propensas a desarrollar preeclampsia que las que no trabajan. Atribuyen este aumento al *estrés del trabajo*; si usted tiene un trabajo estresante, háblelo con su médico.

Tratamiento de la preeclampsia. El objetivo del tratamiento de la preeclampsia es evitar la eclampsia (convulsiones). Esto significa que la controlen cuidadosamente durante todo el embarazo y que vigile su tensión arterial y su peso en cada visita prenatal.

Otra señal de preeclampsia o de empeoramiento de la preeclampsia es el aumento de peso. La preeclampsia afecta el aumento de peso porque incrementa la retención de líquido. Si nota cualquier síntoma, llame al consultorio del doctor.

El tratamiento de la preeclampsia se inicia con reposo en su casa. Tal vez no pueda ir a trabajar ni pasar mucho tiempo de pie. El reposo permite el funcionamiento más eficiente de los riñones y un mayor flujo sanguíneo hacia el útero. Si le aconsejan reposar, podría leer la sección sobre *alivio para el aburrimiento por reposo* en la 29.ª semana.

Recuéstese de costado, no de espaldas. Beba mucha agua, evite la sal, los alimentos salados y los alimentos que contengan sodio, que la hacen retener líquido. Para tratar la preeclampsia, antes se usaban diuréticos; hoy, ni se recetan ni se recomiendan.

Si no puede reposar en su casa o si no mejoran los síntomas, su médico puede hacerla internar en un hospital o provocar el nacimiento. Un parto se provoca por el bienestar del bebé y para evitar que usted tenga convulsiones.

En el trabajo de parto, la preeclampsia se puede tratar con sulfato de magnesio, administrado por vía intravenosa para evitar las convulsiones durante el parto y después de él. La hipertensión arterial se puede tratar con antihipertensores.

Si cree que ha tenido una convulsión, ¡llame de inmediato a su doctor! El diagnóstico puede ser difícil. Si es posible, alguien que haya observado la posible convulsión debería describírsela al médico. La eclampsia se trata con medicamentos parecidos a los descritos para los trastornos convulsivos. (Véase la 26.ª semana.)

32.ª Semana

Edad del feto: 30 semanas

¿Qué tamaño tiene el bebé?

Para esta semana, el bebé pesa casi 4 libras (1.8 kg), la longitud de coronilla a nalgas supera las 11 ½ pulgadas (29 cm) y la longitud total es de casi 19 pulgadas (42 cm).

¿Qué tamaño tiene usted?

La medida desde la sínfisis púbica hasta la parte superior del útero es de unas 12 ¾ pulgadas (32 cm). La medida desde el ombligo hasta la parte superior del útero es de unas 5 pulgadas (12 cm).

Cómo crece y se desarrolla el bebé

¿Gemelos? ¿Trillizos? ¿Más?

Cuando se habla de embarazos de más de un bebé, en la mayoría de los casos nos referimos a gemelos. Es más probable un embarazo gemelar que un embarazo de trillizos, cuatrillizos, quintillizos (¡o incluso más!).

Usted y su pareja pueden sufrir un golpe emocional si se enteran de que están esperando más de un bebé. Es una reacción normal. Finalmente, la alegría que causa este hecho puede ayudar a compensar el temor y la responsabilidad que pueden sentir. Si está esperando dos bebés o más, visitará a su doctor con mayor frecuencia; tendrá que planificar con cuidado el parto y el cuidado de los bebés cuando vuelvan a su casa. Lea las siguientes páginas para obtener información sobre diversos temas relacionados con los embarazos múltiples.

Gemelos univitelinos y gemelos bivitelinos. Por lo general, los fetos gemelos son el resultado (en más del 65% de los casos) de la fecundación de dos óvulos. Se llaman *gemelos dicigóticos* o *gemelos bivitelinos*. Si tiene gemelos bivitelinos pueden ser un varón y una niña.

Aproximadamente en el 33% de los casos, los gemelos provienen de un solo huevo que se divide en dos estructuras similares. Cada una tiene el potencial de desarrollarse en un individuo. Se conocen como *gemelos monocigóticos* o *gemelos univitelinos*. Los gemelos univitelinos no siempre son idénticos. ¡Es posible que los gemelos bivitelinos sean más parecidos entre sí que los univitelinos!

Cuando se forman más de dos fetos puede estar involucrado cualquiera de los dos procesos o ambos. Por ejemplo, los cuatrillizos pueden ser el resultado de la fecundación de uno, dos, tres o cuatro óvulos.

La división del huevo fecundado ocurre entre los primeros días y aproximadamente el día 8. En este libro nos referimos a ellos como la 3.ª semana de embarazo. Si la división del huevo ocurre después de los 8 días, el resultado puede ser gemelos que estén conectados, llamados *gemelos unidos*. (A los gemelos unidos se los llamaba *siameses*.) Estos bebés pueden compartir órganos internos importantes, como el corazón, los pulmones o el hígado. Afortunadamente, es un acontecimiento raro.

Frecuencia de nacimientos múltiples. La frecuencia depende del tipo de gemelos. Los gemelos univitelinos se forman aproximadamente en uno de cada 250 nacimientos en todo el mundo; este tipo de formación gemelar parece no tener relación con la edad, la raza, la herencia, el número de embarazos o los medicamentos tomados contra la esterilidad (fármacos para la fecundidad). La frecuencia de los gemelos bivitelinos, sin embargo, se relaciona con la raza, la herencia, la edad materna, el número de embarazos previos y el uso de fármacos para la fecundidad.

Abdomen materno

Placenta

Cabezas de los bebés

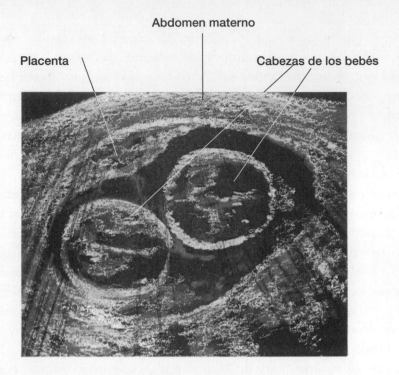

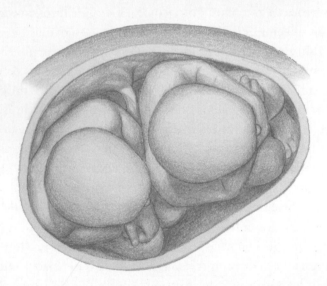

Ecografía de gemelos que muestra dos bebés en el útero. Si observa cuidadosamente, puede ver las dos cabezas. La ilustración interpretada muestra cómo están acomodados los bebés.

La frecuencia de fetos múltiples varía significativamente entre razas diferentes. En las mujeres blancas se producen gemelos en uno de cada 100 embarazos; en las mujeres negras, en uno de cada 79 embarazos. Ciertas áreas de África tienen una frecuencia increíblemente alta. En algunos lugares ¡nacen gemelos en uno de cada 20 nacimientos! Las mujeres hispanas también tienen un número más alto de partos gemelares que las mujeres blancas. La frecuencia entre los asiáticos es menos común: alrededor de uno de cada 150 nacimientos.

La herencia tiene también un papel importante en la frecuencia de aparición. En un estudio de gemelos bivitelinos, la probabilidad de que una gemela diera a luz a un par de gemelos era aproximadamente de uno de cada 58 nacimientos.

Tal vez la frecuencia sea más común de lo que sabemos. Frecuentemente, un examen ecográfico temprano revela dos sacos o dos embarazos. Ecografías posteriores de la misma mujer pueden mostrar que un saco (o un embarazo) ha desaparecido, mientras que el otro sigue creciendo y desarrollándose normalmente. Algunos investigadores creen que estos resultados ecográficos no deberían revelarse en las primeras 8 a 10 semanas de embarazo. Los padres que se enteran de que hay gemelos en ese momento, pueden angustiarse cuando saben después que uno de los bebés no nacerá.

Los trillizos nacen en uno de cada 8,000 partos. Muchos doctores nunca atendieron un parto de trillizos ni participaron en uno en toda su carrera. (El Dr. Curtis tuvo la fortuna de atender dos partos de trillizos.)

Algunas familias son más dichosas que otras. En un caso que conocemos, una mujer tuvo tres partos de un solo bebé. El cuarto embarazo fue de gemelos, y el quinto (un año después), ¡fue de trillizos! Ella y su esposo decidieron que hubiera un nuevo embarazo: se sorprendieron (y probablemente se sintieron aliviados) cuando del sexto embarazo nació un único bebé.

Medicamentos para la fecundidad, fecundación in vitro y embarazos múltiples. Desde hace mucho, hemos sabido que los fármacos para la fecundidad aumentan la posibilidad de embarazos múltiples. Para tratar la esterilidad relativa, se emplean fármacos diferentes. Cada uno afecta, en grados diferentes, las posibilidades de una mujer de concebir más de un feto. Uno de los fármacos más comunes es el citrato de clomifeno (Clomid), que aumenta la posibilidad de fetos múltiples un poco menos que otros fármacos. Pero siempre existe una mayor posibilidad.

Los gemelos son más comunes en embarazos que son el resultado del uso de fármacos para la fecundidad o de la implantación de más de un embrión durante la fecundación *in vitro*. El porcentaje de fetos masculinos disminuye a medida que aumenta el número de fetos por embarazo. Esto significa que en estos embarazos múltiples nacen más niñas.

Descubrir que está embarazada de más de un bebé. El diagnóstico de gemelos era más difícil antes de que existiera la ecografía. La ilustración de la página 328 muestra una ecografía de gemelos en la que se pueden ver partes de ambos fetos.

Es poco común descubrir embarazos gemelares con sólo escuchar dos latidos. Muchas personas creen que cuando se oye sólo un latido, no cabría la posibilidad de gemelos. Pero puede no ser así. Dos latidos rápidos pueden tener un ritmo similar o casi idéntico, en cuyo caso haría difícil determinar que hay dos bebés.

Es importante medir y examinar el abdomen durante el embarazo. Por lo común, un embarazo gemelar se nota durante el segundo trimestre porque la madre está demasiado grande y el crecimiento parece demasiado rápido para un embarazo único.

El mejor método para determinar si está embarazada de más de un bebé es el examen ecográfico. El diagnóstico también puede hacerse con radiografías después de 16 a 18 semanas de embarazo, cuando son visibles los esqueletos fetales. Sin embargo, este método se utiliza rara vez en la actualidad.

¿Tienen más problemas los embarazos múltiples? En los embarazos múltiples, aumenta la posibilidad de problemas. Los posibles problemas incluyen los siguientes:

- mayor riesgo de aborto
- muerte fetal
- anomalías fetales
- bajo peso al nacer o retraso de crecimiento
- preeclampsia

- problemas con la placenta, entre ellos, desprendimiento prematuro de placenta y placenta previa
- anemia materna
- hemorragias en la madre
- problemas con el cordón umbilical, por ejemplo, cuando se entrelazan o se enredan
- polihidramnios
- parto complicado por una presentación fetal anormal, por ejemplo presentación de nalgas o transversa
- trabajo de parto prematuro

Uno de los mayores problemas con los embarazos múltiples es el trabajo de parto prematuro. A medida que aumenta el número de fetos, disminuyen la duración de la gestación y el peso de cada bebé al nacer, aunque esto no sucede en todos los casos.

La duración promedio del embarazo gemelar es de alrededor de 37 semanas; el de trillizos, es de unas 35 semanas. Por cada semana que los bebés permanecen en el útero, aumenta su peso al nacer y la madurez de órganos y sistemas.

Las anomalías graves son más comunes en los embarazos múltiples que en los únicos. La frecuencia de malformaciones menores es dos veces más elevada de lo que es en un embarazo único. Las anomalías son más comunes entre gemelos univitelinos que entre gemelos bivitelinos.

Uno de los principales objetivos cuando se trata de fetos múltiples es continuar el embarazo lo más posible para evitar un trabajo de parto prematuro. Esto se puede lograr mejor mediante reposo. Probablemente no pueda realizar sus actividades normales durante todo el embarazo. Si su doctor le recomienda reposo, siga sus consejos.

El aumento de peso es importante en un embarazo múltiple. Aumentará más que las 25 a 35 libras normales, según el número de fetos que tenga. Es esencial el aporte complementario de hierro.

Algunos investigadores creen que el uso de *relajantes uterinos* (medicamentos para detener el trabajo de parto), como la ritodrina, es fundamental para prevenir el parto prematuro. (Véase la 29.ª semana.) Estos fármacos se emplean para relajar el útero, para evitar que entre en trabajo de parto prematuramente.

Siga las indicaciones del médico al pie de la letra. Cada día y cada semana que pueda mantener a los bebés en su vientre son días o semanas que no tendrá que visitarlos en una sala de cuidados intensivos para recién nacidos mientras crecen, se desarrollan y terminan su maduración.

Parir más de un bebé. A menudo, la manera en que nazcan los fetos múltiples depende de cómo estén acomodados en el útero. Las posibles complicaciones del trabajo de parto y del parto, además de la prematuridad, incluyen:

- presentaciones anormales (de nalgas o transversa)
- procidencia del cordón umbilical (el cordón umbilical sale antes que los bebés)
- desprendimiento prematuro de placenta
- sufrimiento fetal
- hemorragia después del parto

Como hay mayor riesgo durante el trabajo de parto y el parto, se toman precauciones antes del parto y durante el trabajo de parto. Esto incluye la necesidad de infusión intravenosa, la presencia de un anestesista, y la disponibilidad y posible presencia de pediatras u otro personal médico para hacerse cargo de los bebés.

Con los gemelos, pueden darse todas las combinaciones de posiciones fetales: ambos pueden presentarse de cabeza (vértice); pueden presentarse de *nalgas*, es decir, las nalgas o los pies adelante; pueden venir de lado u *oblicuos*, es decir, en un ángulo que no es ni de nalgas ni vértice. O pueden venir con cualquier combinación de las mencionadas. (Véase lo que se trata en la 38.ª semana sobre presentación en el parto.)

Cuando ambos gemelos vienen de cabeza, se puede intentar un parto vaginal y se puede lograr sin percances. Es posible que uno de los bebés nazca por vía vaginal. El segundo podría necesitar una cesárea si se da vuelta, si el cordón umbilical sale antes que la cabeza o si el bebé está sufriendo como consecuencia del nacimiento del primer feto. Algunos doctores creen que el parto de dos bebés o más requiere cesárea.

Después del nacimiento de dos o más fetos, los doctores prestan mucha atención a la hemorragia materna debida al rápido cambio en el tamaño del útero. Con más de un bebé se encuentra considerablemente distendido. Se da un fármaco por vía intravenosa, generalmente oxitocina (Pitocin), para que el útero se contraiga y se detenga la hemorragia, así la madre no pierde mucha sangre. Una pérdida considerable podría producir anemia y hace que sea necesaria una transfusión de sangre o un tratamiento a largo plazo con aporte complementario de hierro.

Cambios en usted

Hasta esta semana, las visitas al doctor probablemente han sido mensuales, a menos que tuviera complicaciones o problemas. En la 32.ª semana, casi todos los doctores comienzan a citar a la futura madre cada dos semanas, lo que continuará hasta que llegue al último mes de embarazo. En ese momento, es probable que las visitas sean semanales.

En este momento, tal vez conozca bastante bien a su doctor y se sienta cómoda hablando con él acerca de sus preocupaciones. Ahora es el momento de hacer preguntas y de discutir preocupaciones sobre el trabajo de parto y el parto. Si hay complicaciones o problemas más adelante o en el momento del parto, podrá comunicarse mejor con su doctor y saber qué está ocurriendo. Se sentirá cómoda con el cuidado que está recibiendo.

Tal vez su doctor planee hablar con usted acerca de muchas cosas en las semanas venideras, pero usted no siempre puede darlo por hecho. Tal vez usted esté tomando clases prenatales y esté oyendo cosas diferentes

Consejo para el Papá

Junto con su pareja, haga una lista con los números telefónicos importantes y téngala con usted. Incluya los números de su trabajo, del trabajo de su pareja, del hospital, del consultorio del médico, de un conductor de reserva, de una niñera u otros. También podría hacer una lista con los teléfonos de la gente a la que quiera llamar después del nacimiento de su bebé. Lleve esta lista al hospital.

sobre el trabajo de parto y el parto, como información sobre enemas, infusiones intravenosas y complicaciones. No tema hacer todas las preguntas que quiera. La mayoría de los doctores y las enfermeras están abiertos a sus preguntas; quieren que usted hable con ellos sobre lo que la inquieta, en vez de preocuparse innecesariamente.

Cómo afecta al desarrollo del bebé lo que usted hace

ᗐ Siga tomando las vitaminas prenatales

Las vitaminas y el hierro en las vitaminas prenatales siguen siendo esenciales para su bienestar y el de su bebé o bebés. Si está anémica en el momento del parto, un hemograma bajo puede tener un efecto negativo en ambos o en todos. La posibilidad de que necesite una transfusión sanguínea podría ser más alta. ¡Siga tomando sus vitaminas prenatales todos los días!

Nutrición

Si está esperando más de un bebé, su nutrición y el aumento de peso son muy importantes durante el embarazo. Los alimentos son la mejor fuente de nutrientes y de calorías, pero también es importante que tome su vitamina prenatal todos los días. Si no aumenta de peso al principio del embarazo, tiene mayores posibilidades de desarrollar preeclampsia. Además, los bebés podrían ser pequeños.

> ### Consejo para la 32.ª Semana
> Sus necesidades de calorías, proteínas, vitaminas y minerales aumentan si está esperando más de un bebé. Necesitará comer unas 300 calorías diarias más *por bebé* que en un embarazo normal. Para obtener ideas sobre cómo añadir esas 300 calorías, véase la 15.ª semana.

Si está esperando gemelos, el peso que debería aumentar (para una mujer de peso normal) es de unas 45 libras. No se alarme cuando su doctor le diga lo que tiene que aumentar. Los estudios muestran que si una mujer aumenta el peso esperado para un embarazo múltiple, los bebés son, por lo general, más sanos.

¿Cómo puede aumentar la cantidad de peso que necesita? Si sólo añade calorías adicionales, no se beneficiarán ni usted ni los bebés en desarrollo. La comida chatarra, llena de calorías sin valor nutritivo, tampoco agrega mucho. Obtenga esas calorías de fuentes específicas. Por ejemplo, es importante que todos los días coma una porción más de lácteos y una más de proteínas. Estas dos porciones le proporcionan el calcio, las proteínas y el hierro adicionales que requiere para satisfacer las necesidades de los bebés. Discuta la situación con su médico; tal vez le sugiera que consulte con un nutricionista.

Lo que también debería saber

✎ *Hemorragia puerperal*

Es normal perder sangre durante el trabajo de parto y el parto. Sin embargo, una hemorragia puerperal importante es diferente y significativa. La hemorragia puerperal es una pérdida de sangre superior a 17 onzas (500 ml) en las primeras 24 horas después del nacimiento del bebé.

Puede haber muchas razones para una hemorragia puerperal. Las más comunes incluyen un útero que no se contrae y el desgarro de la vagina o del cuello del útero durante el parto.

Otras causas incluyen un traumatismo del aparato genital, como una episiotomía grande o sangrante, o una rotura, un orificio o un desgarro en el útero. La pérdida de sangre puede relacionarse con la insuficiencia de los vasos sanguíneos para comprimirse y detener la hemorragia dentro del útero (donde la placenta estaba unida). Esto ocurre si el útero no puede contraerse debido a un trabajo de parto rápido, un trabajo de parto que toma mucho tiempo, varios partos anteriores, una infección uterina, un útero muy distendido (con fetos múltiples) o a determinados fármacos empleados para la anestesia general.

La hemorragia intensa puede ser también el resultado de una retención de tejido placentario. En este caso, se expulsa casi toda la placenta, pero parte de ella permanece dentro del útero. La retención de tejido placentario puede hacer que sangre inmediatamente, o que la hemorragia aparezca semanas o, incluso, meses más tarde.

Los problemas de coagulación pueden causar hemorragias. Pueden estar relacionados con el embarazo; o puede ser un problema médico congénito. La hemorragia posterior a un parto requiere atención constante por parte de su doctor y las enfermeras que la cuidan.

33.ª Semana

Edad del feto: 31 semanas

¿Qué tamaño tiene el bebé?

Esta semana, el bebé pesa unas 4 ½ libras (2 kg). La longitud de coronilla a nalgas es de unas 12 pulgadas (30 cm) y la longitud total es de casi 19 ½ pulgadas (43 cm).

¿Qué tamaño tiene usted?

Midiendo desde la sínfisis púbica, la parte superior del útero ahora está a unas13 ¼ pulgadas (33 cm). La medida desde el ombligo hasta la parte superior del útero es de unas 5 ¼ pulgadas (13 cm). El aumento total de peso debe estar entre las 22 y las 28 libras (9.9 y 12.6 kg).

Cómo crece y se desarrolla el bebé

Desprendimiento prematuro de placenta
La ilustración de la página contigua muestra un desprendimiento de placenta, que es la separación prematura de ésta de la pared del útero. Normalmente, la placenta no se separa del útero sino hasta después de nacido el bebé. La separación antes del parto puede ser muy grave.

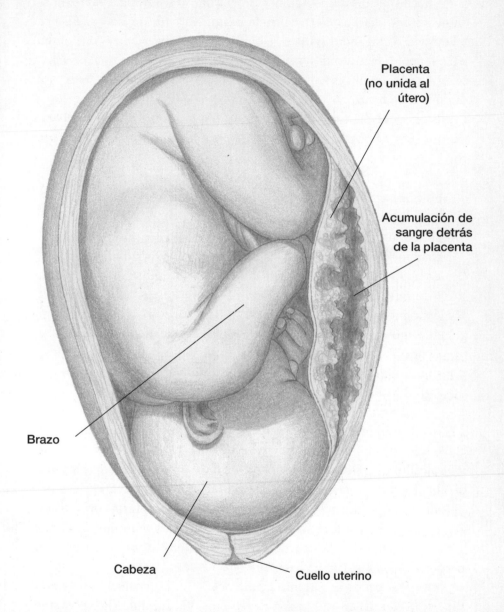

Placenta
(no unida al
útero)

Acumulación de
sangre detrás
de la placenta

Brazo

Cabeza

Cuello uterino

Esta ilustración de un desprendimiento prematuro de placenta muestra
cómo ésta se ha separado de la pared del útero.

La frecuencia del desprendimiento placentario se estima en aproximadamente uno de cada 80 trabajos de parto. No tenemos una estadística más exacta debido a que varía el tiempo de separación, alterando el riesgo para el feto. Si la placenta se separa en el momento del parto y el bebé nace sin incidentes, no es tan significativo como una placenta que se separa durante el embarazo.

No se conoce la causa del desprendimiento prematuro de placenta. Ciertos trastornos pueden aumentar la posibilidad de que ocurra, entre ellos:

- lesión física en la madre, como un accidente automovilístico o una mala caída
- cordón umbilical corto
- cambio repentino en el tamaño del útero (por la ruptura de la bolsa de las aguas)
- hipertensión
- deficiencia en la dieta
- una anomalía del útero, como una banda de tejido o una cicatriz donde la placenta no se puede unir correctamente
- una cirugía previa en el útero (fibromectomía) o una dilatación y legrado por un aborto provocado o espontáneo.

Los estudios indican que la deficiencia de ácido fólico puede incidir en el desprendimiento placentario. Otros sugieren que el consumo de tabaco y de alcohol por parte de la madre puede hacer que una mujer tenga más posibilidades de tener desprendimiento prematuro de placenta.

La mujer que ha tenido un desprendimiento placentario corre mayor riesgo de que se repita. Se ha calculado que el índice de frecuencia llega a ser de hasta el 10%. Esto puede hacer que un embarazo posterior a un desprendimiento sea un embarazo riesgoso.

La separación de la placenta puede ocasionar la separación parcial o total de la pared uterina. El caso se vuelve más grave cuando la placenta se separa del todo de la pared. El feto depende por completo de la circulación desde la placenta. Con la separación, no recibe sangre del cordón umbilical, que está unido a la placenta.

Síntomas de desprendimiento prematuro de placenta. Los síntomas de desprendimiento prematuro de placenta pueden variar mucho. Puede haber una gran hemorragia vaginal, o puede no haber hemorragia. La ilustración de la página 337 muestra una hemorragia detrás de la placenta con separación total.

La ecografía puede ser útil en el diagnóstico de este problema, aunque no siempre es exacto. Esto es particularmente cierto si la placenta se encuentra en la superficie posterior del útero, donde no se puede ver con facilidad durante un examen ecográfico.

Otros síntomas incluyen dolor en la parte baja de la espalda, dolorimiento de útero o del abdomen, y contracciones o tensión del útero. De la variedad de síntomas asociados con el desprendimiento prematuro de placenta, los siguientes son los más comunes.

- La hemorragia vaginal ocurre aproximadamente en el 75% de los casos.
- El dolorimiento del útero se presenta aproximadamente el 60% de las veces.
- El sufrimiento fetal o los problemas con la frecuencia cardíaca fetal ocurren aproximadamente el 60% de las veces.
- La tensión o la contracción del útero ocurre aproximadamente el 34% de las veces.
- El trabajo de parto prematuro ocurre aproximadamente en el 20% de los casos.

Con la separación de la placenta pueden ocurrir problemas graves, como un choque, que ocurre por la pérdida rápida de grandes cantidades de sangre. También puede ser un problema la coagulación intravascular, en la que se desarrolla un gran coágulo. Los factores que coagulan la sangre pueden estar agotados, lo que hace que la hemorragia se vuelva un problema.

¿Se puede tratar el desprendimiento prematuro de placenta? El tratamiento del desprendimiento prematuro de placenta varía, según la habilidad para diagnosticarlo y el estado de la madre y el bebé. Con una hemorragia intensa, puede ser necesario hacer nacer al bebé.

Cuando la hemorragia es más lenta, el problema puede tratarse con un enfoque más conservador. Esto depende de si el bebé está sufriendo y de si parece que está en peligro inmediato.

El desprendimiento prematuro de placenta es uno de los problemas más graves relacionados con el segundo y el tercer trimestre de embarazo. Si usted tiene cualquiera de los síntomas, ¡llame a su médico de inmediato!

Cambios en usted

∾ *¿Cómo sabrá que se han roto las membranas?*

¿Cómo sabrá cuando rompa aguas? Por lo general, no es sólo un chorro de líquido, sin goteo posterior. A menudo sale un chorro de líquido amniótico, generalmente seguido de un goteo de pequeñas cantidades de líquido. Las mujeres lo describen como una humedad constante o como agua que corre por las piernas cuando están de pie. Este goteo *continuo* de líquido es un buen indicio de que ha roto aguas.

Por lo general, el líquido amniótico es claro y acuoso. Ocasionalmente puede tener apariencia sanguinolenta, o puede ser amarillo o verde.

No es raro que tenga un aumento del flujo vaginal o que pierda orina en pequeñas cantidades cuando el bebé le presiona la vejiga. Pero hay formas de que su doctor sepa si rompió aguas. Se pueden realizar dos pruebas en el líquido amniótico.

Una es la *prueba de nitrazina*. Cuando se deposita líquido amniótico en una pequeña tira de papel, éste cambia de color. Este examen se basa en la acidez o pH del líquido amniótico. Sin embargo, también la sangre puede cambiar el color del papel de nitrazina, aun cuando no haya roto aguas.

Otra prueba que se puede hacer es la *prueba del helecho*. Se toma líquido amniótico o líquido de la parte posterior de la vagina con un hisopo y se coloca en un portaobjetos para examinarlo al microscopio. El líquido amniótico seco tiene la apariencia de un helecho o de ramas de pino. Este análisis es frecuentemente más útil para diagnosticar membranas rotas que el cambio de color en el papel de nitrazina.

¿Qué hacer cuando rompe aguas? Las membranas se pueden romper en cualquier momento del embarazo; no suponga que sucederá sólo cerca del momento del trabajo de parto.

Si cree que ha roto aguas, avísele al doctor. Evite por ahora toda relación sexual, ya que aumenta la posibilidad de introducir una infección en el útero y, por consiguiente, en el bebé.

Cómo afecta al desarrollo del bebé lo que usted hace

ꝺ *Continúa el aumento de peso*

Usted sigue aumentando de peso a medida que avanza el embarazo. Tal vez esté aumentando con mayor rapidez que en cualquier otro momento durante la gestación. Sin embargo, no es *usted* la que está engordando la mayor parte de este peso: ¡es el bebé! El bebé está pasando por un período de aumento del crecimiento y ¡puede estar engordando hasta 8 onzas (½ libra; 224 g) o más por semana!

Siga comiendo los alimentos correctos. Ahora la acidez puede ser más que un problema, porque el bebé, que está creciendo, no le deja mucho espacio a su estómago. Si ingiere pequeñas cantidades de comida varias veces al día, en vez de tres comidas grandes, se sentirá más cómoda.

Nutrición

Ya conoce la importancia de comer una dieta bien equilibrada durante el embarazo. Comer frutas y verduras frescas, productos lácteos, productos integrales y proteínas contribuye al sano desarrollo del bebé. Tal vez esté preocupada por los alimentos que debe evitar. Algunos alimentos se pueden comer cuando no está embarazada, pero deben evitarse ahora.

Cuando sea posible, evite los aditivos alimentarios. No estamos seguros de cómo pueden afectar al bebé, pero si puede evitarlos, hágalo. También tenga cuidado con los plaguicidas. Lave y seque cuidadosamente todas las frutas y las verduras antes de comerlas o prepararlas, aunque no suela comer la cáscara. Si no se lava las manos, podrían quedar contaminantes en ellas. Pele la fruta y la verdura *después* de

Consejo para la 33.ª Semana No deje de comer ni comience a saltarse comidas cuando aumente de peso. Tanto usted como su bebé necesitan todas las calorías y toda la nutrición que recibe de una dieta sana.

lavarla, si ésa es la forma en que suele comerla. También sirve sacar un poco más de la fruta que podría estar contaminada.

Evite los pescados que podrían estar contaminados con BPC. (Para obtener mayor información, véase la semana 26.) Compre el pescado sólo en mercados de confianza, o coma los que se hayan pescado sólo en áreas sin contaminación. Tenga cuidado con los alimentos que consume, para proteger al bebé en gestación.

Lo que también debería saber

↬ *¿Realizará el doctor una episiotomía?*

La *episiotomía* es una incisión que se hace desde la vagina en dirección al recto durante el parto para evitar un desgarro innecesario de la zona a medida que la cabeza del bebé atraviesa la vía de parto. Puede ser un corte directamente en la línea media hacia el recto, o puede ser un corte hacia el lateral. Después del nacimiento del bebé, las capas se cierran por separado con sutura reabsorbible para que no sea necesario quitarlas después de que cicatricen.

No es mucho lo que usted puede hacer si necesita una episiotomía. Algunas personas practican y enseñan el estiramiento de la vía de parto y creen en él durante la dilatación y en el momento del trabajo de parto para tratar de evitar una episiotomía. Puede funcionar con algunas mujeres, pero no con todas. Otras personas sugieren hacer una episiotomía para evitar el estiramiento de la vagina, la vejiga y el recto. El estiramiento de la vagina puede dar como resultado la pérdida del control de la orina o del intestino y puede cambiar las sensaciones durante las relaciones sexuales.

Por lo general, la razón para hacer una episiotomía se hace evidente en el parto, cuando la cabeza del bebé se encuentra en la vagina. La episiotomía es un corte controlado,

Consejo para el Papá ¿Es seguro su hogar para el bebé nuevo? Las cosas que debe tomar en cuenta al pensar en la seguridad incluyen las mascotas, los muebles, el humo de cigarrillo, las cortinas o cualquier otra cosa que haya en su casa que pudiera representar un peligro para el pequeño. Empiece ahora a revisar en busca de problemas así tiene tiempo de solucionarlos antes de la llegada del bebé.

recto y limpio. Es mejor que un desgarro o una rasgadura que podría ir en muchas direcciones, incluidos el desgarro o la rasgadura de la vejiga, de grandes vasos sanguíneos o del recto. Además, una episiotomía cicatriza mejor que un desgarro irregular.

Pregúntele a su médico si cree que usted puede necesitar una episiotomía, y discutan por qué es necesaria. Averigüe si sería un corte en el medio o hacia un costado de la vagina. También podría preguntar si hay algo que usted pueda hacer para prepararse para esta posibilidad, como hacerse un enema o estirar la vagina. Si en el parto se usa una ventosa o fórceps, se puede realizar una episiotomía antes de colocar el dispositivo en la cabeza del bebé.

La descripción de la episiotomía también incluye una descripción de la profundidad de la incisión.

- Una episiotomía *de primer grado* sólo corta la piel.
- Una episiotomía de *segundo grado* corta la piel y tejido subyacente.
- Una episiotomía *de tercer grado* corta la piel, el tejido subyacente y el esfínter rectal, que es el músculo que rodea el ano.
- Una episiotomía *de cuarto grado* atraviesa las tres capas y la mucosa rectal.

La parte más dolorosa de toda la experiencia del parto podría ser una episiotomía, ya que puede seguir causando algunas molestias a medida que cicatriza. No tema pedir medicamentos para calmar los dolores. Hay muchos fármacos inocuos que usted puede usar, aun cuando esté amamantando al bebé, incluido el paracetamol (acetaminofeno). Para calmar el dolor, también puede recetarse el paracetamol con codeína u otros fármacos.

34.ª Semana

Edad del feto: 32 semanas

¿Qué tamaño tiene el bebé?

Esta semana, el bebé pesa casi 5 libras (2.28 kg). La longitud de coronilla a nalgas es de unas 12 ¾ pulgadas (32 cm) y la longitud total es de 19 ¾ pulgadas (44 cm).

¿Qué tamaño tiene usted?

Midiendo desde el ombligo hasta la parte superior del útero, hay unas 5 ½ pulgadas (14 cm). Desde la sínfisis púbica, usted medirá unas 13 ½ pulgadas (34 cm).

No es importante que sus medidas concuerden con las de sus amigas en momentos similares del embarazo. Lo que sí importa es que usted esté creciendo apropiadamente y que su útero crezca y se agrande con un ritmo apropiado. Éstas son las señales de crecimiento normal del bebé que está dentro de su útero.

Consejo para la 34.ª Semana

Una tira de papel, una cinta adhesiva o una venda ayudan a cubrir un ombligo sensible o antiestético (se asoma a través de la ropa).

Cómo crece y se desarrolla el bebé

☙ *Examinar al bebé antes del nacimiento*

Una prueba ideal realizada antes del parto determinaría si el feto está sano. Podría detectar importantes anomalías fetales o esfuerzo fetal, lo que indicaría un problema inminente.

La ecografía logra alguno de estos objetivos, permitiendo que los médicos observen al bebé dentro del útero y evalúen el cerebro, el corazón y otros órganos del feto. Junto con el examen ecográfico, el control fetal mediante una cardiotocografía en reposo y una cardiotocografía con contracciones puede indicar bienestar o problemas fetales. (Para obtener mayor información sobre la cardiotocografía en reposo y la cardiotocografía con contracciones, véase la semana 41.)

Cambios en usted

☙ *¿Descenderá el bebé?*

Unas semanas antes de que empiece el trabajo de parto o cuando empieza, usted puede notar un cambio en el abdomen. Cuando la examina el médico, la medición desde el ombligo o desde la sínfisis púbica hasta la parte superior del útero puede ser menor que la que notó en la visita anterior. Este fenómeno ocurre a medida que la cabeza del bebé entra en la vía de parto. A menudo ese cambio se conoce como *encajamiento*.

No se preocupe si no observa este encajamiento o un descenso del feto; esto no siempre ocurre en todas las mujeres ni en todos los embarazos. Además, es común que el bebé descienda justo antes de que empiece el trabajo de parto o durante su transcurso.

Con el encajamiento, puede experimentar beneficios y problemas. Un beneficio es un mayor espacio en la parte superior del abdomen. Esto le da más espacio para respirar porque los pulmones tienen más lugar para expandirse. No obstante, con el descenso del bebé, puede notar más presión en la pelvis, la vejiga y el recto, lo que la puede incomodar todavía más.

En algunos casos, el médico puede examinarla y decirle que su bebé "no está en la pelvis" o que "está alto". Lo que quiere decir es que el bebé todavía no ha descendido hacia la vía de parto. Sin embargo, esta situación puede cambiar con mucha rapidez.

Si el doctor dice que el bebé está "flotando" o "peloteando", quiere decir que parte del bebé está alto en la vía de parto, pero que no está encajado (fijo) en este momento. Incluso puede alejarse de los dedos del doctor cuando la examina.

↬ *Sensaciones incómodas que puede experimentar*

En este punto del embarazo, algunas mujeres tienen la incómoda sensación de que el bebé va a "caerse". Esta sensación está relacionada con la presión que el bebé ejerce porque ha descendido en la vía de parto. Algunas mujeres la describen como un aumento de presión.

Si está inquieta o preocupada por esto, consúltelo con el médico. Puede ser un motivo para realizar un examen pélvico, para comprobar qué tan baja se encuentra la cabeza del bebé. En casi todos los casos, el bebé no saldrá. Pero como está en una posición más baja que aquélla a la que está acostumbrada, el bebé ejercerá más presión de la que ha notado durante las recientes semanas.

Alrededor de esta semana, puede presentarse otra sensación asociada con el aumento de la presión. Algunas mujeres la han descrito como una sensación de "hormigueo". La sensación es de cosquilleo, presión o adormecimiento en la pelvis o región pélvica por la presión del bebé. Es un síntoma común y no debería preocuparla.

Estas sensaciones pueden no aliviarse hasta el parto. Puede recostarse de costado para ayudar a disminuir la presión en la pelvis y en los nervios, los vasos sanguíneos y las arterias del área pélvica. Si el problema es grave, háblelo con su doctor.

↬ *Contracciones de Braxton-Hicks y trabajo de parto falso*

Pregunte a su médico cuáles son las señales de las contracciones de trabajo de parto; por lo general, son regulares. Aumentan su duración e intensidad con el tiempo. Con las contracciones del trabajo de parto real notará un ritmo regular. Podría tomarles el tiempo para saber su frecuencia y su duración. El momento de ir al hospital depende en parte de sus contracciones.

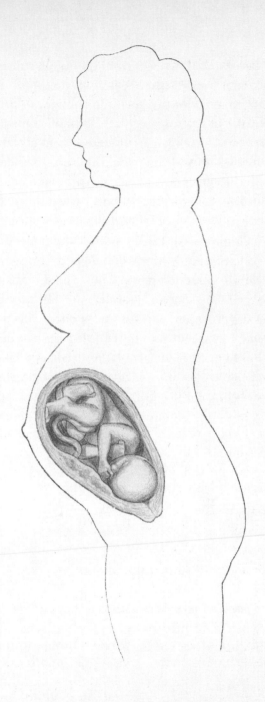

Tamaño comparativo del útero a las 34 semanas de embarazo (edad fetal: 32 semanas). El útero se puede sentir a unas 5 ¾ pulgadas (14 cm) por encima del ombligo.

Las *contracciones de Braxton-Hicks* son contracciones indoloras y arrítmicas que puede llegar a sentir cuando coloca la mano sobre su abdomen. Estas contracciones a menudo comienzan pronto en el embarazo y se sienten a intervalos irregulares. Pueden aumentar en número y en intensidad cuando se masajea el útero. Como el trabajo de parto falso, no son señales positivas de un trabajo de parto verdadero.

Frecuentemente, el trabajo de parto falso ocurre antes de que empiece el verdadero. Las contracciones del parto falso pueden ser dolorosas y a usted puede parecerle que es el verdadero parto. Vea la tabla que está más adelante.

En la mayoría de los casos, las contracciones del trabajo de parto falso son irregulares y, por lo general, duran poco (menos de 45 segundos). La molestia de la contracción puede sentirse en diversas partes del cuerpo, como la ingle, el bajo vientre o la espalda. Con el parto verdadero, las contracciones uterinas provocan un dolor que se inicia en la parte superior del útero y se irradia a todo el útero, a través de la parte baja de la espalda hacia la pelvis.

Por lo general, el parto falso sucede al final del embarazo. Parece más frecuente en las mujeres que ya han estado embarazadas y, dado a luz a otros bebés. Por lo general, termina con la misma rapidez con que empieza, y no parece representar peligro alguno para el bebé.

¿Parto o trabajo de parto falso?

Consideraciones	Trabajo de Parto	Trabajo de parto falso
Contracciones	Regulares	Irregulares
Tiempo entre contracciones	Se va acortando	No se acorta
Intensidad de las contracciones	Aumenta	No cambia
Localización de las contracciones	Abdomen completo	Varios lugares o la espalda
Efecto de la anestesia o de los analgésicos	No detienen el trabajo de parto	La sedación puede detener o alterar la frecuencia de las contracciones
Cambio del cuello del útero	Cambio progresivo del cuello uterino (borrado y dilatación)	No hay cambios

Cómo afecta al desarrollo del bebé lo que usted hace

El final del embarazo comienza con el trabajo de parto. A algunas mujeres les preocupa (¡o esperan!) que lo que hagan pueda causar el inicio del trabajo de parto. No son ciertos los viejos cuentos que dicen que un viaje por caminos con baches o una larga caminata inicien el trabajo de parto.

Sí sabemos que el coito y el estímulo de los pezones pueden iniciarlo en algunos casos, pero no es cierto en todas las mujeres. Hacer sus tareas diarias (a menos que el médico le haya ordenado guardar reposo) no iniciarán el trabajo de parto antes de que su bebé esté preparado para nacer. En las siguientes semanas, seguiremos hablando de lo que es el trabajo de parto y de los muchos temas relacionados con este acontecimiento culminante.

Nutrición

ᔇ Control del colesterol

Durante el embarazo, controlar el nivel de colesterol es una pérdida de tiempo y esfuerzo. La colesterolemia aumenta durante el embarazo debido a los cambios hormonales. Espere hasta después del nacimiento del bebé o a que haya dejado de amamantar para controlar el colesterol.

ᔇ Un refrigerio rico en vitaminas

Cuando esté buscando algo para hacer un refrigerio, no pensaría en una papa al horno, ¡pero es un refrigerio excelente! Al comer una papa, usted obtiene proteínas, fibra, calcio, hierro, vitamina B y vitamina C. Hornee algunas y guárdelas en el refrigerador. Caliente una cuando sienta hambre. Otro alimento rico en vitaminas es el brócoli. ¡Añádalo a la papa al horno, y cúbralos con un poco de yogur natural, queso cottage o crema ácida sin grasa para tener un bocadillo delicioso!

Consejo para el Papá Regístrense previamente en el hospital para ahorrar tiempo e inconvenientes cuando finalmente lleguen allí para el nacimiento del bebé. Pida a su pareja que se informe en el consultorio del doctor, o pregunten en las clases prenatales. Si su médico o instructor prenatal no sabe, llame al hospital y pregunte.

Lo que también debería saber

↔ ¿Qué es un "flujo sanguinolento"?

A menudo, después de un examen vaginal o con el inicio del trabajo de parto y las primeras contracciones, se puede perder una pequeña cantidad de sangre. Esto se llama *flujo sanguinolento*; puede ocurrir cuando el cuello del útero se estira y se dilata. No debería perder mucha sangre, pero si le causa preocupación o le parece una gran cantidad, llame a su doctor de inmediato.

Junto con un flujo sanguinolento, usted puede expulsar un tapón mucoso al principio del trabajo de parto. Esto es distinto a que se rompa la bolsa de las aguas (membranas rotas). Tenga presente que la expulsión de este tapón mucoso no necesariamente significa que usted tendrá pronto a su bebé o, incluso, que entrará al trabajo de parto en las próximas horas. No representa peligro ni para usted ni para su bebé.

↔ Tomar el tiempo a las contracciones

A la mayoría de las mujeres les enseñan en las clases prenatales, o se lo enseña el médico, a tomar el tiempo de las contracciones durante el trabajo de parto. Para determinar la duración de una contracción, comience a tomar el tiempo cuando empieza la contracción y termine cuando la contracción se interrumpe y desaparece.

Es importante también saber con qué frecuencia ocurren las contracciones. Hay mucha confusión alrededor de esto. Usted puede elegir entre dos métodos. Pregúntele a su médico cuál prefiere.

- Anote el período de tiempo desde cuando se inicia una contracción hasta que empieza la siguiente contracción. Este método es el más usado y el más confiable.
- Anote el período de tiempo desde cuando termina una contracción hasta que inicia la siguiente.

Es útil que usted y su compañero o el asistente del trabajo de parto tomen el tiempo de las contracciones antes de llamar al médico o al hospital. Es probable que su doctor quiera saber con qué frecuencia ocurren y cuánto dura cada una. Con esta información, puede decidir cuándo debería ir al hospital.

35.ª Semana

Edad del feto: 33 semanas

¿Qué tamaño tiene el bebé?

Ahora el bebé pesa más de 5 ½ libras (2.5 kg). En esta semana de embarazo, la longitud de coronilla a nalgas es de unas 13 ¼ pulgadas (33 cm). La longitud total es de 10 ¼ pulgadas (45 cm).

¿Qué tamaño tiene usted?

Midiendo desde el ombligo, ahora hay unas 6 pulgadas (15 cm) hasta la parte superior del útero. Midiendo desde la sínfisis púbica, la distancia es de unas 14 pulgadas (35 cm). En esta semana, el aumento total de peso debe estar entre las 24 y las 29 libras (10.8 y 13 kg).

Consejo para el Papá En una visita prenatal, hable con el doctor sobre su papel durante el nacimiento. Puede haber ciertas cosas que le gustaría hacer, como cortar el cordón umbilical o filmar el nacimiento del bebé. Es más fácil hablar sobre estos temas por adelantado. No todos los futuros padres quieren un papel activo durante el nacimiento. Eso también está bien.

Cómo crece y se desarrolla el bebé

✏ ¿Cuánto pesa el bebé?

Probablemente ha preguntado a su doctor varias veces qué tamaño tiene el bebé y cuánto pesará al nacer. Después de la pregunta por el sexo del bebé, ésta es la pregunta más frecuente.

Usted está engordando. Ese tamaño se debe al crecimiento del bebé y de la placenta, así como al aumento de la cantidad de líquido amniótico. Todos estos factores hacen más difícil el cálculo del peso fetal.

Uso de la ecografía para calcular el peso fetal. La ecografía se puede emplear para calcular el peso fetal, pero también puede haber errores en los cálculos, y los hay. Ha mejorado la exactitud del pronóstico con esta técnica, y hacer un cálculo preciso puede ser valioso.

Para calcular el peso del bebé, se utilizan varias determinaciones en una fórmula o un programa de computadora, incluidos el diámetro y la circunferencia de la cabeza del bebé, la circunferencia del abdomen, la longitud del fémur y, en algunos casos, otras mediciones fetales.

Muchas personas sienten que la ecografía es el método de elección para calcular el peso fetal, pero incluso con este método, los cálculos pueden variar hasta media libra o más (225 g) hacia arriba o hacia abajo.

¿Pasará el bebé por la vía de parto? Incluso con el cálculo del peso fetal, ya sea realizado por su doctor o por medio de una ecografía, no podemos decir si el bebé es demasiado grande, o si usted necesitará una cesárea. Por lo general, es necesario que entre en el trabajo de parto para poder ver cómo cabe el bebé en la pelvis y si hay espacio para que pase por la vía de parto.

En algunas mujeres que parecen tener un tamaño promedio o mejor que el promedio, no pasa por la pelvis un bebé de 6 o 6 ½ libras (2.7 y 2.9 kg). La experiencia también ha demostrado que las mujeres que parecen menudas a veces son capaces de parir bebés de 7 ½ libras (3.4 g) o más sin mucha dificultad. La prueba o el método mejor para evaluar si el bebé nacerá por vía vaginal, es el trabajo de parto.

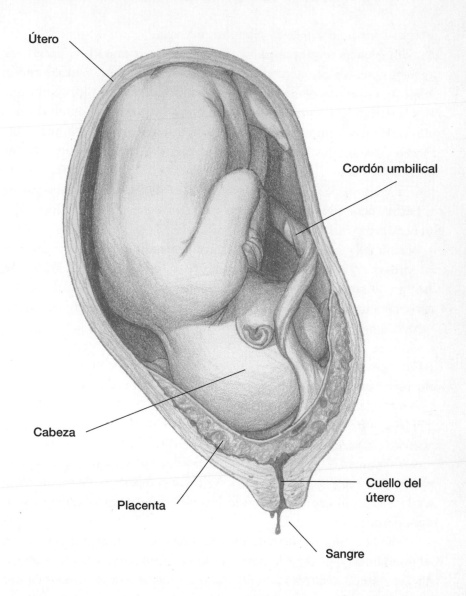

Útero

Cordón umbilical

Cabeza

Cuello del
útero

Placenta

Sangre

En esta ilustración de una placenta previa, note cómo la placenta cubre
completamente la abertura cervicouterina hacia el útero. (Para obtener
mayor información, véase la página 356.)

Cambios en usted

ᕁ Cambios emocionales al final del embarazo

A medida que se acerca al parto, usted y su pareja pueden volverse más ansiosos por los acontecimientos que ocurrirán. Incluso usted puede tener más cambios de humor, lo que parece ocurrir sin ninguna razón. Puede volverse más irritable, lo que provoca bastante tensión en la relación. Tal vez se inquiete por cosas insignificantes o sin importancia. Durante las últimas semanas de embarazo, puede también aumentar su preocupación por la salud y bienestar del bebé. Esto incluye preocupaciones acerca de si podrá o no tolerar el trabajo de parto y cómo pasará el parto. Puede estar preocupada de si será buena madre o si podrá criar a su bebé debidamente.

Mientras todas estas emociones rugen dentro de usted, notará que está engordando y que no puede hacer las cosas que solía hacer. Tal vez se sienta más incómoda, y quizás no duerma bien. Todo esto puede conjugarse para hacer que sus emociones oscilen desenfrenadamente de uno a otro extremo.

¿Cómo puede encarar estos cambios? Los cambios emocionales son normales; no se sienta como si estuviera sola. Otras embarazadas y sus parejas tienen las mismas preocupaciones.

Hable con su compañero acerca de sus preocupaciones. Cuéntele cómo se siente y qué está sucediendo. Tal vez le sorprenda enterarse de las preocupaciones que él tiene con respecto a usted, al bebé y a su papel durante el parto. Al hablar acerca de estas cosas, a su pareja le puede resultar más fácil entender lo que está sintiendo, incluidos los cambios de humor y los episodios de llanto.

Hable con su médico sobre los problemas emocionales; puede tranquilizarla con respecto a la normalidad de lo que experimenta. Aproveche las clases prenatales y la información disponible acerca del embarazo y el parto.

Pueden ocurrir cambios emocionales, así que esté preparada para ellos. Pida a su compañero, a la enfermera del consultorio y a su doctor, que la ayuden a comprender lo que es normal y qué se puede hacer con los cambios de humor.

Cómo afecta al desarrollo del bebé lo que usted hace

❧ Prepararse para el nacimiento del bebé

En este momento, tal vez esté un poco nerviosa por el nacimiento del bebé. Podría estar asustada por no saber cuándo será el momento de llamar al médico o de ir al hospital. No vacile en hablarlo con su doctor en alguna de sus visitas; le indicará a qué señales debe estar alerta. En las clases prenatales debe aprender también a reconocer las señales del trabajo de parto y a saber cuándo debe llamar al doctor o ir al hospital.

La bolsa de las aguas se puede romper antes de que entre al trabajo de parto. En la mayoría de los casos, notará un chorro de líquido seguido de un goteo constante. (Véase la 33.ª semana.)

Durante las últimas semanas de embarazo, tenga preparada la maleta. En la 36.ª semana, hay una lista con sugerencias útiles, así tendrá todas las cosas que necesite cuando vaya al hospital.

Si puede, visite las instalaciones del hospital unas semanas antes de la fecha prevista de parto. Averigüe adónde ir y lo que tiene que hacer al llegar.

Hable con su pareja sobre las mejores maneras de localizarlo cuando crea que entró al trabajo de parto. Probablemente la manera más fácil de estar en contacto es que cualquiera de ustedes tenga un teléfono celular. Podría pedirle que la llame periódicamente. También es común que él use un localizador si no suele estar cerca de un teléfono, en especial durante las últimas semanas del embarazo.

Pregunte a su doctor qué debe hacer si cree que entró en el trabajo de parto. ¿Es mejor llamar al consultorio? ¿Debe ir directamente al hospital? ¿Debe llamar al servicio de mensajería telefónica? Al saber qué hacer y cuándo hacerlo, podrá relajarse y no se preocupará tanto por el comienzo del trabajo de parto y del parto.

Registro previo en el hospital. Durante el embarazo, su médico ha anotado varias cosas que han sucedido. Por lo general, se conserva una copia de su historia clínica en el área de parto.

Puede ser muy útil y puede ahorrarle tiempo si se registra en el hospital unas semanas antes de la fecha de parto. Podrá hacerlo utilizando los formularios que puede obtener en el consultorio de su doctor o en el hospital.

Conviene hacerlo antes de ir al hospital en trabajo de parto, pues para entonces puede tener prisa o estar preocupada por otras cosas.

Usted debe conocer determinados aspectos que pueden no estar incluidos en su historia clínica:

- su grupo sanguíneo y el factor Rh
- cuándo fue su última menstruación y cuál es su fecha de parto
- detalles sobre otros embarazos, incluidas las complicaciones
- el nombre de su doctor
- el nombre de su pediatra.

Nutrición

Su cuerpo sigue necesitando grandes cantidades de vitaminas y minerales para el desarrollo del bebé. ¡Y va a necesitar aún más si decide amamantar! En la siguiente página encontrará una tabla que le muestra las necesidades diarias de vitaminas y minerales durante el embarazo y la lactancia. Es importante que se dé cuenta de lo necesario que es para usted y el bebé que continúe con una buena nutrición.

Lo que también debería saber

¿Qué es la placenta previa?

Con la *placenta previa*, la placenta se ubica cerca del cuello del útero o lo cubre. Este problema no es común; sucede en uno de cada 170 embarazos. La ilustración de la página 353 muestra una placenta previa.

La placenta previa es grave debido a la posibilidad de una hemorragia intensa, que puede ocurrir durante el embarazo o el trabajo de parto.

No se conoce del todo la causa de la placenta previa. Entre los factores de riesgo que aumentan las posibilidades de una placenta previa se incluyen una cesárea anterior, muchos embarazos previos y una mayor edad de la madre.

Síntomas de la placenta previa. El síntoma más característico de la placenta previa es una hemorragia indolora sin contracciones uterinas. Por lo general, esto no sucede sino hasta cerca del final del segundo

Necesidades nutritivas durante el embarazo y la lactancia

Vitaminas y minerales	Durante el embarazo	durante la lactancia
A	800 mcg	1300 mcg
Ácido fólico (B$_9$)	400 mcg	280 mcg
B$_1$ (tiamina)	1.5 mg	1.6 mg
B$_2$ (riboflavina)	1.6 mg	1.8 mg
B$_3$ (niacina)	17 mg	20 mg
B$_6$	2.2 mg	2.2 mg
B$_{12}$	2.2 mcg	2.6 mcg
C	70 mg	95 mg
Calcio	1200 mg	1200 mg
Cinc	15 mg	19 mg
D	10 mcg	10 mcg
E	10 mg	12 mg
Fósforo	1200 mg	1200 mg
Hierro	30 mg	15 mg
Magnesio	320 mg	355 mg

trimestre o más tarde, cuando el cuello del útero se adelgaza, se estira y desgarra la placenta suelta.

La hemorragia con placenta previa puede suceder sin aviso y puede ser sumamente intensa. Ocurre cuando el cuello del útero comienza a dilatarse al principio del trabajo de parto, y sale sangre.

Debe sospecharse placenta previa cuando una mujer experimenta hemorragias vaginales durante la segunda mitad del embarazo. El problema no se puede diagnosticar con una exploración física, porque el tacto vaginal puede provocar una hemorragia más intensa. Para identificar la placenta previa, los médicos utilizan la ecografía, que es particularmente precisa en la segunda mitad del embarazo, porque el útero y la placenta se agrandan y se ven con mayor facilidad.

Si tiene placenta previa, su médico puede aconsejarle que no se realice un tacto vaginal. Es importante que lo recuerde si la atiende otro médico o cuando vaya al hospital.

Con la placenta previa, el bebé tiene más posibilidades de estar presentado de nalgas; por esta razón, y para controlar la hemorragia, por lo general se realiza una cesárea. La cesárea con placenta previa ofrece la ventaja de sacar al bebé y luego retirar la placenta, así el útero se puede contraer. La hemorragia puede mantenerse al mínimo.

Consejo para la 35.ª Semana Los sostenes para maternidad están diseñados para dar un mayor apoyo a sus senos, que están creciendo. Tal vez se sienta más cómoda si usa uno durante el día y durante la noche, cuando duerme.

36.ª Semana

Edad del feto: 34 semanas

¿Qué tamaño tiene el bebé?

Esta semana, el bebé pesa unas 6 libras (2.75 kg). La longitud de coronilla a nalgas es de más de 13 ½ pulgads (34 cm) y la longitud total es de 20 ¾ pulgadas (46 cm).

¿Qué tamaño tiene usted?

Midiendo desde la sínfisis púbica, hay unas 14 ½ pulgadas (36 cm) hasta la parte superior del útero. Si mide desde el ombligo, hay unas 5 ½ pulgadas (14 cm) hasta la parte superior del útero.

¡Tal vez sienta que ya no tiene más espacio! El útero se ha agrandado en las últimas semanas a medida que el bebé ha crecido en su interior. Ahora el útero tal vez se encuentra debajo de las costillas.

Consejo para la 36.ª Semana

Ahora es el momento de buscar un pediatra para el bebé. Pida referencias; su obstetra podría aconsejarla. O pida a familiares, a amigos o a los que van a las clases de parto que le den el nombre de médicos que les gusten a ellos.

Cómo crece y se desarrolla el bebé

ᴗ Maduración de los pulmones y del aparato respiratorio del bebé

Una parte importante del desarrollo del bebé es la maduración de los pulmones y del aparato respiratorio. Cuando un bebé nace prematuramente, un problema común es el desarrollo del *síndrome disneico* en el recién nacido; también se denomina *enfermedad de las membranas hialinas.* En esta situación, los pulmones no están completamente maduros, y el bebé no puede respirar por sí solo sin ayuda: se necesita oxígeno. El bebé tal vez necesite una máquina, como un respirador, para que lo ayude a respirar.

A principios de la década de 1970, los científicos desarrollaron dos métodos para evaluar la madurez pulmonar del feto. Ambas pruebas pueden realizarse por medio de una amniocentesis. El primer método, *relación L/E*, permite que los médicos determinen por adelantado si un bebé puede respirar por sí mismo después del parto.

Por lo general, la relación L/E no indica que los pulmones de un bebé estén maduros sino hasta, al menos, las 34 semanas de embarazo. En ese momento, cambia la relación entre dos factores del líquido amniótico: aumentan los niveles de lecitina mientras que los niveles de esfingomielina permanecen iguales. La relación entre estos dos niveles indica si los pulmones del bebé están maduros.

Otra forma en que los médicos pueden evaluar la madurez de los pulmones del bebé es la prueba del *fosfatidilglicerol (FG)*, que es positiva o negativa. Si hay fosfatidilglicerol en el líquido amniótico (resultado positivo), es probable que el bebé no padezca disnea en el parto.

En los pulmones hay células específicas que liberan sustancias químicas esenciales para la respiración inmediatamente después del nacimiento. Una parte importante de la respiración de un recién nacido se determina por una sustancia química *tensioactiva.* Un bebé nacido prematuramente puede no tener el agente tensioactivo en sus pulmones. Pero se puede introducir directamente en ellos para evitar el síndrome disneico. Esta sustancia química está disponible para que el bebé la use inmediatamente. Muchos bebés prematuros que reciben tensioactivo no tienen que ser puestos en respiradores: ¡pueden respirar por sí mismos!

Cambios en usted

A usted le quedan sólo de 4 a 5 semanas para llegar a la fecha de parto. Es fácil ponerse ansiosa porque nazca su bebé. Sin embargo, no le pida a su doctor que induzca el parto en este momento.

Tal vez haya aumentado de 25 a 30 libras (11.25 a 13.5 kg) y todavía le queda un mes por delante. No es raro que, a partir de este momento, su peso permanezca sin cambios en cada una de sus visitas semanales.

Ahora al bebé lo rodea la máxima cantidad de líquido amniótico. En las semanas que restan, el bebé sigue creciendo. Sin embargo, su cuerpo reabsorbe parte del líquido amniótico, lo que disminuye la cantidad que rodea al feto y disminuye el espacio en que el bebé tiene que moverse. Tal vez note una diferencia en la sensación de los movimientos del bebé. Algunas mujeres sienten como si el bebé no se moviera tanto como antes.

∽ *¿Qué es el trabajo de parto?*

Es importante entender un poco sobre el proceso del trabajo de parto. Entonces estará más informada cuando ocurra y sabrá qué hacer cuando empiece. ¿Qué lo causa? ¿Por qué sucede?

Desafortunadamente no tenemos respuestas buenas a estas preguntas: todavía se desconocen los factores que hacen que comience el período de dilatación. Hay muchas teorías respecto a por qué empieza cuando lo hace. Una dice que lo provocan tanto las hormonas producidas por la madre como por el feto, o podría ser que el feto produce alguna hormona que hace que el útero se contraiga.

El trabajo de parto se define como la dilatación (estiramiento y adelgazamiento) del cuello uterino, lo que ocurre porque el útero, que es un músculo, se contrae (se tensa) y se relaja para expulsar su contenido (el bebé). Cuando expulsa al bebé, el cuello uterino se estira.

En varias ocasiones, usted puede sentir tensión, contracciones o calambres, pero en realidad no es trabajo de parto hasta que no haya *un cambio en el cuello uterino*. Como podrá leer a partir de la siguiente discusión, en el trabajo de parto hay muchos aspectos. Usted los pasará cuando dé a luz al bebé.

Los tres períodos del trabajo de parto. El período de dilatación se divide en tres:

Período uno: El primer período se inicia con contracciones uterinas de suficiente intensidad, duración y frecuencia como para provocar el adelgazamiento (borrado) y la apertura (dilatación) del cuello del útero. El primer período termina cuando el cuello uterino se encuentra totalmente dilatado (por lo general, 10 cm) y está lo bastante abierto para permitir que la cabeza del bebé pase por él.

Período dos: El segundo período comienza cuando el cuello uterino se encuentra totalmente dilatado a 10 cm. Este período concluye con el nacimiento del bebé.

Período tres: El tercer período se inicia después del parto del bebé, y finaliza con la expulsión de la placenta y las membranas que han rodeado al feto.

Algunos médicos han descrito incluso un cuarto período, refiriéndose al posterior a la expulsión de la placenta, durante el cual el útero se contrae. La contracción del útero es importante para controlar la hemorragia que puede ocurrir después del nacimiento del bebé y de la expulsión de la placenta.

¿Cuánto durará el trabajo de parto? El primero y el segundo período, desde el principio de la dilatación del cuello uterino hasta el nacimiento del bebé, puede durar de 14 a 15 horas, o más, en un primer embarazo. Algunas mujeres han tenido un trabajo de parto más rápido, pero no cuente con ello.

La mujer que ya ha tenido uno o dos hijos tendrá probablemente un trabajo de parto más corto, ¡pero tampoco cuente con ello! El tiempo promedio de un trabajo de parto disminuye, por lo general, unas cuantas horas para el segundo o el tercero.

Todos el mundo ha oído de alguna mujer que apenas logró llegar al hospital o que tuvo un trabajo de parto de una hora. Por cada una de estas pacientes, hay muchas otras que han necesitado 18, 20, 24 horas o más.

Es casi imposible predecir el tiempo que se requerirá para un trabajo de

Consejo para el Papá

¡Prepare usted también un bolso! Algunos objetos esenciales que podría necesitar incluyen revistas, números telefónicos, una muda de ropa y algo para dormir, una cámara, película, baterías nuevas, refrigerios, una tarjeta telefónica o muchas monedas, la información del seguro médico, una almohada cómoda y dinero de más.

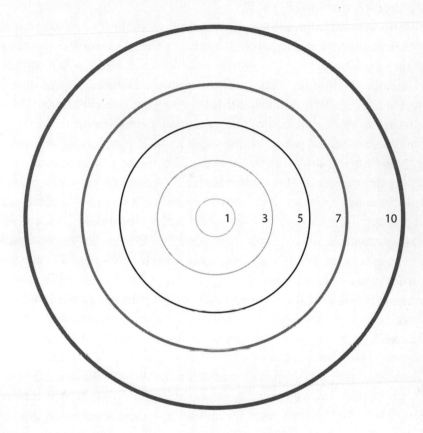

Dilatación del cuello del útero en centímetros (en tamaño real).

parto; por eso, aunque se lo pregunte al médico, su respuesta no será más que una suposición.

Cómo afecta al desarrollo del bebé lo que usted hace

✂ *Elegir al médico del bebé*

En este punto del embarazo, es el momento de elegir un médico para el bebé. Podría elegir un pediatra –un médico que se especializa en tratar niños–, o podría elegir un médico de familia. Si el doctor que la ha estado atendiendo durante el embarazo es un médico de familia, y usted quiere que atienda a su bebé, probablemente no tenga que preocuparse por esto.

Es bueno conocer al médico que va a atender al bebé antes del parto. A muchos pediatras les parece bien, porque les da la oportunidad de hablar de temas importantes para usted y su pareja con este médico nuevo.

La primera consulta es importante, así que pida a su pareja que la acompañe. Esta consulta es el momento ideal para que los dos hablen de las preocupaciones o las dudas acerca del cuidado del bebé y para que reciban sugerencias útiles. También pueden hablar sobre los métodos del doctor, conocer su horario de trabajo y la cobertura de guardia, y pueden aclarar lo que esperan de él.

Cuando nazca el bebé, se avisará al pediatra para que pueda ir al hospital y revisar al bebé. Elegir un pediatra antes del parto garantiza que el bebé verá al mismo doctor durante las visitas de seguimiento en el hospital y en el consultorio médico.

Si usted pertenece a alguna Organización de Atención Médica Administrada (HMO), y tienen un grupo de pediatras, pida una cita con uno. Si tiene algún conflicto o no comparten las mismas opiniones sobre temas importantes, debe poder escoger a otro. Pida información y consejo a su asesor.

Preguntas para hacer a un pediatra. Las siguientes preguntas pueden ayudarla a crear un diálogo útil con su pediatra. Es probable que también quiera hacerle otras preguntas.

- ¿Cuáles son sus títulos y su capacitación?
- ¿Está certificado por algún consejo? Si no es así, ¿lo estará pronto?
- ¿A qué hospital u hospitales está afiliado?

- ¿Tiene privilegios en el hospital donde voy a dar a luz?
- ¿Hará usted el reconocimiento médico del recién nacido?
- Si tengo un niño, ¿ le hará la circuncisión (si queremos hacérsela)?
- ¿Cuál es su disponibilidad para consultas en el consultorio y, para emergencias?
- ¿Cuánto dura una consulta normal?
- ¿Son compatibles sus horarios de consulta con nuestros horarios de trabajo?
- ¿Puede ver a un niño sumamente enfermo el mismo día?
- ¿Cómo podemos ubicarlo en caso de emergencia o fuera del horario de consulta?
- ¿Quién queda a cargo si usted no está disponible?
- ¿Devuelve las llamadas telefónicas el mismo día?
- ¿Qué consejos les da a los padres que trabajan fuera del hogar?
- ¿Le interesan los temas de prevención, de desarrollo y de conducta?
- ¿Proporciona instrucciones escritas para el cuidado de niños sanos y de niños enfermos?
- ¿Apoya a las mujeres que quieren amamantar?
- ¿Cuáles son sus honorarios?
- ¿Cumplen sus honorarios con nuestro seguro?
- ¿Cuál es la sala de emergencias más cercana (a nuestra casa) a la que nos enviaría?

Analizar la consulta. Algunos temas pueden resolverse sólo si usted analiza lo que siente *después* de esta consulta. Abajo encontrará algunos temas que usted y su pareja podrían discutir después de la consulta con el pediatra.

- ¿Nos parecen aceptables los métodos y las actitudes del médico, como el uso de antibióticos y otros medicamentos, formas de criar a un hijo o las creencias religiosas relacionadas?
- ¿Nos escuchó el doctor?
- ¿Parecía genuinamente interesado en nuestras preocupaciones?
- ¿Nos sentimos cómodos con él?
- ¿Es su consultorio cómodo, está limpio y bien iluminado?
- ¿Parecía cordial, abierto y fácil de tratar el personal del consultorio?

Al elegir a alguien que atienda al bebé antes de que nazca, tendrá una posibilidad de tomar parte en la decisión sobre quién tendrá esa importante tarea. Si no lo hace, elegirá uno el médico que atienda el parto o el personal del hospital. Otra buena razón para elegir a alguien por anticipado es que si su bebé tiene complicaciones, por lo menos habrá conocido a la persona que lo tratará.

Nutrición

Se está acercando al final del embarazo. Tal vez esté teniendo más dificultades con la dieta que las que tuvo al principio. Puede estar aburrida de los alimentos que ha estado comiendo. El bebé está creciendo, y parece que a usted no le queda mucho espacio para comida. Ahora puede también ser un problema la acidez o la indigestión.

¡No renuncie a la buena nutrición! Es importante que continúe prestando atención a lo que come. Esté alerta, así sigue proporcionando al bebé la mejor nutrición que necesita antes de nacer.

Todos los días, intente comer una porción de una verdura de hoja verde, una porción de un alimento o un jugo rico en vitamina C y una porción de un alimento rico en vitamina A (muchos alimentos de color amarillo, como la batata, la zanahoria y el melón, son buenas fuentes de vitamina A). Recuerde mantener el consumo de líquidos.

Lo que también debería saber

∾ ¿Cómo se presenta el bebé?

¿En qué momento del embarazo puede decirle su doctor cómo se presenta el bebé para el parto, por ejemplo, si tiene la cabeza hacia abajo o si está de nalgas? ¿En qué momento se quedará el bebé en la posición en la que está?

Generalmente, entre las 32 y las 34 semanas de embarazo, se puede sentir la cabeza del bebé en el bajo vientre, debajo del ombligo. Algunas mujeres pueden sentir distintas partes del bebé desde antes. Pero la cabeza del feto tal vez no sea lo bastante dura todavía como para identificarla como tal.

La cabeza se endurece gradualmente a medida que el calcio se deposita en el cráneo fetal. La cabeza del bebé produce una sensación definida, diferente de la que percibe el médico cuando palpa las nalgas. Una presentación de nalgas da una sensación de algo blando y redondo.

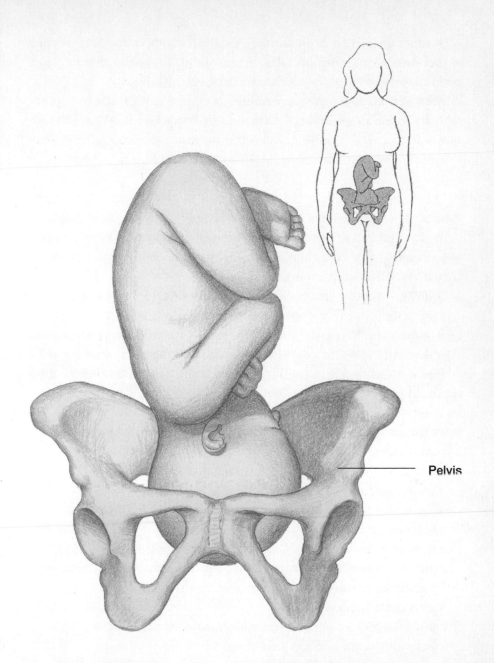

Alineación del bebé con la cabeza en la pelvis antes del parto. Ésta es la presentación preferible.

Pelvis

A partir de las 32 a las 34 semanas, probablemente el doctor le palpará el abdomen para determinar cómo está acomodado el bebé. Esta posición puede haber cambiado varias veces durante el embarazo.

A las 34 o las 36 semanas, generalmente el bebé se acomoda en la posición en la que va a quedar. Si tiene una presentación de nalgas a las 37 semanas, todavía es posible que el bebé gire para ponerse de cabeza. Pero se vuelve menos probable a medida que se acerca al final del embarazo.

✑ Empacar para el hospital

Empacar para el hospital puede ponerla nerviosa. No quiere empacar demasiado pronto y tener el equipaje mirándola fijamente. Pero tampoco quiere esperar hasta el último minuto, arrojar todo dentro y tener la posibilidad de olvidar algo importante.

Probablemente sea una buena idea empacar unas tres o cuatro semanas antes de la fecha de parto. Empaque las cosas que usted y su asistente van a necesitar durante el trabajo de parto, lo que el bebé y usted necesitarán después del nacimiento y los artículos personales para su permanencia en el hospital.

Hay muchas cosas que considerar, pero la siguiente lista debería cubrir casi todo lo que podría necesitar:

- formularios llenos del seguro o del registro previo y la credencial del seguro
- calcetines gruesos para usar en la sala de partos
- un elemento para utilizar como foco
- 1 camisón o camiseta de algodón para el trabajo de parto
- bálsamo labial, paletas o caramelos de fruta, para usar durante el trabajo de parto
- entretenimiento ligero, como libros o revistas, para usar durante el trabajo de parto
- atomizador para el aliento
- 1 ó 2 camisones para después del trabajo de parto (si va a amamantar lleve un camisón para lactancia)
- pantuflas con suela de goma
- 1 bata larga para caminar por los pasillos
- 2 sostenes (sostén de maternidad y protectores si va a amamantar)
- 3 pares de calzones

- artículos de tocador, incluido cepillo, peine, cepillo de dientes, dentífrico, jabón, shampoo, acondicionador
- cinta o banda para el pelo, si lo tiene largo
- ropa holgada para volver a casa
- toallas higiénicas, si el hospital no se las proporciona
- gafas, si usa lentes de contacto (no podrá utilizarlos durante el trabajo de parto)

Tal vez quiera llevar una o dos frutas para comer después del trabajo de parto. ¡No las empaque con mucha anticipación!

También es una buena idea llevar algunas cosas al hospital para su pareja o su asistente de trabajo de parto para que los ayuden durante el parto. Podría llevar lo siguiente:

- un reloj con segundero
- talco o fécula de maíz para que le den masajes durante el trabajo de parto
- un rodillo de pintura o una pelota de tenis para que le den masajes en la parte baja de la espalda durante el trabajo de parto
- cintas de audio o discos compactos y un reproductor para escucharlos durante el trabajo de parto
- cámara y película
- lista de números telefónicos y una tarjeta para llamadas de larga distancia
- cambio para el teléfono y las máquinas vendedoras
- refrigerios para su pareja o su asistente de trabajo de parto

Es probable que el hospital le proporcione la mayoría de lo que necesita para el bebé, pero debe tener unas cuantas cosas:

- ropa para el viaje a casa, incluyendo batita, pelele, ropa exterior (un gorrito, si hace frío)
- un par de mantas para bebé
- pañales, si el hospital no se los proporciona.

Asegúrese de tener un asiento para bebés aprobado, para llevar al bebé a casa. ¡Es importante que lo empiece a usar desde la primera vez que va en el automóvil! Muchos hospitales no le dejarán sacar al bebé si no tiene uno.

37.ª Semana

Edad del feto: 35 semanas

¿Qué tamaño tiene el bebé?

Su bebé pesa casi 6 ½ libras (2.95 kg). La longitud de coronilla a nalgas es de 14 pulgadas (35 cm). La longitud total es de alrededor de 21 pulgadas (47 cm).

¿Qué tamaño tiene usted?

Su útero puede seguir teniendo el mismo tamaño de la última o las dos últimas semanas. Midiendo desde la sínfisis púbica, la parte superior del útero se encuentra a unas 14 ¾ pulgadas (37 cm). Desde el ombligo, está a 6 ½ o 6 ¾ pulgadas (16 a 17 cm). Para este momento, el aumento total de peso debería ser el peso máximo que va a alcanzar: de 25 a 35 libras (11.2 a 15.9 kg).

Consejo para el Papá Diga a su pareja dónde puede ubicarlo cuando esté en el trabajo o salga. Tal vez no entienda lo nerviosa que puede sentirse pensando dónde poder encontrarlo cuando lo necesite. Lleve un teléfono celular o un localizador todo el tiempo. Esto puede confortarla y darle tranquilidad.

Cómo crece y se desarrolla el bebé

∾ *¿Está la cabeza del bebé en su pelvis?*

El bebé sigue creciendo y engordando, incluso durante estas últimas semanas de embarazo. Como se trató en la 36.ª semana, por lo general, la cabeza del bebé está en este momento dirigida hacia la pelvis. Sin embargo, en casi el 3% de los embarazos, las nalgas o las piernas del bebé llegan primero a la pelvis. Esto se denomina *presentación de nalgas*, lo que se estudia en la 38.ª semana.

Cambios en usted

∾ *Tacto vaginal al final del embarazo*

Aproximadamente en este momento del embarazo el médico puede realizarle un tacto vaginal. Este tacto vaginal ayuda al médico a evaluar el avance de su embarazo. Una de las primeras cosas que observa es si está perdiendo líquido amniótico. Si usted cree que así es, es importante que se lo diga.

Durante el tacto, el médico examinará el cuello del útero. Durante el trabajo de parto, el cuello del útero se hace más blando y se adelgaza. Este proceso se conoce como *borramiento*. El médico evaluará la blandura o la firmeza del cuello uterino y cuánto se ha adelgazado.

Antes de que se inicie el período de dilatación, el cuello del útero es grueso y está "0% borrado". Cuando entra en el período de dilatación activa, el cuello del útero se adelgaza; cuando está medio adelgazado, está "50% borrado". Inmediatamente antes del parto, el cuello del útero está "100% borrado" o "completamente adelgazado".

La dilatación (cantidad de abertura) del cuello uterino es también importante. Por lo general, se mide en centímetros. El cuello uterino está completamente dilatado cuando el diámetro de la abertura cervical mide 10 cm. ¡El objetivo es estar en 10! Antes de que se inicie el trabajo de parto, el cuello del útero puede estar cerrado o apenas abierto, como a 1 cm (casi ½ pulgada). El trabajo de parto es el estiramiento y la apertura del cuello del útero para que el bebé quepa a través de él y pueda salir del útero.

El doctor también evalúa si lo que viene primero es la cabeza, las nalgas o las piernas. (Puede referirse a una "parte presentada".) También se toma nota de la forma de sus huesos pélvicos.

Entonces se determina la altura de la presentación. Esta altura describe el grado en que la parte presentada del bebé ha descendido en la vía de parto. Si la altura de la presentación de la cabeza del bebé está en -2, quiere decir que la cabeza está más alta que si se encontrara en + 2. El punto 0 es un punto de referencia óseo en la pelvis, el lugar donde empieza la vía de parto.

Piense en la vía de parto como en un tubo que baja por la cintura pélvica a través de la pelvis y que sale por la vagina. El feto recorre este tubo desde el útero. Es posible que usted se dilate durante el trabajo, pero que el bebé no baje por la pelvis. En este caso, puede ser necesaria una cesárea, porque la cabeza del bebé no cabe en la cintura pélvica.

Información que obtiene el médico. Cuando el doctor la revisa, puede describir su situación en términos médicos. Podría oír que usted está a "2 centímetros, 50% y una estación -2". Esto quiere decir que el cuello está abierto 2 cm (alrededor de 1 pulgada), está la mitad adelgazado (50% borrado) y que la altura de la parte presentada (la cabeza, los pies o las nalgas) es de -2.

Trate de recordar esta información. Es útil cuando va al hospital y la revisan. Puede decir al personal médico de la sala de parto cuáles eran la dilatación y el borramiento en el último control, así pueden saber si su situación ha cambiado.

Cómo afecta al desarrollo del bebé lo que usted hace

⨍ Cesárea

La mayoría de las mujeres planean tener un parto vaginal normal, pero siempre existe la posibilidad de una cesárea. En este caso, el bebé nace a través de una incisión hecha en la pared abdominal y en el útero de la madre. La ilustración de la página 374 muestra un parto por cesárea. Los nombres comunes para este tipo de cirugía son *cesárea* y *parto por cesárea*.

Razones para realizar una cesárea. Las cesáreas se realizan por muchas razones. La más común es una cesárea anterior. Sin embargo, muchas mujeres que han tenido cesáreas pueden tener un parto vaginal en embarazos posteriores; a esto se le llama *parto vaginal después de una cesárea* (PVDC). Vea la información que empieza a partir de la página 377. Háblelo con su doctor si ha tenido una cesárea y cree que esta vez le gustaría intentar un parto vaginal.

Puede ser necesaria una cesárea si el bebé es demasiado grande para pasar por la vía de parto. Este problema se denomina *desproporción cefalopélvica (DCP)*. Se puede sospechar que existe una DCP durante el embarazo pero, por lo general, debe empezar el parto antes de que se pueda confirmar. Se puede recomendar una cesárea si una ecografía muestra que el bebé es muy grande –9 1/2 libras o más– y que no va a ser fácil que nazca por vía vaginal.

Otra razón para una cesárea es el sufrimiento fetal. Durante el trabajo de parto se emplean monitores fetales para vigilar los latidos fetales y su respuesta al parto. Si los latidos indican que el bebé tiene dificultades con las contracciones, puede ser necesario realizar una cesárea por su bienestar.

Una cesárea puede ser necesaria si el cordón umbilical está comprimido. El cordón umbilical puede entrar en la vagina antes que la cabeza del bebé o el bebé puede presionar parte del cordón umbilical. Ésta es una situación peligrosa, porque un cordón umbilical comprimido puede interrumpir la provisión de sangre al feto.

Por lo general, se necesita una cesárea si el bebé está presentado de nalgas, lo que quiere decir que los pies o las nalgas del bebé entran primero en la vía de parto. La salida de los hombros y la cabeza después del cuerpo puede dañar la cabeza o el cuello del bebé, especialmente si es el primero.

Son también razones para realizar una cesárea el desprendimiento prematuro de placenta o la placenta previa. Si la placenta se separa del útero antes del parto (desprendimiento placentario), el bebé pierde su provisión de oxígeno y nutrientes. Por lo general, esto se diagnostica cuando una mujer tiene una hemorragia vaginal intensa. Si la placenta bloquea la vía de parto (placenta previa), el bebé no puede nacer de otra manera.

Tasa creciente de partos por cesárea. En 1965, sólo el 4% de los nacimientos se efectuaban por cesárea. Hoy, en los Estados Unidos, las cesáreas

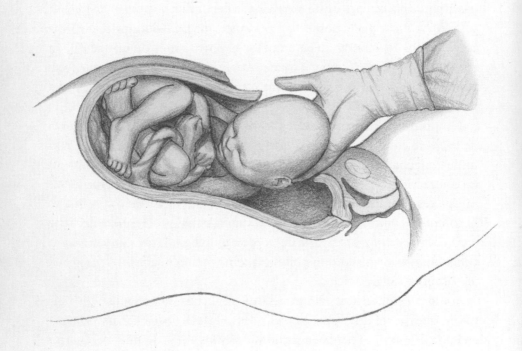

Parto de un bebé mediante cesárea.

representan aproximadamente el 20% de los nacimientos. En algunas zonas, la proporción es más elevada. En Canadá, las cesáreas representan casi el 18% de los partos. Este aumento se relaciona en parte con un control más riguroso durante el parto y con procedimientos más seguros para la cesárea. Otra razón para que existan más partos por cesárea son los bebés más grandes. En este caso, a veces la cesárea es la única forma de dar a luz. Los investigadores creen que este aumento del tamaño de los bebés se debe a que las embarazadas se alimentan mejor, a que no fuman durante el embarazo y a que son mayores cuando dan a luz.

¿Cómo se realiza una cesárea? Cuando se realiza una cesárea, a menudo usted está despierta. Por lo general, un anestesista le administra un anestésico epidural o raquídeo. (Los tipos de anestesia se tratan en la 39.ª semana.) Si usted está despierta para el procedimiento, ¡podrá ver a su bebé inmediatamente después del nacimiento!

En una cesárea, se hace una incisión a través de la piel de la pared abdominal hasta llegar al útero. Se corta la pared uterina, luego se corta el saco amniótico, que contiene al bebé, y la placenta. Se saca al bebé a través de la incisión. Después se extrae la placenta. El útero se cierra por capas con suturas que se reabsorben y que no se sacan. El resto del abdomen se une con suturas reabsorbibles.

La mayoría de las cesáreas que se hacen hoy son cesáreas *de segmento uterino inferior* o cesáreas *transversales del segmento inferior*, lo que significa que la incisión se efectúa en la parte inferior del útero.

Antes, la cesárea se realizaba frecuentemente con una incisión clásica, en la que el útero se cortaba a lo largo de la línea media. Esta incisión no cicatriza tan bien como la incisión del segmento uterino inferior. Debido a que la incisión se hace en la parte muscular del útero, es más probable que se separe con las contracciones (como en un parto vaginal después de una cesárea). Esto puede provocar una hemorragia intensa y lesiones en el bebé. Si ha tenido una cesárea clásica, le *deben* hacer una cesárea cada vez que tenga un bebé.

Otro tipo de incisión es la incisión en T, que cruza el útero y lo sube en forma de T invertida. Esta incisión brinda más espacio para sacar al bebé. Si usted ha tenido este tipo de incisión, necesitará que le hagan una cesárea en todos los siguientes embarazos. Tiene mayor probabilidad de romperse que otros tipos de incisiones.

Ventajas y desventajas de una cesárea. Las cesáreas tienen sus ventajas. La más importante es que se da a luz a un niño sano. El bebé que usted lleva en su vientre puede ser demasiado grande para que quepa en su pelvis. El único método seguro de parto sería una cesárea. Por lo general, una mujer necesita experimentar el trabajo de parto antes de que el médico sepa si el bebé cabrá. Puede ser imposible pronosticarlo con anterioridad.

La desventaja es que una cesárea es una intervención quirúrgica importante, y conlleva todos los riesgos de una cirugía. Estos riesgos incluyen infecciones, hemorragia, choque por pérdida de sangre y la posibilidad de coágulos y de lesiones en otros órganos, como la vejiga o recto.

En la mayoría de los lugares, las cesáreas las realiza un obstetra; en las comunidades pequeñas, las cesáreas pueden realizarlas un cirujano general o un médico de familia.

¿Necesitará una cesárea? Sería bueno saber antes del parto que va a necesitar una cesárea, así no tendría que pasar por el período de dilatación. Por desgracia, se necesita generalmente esperar a las contracciones por un par de razones. No sabrá antes de tiempo si el bebé se estresará por las contracciones. Y frecuentemente es difícil predecir si el bebé cabrá en la vía de parto.

Algunas mujeres creen que si se les practica una cesárea "no sería lo mismo que tener un bebé". Creen, equivocadamente, que no van a experimentar el proceso completo del nacimiento. No es cierto. Si usted da a luz mediante una cesárea, trate de no sentirse así. ¡De ninguna manera ha fracasado!

Recuerde, tener un bebé ha llevado nueve largos meses. Aunque sea por medio de una cesárea, usted ha logrado una hazaña asombrosa.

Después de la cesárea. Después de una cesárea, puede cargar al bebé y, tal vez, hasta amamantarlo. Es probable que necesite analgésicos por la incisión. Hoy en día, existe un sistema de bomba que libera analgésicos y que puede hacerla sentir mejor sin efectos secundarios en el bebé. Se llama

ON-Q, y envía un analgésico local al área de incisión para ayudar a aliviar el dolor. Este sistema envía el medicamento a la zona dolorosa en vez de enviarlo por todo el cuerpo, así que muy poco medicamento pasa, si lo hace, al bebé a través de la leche. Pregúntele a su médico por este sistema en alguna de las consultas prenatales.

Probablemente tendrá que quedarse en el hospital un par de días más que si hubiera tenido un parto vaginal. Antes, los doctores solían recomendar a la mujer que no comiera alimentos sólidos hasta dos días después del parto. Estudios recientes demuestran que este período se puede acortar desde unos días a *unas horas* después del procedimiento. ¿Por qué? Porque anteriormente muchas cesáreas se hacían con anestesia general, y no se recomienda comer tras ella. Sin embargo, la mayoría de las cesáreas de hoy se realizan con anestesia local, así que esa regla ya no funciona.

La recuperación en casa por una cesárea lleva más tiempo que la recuperación de un parto vaginal. El tiempo normal para la recuperación total de una cesárea es, por lo general, de unas 4 a 6 semanas.

☙ Parto vaginal después de una cesárea (PVDC)

¿Debe intentar un parto vaginal después de haber tenido una cesárea? El PVDC se está volviendo más común. Hablando en términos médicos, el método de parto no es tan importante como el bienestar suyo y el del bebé.

Antes de que usted y el médico tomen la decisión final, necesita sopesar los riesgos y los beneficios para usted y para su bebé con ambos tipos de parto. En algunos casos, no hay elección posible; en tanto que en otros, usted y el doctor pueden decidir que realice un poco de trabajo de parto para determinar si puede tener un parto vaginal.

A algunas mujeres les gusta repetir la experiencia de la cesárea; la piden porque no quieren pasar por el trabajo de parto para terminar, de todas maneras, en una cesárea.

Si ha tenido una cesárea anterior y quiere intentar el parto vaginal, tal vez necesite otra cesárea si tiene diabetes gravídica u otros problemas. Si tiene dudas, hable con su médico.

Ventajas y riesgos del PVDC. Las ventajas de un parto vaginal incluyen menor riesgo de problemas asociados a una intervención quirúrgica importante, como es el caso de la cesárea. La recuperación después de un parto vaginal es más breve. Usted puede levantarse y andar por el hospital y por su casa en un tiempo mucho más corto.

También puede necesitar otra cesárea si usted es pequeña y el bebé es grande. Los fetos múltiples pueden dificultar o imposibilitar el parto sin peligro para los bebés. Problemas como la hipertensión arterial o la diabetes pueden requerir una nueva cesárea.

Existe cierto riesgo de que la cicatriz quirúrgica interna de una cesárea anterior pueda estirarse y romperse, llamado *rotura uterina*, durante un trabajo de parto y un parto posterior, con consecuencias graves. Las investigaciones han demostrado que esto es especialmente cierto si se utilizan hormonas para madurar el cuello del útero o para inducir el parto. En un estudio, se mostró que el riesgo de rotura uterina aumentaba *15 veces* si se aplicaban hormonas locales para madurar el cuello del útero. Los investigadores creen que las contracciones que se producen al utilizar este método son demasiado fuertes para un útero que tiene una cicatriz de una cirugía anterior. Si se utiliza una hormona por vía intravenosa para inducir el trabajo de parto, como la oxitocina, el riesgo de rotura aumenta *5 veces*.

En este caso, puede estar indicada otra cesárea para evitar la rotura del útero. Sin embargo, si se controlan el embarazo y el trabajo de parto atentamente, una mujer puede tener un parto vaginal.

El riesgo también aumenta en una mujer que queda embarazada dentro de los nueve meses posteriores a una cesárea. En este caso, el útero tiene *3 veces* más probabilidades de romperse durante una cesárea. Los investigadores creen que esto podría ocurrir porque puede llevar de seis a nueve meses para que la herida uterina cicatrice (es la cicatriz del útero, no la del abdomen). Hasta que haya pasado tiempo suficiente de cicatrización, el útero puede no estar lo bastante fuerte para resistir la tensión de un parto vaginal. Los partos vaginales después de una cesárea son seguros cuando han pasado, por lo menos, 18 meses entre la cesárea anterior y la tentativa de parto vaginal.

Si usted planea intentar un parto vaginal después de una cesárea, háblelo por anticipado con su doctor para que puedan hacer planes. Durante el trabajo de parto, es muy probable que la controlen estrechamente con monitores fetales. Puede estar conectada a una vía intravenosa, en caso de que se necesite realizar una cesárea.

Considere los beneficios y los riesgos al decidir si se intenta un parto después de una cesárea anterior. Discuta detenidamente las ventajas y las desventajas con su doctor y su pareja antes de tomar una decisión. No tema pedir la opinión del doctor sobre las posibilidades de un parto exitoso, pues él conoce sus antecedentes médicos y los del embarazo.

Nutrición

Su pareja y usted están invitados a una gran fiesta. Usted se ha esmerado en su nutrición, y su embarazo está a punto de terminar. ¿Debería soltarse, y comer y beber lo que quiera? Probablemente lo mejor sea mantener sus buenos hábitos alimenticios. *Puede* divertirse en una forma sana. Aquí le damos algunas sugerencias que la ayuden a pasarlo bien.

Coma los alimentos mientras estén fríos o calientes, al principio de la fiesta. A medida que avanza la fiesta, esos alimentos pueden no estar lo bastante fríos o calientes para evitar la proliferación de bacterias. Por lo tanto, coma temprano o cuando se vuelva a servir comida.

Coma algo antes de salir de casa para calmar un poco su apetito, o beba un vaso grande de agua. Si no está hambrienta, puede ser más fácil evitar los alimentos ricos en grasa y en calorías.

Evite el alcohol. Beba jugos de fruta "con un chorrito" de ginger ale o de gaseosa de lima limón. Si son las fiestas de fin de año, y están sirviendo ponche, tome un vaso si está pasteurizado y no contiene alcohol.

Las frutas y verduras crudas pueden dejarla satisfecha. Evite el pescado y la carne crudos, y los quesos blandos como el brie, el camembert y el feta; pueden contener listeriosis.

Aléjese de la mesa de los refrigerios si no puede resistirse a las cosas ricas. Puede ser mejor sentarse (lejos de la comida), relajarse y hablar con amigos.

Lo que también debería saber

¿Le harán un enema?

¿Se le pedirá que se haga un enema cuando llegue al trabajo de parto? Un *enema* es un procedimiento en el que se inyecta líquido en el recto para limpiar el intestino.

La mayoría de los hospitales disponen un enema al principio del trabajo de parto, pero no siempre es obligatorio. Sin embargo, recibir un enema al principio tiene ciertas ventajas. Por ejemplo, no querrá defecar poco después del nacimiento del bebé debido a las molestias de la episiotomía. Un enema antes del período de dilatación puede evitar estas molestias.

> *Consejo para la 37.ª Semana* Esté lista para el parto con la maleta hecha, los papeles del seguro llenos y a mano, y con el resto de los detalles importantes resuelto.

Un enema previo puede hacer también que el nacimiento del bebé sea una experiencia más placentera. Por ejemplo, cuando la cabeza del bebé sale de la vía de parto, también se expulsa lo que haya en el recto. Un enema disminuye la cantidad de contaminación debida a la defecación durante el trabajo de parto y en el momento del nacimiento. Puede ayudar también a evitar posibles infecciones.

Pregúntele a su doctor si es habitual hacer un enema y si se considera útil. Dígale que le gustaría conocer los beneficios del enema y las razones por las que lo aplican. No todos los médicos ni todos los hospitales lo requieren.

¿Qué es el trabajo de parto con dolor lumbar?

Algunas mujeres experimentan un trabajo de parto con dolor lumbar. Esto se refiere a un bebé que atraviesa la vía de parto mirando hacia arriba. Con este tipo de trabajo, es probable que usted experimente lumbalgia.

La mecánica del trabajo de parto funciona mejor si el bebé mira hacia el suelo así puede extender la cabeza cuando sale por la vía de parto. Si el bebé no puede extender la cabeza; la barbilla apunta hacia el pecho. Esto puede hacer que usted sienta dolor en la parte baja de la espalda durante el trabajo de parto.

Este tipo de trabajo de parto también puede durar más. El doctor tal vez necesite rotar al bebé para que nazca mirando hacia el piso y no, al techo.

A veces puede ser difícil decir cuál es la ubicación exacta de las diferentes partes del bebé. Tal vez pueda darse una idea según dónde usted sienta patadas y golpes. Pida al doctor que le muestre en su abdomen cómo está colocado el bebé. Algunos doctores tomarán un marcador y se lo dibujarán en el vientre. Puede dejarlo así para que pueda mostrarle a su pareja la posición del bebé durante la consulta de ese día.

❧ *¿Usará fórceps o una ventosa el doctor?*

En años recientes, ha disminuido el uso de fórceps –un instrumento metálico empleado en el parto de bebés– por dos razones. Una de ellas es el uso más frecuente de la cesárea para hacer nacer a bebés que podrían estar altos en la pelvis. Para el bebé, si no está próximo a nacer por sí solo, una cesárea puede ser mucho más segura que un parto con fórceps.

Otra razón para la disminución en el uso de fórceps es el empleo de una ventosa. Existen dos tipos: uno tiene una ventosa plástica que se ajusta en la cabeza del feto mediante succión; el otro tiene una ventosa metálica. El médico puede tirar de la ventosa para sacar la cabeza y el cuerpo del bebé.

El objetivo de cada parto es hacer que el bebé nazca con la mayor seguridad posible. Si se necesita mucha tracción con el fórceps para que nazca, tal vez sería mejor una cesárea.

Si la preocupa el posible uso de fórceps o de una ventosa, háblelo con su médico. Es importante establecer una buena comunicación con él así pueden hablar de estas preocupaciones antes del trabajo de parto y durante su transcurso.

38.ª Semana

Edad del feto: 36 semanas

¿Qué tamaño tiene el bebé?

En este momento, el bebé pesa unas 6 ¾ libras (3.1 kg). No ha cambiado mucho la longitud de coronilla a nalgas; todavía mide unas 14 pulgadas (35 cm). La longitud total es de alrededor de 21 pulgadas (47 cm).

¿Qué tamaño tiene usted?

Muchas mujeres no aumentan más durante las últimas semanas del embarazo, pero se sienten muy incómodas. La distancia ente el útero y la sínfisis púbica es de alrededor de 14 ½ a 15 ¼ pulgadas (36 a 38 cm). Desde el ombligo hasta la parte superior del útero la distancia es de unas 6 ½ a 7 ¼ pulgadas (16 a 18 cm).

Cómo crece y se desarrolla el bebé

ᴦ Cardiotocografía durante el parto

Tal vez se pregunte cómo su doctor puede decir que el bebé está bien, especialmente durante el parto. En muchos hospitales se controla la frecuencia cardíaca del feto durante todo el parto. Es importante la detección temprana de los problemas para poder resolverlos.

Cada vez que el útero se contrae durante el parto, se reduce el flujo de sangre oxigenada desde usted hasta la placenta. La mayoría de los bebés manejan este esfuerzo sin problemas. Sin embargo, a algunos bebés los afecta; esto se denomina *esfuerzo fetal o sufrimiento fetal.*

Existen dos maneras distintas de vigilar la frecuencia cardíaca del bebé durante el parto. La *cardiotocografía externa* se puede emplear antes de la rotura de las membranas. Alrededor del abdomen, se fija un cinturón con un receptor, que emplea un principio similar al de la ecografía para detectar los latidos del bebé.

Una *cardiotocografía interna* controla los latidos fetales con mayor precisión. Se coloca un electrodo en el cuero cabelludo del bebé y se lo conecta con cables a una máquina que registra la frecuencia cardíaca fetal. La cardiotocografía interna se puede usar sólo en mujeres cuyas membranas estén rotas y que tengan una dilatación de, al menos, un centímetro.

Obtención de sangre fetal. Los médicos pueden también analizar el pH de la sangre del bebé para ver cómo tolera el bebé el esfuerzo del parto. Antes de que se pueda hacer este análisis, debe tener rotas las membranas y debe tener una dilatación de, al menos, 2 centímetros.

Se aplica un instrumento sobre el cuero cabelludo del bebé para hacer un pequeño rasguño en la piel. La sangre del bebé se recoge en un pequeño tubo o pipeta, y se controla su pH (acidez). Si el feto tiene dificultades con el parto y está sufriendo, se puede determinar con ayuda del nivel de pH. Este análisis puede ser útil para tomar la decisión de si se sigue con el parto o si se necesita practicar una cesárea.

Cambios en usted

✌ *Síndrome de angustia puerperal*

Después de que nace el bebé, usted puede sentirse muy emotiva. Puede llegar hasta a preguntarse si tener un bebé fue una buena idea. Esto se denomina *síndrome de angustia puerperal.* La mayoría de las mujeres sufre en algún grado de este síndrome, y muchos expertos consideran que es lo normal.

Hasta el 80% de las mujeres tiene la tristeza puerperal. Por lo general, aparece entre dos días y dos semanas después del nacimiento del bebé. Esta tristeza es temporal y se va tan rápido como llega.

Sin embargo, los síntomas de depresión puerperal pueden no aparecer sino hasta varios meses *después* del parto. Pueden ocurrir cuando la mujer vuelve a tener su menstruación y experimenta cambios hormonales.

El síndrome de angustia puerperal puede desaparecer por sí solo, pero frecuentemente tarda hasta un año. Con problemas más graves, un tratamiento puede aliviar los síntomas en unas cuantas semanas, y la mejoría debería ser importante dentro de los 6 a 8 meses. Con frecuencia se necesita medicación para la recuperación total.

Grados diferentes de depresión. La forma más leve de angustia es la *tristeza puerperal*. Esta situación dura sólo un par de semanas, y sus síntomas no empeoran. Vea formas de manejarla en la siguiente página.

Una versión más grave de angustia es la llamada *depresión puerperal*. Afecta a un 10% de las madres nuevas. La diferencia entre la tristeza y la depresión puerperal está en la frecuencia, la intensidad y la duración de los síntomas. La depresión puerperal puede ocurrir de dos semanas a un año después del parto. Una madre puede tener sentimientos de rabia, confusión, pánico y desesperanza. Puede experimentar cambios en sus patrones de sueño y de alimentación. Puede tener miedo de dañar al bebé o sentir como si se estuviera volviendo loca. Uno de los síntomas más importantes de la depresión puerperal es la ansiedad.

La forma más grave de angustia es la *psicosis puerperal*. La mujer puede sufrir alucinaciones, pensar en el suicidio o tratar de dañar al bebé. Muchas de las mujeres que desarrollan psicosis puerperal también exhiben signos de trastorno afectivo bipolar, que no está relacionado con la maternidad. Si esta situación le preocupa, háblela con su médico.

Después de dar a luz, si cree que está sufriendo de algún tipo de angustia puerperal, póngase en contacto con su médico. Cada reacción puerperal, sea leve o severa, normalmente es temporal y tratable.

Además, si después de dos semanas de maternidad sigue igual de exhausta como si acabara de tener al bebé, puede estar en riesgo de desarrollar depresión posparto. Es normal que se sienta extremadamente cansada, en especial, después del trabajo duro del parto y de tener que ajustarse a las exigencias de ser una mamá nueva. Sin embargo, si este agotamiento no mejora en dos semanas, póngase en contacto con su médico.

Causas del síndrome de angustia puerperal. Una madre nueva debe realizar muchos ajustes y tiene muchas exigencias. Una de estas situaciones, o ambas, pueden causar angustia. No estamos seguros de qué causa el síndrome de angustia puerperal; no todas las mujeres lo experimentan. Creemos que parte de la causa puede ser la sensibilidad individual de cada mujer a los cambios hormonales; la disminución del estrógeno y la progesterona tras el parto pueden contribuir al síndrome de angustia puerperal.

Otros posibles factores incluyen antecedentes familiares de depresión, la falta de apoyo familiar tras el parto, el aislamiento y la fatiga crónica. También puede tener un riesgo más elevado de padecer síndrome de angustia puerperal si:

- su madre o su hermana tuvieron este problema; parece que viene de familia
- sufrió de este síndrome en un embarazo anterior; tiene posibilidades de volver a experimentarlo
- logró el embarazo gracias a tratamientos de fecundidad; las fluctuaciones hormonales pueden ser más graves, lo que causa el síndrome
- tenía un síndrome premenstrual grave antes del embarazo; el desequilibrio hormonal puede ser mayor tras el parto
- tiene antecedentes personales de depresión
- experimentó recientemente cambios importantes en su vida; como resultado puede experimentar un descenso hormonal.

Manejar la tristeza puerperal. Una de las formas más importantes para ayudarse a manejar la tristeza puerperal es tener un buen sistema de apoyo a su alrededor. Pida a sus familiares y amigos que la ayuden. Pida a su madre o a su suegra que se queden con usted un tiempo. Pida a su esposo que pida permiso en el trabajo o que contrate a alguien para que venga a ayudarla todos los días.

Hay otras cosas que puede hacer para aliviar los síntomas. Podría intentar alguna o todas las siguientes:

- Descanse cuando duerma el bebé.
- Encuentre a otras madres que estén en la misma situación; es útil compartir los sentimientos y las experiencias.
- No intente ser perfecta.
- Mímese.
- Haga un poco de ejercicio moderado cada día.
- Coma de forma nutritiva y beba mucho líquido.
- Salga de casa todos los días.

Hable con su médico sobre el uso temporal de antidepresivos si los pasos anteriores no la ayudan. Un 85% de las mujeres que sufren depresión puerperal necesitan medicación hasta por un año.

Tratamiento de las formas más serias del síndrome de angustia puerperal. Más allá de los síntomas relativamente menores de la tristeza puerperal, el síndrome de angustia puerperal se puede evidenciar en dos formas. Algunas mujeres experimentan una depresión aguda que puede durar semanas o meses: no pueden comer ni dormir, se sienten despreciables y aisladas, están tristes y lloran mucho. Otras mujeres están sumamente ansiosas, inquietas y agitadas. Les aumenta la frecuencia cardiaca. Algunas mujeres desafortunadas experimentan los dos conjuntos de síntomas al mismo tiempo.

Si experimenta cualquiera de estos síntomas, llame a su médico de inmediato. Es probable que la cite al consultorio y le indique un tratamiento. Hágalo por usted y su familia.

Cómo afecta al desarrollo del bebé lo que usted hace

∿ Presentación de nalgas

Como ya mencionamos, es común que, al principio del embarazo, el bebé esté presentado de nalgas. Sin embargo, cuando empieza el trabajo de parto, sólo del 3 al 5% de los fetos, no incluidos los gemelos o los embarazos múltiples, se presentan de nalgas. ¿Determina lo que usted hace la forma en que se presenta el bebé?

Hay ciertos factores que hacen que la presentación de nalgas sea más probable. Unas de las causas principales es la prematuridad del bebé.

Hacia el final del segundo trimestre, un bebé puede estar presentado de nalgas. Al cuidarse usted misma puede evitar entrar en trabajo de parto prematuro. Esto le da al feto la oportunidad de cambiar de posición de manera natural.

Aunque no siempre sabemos por qué un bebé se presenta en esta posición, sabemos que los partos de nalgas ocurren con más frecuencia cuando:

- usted ha tenido más de un embarazo
- espera gemelos, trillizos o más
- hay demasiado o muy poco líquido amniótico
- el útero tiene una forma anormal
- tiene crecimientos uterinos anormales, como fibromas
- tiene placenta previa
- el bebé tiene hidrocefalia

Hay clases diferentes de presentaciones de nalgas. Una presentación de *nalgas franca* ocurre cuando las piernas están flexionadas en la cadera y extendidas en las rodillas. Es el tipo más común de presentación de nalgas que se encuentra a término, o al final del embarazo. Los pies están levantados junto a la cara o la cabeza.

Consejo para la 38.ª Semana Si su doctor sospecha que el bebé está de nalgas, puede ordenar una ecografía para confirmarlo. Esto ayuda a identificar cómo está acomodado el bebé dentro del útero.

En una *presentación de nalgas completa*, una o ambas rodillas están flexionadas; no, extendidas. Véase la ilustración en la página 388.

Parto de un bebé presentado de nalgas. En obstetricia, hay cierta controversia sobre el método mejor de parir un bebé presentado de nalgas. Durante muchos años, los partos de nalga se hacían por la vagina. Después se creyó que el método más seguro era hacer una cesárea, en particular si era el primer bebé. Hoy, la mayoría de los doctores creen que un bebé presentado de nalgas puede, probablemente, nacer con mayor seguridad mediante una cesárea realizada al principio del trabajo de parto o antes de que empiece.

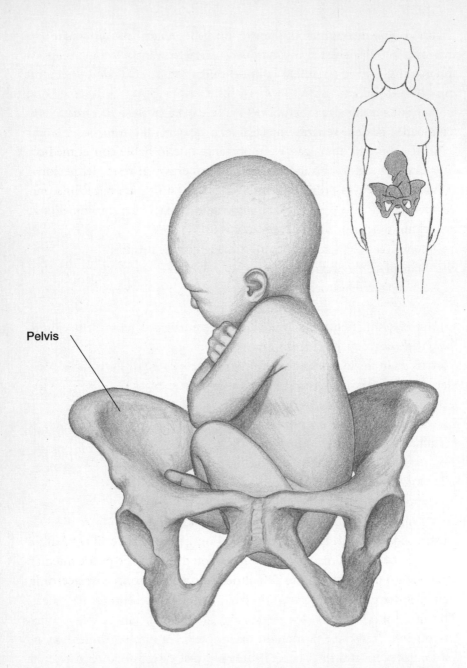

Pelvis

Un bebé alineado en la pelvis con las nalgas adelante, las rodillas flexionadas, se denomina *presentación de nalgas completa*.

Algunos médicos creen que una mujer puede parir sin dificultad una presentación de nalgas si la situación es la correcta. Por lo general, esto incluye una presentación de nalgas franca en un feto maduro de una mujer que ha tenido partos normales. La mayoría está de acuerdo en que en una *presentación de nalgas incompleta* (una pierna extendida, una rodilla flexionada), se debe realizar una cesárea.

Si su bebé está de nalgas, es importante que lo hable con el médico. Cuando llegue al hospital, avise a las enfermeras y al resto del personal que usted tiene una presentación de nalgas. Si llama para hacer una pregunta sobre el trabajo de parto y tiene esta presentación, menciónelo a la persona con quien hable.

Girar al bebé. Se pueden hacer intentos de girar al bebé desde la presentación de nalgas hasta la cabeza (vértice) antes de que usted rompa aguas, antes de que empiece el trabajo de parto o al principio. Con sus manos, el doctor intenta girar manualmente al bebé hasta la posición de parto, cabeza abajo. Este procedimiento se denomina *versión cefálica externa (VCE)* o *versión*.

Al realizar la VCE, puede haber problemas, y es importante conocerlos. Hable con su médico sobre si este procedimiento es una opción para usted. Los posibles riesgos incluyen:

- ruptura de membranas
- desprendimiento prematuro de placenta
- compromiso de la frecuencia cardíaca del bebé
- comienzo del trabajo de parto

Más de la mitad de las veces, el médico logra girar al bebé. Sin embargo, algunos bebés tercos vuelven a la presentación de nalgas. Se puede intentar otra vez la VCE, pero es más difícil de realizar cuanto más se acerca la fecha de parto.

Otros tipos de presentaciones anormales. Otra presentación inusual es una *presentación de cara*. La cabeza del bebé está hiperextendida, así que la cara entra primero en la vía de parto. Para este tipo de presentación se realiza con más frecuencia una cesárea si no se convierte en presentación regular durante el trabajo de parto.

Consejo para el Papá

Pregunte a su pareja si hay algo que a ella le gustaría que le llevara al hospital, como algunas cintas de audio o discos compactos especiales y un reproductor. Planéenlo por adelantado, y téngalo listo. Si realizan una visita al hospital o a la maternidad, podrían tener otras ideas de cosas que pueden hacer para ayudar a controlar el ambiente al que va a llegar su bebé nuevo.

En la *presentación de hombros*, los hombros se presentan primero. En una *situación transversa*, el feto yace como si estuviera en una cuna en la pelvis. La cabeza se encuentra en un lado del abdomen, y las nalgas, en el otro. Existe sólo una manera de resolver este tipo de presentación, y es por medio de una cesárea.

Nutrición

Tal vez no tenga muchas ganas de comer en este momento, pero es importante que continúe con una dieta sana. Los refrigerios podrían ser la solución. En vez de ingerir comidas abundantes, coma pequeños refrigerios durante el día para mantener elevados los niveles de energía y para evitar la acidez. Tal vez esté cansada de los alimentos que ha estado comiendo. La siguiente lista le ofrece algunos refrigerios acertados para que tenga una nutrición sana:

- plátanos, pasas de uvas, frutas deshidratadas y mangos para satisfacer su antojo de dulces y para proporcionarle hierro, potasio y magnesio
- queso en hebras; tiene un alto contenido de calcio y proteínas
- batidos de frutas realizadas con leche descremada y yogur, leche helada o helado; le proporcionan calcio, vitaminas y minerales
- galletas con alto contenido de fibra; póngales un poco de mantequilla de maní para que les dé sabor y les añada proteína
- queso cottage con fruta, saborizado con un poco de azúcar y canela, para obtener una deliciosa porción de lácteos y fruta
- tortillas o totopos sin sal, con salsa varias, por ejemplo de frijoles; contienen fibra y saben bien
- humus y pan árabe, también contienen fibra y saben bien
- tomates frescos, aderezados con aceite de oliva y albahaca fresca; cómalos con unas rebanadas delgadas de queso parmesano; así obtiene una porción de una verdura y una de lácteo

• ensalada de pollo o atún (hecha con pollo fresco o atún al natural enlatado) y galletas saladas o tortillas; obtiene proteínas y fibra

Lo que también debería saber

¿Qué es la retención de placenta?

En la mayoría de los casos, la expulsión de la placenta se produce dentro de los 30 minutos posteriores al parto y es una parte habitual del nacimiento de un bebé. En algunos casos, una parte de la placenta queda dentro del útero y no es expulsada espontáneamente. Cuando esto sucede, el útero no se contrae en forma adecuada, lo que produce una hemorragia vaginal que puede ser intensa.

En otros casos, la placenta no se separa porque todavía está unida a la pared del útero. Esta situación puede ser muy grave. Sin embargo, esta complicación es rara.

Por lo general, la hemorragia es intensa después del parto y, para detenerla, puede necesitarse una cirugía. Se puede intentar sacar la placenta mediante dilatación y legrado.

Son muchas las razones para una placenta anormalmente adherente. Se cree que una placenta puede sujetarse a una cicatriz de una cesárea anterior o a incisiones previas en el útero. La placenta puede sujetarse a un área que ha sido raspada, como en un legrado, o a una zona del útero que ha estado infectada.

Su doctor prestará atención a la expulsión de la placenta mientras usted presta atención a su bebé. Algunas personas piden ver la placenta después del parto; tal vez usted desee pedirle a su doctor que se la muestre.

¿Necesitará que la rasuren?

Muchas mujeres quieren saber si es necesario que les rasuren el vello púbico antes del nacimiento del bebé. Éste ya no es un requisito; en estos días, a muchas mujeres no las rasuran. Sin embargo, algunas mujeres que decidieron no hacerlo dijeron más tarde que sintieron molestias cuando su vello púbico se enredaba con la ropa interior, debido al flujo vaginal normal tras el nacimiento de un bebé. Así que, podría pensar en este procedimiento, y háblelo con su médico.

39.ª Semana

Edad del feto: 37 semanas

¿Qué tamaño tiene el bebé?

Su bebé pesa un poco más de 7 libras (3.25 kg). Para este momento del embarazo, la longitud de coronilla a nalgas es de unos 14 ½ pulgadas (36 cm). La longitud total del bebé está cerca de las 21 ½ pulgadas (48 cm).

¿Qué tamaño tiene usted?

En la página 394, se muestra una vista lateral de una mujer con un útero muy grande y el bebé adentro. Está en su máximo tamaño. ¡Probablemente usted también lo esté!

Si se mide desde la sínfisis púbica hasta la parte superior del útero, la distancia es de 14 ½ a 16 pulgadas (36 a 40 cm). Midiendo desde el ombligo, la distancia es de unas 6 ½ a 8 pulgadas (16 a 20 cm).

Usted se encuentra casi al final del embarazo. Su peso no debería aumentar mucho a partir de este

Consejo para la 39.ª Semana No quite las etiquetas de los regalos que le hagan, hasta después de que nazca el bebé. Puede tener que cambiarlos si la talla, el color o el "sexo" no es el correcto.

punto. Deberá permanecer entre las 25 y las 35 libras (11.4 y 15.9 kg) hasta el parto.

Cómo crece y se desarrolla el bebé

El bebé sigue aumentando de peso, incluso hasta la última o las dos últimas semanas de embarazo. No tiene mucho espacio para moverse dentro del útero. En este momento, ya están desarrollados y en su sitio todos los sistemas orgánicos. El último órgano en madurar son los pulmones.

∽ *¿Puede enredarse el bebé en el cordón?*

Algunas amigas le pueden haber dicho que no levante los brazos por encima de la cabeza, y que tampoco trate de alcanzar objetos altos, porque esto puede hacer que el cordón se enrosque alrededor del cuello del bebé. En este viejo cuento nada parece ser cierto.

Algunos bebés se enredan en el cordón umbilical y pueden tenerlo anudado o enroscado alrededor del cuello. Sin embargo, nada de lo que usted hace durante el embarazo lo causa ni lo impide.

Un cordón umbilical enredado no es necesariamente un problema durante el parto; sólo se convierte en uno si el cordón se ajusta alrededor del cuello del bebé o si está anudado.

Cambios en usted

En este momento, sería poco común que *no* estuviera incómoda y que *no* se sintiera inmensa. El útero ha llenado su pelvis y gran parte de su abdomen, haciendo a un lado todo lo demás.

En este punto del embarazo, tal vez piense que jamás querrá estar embarazada otra vez porque está muy incómoda. O puede estar segura de que su familia está completa. En este momento, algunas mujeres consideran la esterilización permanente, como una ligadura de trompas.

∽ *¿Ligadura de trompas después del parto?*

Algunas mujeres eligen ligarse las trompas mientras están en el hospital después de tener al bebé. Ahora no es el momento de tomar la decisión sobre hacerse una ligadura de trompas si no lo ha considerado seriamente antes.

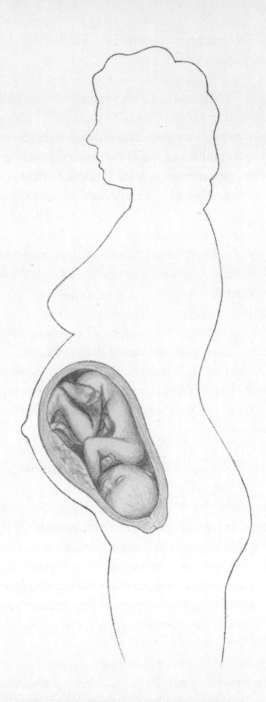

Tamaño comparativo del útero a las 39 semanas de embarazo
(edad fetal: 37 semanas) con un bebé que está casi a término.

Esterilizarse a continuación del parto tiene ciertas ventajas. Usted se encuentra en el hospital y no necesitará otra hospitalización. Sin embargo, hay desventajas en hacerse una esterilización en este momento. Considere que el procedimiento es permanente e irreversible. Si se hace ligar las trompas a las pocas horas o al día siguiente del nacimiento de su bebé, y luego cambia de idea, puede lamentar haberlo hecho.

Si se le administra una epidural, es posible utilizarla como anestesia para la ligadura de trompas. Si no se le administra la epidural, puede ser necesario anestesiarla totalmente, lo que a menudo se efectúa a la mañana siguiente de que haya dado a luz. Este procedimiento no alarga el tiempo de permanencia en el hospital.

Se realizan distintas clases de procedimientos para la esterilización permanente. La más común es una pequeña incisión por debajo del ombligo, a través de la cual se pueden identificar las trompas de Falopio.

Se puede quitar un pedazo de trompa, o se le puede colocar un anillo o un broche para bloquearla. Este tipo de cirugía se hace en 30 a 45 minutos.

Si tiene dudas o no está segura de que se le practique esta intervención, no se someta a ella. Las ligaduras de trompas pueden revertirse, pero es costoso y requiere una permanencia en el hospital de 3 a 4 días. Aunque la efectividad de la reversión es de alrededor del 50%, no se puede garantizar el embarazo.

Cómo afecta al desarrollo del bebé lo que usted hace

❧ *¿Es amamantar lo correcto para usted y el bebé?*

El análisis de las páginas siguientes se refieren en realidad a lo que usted hace *después* de que ha nacido su bebé: si amamanta al bebé o no. La decisión de amamantar es estrictamente personal. Una de las razones más convincentes para hacerlo es el vínculo que se forma entre la mamá y su hijo. Esta estrecha relación puede iniciarse tan pronto como nace el bebé: algunas mujeres amamantan en la mesa de parto. Ayuda a estimular las contracciones uterinas, lo que puede impedir una hemorragia.

Amamantar estimula la intimidad natural de un bebé recién nacido con su madre y de ésta con él. La oportunidad de amamantar puede ser un momento de calma para usted. Le puede dar una oportunidad de pasar un momento maravilloso con su recién nacido. Sin embargo, si las cosas no funcionan bien, no hay problema en dejar de hacerlo y cambiar a leche maternizada.

Beneficios de amamantar. Si amamanta se benefician tanto usted como el bebé. La leche materna es buena para el bebé porque contiene todos los nutrientes que necesitará durante los primeros meses de vida. Las leches maternizadas comerciales contienen buenas mezclas de vitaminas, proteínas, azúcar, grasa y minerales, pero ninguna puede compararse con la leche materna.

Otra ventaja de amamantar es que usted pasa a su hijo protección contra infecciones (por medio de anticuerpos) en su leche materna. Muchas personas creen que un bebé amamantado tiene menos probabilidades de resfriarse y de contagiarse de infecciones que un bebé alimentado con biberón.

Amamantar también es bueno para el bebé porque probablemente tendrá que mamar más enérgicamente de lo que es necesario con algunas tetinas de biberón. Esto estimula el buen desarrollo de los dientes y las mandíbulas. Puede ayudar también a prevenir la muerte súbita del lactante (MSL). Un estudio mostró que los bebés que fueron exclusivamente amamantados durante 4 meses o más tuvieron una tasa menor de MSL que los que fueron amamantados durante menos de un mes.

Amamantar al bebé puede también protegerlo contra la hipercolesterolemia cuando sea adulto. Aunque un bebé amamantado puede tener hipercolesterolemia durante la niñez, los estudios muestran que, al llegar a la edad adulta, los niveles de colesterol pueden ser más bajos que los de otros adultos. Además, un estudio informó que la lactancia materna puede tener efectos positivos en la inteligencia de los adultos: su bebé pueder ser un adulto más inteligente si lo amamanta, por lo menos, durante 7 meses.

Los investigadores han encontrado una importante razón para amamantar a su bebé si nació prematuramente. Mucha de la protección de un bebé prematuro contra las infecciones proviene de la leche materna. Recientemente se han encontrado brotes de una infección llamada *E. sakazakii* en unidades de cuidado intensivo neonatal y que se han asociado con las leches maternizadas en polvo a base de leche. A partir de estas conclusiones, la FDA recomienda que *no* se utilicen leches maternizadas en polvo para alimentar a bebés prematuros.

Otra ventaja de la lactancia materna es que ¡ecológicamente, es la mejor opción para el mundo! La producción de leches maternizadas utiliza nuestros recursos, y su empaque aumenta enormemente los rellenos sanitarios.

Las ventajas para usted incluyen un menor costo comparado con la compra de leche maternizada. Amamantar es conveniente, pues no necesita llevar consigo biberones ni leche maternizada para darle al bebé. A algunas mujeres les parece que amamantar las ayuda a recuperar la figura.

Durante el embarazo, habrá notado que sus pechos se agrandaron y que, probablemente, a veces estuvieron doloridos. Esto sucede porque la mayor actividad hormonal hace que se agranden los alvéolos de las mamas. La leche de los pechos se almacena en pequeños sacos de estos alvéolos.

El calostro es la primera leche que sale de las mamas. La leche materna normal llega dos o tres días después del parto. La llegada se inicia por la estimulación del bebé al mamar del pecho. Así se envía un mensaje al cerebro para que produzca prolactina, una hormona que estimula la producción de leche en los alvéolos.

Aprender a amamantar. Tal vez quiera aprender a amamantar mientras está en el hospital. Pida a las enfermeras que le enseñen algunos de los trucos que saben para ayudar a su bebé a darse cuenta de cómo hacerlo. Hágales todas las preguntas que tenga. Lo que aprenda puede influir en mantener contento a su bebé amamantándolo.

Amamantar requiere un plan alimenticio sano para usted, similar al que siguió durante el embarazo. Necesitará al menos 500 calorías adicionales por día (comparadas con las 300 adicionales del embarazo). Algunos médicos recomiendan que siga tomando las vitaminas prenatales después del embarazo, mientras esté amamantando.

Tenga cuidado con lo que come y bebe porque las cosas que come pueden pasar a la leche materna. Ciertos alimentos pueden no "sentarle" bien ni a usted ni a su bebé. Los alimentos muy condimentados y el chocolate ¡pueden provocarle malestar estomacal a su bebé! También pasa al bebé la cafeína. El alcohol pasa al bebé a través de la leche, así que tenga cuidado con el consumo de bebidas alcohólicas. Cuanto más tiempo amamante, más se dará cuenta de lo que puede (y no puede) comer y beber.

Puede haber momentos en que esté lejos de su bebé, pero quiere seguir amamantándolo. Puede hacerlo usando un sacaleche y guardando la leche materna. Puede bombear sus pechos con bombas a pilas, eléctricas o manuales. Pida sugerencias antes de salir del hospital.

Hable con su doctor durante el embarazo sobre la lactancia materna. Pregunte a sus amigas sobre sus experiencias y cuánto las disfrutaron. Tal vez podría consultar a *La Leche League* (La Liga de la Leche), una organización que estimula y promueve la lactancia materna. Ofrece ayuda a las mujeres que puedan tener problemas para empezar a amamantar. Llame por teléfono si necesita información o apoyo.

Congestión. Para algunas mujeres, un problema común de la lactancia materna es la *congestión de las mamas*. Los senos se hinchan, están doloridos y se llenan de leche. ¿Qué puede hacer para aliviar este problema?

- El mejor remedio es vaciar las mamas, si es posible, cuando da de mamar. Algunas mujeres se dan una ducha caliente y vacían sus mamas en el agua.
- También pueden servir las compresas heladas.
- *Cada* vez que dé de mamar, hágalo con los dos pechos. No amamante de un sólo lado.
- Cuando esté lejos del bebé, trate de extraer algo de leche de sus senos, para hacer que siga fluyendo y los conductos lácteos se mantengan abiertos. Además, se sentirá más cómoda.
- Los analgésicos suaves, como el paracetamol, son a menudo útiles para aliviar el dolor de la congestión. El paracetamol está recomendado por la Academia Estadounidense de Pediatría como un producto inocuo para usar durante la lactancia materna.
- Podría usar medicamentos más fuertes, como paracetamol con codeína, un medicamento que se vende con receta médica.
- Llame a su médico si la cogestión es especialmente dolorosa; decidirá el tratamiento que debe seguir.

Infecciones en las mamas. Es posible que se le infecte un pecho mientras amamanta. Si cree que tiene una infección, llame a su doctor. Una infección puede causar dolor en la mama, y ésta puede enrojecer e inflamarse.

Usted puede presentar franjas de coloración rojiza en el seno; además puede sentirse como si estuviera resfriada.

Pezones doloridos. Casi todas las mamás que amamantan sienten dolor en los pezones en algún momento, en particular al principio. Puede intentar algunos pasos para disminuir o aliviar el dolor. Intente las siguientes medidas.

- Mantenga secos y limpios sus pechos.
- No los seque con aire, pues aumenta la formación de costras y puede tardar más en curarse el pecho dolorido.
- Lo mejor es la curación con humedad. Hay una marca de lanolina, llamada *Lansinoh*, que no contiene plaguicidas ni alérgenos. Cubra con lanolina toda la zona del pezón cada vez que el bebé termine de mamar.

¡Buenas noticias! En muy poco tiempo –unos días o unas semanas–, sus pechos se acostumbrarán a amamantar, y los problemas disminuirán.

Pezones invertidos. Algunas mujeres tienen dificultades para amamantar porque tienen pezones invertidos. Esto sucede cuando el pezón se retrae hacia adentro en vez de apuntar hacia afuera. Si tiene pezones invertidos, sigue siendo posible amamantar. Hay escudos plásticos que se llevan bajo la ropa para ayudar a hacer salir los pezones invertidos.

Algunos médicos también recomiendan tirar de los pezones y hacerlos rodar entre el pulgar e índice. Hable del tema con su médico en alguna de las consultas prenatales.

Sostenes de apoyo. Algunas mujeres encuentran muy útil usar un sostén de apoyo en las últimas semanas de embarazo. Un sostén para amamantar es útil mientras se da el pecho. Muchos médicos sugieren el uso permanente del sostén para amamantar, incluso al ir a dormir, para que esté más cómoda. Sin embargo, para preparar sus senos para la lactancia, expóngalos al aire con regularidad. No usar un sostén de vez en cuando mientras está vestida hace que sus pezones se endurezcan un poco cuando rozan contra la tela de la ropa.

Amamantar con implantes mamarios de silicona. Las mujeres han logrado amamantar con implantes mamarios; sin embargo, los implantes pueden hacer que sea más difícil. Los doctores no se ponen de acuerdo sobre si amamantar con implantes es seguro o posiblemente perjudicial. Si le preocupa, plantee sus dudas a su médico; pídale la información más reciente.

La opción de alimentar con biberón. No le hará daño al bebé si usted elige alimentarlo con biberón. No queremos que ninguna madre se sienta culpable por elegir la alimentación con biberón en lugar de la lactancia materna. Las estadísticas muestran que más mujeres optan por alimentar a sus bebés con biberón en lugar de amamantarlos. También sabemos que con una leche maternizada enriquecida con hierro, el bebé recibe una buena nutrición.

Algunas razones por las que no puede amamantar. Tal vez no pueda amamantar si tiene un peso extremadamente más bajo que el normal o tiene algunos problemas médicos, como una carencia de prolactina, una cardiopatía, una enfermedad renal, tuberculosis o VIH/Sida. Algunos bebés tienen problemas al mamar o no pueden mamar si tienen fisura palatina o labio leporino. También puede causar problemas con la lactancia la intolerancia a la lactosa. A veces una mujer no puede amamantar debido a alguna enfermedad o problema físico.

Algunas mujeres quieren amamantar y lo intentan, pero no sale bien. Si no le resulta la lactancia, por favor no se preocupe. El bebé va a estar bien.

Ventajas de la alimentar con biberón. Hay ventajas de alimentar con biberón.

- Algunas mujeres disfrutan la libertad que les proporciona usar un biberón; otras personas pueden ayudarlas a cuidar al bebé.
- Es fácil aprender a alimentar a un bebé con un biberón; nunca causa molestias a la madre si no lo hace bien.
- Los padres pueden involucrarse más en el cuidado del bebé.
- Los bebés alimentados con biberón aguantan más entre tomas porque, por lo general, la leche maternizada se digiere más lentamente que la leche materna.

- Puede preparar de una sola vez toda una provisión diaria de leche maternizada, lo que ahorra tiempo y esfuerzo.
- No tiene que preocuparse por alimentar al bebé delante de otras personas.
- Es más fácil que alimentar con biberón si planea regresar a trabajar poco después de tener al bebé.
- Si alimenta al bebé con una leche maternizada enriquecida con hierro, no tendrá que darle un aporte complementario de hierro.
- Si utiliza agua fluorada de red para mezclar la leche maternizada, es probable que no necesite darle al bebé aportes complementarios de fluoruro.

Nutrición

℘ *Si amamanta*

Si va a amamantar a su bebé, tiene que empezar a pensar en las necesidades nutricionales para cuando lo haga. Probablemente le aconsejen que ingiera 500 calorías adicionales cada día durante esta época. ¡Una madre que amamanta segrega de 425 a 700 calorías en su leche cada día! Las calorías adicionales que consuma la ayudarán a mantener una buena salud. Además, estas calorías deben ser sanas y nutritivas, como las que ha estado consumiendo durante el embarazo. Escoja nueve porciones del grupo del pan/cereal/pasta/arroz y tres porciones del grupo de los lácteos. Debe consumir cuatro porciones de fruta y cinco, de verduras. La cantidad de proteína en su dieta debe ser de 8 onzas durante la lactancia. Tenga mucho cuidado con las grasas, aceites y azúcares; limite su consumo a cuatro cucharaditas.

Como ya ha sido tratado, tal vez deba evitar algunos alimentos porque pueden pasar a la leche materna y causar algunos trastornos estomacales al bebé. Evite el chocolate, los alimentos que producen gases, como los repollitos de Bruselas y el coliflor, los alimentos muy condimentados y otros alimentos con los que tenga problemas. Si tiene dudas o preocupaciones, discuta la situación con su médico y con el pediatra.

Además de los alimentos que consuma, debe continuar bebiendo mucho líquido. Necesita beber, por lo menos, *2 cuartos de galón* de líquido todos los días para producir leche suficiente para el bebé y para que usted se mantenga hidratada. Si hace calor, necesitará más líquido. Evite los alimentos y bebidas que contienen cafeína pues ésta actúa como diurético. Puede pasar también al bebé a través de la leche. Aunque la cafeína sale del torrente sanguíneo en 3 a 5 horas, ¡puede permanecer en el torrente sanguíneo del bebé hasta por 96 horas!

Mantenga elevado el consumo de calcio, pues éste es importante para la lactancia materna. Podría preguntarle a su médico qué tipo de aporte vitamínico complementario debe tomar. Algunas madres siguen tomando una vitamina prenatal mientras amamantan.

ᣤ Si alimenta con biberón

Aun cuando alimente al bebé con biberón, es importante que siga un plan alimenticio nutritivo, como el que siguió durante el embarazo. Siga comiendo alimentos ricos en hidratos de carbono complejos, como productos de cereales, frutas y verduras. Las carnes magras, aves y pescado son buenas fuentes de proteínas. Escoja lácteos semidescremados o descremados.

Si alimenta al bebé con biberón, necesita menos calorías que si lo amamanta. Pero no reduzca drásticamente el consumo de calorías con la esperanza de perder peso con rapidez. Usted sigue necesitando comer en forma nutritiva para mantener un buen nivel de energía. Asegúrese de que las calorías que consuma no sean de comida chatarra.

A continuación hay una lista de los tipos y cantidades de alimentos que debe tratar de comer cada día. Elija seis porciones del grupo del pan/cereal/pasta/arroz y tres porciones de fruta. Coma tres porciones de verdura. Del grupo de los lácteos, elija dos porciones. Coma unas 6 onzas de proteína por día. Le seguimos aconsejando que tenga cuidado con las grasas, los aceites y los azúcares; limite su consumo a 3 cucharaditas. Y continúe tomando líquido. Puede utilizar también el plan de nutrición para el embarazo, como referencia véase la 6.ª semana.

Lo que también debería saber

ᣤ Alivio para el dolor durante el trabajo de parto

El trabajo de parto es doloroso porque el útero tiene que cambiar mucho de forma para que pueda nacer el bebé. Puede pedir que le alivien este dolor. El alivio para el dolor durante el trabajo de parto se encara de muchas maneras. Cuando toma analgésicos, recuerde que hay dos pacientes a quienes considerar: usted y el bebé que está por nacer. Por lo tanto, es mejor averiguar por adelantado las opciones que hay para controlar el dolor. Después vea cómo se siente durante el trabajo de parto antes de tomar una decisión final.

Una parte valiosa de su experiencia en el parto es su preparación. Esto incluye ser consciente de las cosas que le están ocurriendo, y por qué, y no tenerle miedo al dolor que siente. Usted debe confiar en quienes se encargan de su salud, incluido su doctor y el personal del hospital.

Un *anestésico* brinda un bloqueo completo de todas las sensaciones dolorosas y de los movimientos musculares. Un *anestésico* brinda un alivio total o parcial de las sensaciones dolorosas. Los analgésicos opiáceos pasan al bebé a través de la placenta y pueden disminuir la función respiratoria en el recién nacido. Pueden afectar también la calificación de Apgar del bebé. Estos medicamentos no deben administrarse cerca del momento del parto.

En muchos lugares, la anestesia para el parto se administra mediante una inyección de un medicamento en particular para afectar una zona del cuerpo en especial. Esto se denomina bloqueo, como un *bloqueo pudendo*, un *bloqueo epidural* o un *bloqueo del cuello uterino*. El medicamento es similar al que se usa para bloquear el dolor cuando le empastan un diente. Los agentes son xilocaína o medicamentos similares a la xilocaína.

Ocasionalmente es necesario utilizar anestesia general para el parto de un bebé, normalmente, en una cesárea de emergencia. Al parto asiste un pediatra porque es posible de que el bebé esté durmiendo después del nacimiento.

¿Qué es un bloqueo epidural? El bloqueo epidural es uno de los anestésicos más populares que se usan hoy, y con frecuencia para el trabajo de parto y el parto. Brinda alivio al dolor de las contracciones uterinas y del parto. Debe administrarlo sólo alguien capacitado y con experiencia en este tipo de anestesia. Algunos obstetras tienen esa experiencia, pero en la mayoría de los lugares lo debe administrar un anestesista o una enfermera anestesista.

El bloqueo epidural continuo empieza cuando usted está sentada o recostada de lado. El anestesista adormece un área de piel sobre la zona lumbar en el medio de la médula espinal. Luego introduce una aguja a través del área adormecida; se coloca anestésico alrededor de la médula espinal pero no en el conducto raquídeo. En el lugar, se deja un catéter.

La medicación para el dolor en la anestesia epidural se puede aplicar durante el trabajo de parto con una bomba. El anestesista la usa para inyectar una pequeña cantidad de medicamento a intervalos regulares o cuando se requiera. Una epidural brinda un excelente alivio para el dolor del trabajo de parto.

Hay una combinación de bloqueo espinal epidural/epidural ambulante que utiliza técnicas epidurales y espinales para aliviar el dolor. Frecuentemente, hay menos adormecimiento con esta combinación, así que una mujer podrá caminar con más facilidad. A veces se la denomina *epidural ambulante*.

Tal vez haya escuchado cierta información confusa sobre cuándo puede recibir una epidural, si elige que se la den. La mayoría de los médicos creen que el bloqueo epidural se debe realizar durante el trabajo de parto según su nivel de dolor. Tal vez *no* sea necesario que esté dilatada hasta un punto específico antes de recibir el bloqueo.

Un problema del bloqueo epidural es que puede disminuir su tensión arterial. La hipotensión arterial puede afectar el flujo de sangre hacia el bebé. Afortunadamente, se ayuda a reducir el riesgo de hipotensión con la infusión intravenosa de líquidos que se da junto con la epidural. También puede tener problemas para pujar durante el parto. De acuerdo con estudios recientes, no se ha establecido relación alguna entre el uso de epidurales durante el parto y la experiencia de dolor lumbar posterior.

Otros bloqueos para el dolor. Cuando las contracciones son regulares y el cuello del útero comienza a dilatarse, las contracciones uterinas pueden ser molestas. Para el dolor en esta etapa inicial, muchos hospitales utilizan una mezcla de un analgésico opiáceo, como la petidina (Demerol), y un tranquilizante, como la prometacina (Phenergen). Esto disminuye el dolor y causa cierta somnolencia o sedación. El medicamento se puede administrar por vía intravenosa o mediante una inyección intramuscular.

Para realizar una cesárea, se puede utilizar una anestesia intradural. Con esta anestesia, el alivio del dolor dura lo suficiente para que se realice la cesárea. Hoy en día, la anestesia intradural no se utiliza con tanta frecuencia como la anestesia epidural para el trabajo de parto.

Otro tipo de bloqueo que se usaba ocasionalmente es un bloqueo pudendo. Se da a través de la cavidad vaginal y disminuye el dolor en la propia vía de parto. Usted todavía siente la contracción y la tensión con dolor en el útero. Algunos hospitales emplean un bloqueo paracervical que proporciona alivio para el dolor del cuello del útero que se dilata, pero no alivia el dolor de las contracciones.

La anestesia intratecal es una dosis única de anestesia en el área que rodea a la médula espinal. No es un bloqueo total; la mujer siente la contracción así que puede pujar.

Ningún método es perfecto para aliviar el dolor durante el trabajo de parto y el parto. Discuta todas las posibilidades con su doctor, y menciónele sus preocupaciones. Averigüe qué tipos de anestesia hay, y los riesgos y los beneficios de cada una.

Complicaciones y problemas con la anestesia. Hay complicaciones posibles derivadas del uso de la anestesia, incluida el aumento de la sedación del bebé por el uso de opiáceos, como el Demerol. El recién nacido puede tener calificaciones de Apgar más bajas, y respiración deprimida. El bebé puede requerir reanimación o tal vez necesite recibir otro fármaco, como naloxona (Narcan) para revertir los efectos del primero.

Si a la madre se le da anestesia general, se puede también observar en el bebé un aumento de la sedación, una respiración más lenta y latidos más lentos. Normalmente, la madre está "inconsciente" por más de una hora y no puede ver a su hijo recién nacido sino hasta más tarde.

Si a usted le dan una epidural o le hacen un bloqueo espinal durante el parto, puede experimentar varios efectos secundarios después. Algunas de las formas de ayudar a aliviar estas molestias incluyen las siguienes:

- Si siente comezón, presione el área con una toalla o manta. Alivie la molestia aplicando mucha loción.
- Si tiene cefalea, ingiera una bebida que contenga cafeína, como café, té o un refresco.
- Si siente náuseas, respire profundamente. Inhale por la nariz y exhale por la boca.

Puede ser imposible determinar antes de que usted empiece el trabajo de parto qué anestesia será la mejor para usted. Pero es útil saber cuáles existen y con qué tipos de calmantes puede contar durante el trabajo de parto y el parto.

Consejo para el Papá

¿Quién quieren usted y su pareja que esté en la sala de parto? Tener un bebé es una experiencia única y maravillosa. Algunas parejas eligen la intimidad y la privacidad de estar solos durante el nacimiento. Otras parejas quieren compartir esta experiencia con varios familiares y amigos. Si lo hablan con tiempo, pueden decidir juntos lo que quieren. Después de todo, es el nacimiento de su bebé.

✣ *Contracción del útero después del parto*

Después del parto, el útero se encoge inmediatamente desde casi el tamaño de una sandía al de una pelota de voleibol. Cuando esto sucede, la placenta se desprende de la pared uterina. En este momento, puede haber un chorro grande de sangre desde el interior del útero que señala la expulsión de la placenta.

Después de que la expulsa, pueden darle oxitocina (Pitocin), que ayuda a su útero a contraerse y a cerrarse, así no sangra. La hemorragia extremadamente intensa posterior al parto vaginal se denomina *hemorragia puerperal*, que es la pérdida de más de 17 onzas (500 ml). A menudo se puede prevenir masajeando el útero y usando medicamentos que lo ayuden a contraerse.

La principal razón de que una mujer experimente una hemorragia intensa después del parto es que su útero no se contrae, llamado útero *atónico*. El médico, la partera o la enfermera que la atienden pueden masajearle el útero después del parto. Pueden mostrarle cómo hacerlo, así el útero se mantendrá firme y contraído. Esto es importante para que no pierda más sangre y se vuelva anémica.

✣ *Bancos de sangre de cordón umbilical*

¿Están pensando usted y su pareja en almacenar la sangre del cordón umbilical de su bebé? Los investigadores han descubierto que las células hemoprogenitoras, que están presentes en la sangre del cordón umbilical, han demostrado ser muy exitosas en el tratamiento de algunas enfermedades. La *sangre del cordón umbilical* es la que queda en el cordón umbilical y en la placenta después de que nace un bebé. Antes, por lo general, se desechaban la placenta y el cordón umbilical tras el parto.

Ahora hay un gran interés en guardar la sangre del cordón umbilical después del parto. Esta sangre se puede usar para tratar el cáncer y las enfermedades genéticas que hoy se tratan con transplantes de médula ósea. Se la ha utilizado con éxito para tratar leucemia infantil, algunas enfermedades inmunitarias y otras hemopatías. En la actualidad, se está llevando a cabo una investigación en los Estados Unidos y en Europa para utilizar la sangre del cordón umbilical para el tratamiento génico de muchas enfermedades, incluidas la anemia drepanocítica, la diabetes y el sida.

La sangre del cordón umbilical contiene las mismas células valiosas que se encuentran en la médula ósea. Estas "células hemoprogenitoras" son los componentes básicos del aparato circulatorio y del sistema inmunitario. En la sangre del cordón umbilical, estas células especiales están sin desarrollar. Por esta razón, la sangre del cordón umbilical no tiene que tener una compatibilidad tan estrecha para un transplante como ocurre con la médula. Esta característica puede ser especialmente importante para los miembros de grupos étnicos minoritarios o para personas con grupos sanguíneos poco comunes. Tradicionalmente, estos grupos han tenido más dificultades para encontrar resultados aceptables de compatibilidad de donantes.

Los padres pueden pedir, antes de que nazca el bebé, que se recoja la sangre del cordón umbilical y que se la guarde en un "banco" para su uso en el futuro. La sangre puede usarla el bebé del que se extrajo, los hermanos o los padres.

La sangre se recoge directamente del cordón umbilical inmediatamente después del parto. No hay riesgo ni dolor para la madre ni para el bebé. La sangre se transporta a un banco, donde se congela y se almacena criogénicamente.

Hable sobre el tema con su médico durante una cita prenatal; en especial si su familia tiene antecedentes de ciertas enfermedades. Pregúntele cómo y dónde se almacena la sangre y por el costo de almacenarla. Esta es una decisión que debe tomar con su pareja, pero antes necesita buena información, como el hecho de que hasta este momento, normalmente los seguros no cubren el costo del almacenamiento de la sangre.

El costo del almacenamiento puede incluir un gasto inicial de unos mil dólares, con un gasto anual por almacenamiento de unos cien dólares. Cuanto más se aprenda sobre los bancos de sangre de cordón umbilical, y su uso se vuelva más común, más bajará el costo. Algunas compañías de seguros médicos cubren el costo de las familias que tienen un riesgo elevado de sufrir cáncer o enfermedades genéticas. Los bancos de sangre de cordón umbilical pueden no exigir el pago a las familias en riesgo que no tienen los medios para afrontarlo. Para mayor información, póngase en contacto con la *International Cord Blood Foundation* al (415) 635-1456, en los Estados Unidos.

Si no quiere desperdiciar la sangre del cordón umbilical de su bebé, piense en donarla. Un banco sin fines de lucro puede hacer estudios de compatibilidad con alguien que la necesite. Pídale a su médico información sobre la donación de sangre de cordón umbilical en su zona.

40.ª Semana

Edad del feto: 38 semanas

¿Qué tamaño tiene el bebé?

El bebé pesa unas 7 ½ libras (3.4 kg). Su longitud de coronilla a nalgas es de unas 14 ¾ a 15 ¼ pulgadas (37 a 38 cm). La longitud total es de 21 ½ pulgadas (48 cm). El bebé llena el útero y tiene poco espacio para moverse. Véase la ilustración de la página 410.

¿Qué tamaño tiene usted?

Desde la sínfisis púbica a la parte superior del útero, probablemente mida entre 14 ½ y 16 pulgadas (36 a 40 cm). Desde el ombligo hasta la parte superior del útero mide unas 6 ½ a 8 pulgadas (16 a 20 cm).

En este momento, es probable que no le importe mucho cuánto mide. Siente que está tan grande como nunca y está lista para tener a su bebé. Tal vez siga creciendo e, incluso,

Consejo para la 40.ª Semana

Si quiere utilizar una posición de parto diferente, masajes, técnicas de relajación o hipnosis para aliviar los dolor del parto, no espere hasta ese momento para hablar del tema. Discuta lo que le interesa con su médico en una de sus citas prenatales.

se agrande un poco más hasta el parto. Pero no se desaliente: pronto tendrá a su bebé.

Cómo crece y se desarrolla el bebé

La *bilirrubina* es un producto de la descomposición de los glóbulos rojos. Antes de que el bebé nazca, la bilirrubina se transfiere fácilmente, a través de la placenta, desde el feto hasta la circulación materna. Mediante este proceso, su cuerpo puede deshacerse de la bilirrubina del bebé. Después de que el bebé nace y de que se pinza el cordón umbilical, el bebé está solo para manejar la bilirrubina que se produce en su cuerpo.

✎ *Ictericia en un recién nacido*

Después del nacimiento, si el bebé tiene problemas para tratar la bilirrubina, se puede desarrollar una elevada concentración sanguínea de bilirrubina. El bebé puede desarrollar ictericia, que es el amarilleo de la piel y del blanco de los ojos. La concentración sanguínea de bilirrubina aumenta típicamente durante tres o cuatro días después del nacimiento del bebé y luego disminuye.

El pediatra y las enfermeras de la sala de neonatología controlan el color del bebé para ver si tiene ictericia. Se le puede hacer un análisis para determinar la concentración sanguínea de bilirrubina, en el hospital o en el consultorio del pediatra.

El tratamiento para la ictericia es la *fototerapia,* que puede aplicarse en el hospital o en la casa, con un dispositivo de pie o con una manta de fibra óptica. La luz del dispositivo especial penetra en la piel y destruye la bilirrubina. Si hay una elevada concentración sanguínea de bilirrubina, al bebé se le puede realizar una exanguinotransfusión.

Ictericia nuclear en un recién nacido. Una concentración sanguínea de bilirrubina extremadamente elevada (hiperbilirrubinemia) en un bebé recién nacido causa preocupación en los médicos porque puede desarrollarse una enfermedad grave llamada *icteria nuclear.* Esta enfermedad se ve con mayor frecuencia en bebés prematuros que en los nacidos a término. Si el bebé sobrevive a la ictericia nuclear, puede tener problemas neurológicos, como espasticidad, falta de coordinación muscular y

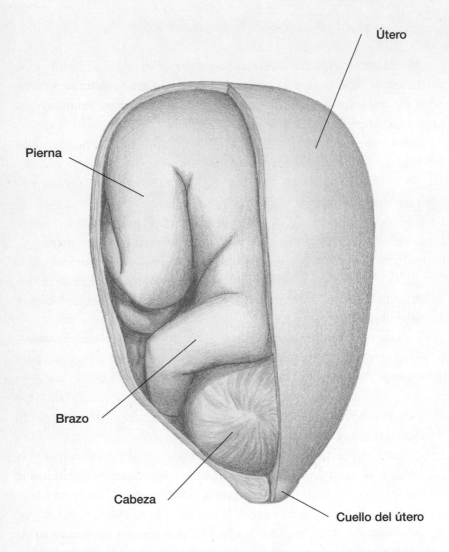

Útero

Pierna

Brazo

Cabeza

Cuello del útero

Un bebé a término tiene poco espacio para moverse. Ésta es una de las razones por las que los movimientos fetales se reducen en las últimas semanas del embarazo.

grados variables de retraso mental. Sin embargo, este tipo de ictericia es rara en un recién nacido.

Cambios en usted

✍ *Mientras espera para ir al hospital*

Si está esperando para ir al hospital y siente dolor, a continuación hay algunas cosas que puede hacer en casa. Las siguientes acciones pueden ayudarla a manejar el dolor.

- Al inicio de cada contracción, inhale profundamente. Exhale lentamente. Al final de cada contracción, respire otra vez profundamente.
- ¡Levántese y muévase! La ayuda a distraerse y puede aliviar el dolor lumbar.
- Pida a su pareja que le masajee los hombros, el cuello, la espalda y los pies. Ayuda a aliviar la tensión y es agradable.
- Las compresas frías o calientes pueden ayudarla a reducir los calambres, y dolores y molestias varios. Un baño o ducha tibios son muy aliviadores.
- Cuando comience una contracción, intente distraerse con imágenes mentales agradables y relajantes.

Cómo afecta al desarrollo del bebé lo que usted hace

✍ *Ir al hospital*

Es probable que se haya registrado previamente en el hospital unas semanas antes de la fecha de parto. Si lo hizo, le ahorrará tiempo en el ingreso y puede ayudar a reducir su tensión. Se puede registrar con los formularios que recibió en el consultorio del doctor o en el hospital. Aun cuando no los lleve al hospital antes de que empiece el parto, es buena idea llenarlos anticipadamente. Si espera a estar en trabajo de parto, puede tener prisa y estar preocupada por otras cosas.

Lleve la credencial o la información del seguro médico, téngalos listos y a mano. También es útil que conozca su grupo sanguíneo y su factor Rh, el nombre de su médico, el nombre del pediatra y la fecha de parto.

Pregunte a su doctor cómo debe prepararse para ir al hospital; puede tener instrucciones específicas para usted. Tal vez quiera hacerle las siguientes preguntas:

- ¿En qué momento del trabajo de parto debemos ir al hospital?
- ¿Debemos llamarlo antes de salir para el hospital?
- ¿Cómo lo localizamos fuera del horario de trabajo?
- ¿Hay instrucciones particulares que deba seguir al inicio del trabajo de parto?
- ¿A dónde debemos ir: a la sala de emergencias o al servicio de parto?

A muchas parejas se les pide que vayan al hospital después de una hora de contracciones con un intervalo de entre 5 a 10 minutos. Sin embargo, váyase antes si el hospital queda lejos, o es difícil llegar hasta allá o si hay mal tiempo.

¡El nacimiento del bebé es el acontecimiento que han estado planeando! Si éste es su primer bebé, pueden estar emocionados y sentirse algo inquietos. El nacimiento del bebé es algo que recordarán durante mucho tiempo.

Necesitan decidir a quién quieren con ustedes durante el nacimiento. Algunas veces, los miembros de la familia dan por supuesto que están invitados. Algunas parejas prefieren llevar a sus otros hijos a la sala de partos para que vean nacer al hermanito nuevo. Hable de ello con su doctor previamente, y averigüe qué piensa al respecto. El nacimiento del bebé puede ser muy emocionante y especial para usted y su pareja, pero puede ser aterrador para un niño.

Muchos lugares ofrecen clases a los hermanos mayores para ayudarlos a prepararse para el bebé nuevo. Ésta es una buena forma de ayudar a sus hijos mayores a sentirse parte de la experiencia del nacimiento.

Control del trabajo de parto. ¡Cuando llegue al hospital, pueden mandarla de regreso a su casa! Esto sucede si el trabajo de parto no ha comenzado realmente o si es incipiente. Cuando llegue al hospital, la evaluarán para ver los signos del trabajo de parto; esto se denomina algunas veces *control del trabajo de parto*.

Si la mandan a casa, no se sienta frustrada, triste o enojada. Entienda que, para determinar si una mujer está en trabajo de parto, la mayoría de las veces deben verla y examinarla en el hospital.¡Esto es algo que no se puede determinar por teléfono!

Las personas que la examinan saben que quiere seguir con el proceso del parto y que no quiere regresar a casa. Sin embargo, si no está en trabajo de parto real, lo mejor es que regrese a casa. Si le sucede esto, sáquele el máximo provecho. ¡Volverá cuando sea el momento!

En el hospital. Cuando ingresa en el servicio de parto (o en una maternidad), suceden muchas cosas. Cuando se registre, le harán muchas preguntas, que pueden incluir las siguientes:

- ¿Se han roto sus membranas? ¿A qué hora?
- ¿Está sangrando?
- ¿Tiene contracciones? ¿Con qué frecuencia? ¿Cuánto duran?
- ¿Cuándo comió por última vez, y qué comió?

Otra información importante incluye los problemas médicos que padece y los medicamentos que está tomando o que haya tomado durante el embarazo. Si ha tenido complicaciones, como placenta previa, dígaselo al personal médico cuando llegue al parto. También es el momento de darles a los que se ocupan de usted la información que su doctor le dio sobre el borramiento, el adelgazamiento del cuello uterino y la altura de la presentación.

Por lo general, una copia de su historia clínica del consultorio se guarda en el área de parto. Contiene información básica sobre su salud y su embarazo.

Examen inicial. Se realiza un tacto vaginal para ayudar a determinar en qué período del parto está y para usarlo como punto de referencia para tactos posteriores. Estos tactos y los signos vitales los toma una enfermera del servicio de parto (puede ser enfermera o enfermero). Sólo en situaciones poco comunes, como una emergencia, este examen inicial lo hará su médico. De hecho, puede pasar bastante tiempo antes de que lo vea, pero tenga la tranquilidad de que las enfermeras están en estrecho contacto telefónico con él. En muchos partos, el doctor no llega hasta que el nacimiento está cerca.

Se realiza una breve anamnesis del embarazo. Se anotan sus signos vitales, incluidos la tensión arterial, el pulso, la temperatura y la frecuencia cardíaca del bebé.

Después del ingreso. Si usted está de parto y se queda en el hospital, ocurrirán otras cosas. Su pareja puede tener que hacer su ingreso en el hospital si usted no ha llenado los papeles de ingreso previamente. Tal vez le hagan firmar un formulario de renuncia o un permiso del hospital, su doctor o el anestesista. Esto se hace para asegurarse de que usted está informada y es consciente de los procedimientos que se practicarán y de los riesgos involucrados.

Después de que haga el ingreso, pueden hacerle un enema, o tal vez comiencen una vía intravenosa. Quizás le saquen sangre. Es posible que su médico quiera hablar sobre cómo calmar los dolores, o tal vez le coloquen una epidural, si usted la pidió.

Si decidió que quiere una epidural o si parece que el trabajo de parto va a tomar mucho tiempo, se le colocará una vía intravenosa. Todavía va a poder caminar. No puede comer, y no le permitirán beber más que pequeños sorbos de agua o pedacitos de hielo. Durante este tiempo, su pareja y usted pueden estar solos, mientras las enfermeras entran en el cuarto para realizar diversas tareas y luego se van. En la mayoría de los casos, se le coloca en el abdomen un cinturón de monitoreo para registrar sus contracciones y los latidos del bebé. Este monitoreo puede ser visto en la habitación y también en la enfermería.

Se le toma la tensión arterial a intervalos regulares y se realizan tactos vaginales para seguir la evolución del trabajo de parto. En la mayoría de los lugares, a su médico le avisan cuando usted ingresa al servicio, y lo llaman a intervalos regulares a medida que avanza el parto. También lo llaman si surge cualquier problema.

Cuando su médico no está disponible. En algunos casos, cuando llegue al hospital, se enterará de que su doctor no está y de que el parto lo va a atender otra persona. Si su doctor cree que quizás esté fuera de la ciudad cuando nazca su bebé, pídale que le presente a los doctores que lo "cubren" cuando no está. Aunque a su médico le gustaría estar presente para el nacimiento de su bebé, algunas veces no es posible.

∽ *Mantenga abiertas sus opciones durante el parto*

Una consideración importante en la planificación de su parto son los métodos que usted puede usar para atravesar ese proceso. ¿Le darán anestesia epidural? ¿Piensa intentar un parto sin fármacos? ¿Necesitará una episiotomía?

Cada mujer es diferente, igual que cada parto. Es difícil anticipar lo que sucederá y lo que necesitará durante el parto para aliviar los dolores. Es imposible saber cuánto durará: 3 horas o 20 horas. Lo mejor es adoptar un plan flexible. Entienda qué es lo que tiene a su alcance, y qué opciones puede escoger durante el parto.

Durante los dos últimos meses del embarazo, hable sobre estas cuestiones con el médico y familiarícese con su concepción del parto. Sepa qué le pueden proporcionar en el hospital que haya elegido. Algunos medicamentos pueden no estar disponibles en ciertas zonas.

∽ *Alivio del dolor sin medicamentos*

Algunas mujeres no quieren recibir medicamentos durante el parto para aliviar el dolor. Para hacerlo, prefieren utilizar diferentes posiciones de parto, masajes, respiración, técnicas de relajación o hipnosis. Por lo general, los patrones de respiración y las técnicas de relajación se aprenden en las clases de parto.

En algunos lugares, algunas mujeres utilizan la hipnosis para aliviar el dolor durante el parto. El *HypnoBirthing* es una técnica de manejo de los dolores del parto desarrollada por Marie Mongan hace más de 20 años. Pregúntele a su doctor por esta técnica en alguna de sus citas prenatales, si está interesada en probarla. Tal vez haya clases en su zona.

La *aromaterapia*, que consiste en realizar masajes con ciertos aceites aromáticos, puede ser útil para relajarse. Algunos hospitales pueden tener *una piscina de parto*. En el agua, algunas mujeres experimentan una reducción del dolor y un aumento de la relajación. El agua también ablanda la región perineal, de este modo puede estirarse con mayor facilidad. En algunos lugares, tiene que salir de la piscina para dar a luz. Si está interesada, háblelo con su médico.

La *acupresión* utiliza presión en partes específicas del cuerpo para ayudar a aliviar el dolor y para relajarla; puede darle una sensación de bienestar. Sin embargo, para que la acupresión funcione con mayor efectividad, por lo general, debe iniciarse cuando empieza el parto.

✄ *Posiciones de parto*

Las posiciones diferentes de parto pueden permitirles a la mujer y a su pareja (o asistente de parto) trabajar juntos para aliviar los dolores. Esta interacción puede ayudarlos a sentirse más cerca y les permite compartir la experiencia. Algunas mujeres dicen que la utilización de estos métodos las acercó a su pareja e hizo que la experiencia del nacimiento fuera más placentera.

La mayoría de las mujeres de América del Norte y de Europa dan a luz en una cama, acostadas sobre la espalda. Sin embargo, algunas mujeres están probando diferentes posiciones para ayudar a aliviar el dolor y para facilitar el nacimiento del bebé.

En el pasado, frecuentemente las mujeres pasaban el trabajo de parto y el nacimiento en una posición erguida que mantenía vertical la pelvis, como arrodillada, agachada, sentada o de pie. El parto en esta posición permite que la pared abdominal se relaje y que el bebé descienda más rápidamente. Debido a que las contracciones son más fuertes y más regulares, el parto suele ser más corto.

Hoy, muchas mujeres piden elegir la posición de parto más cómoda para ellas. La libertad de escoger esta posición puede hacer que una mujer se sienta más segura sobre el manejo del nacimiento y el parto. Las mujeres que escogen sus propios métodos pueden sentirse más satisfechas con toda la experiencia.

Si esto es importante para usted, háblelo con su médico. Pregúntele por las instalaciones del hospital que van a usar; algunos tienen equipo especial, como sillas de parto, barras para agacharse o camas de parto, para ayudarla a sentirse más cómoda. A continuación se describen algunas posiciones que podría considerar para el parto.

Caminar y *estar de pie* son buenas posiciones para usar durante el comienzo del trabajo de parto. Caminar la puede ayudar a respirar con mayor facilidad y a relajarse más. Estar de pie bajo una ducha tibia puede proporcionarle alivio. Cuando camine, asegúrese de que haya alguien con usted que le ofrezca apoyo (físico y emocional).

Estar sentada puede disminuir la intensidad y la frecuencia de las contracciones y puede hacer más lento el trabajo de parto. Sentarse a descansar después de caminar o de estar de pie es aceptable; sin embargo, estar sentada durante una contracción puede ser incómodo.

Arrodillarse sobre las manos y las rodillas es una buena forma de aliviar los dolores del parto con dolor lumbar. *Arrodillarse contra un apoyo*, como

una silla o su pareja, estira los músculos de su espalda. Los efectos de arrodillarse son similares a los de caminar o estar de pie.

Cuando no pueda estar de pie, ni caminar, ni arrodillarse, *recuéstese de
costado*. Si le dan medicamentos contra los dolores tendrá que estar acostada. Hágalo sobre el costado izquierdo, después gire hacia el derecho.

Aunque la posición más común utilizada durante el trabajo de parto es
estar *recostada sobre la espalda*, puede disminuir la intensidad y la
frecuencia de las contracciones, lo que puede hacer más lento el proceso.
También puede hacer que disminuya su tensión arterial y que baje la
frecuencia cardíaca del bebé. Si está recostada sobre la espalda, eleve la
cabecera de la cama y ponga una almohada debajo de una cadera para no
tener la espalda totalmente recta.

Algunas mujeres quieren saber si caminar durante el trabajo de parto
lo hace más fácil y reduce las probabilidades de una cesárea. Han habido
algunas controversias sobre esto. Algunos creen que caminar ayuda a que
el bebé se coloque más rápido en posición, que se dilate más rápido el
cuello del útero y que el trabajo de parto sea menos doloroso. Otros
observan que caminar hace que la mujer se arriesgue a caerse y no permite
la cardiotocografía, lo que puede poner en riesgo al feto. Un estudio
reciente en más de mil embarazadas demostró que caminar no tenía efectos ni buenos ni malos. Creemos que lo esencial es que es una decisión
personal, y que se le debe permitir tomarla según lo que le parezca mejor.

⚘ Masajes para aliviar

El masaje es una forma maravillosa y delicada de ayudarla a sentirse
mejor durante el trabajo de parto. Los toques y las caricias del masaje la
ayudan a relajarse. Un estudio demostró que las mujeres a las que se
masajeaba durante 20 minutos cada hora, durante el trabajo de parto
activo, sentían menos ansiedad y menos dolores.

Se pueden masajear muchas partes del cuerpo de una mujer que está
en trabajo de parto. El masaje en la cabeza, el cuello, la espalda y los pies
puede ofrecer mucho confort y relajación. La persona que hace el masaje
debe prestar mucha atención a las respuestas de la mujer para determinar
la presión correcta.

Los tipos diferentes de masaje afectan a una mujer de varias maneras.
Tal vez usted y su pareja quieran practicar antes del trabajo de parto los
dos tipos de masaje que describimos a continuación para usar alguno.

El *effleurage* es un masaje suave con la punta de los dedos sobre el abdomen y la parte superior de los muslos; se usa al principio del trabajo de parto. Las pulsaciones son ligeras, pero no hacen cosquillas, y la punta de los dedos nunca se separa de la piel.

Comience con las manos a cada lado del ombligo; muévalas hacia arriba y hacia fuera, y regrese bajando hasta el área púbica. Luego mueva las manos de regreso al ombligo. El masaje puede extenderse por los muslos. También puede hacerse con movimientos cruzados, alrededor del cinturón de cardiotocografía. Mueva los dedos por el abdomen de un lado a otro, entre los cinturones.

El *masaje de contrapresión* es excelente para aliviar los dolores del trabajo de parto con dolor lumbar. Coloque el talón de la mano o la parte plana del puño (también puede usar una pelota de tenis) contra el cóccix. Aplique presión firme con movimientos circulares y pequeños.

Nutrición

Durante el trabajo de parto, no se le permitirá comer ni beber nada. Cuando están en trabajo de parto, las mujeres suelen tener náuseas lo que puede causar vómitos. Para su salud y su comodidad, su médico quiere evitar este problema, así que, por su propia seguridad, se le aconsejará que mantenga el estómago vacío.

Probablemente no le interese comer, pero puede sentir sed. Sin embargo, entienda que no se le va a permitir beber nada durante el trabajo de parto por las mismas razones que ya mencionamos. Se le permitirán tomar sorbos de agua o chupar cubos de hielo. Tal vez le ofrezcan una tela mojada para chupar. Si el parto es largo, pueden hidratar su cuerpo con líquidos mediante una infusión intravenosa. Después del nacimiento del bebé, si todo está bien, le permitirán comer y beber.

Lo que también debería saber

ᔆ *El asistente de parto*

En la mayoría de los casos, su pareja es el asistente de parto. Sin embargo, esto no es un requisito absoluto. Puede también desempeñarse como asistente de parto una amiga íntima o alguien de la familia, como su madre o una hermana. Pídaselo a alguien por anticipado; no espere hasta último momento. Dele a la persona tiempo suficiente para que se prepare para la experiencia y para asegurarse de que podrá estar allí con usted.

No todas las personas se sienten cómodas observando todo el parto. Esto puede incluir a su pareja. Por eso, no fuerce a su pareja ni al asistente a ver el parto si no desea hacerlo. No es raro que el asistente sufra mareos o que se desmaye durante el parto. En más de una ocasión, los asistentes o la pareja se han desmayado o estuvieron sumamente mareados tan sólo al hablar sobre los planes para el parto o una cesárea.

La preparación anticipada, como con las clases prenatales, ayuda a evitar algunos problemas. Antes, usted hubiera estado sola con las enfermeras y médico mientras su pareja caminaba impaciente en la sala de espera. ¡Las cosas han cambiado!

Lo más importante acerca del asistente de parto es el apoyo que le da durante el embarazo, el período de dilatación, el parto y la recuperación después del nacimiento del bebé. Escoja a esta persona con mucho cuidado.

Consejos para el asistente. Una vez que lleguen al hospital, los dos pueden estar nerviosos. Su asistente puede hacer las siguientes cosas para ayudarlos a relajarse:

- hablarle mientras usted está en dilatación para distraerla y ayudarla a relajarse
- alentarla y tranquilizarla durante el parto y cuando llegue el momento de pujar
- mantener vigilada la puerta para proteger su privacidad
- ayudar a aliviar la tensión durante el parto
- tocarla, abrazarla y besarla (Si no quiere que la toquen durante el parto, dígaselo a su asistente.)
- tranquilizarla diciéndole que está bien que exprese su dolor con la voz
- limpiarle el rostro y la boca con una toallita
- frotarle el abdomen o la espalda
- sostenerle la espalda mientras está pujando
- ayudar a crear el clima en la sala de parto, incluidas la música y la iluminación (Háblenlo previamente; lleve las cosas que le gustaría tener durante el parto)

- tomar fotografías (Muchas parejas piensan que las fotos que se toman al bebé después del nacimiento las ayudan a recordar mejor estos momentos maravillosos de dicha).

¿Qué puede hacer una pareja o un asistente de parto? Su pareja o el asistente de parto puede ser una de las personas más valiosa que tenga durante el trabajo de parto. Puede ayudarla a prepararse de muchas formas. Puede estar allí para apoyarla mientras pasan juntos la experiencia del parto. Puede compartir con usted la dicha del nacimiento del bebé.

¡Una función importante del asistente de parto es asegurarse de que usted llegue al hospital! Elaboren un plan durante las cuatro a seis últimas semanas de embarazo, de modo que sepan cómo localizar al asistente. Es útil contar con un conductor alternativo, como un vecino o un amigo, que esté disponible en caso de que no pueda localizar de inmediato al asistente de parto y necesita que la lleven al hospital. Antes de ir al hospital, el asistente puede tomarle el tiempo a las contracciones para que esté consciente de la evolución del trabajo de parto.

Está bien que su asistente descanse o haga una pausa durante el período de dilatación, especialmente si dura mucho tiempo. Es mejor que el asistente coma en la sala de espera o en la cantina del hospital.

Durante el trabajo de parto, muchas parejas hacen cosas distintas para distraerse y ayudar a pasar el tiempo, como elegir el nombre para el bebé, jugar a algo, mirar la televisión o escuchar música. Un asistente de parto no debe llevar trabajo a la sala de dilatación, es inadecuado y demuestra poco apoyo a la parturienta.

Hable con su doctor acerca de la participación del asistente en el parto, como cortar el cordón umbilical o bañar al bebé una vez nacido. Cosas como éstas varían de un lugar a otro. Entienda que la responsabilidad del médico es el bienestar suyo y el de su bebé; No hagan pedidos que pudieran causar complicaciones.

Decidan por anticipado a quién debe llamarse. Lleven una lista con nombres y números telefónicos. Hay algunas personas a las que tal vez quiera llamar usted misma. En la mayoría de los lugares, hay un teléfono disponible en el sector de parto.

Hable con el asistente de parto acerca de mostrar el bebé a quienes estén esperando. Si quiere estar con su pareja cuando familiares y amigos vean al bebé por primera vez, especifíquelo. No permita que saquen al bebé de la sala, a menos que lo quiera así. En la mayoría de los casos, usted necesita lavarse un poco. Dedique un tiempo para estar a solas con el bebé nuevo. Después de eso, puede mostrarles el bebé a sus amigos y familiares, y puede compartir su alegría con ellos.

↷ Parto por vía vaginal

En la 37.ª semana, ya hablamos de la cesárea. Afortunadamente, la mayoría de las mujeres no la necesitan, tienen un parto por vía vaginal.

Hay tres períodos bien diferenciados en el parto. En el período de dilatación, el útero se contrae con suficiente intensidad, duración y frecuencia para causar el adelgazamiento (borramiento) y dilatación del cuello del útero. Este período termina cuando el cuello uterino está totalmente dilatado (por lo general, 10 cm) y lo bastante abierto para permitir el paso de la cabeza del bebé.

El período expulsivo comienza cuando el cuello del útero está totalmente dilatado a 10 cm. Una vez que se alcanza la dilatación completa, se empieza a pujar. Esto puede tomarle desde una a dos horas (primero o segundo bebé) hasta unos minutos (una mamá con experiencia). Este período termina con la expulsión del bebé.

El alumbramiento comienza después de la expulsión del bebé. Termina con la expulsión de la placenta y las membranas que han rodeado al feto. La expulsión del bebé y la placenta, y la reparación de la episiotomía (si se la realizaron), generalmente demora de 20 a 30 minutos.

Después del parto, usted y el bebé serán examinados. Durante este tiempo, por fin puede ver a su bebé y cargarlo; hasta es posible que pueda alimentarlo.

Según si da a luz en un hospital o una maternidad, usted puede hacerlo en la misma sala donde haya hecho el período de dilatación (frecuentemente llamada LDRP, en inglés, por trabajo de parto, parto, recuperación y puerperio). O tal vez la hayan trasladado a una sala de parto cercana. Después del nacimiento, irá a recuperación por corto tiempo, luego la trasladarán a una habitación hasta que esté lista para irse a su casa.

Es probable que permanezca en el hospital de 24 a 48 horas después del nacimiento del bebé, si no tiene complicaciones. Si tiene alguna, usted y el médico decidirán lo que es mejor para usted.

¿Qué sucede con su bebé después de que nace?

Cuando nace el bebé, el médico coloca unas pinzas en el cordón umbilical y lo corta, y se aspiran la boca y la garganta del bebé. Luego se pasa al bebé, generalmente, a una enfermera o un pediatra para el estudio y la atención iniciales. Con intervalos de uno a cinco minutos, se registran las calificaciones de Apgar (véase la página 423). Al bebé se le coloca una banda de identificación para que no haya confusiones en la sala de neonatología.

Inmediatamente después del nacimiento, es importante mantener caliente al bebé, para lo cual la enfermera lo secará y lo envolverá en mantas tibias. Esto se hace ya sea que el bebé se encuentre sobre su pecho, ya sea que lo esté atendiendo una enfermera o un doctor.

Si el parto es complicado, el bebé puede necesitar que lo examinen más minuciosamente en la sala de neonatología. El bienestar y salud del bebé son el interés primordial. Usted podrá cargar y amamantar al bebé, pero si su hijo presenta problemas respiratorios o necesita atención especial, como monitores, lo más apropiado en este momento será la revisación inmediata.

Su bebé será trasladado a la sala de neonatología por una enfermera y su pareja o el asistente de parto. Una vez allí, al bebé se lo pesa, se lo mide y se le toman las huellas dactilares del pie (en muchos lugares). Luego se le ponen gotas en los ojos para evitar infecciones, y se le da una inyección de vitamina K que ayuda con los factores de coagulación del bebé. Si usted lo pide, se lo pueden vacunar contra la hepatitis. Luego, Se coloca al bebé en una cuna térmica durante 30 minutos a 2 horas. Este período varía, según lo estable que esté el bebé.

Si hay problemas o preocupación, se avisa inmediatamente al pediatra; en caso contrario, se le avisará poco después del nacimiento, y se le realizará una exploración física dentro de las 24 horas.

Consejo para el Papá

Hable con su pareja sobre su función durante el parto. Sepa lo que puede hacer para asistirla. Tal vez pueda ayudar a mantener la privacidad. Cuando las personas lleguen de visita durante el parto o después, asegúrese de que no hagan mucho ruido o de que no haya mucha gente. Permita que su pareja descanse y se recupere; sea su príncipe azul.

La calificación de Apgar de su bebé. Después de que un bebé nace, se le hace un reconocimiento y se evalúa al minuto y a los cinco minutos de nacido. El sistema de evaluación se conoce como *calificación de Apgar*, que es un método para determinar el bienestar total del recién nacido.

En general, a mayor calificación corresponde una mejor condición del recién nacido. Al bebé se lo califica en cinco áreas. Cada área se califica con 0, 1 o 2; la máxima calificación para cada categoría es 2 puntos. La máxima calificación es 10. Las áreas calificadas incluyen:

Frecuencia cardíaca. Si la frecuencia cardíaca está ausente, se da una calificación de 0 . Si es lenta, menos de 100 pulsaciones por minuto (ppm) se da una calificación de 1. Si está por encima de 100 ppm, se califica con 2 puntos.

Esfuerzo respiratorio. El esfuerzo respiratorio indica los intentos del recién nacido por respirar. Si el bebé no respira, la calificación es 0. Si la respiración es lenta e irregular, la calificación es 1. Si el bebé llora y respira bien, la calificación es 2.

Tono muscular. El tono muscular evalúa cómo se mueve el bebé. Si los brazos y las piernas están flojos y blandos, la calificación es 0. Si se observa algo de movimiento y los brazos y las piernas se flexionan un poco, la calificación es 1. Si el bebé está activo y se mueve, la calificación es 2.

Excitabilidad refleja. La excitabilidad refleja se califica con 0 si el bebé no responde al estímulo, como frotarle la espalda o los brazos. Si hay un pequeño movimiento o un gesto cuando se lo estimula, la calificación es 1. A un bebé que responde vigorosamente se lo califica con 2 puntos.

Color. El color del bebé se califica con 0 si está cianótico o pálido. Se da una calificación de 1 si el cuerpo del bebé está acianótico y los brazos y las piernas están cianóticos. Un bebé completamente acianótico se califica con 2.

Es rara una calificación perfecta de 10; la mayoría de los bebés reciben calificaciones de 7, 8 o 9 en partos normales y sanos. Un bebé con una calificación de Apgar baja al minuto de nacido puede necesitar reanimación. Esto significa que un pediatra o una enfermera debe estimular al bebé para que respire y se recupere del parto. En la mayoría de los casos, la calificación Apgar de los cinco minutos es más alta que la calificación del minuto, porque el bebé se vuelve más activo y se acostumbra más a estar fuera del útero.

41.ª Semana

Cuando se ha pasado la fecha

Su fecha de parto llegó y pasó. Usted todavía no ha dado a luz y se está cansando de estar embarazada. Está ansiosa por pasar por el parto y, finalmente, conocer a su bebé.

Sigue yendo al doctor, que le dice: "Estoy seguro de que será pronto. Quédese tranquila". Siente que está lista para empezar a gritar. Pero persevere. Pronto habrá pasado todo; aunque la espera parezca interminable.

¿Qué sucede cuando se prolonga el embarazo

Usted ha estado esperando el nacimiento de su bebé. Contó los días hasta la fecha de parto, pero ese día llegó y pasó. ¡Y el bebé sigue sin nacer! Como hemos mencionado, no todas las mujeres dan a luz en su fecha de parto. Casi el 10% de los bebés nacen más de dos semanas después.

Se considera que un embarazo es *prolongado* (posmaduro) sólo cuando excede las 42 semanas o los 294 días desde el primer día de su última menstruación. (¡Un bebé de 41 ½ semanas de ninguna manera es posmaduro!)

Su doctor la revisará y determinará si el bebé se está moviendo dentro del útero y si la cantidad de líquido amniótico es sana y normal. Si el bebé está sano y activo, por lo general, se la va a controlar hasta que el parto comience por sí solo.

Para tener la tranquilidad de que un bebé posmaduro está bien y puede permanecer en el útero, se pueden realizar pruebas . Estas incluyen una *cardiotocografía en reposo*, una *cardiotocografía con contracciones* y un *perfil biofísico.* Hablamos de todas más adelante. Si se encuentran signos de sufrimiento fetal, frecuentemente se induce el parto.

✣ Siga cuidándose mucho

A veces es difícil mantener una actitud positiva cuando está pasada de fecha. ¡Pero no se rinda todavía!

Siga alimentándose bien y mantenga elevado el consumo de líquidos. Si puede hacerlo sin problemas, haga un poco de ejercicio ligero, como caminar o nadar.

Una de las mejores formas de hacer ejercicio en este momento del embarazo es hacerlo en el agua. Puede nadar o hacer ejercicios acuáticos sin miedo a caerse o a perder el equilibrio. ¡Incluso puede sólo caminar de un lado a otro de la piscina!

Descanse y relájese ahora porque el bebé pronto estará aquí y usted va a estar muy ocupada. Utilice el tiempo para preparar las cosas para el bebé, así tendrá todo acomodado cuando regresen del hospital.

✣ Embarazos prolongados

La mayoría de los bebés que nacen dos semanas o más después de la fecha de parto lo hacen sin problemas. Sin embargo, tener un embarazo de más de 42 semanas puede causar algunos problemas para el feto y para la madre, así que, cuando es necesario, a los bebés se les realizan pruebas y se induce el parto.

Mientras el feto crece y se desarrolla dentro del útero, depende de dos importantes funciones que realiza la placenta: la respiración y la nutrición. El bebé depende de ellas para su continuo crecimiento y desarrollo.

Cuando un embarazo es prolongado, la placenta puede dejar de brindar la función respiratoria y los nutrientes esenciales que el bebé necesita para crecer, y un feto puede comenzar a sufrir desnutrición. Al bebé se lo llama *posmaduro.*

Al nacer, un bebé posmaduro tiene la piel seca, agrietada, descamada y arrugada, las uñas largas y el cabello, abundante. Además, tiene menos unto sebáceo cubriéndole el cuerpo. El bebé casi parece desnutrido, con disminución de la cantidad de grasa subcutánea.

Debido a que el bebé posmaduro está en peligro de perder el apoyo nutricional de la placenta, es importante conocer las fechas reales del embarazo. Ésta es una de las razones por las cuales es tan importante que acuda a todas las visitas prenatales.

Pruebas que le pueden realizar

Como ya mencionamos, se pueden realizar varias pruebas para tranquilizarlos a usted y a su médico de que el bebé está bien y puede permanecer en el útero. Al controlar al bebé, el doctor considera varios datos para ver como se encuentra. Por ejemplo, si usted tiene contracciones, es importante saber cómo afectan al bebé.

Las pruebas se le realizan a usted para determinar la salud del bebé. Una de las primeras es un tacto vaginal. Es probable que el doctor lo realice todas las semanas para ver si el cuello del útero ha empezado a dilatarse.

También pueden pedirle que realice el recuento de patadas. Véase lo tratado en la 27.ª semana. Se puede realizar una ecografía semanal para determinar el tamaño del bebé y la cantidad de líquido amniótico presente en ese momento. Ayuda también a identificar anomalías en la placenta, que podrían causarle problemas al bebé.

Hay otras tres pruebas que le pueden hacer y que ayudarán a determinar el bienestar del feto dentro del útero. Estas pruebas se suelen realizar cuando el bebé está posmaduro. Son la cardiotocografía en reposo, la cardiotocografía con contracciones y el perfil biofísico. Se las trata a continuación.

Ꮿ Cardiotocografía en reposo

Una cardiotocografía en reposo se realiza en el consultorio del médico o en el área de parto del hospital. Mientras usted está acostada, un técnico fija un cardiotocógrafo en su abdomen. Cada vez que usted siente que el bebé se mueve, presiona un botón para hacer una marca en el papel del cardiotocógrafo. Al mismo tiempo, el cardiotocógrafo registra los latidos del bebé.

Cuando el bebé se mueve, por lo general, aumenta su frecuencia cardíaca. Los médicos usan los resultados de la cardiotocografía en reposo para determinar cómo tolera el bebé la vida dentro del útero. Su doctor decidirá si se necesita hacer otra cosa.

Ꮿ Cardiotocografía con contracciones

La cardiotocografía con contracciones da una indicación de cómo está el bebé y de cómo tolerará las contracciones y el parto. Si el bebé no responde bien a las contracciones, puede ser una señal de sufrimiento fetal. Algunos creen que, para evaluar el bienestar del bebé, esta prueba es más exacta que la cardiotocografía en reposo.

Para realizar la cardiotocografía con contracciones, se coloca un cardiotocógrafo en su abdomen para controlar al bebé. A usted le colocan una vía intravenosa por la que pasan pequeñas cantidades de la hormona oxitocina para hacer que su útero se contraiga. Se controlan los latidos del feto para ver su respuesta a las contracciones.

Esta prueba da una indicación de cómo tolerará el bebé las contracciones y el parto. Si el bebé no responde bien a las contracciones, puede ser un signo de sufrimiento fetal.

ᕫ *Perfil biofísico*

El perfil biofísico es una prueba integral que se usa para examinar al feto durante el embarazo. Ayuda a determinar la salud fetal y se realiza cuando hay inquietud por el bienestar del feto. La prueba determina el bienestar del bebé dentro del útero.

Un perfil biofísico utiliza un sistema particular de calificación. Las primeras cuatro de las cinco pruebas que se enumeran a continuación se realizan por medio de una ecografía; la quinta se hace por medio de cardiotocógrafos externos. A cada área se le da una calificación. Las cinco árcas de evaluación son:

- movimientos respiratorios fetales
- movimientos corporales fetales
- tono fetal
- cantidad de líquido amniótico
- frecuencia cardíaca fetal reactiva (cardiotocografía en reposo)

Durante la prueba, el doctor controla la "respiración" fetal: el movimiento o expansión del pecho del bebé dentro del útero. La calificación se hace de acuerdo a la cantidad de respiración fetal que haya.

Se anota el movimiento del bebé. Una calificación normal indica movimientos corporales normales. Una calificación anormal se da cuando hay poco movimiento corporal, o ninguno, durante el período de tiempo asignado.

El tono fetal se estudia de manera similar. Se registra el movimiento, o la falta de movimiento, de los brazos y las piernas del bebé.

El estudio del volumen de líquido amniótico requiere experiencia en el manejo del examen ecográfico. Un embarazo normal tiene una cantidad adecuada de líquido alrededor del bebé. Una prueba anormal indica que, alrededor del bebé, no hay líquido amniótico o que disminuyó la cantidad.

El control de la frecuencia cardíaca fetal (cardiotocografía en reposo) se realiza con cardiotocógrafos externos. Estudia los cambios en la frecuencia cardíaca fetal asociados con el movimiento del bebé. La cantidad de cambio y el número de cambios difieren según quién realiza la prueba y su definición de lo que es normal.

Para cualquiera de las pruebas, la calificación normal es 2; una calificación anormal es 0. Una calificación de 1 en cualquiera de las pruebas indica un resultado medio. A partir de estas cinco calificaciones, se obtiene una calificación total sumando los valores. El estudio puede variar según la sofisticación del equipo utilizado y la experiencia de la persona que realiza la prueba. Cuanto mayor es la calificación, mejor es la condición del bebé. Una calificación más baja puede causar inquietud sobre el bienestar del feto.

Si la calificación es baja, se puede hacer una recomendación para hacer nacer al bebé. Si la calificación es tranquilizadora, la prueba puede repetirse posteriormente. Si los resultados de la prueba están entre estos dos valores, la prueba se puede repetir al día siguiente. Esto depende de las circunstancias del embarazo y de los resultados del perfil biofísico. Su doctor estudiará toda la información antes de tomar cualquier decisión.

Inducir el parto

Puede llegar un momento del embarazo en que el médico decide inducir el parto. Si esto sucede, podría ayudarla si se da cuenta de que ésta es una práctica bastante común. Cada año, los médicos inducen unos 450,000 partos. El parto se induce en los bebés posmaduros, pero también se hace por otras razones, incluidos hipertensión arterial crónica en la madre, preeclampsia, diabetes gravídica, retraso de crecimiento intrauterino e isoinmunización al Rh.

Como ya se ha discutido, cuando vea al médico, es probable que le realice un tacto vaginal. En este punto del embarazo, probablemente también incluya una determinación de lo lista que está usted para una inducción. El médico puede utilizar el índice de *Bishop* para ayudarse a hacer esta determinación. Es un método de calificación cervicouterina, utilizado para predecir el éxito de la inducción del parto. La calificación incluye dilatación, borramiento, altura de la presentación, consistencia y posición del cuello del útero. Cada punto recibe una calificación, luego se suman para dar una calificación total. Esto ayuda al médico a decidir si induce el parto.

⋙ *Madurar el cuello uterino para la inducción*

Hoy en día, algunas veces los médicos maduran el cuello del útero antes de inducir el parto. Madurar el cuello uterino quiere decir que se usan fármacos para colaborar con el ablandamiento, el adelgazamiento y la dilatación del cuello uterino.

Para este propósito, se utilizan varias preparaciones. Las dos más comunes son el Prepidil Gel (gel cervicouterino con dinoprostona, 0.5 mg) y el Cervidil (dinoprostona, 10 mg). El Cervidil utiliza un sistema de liberación controlada.

En la mayoría de los casos, los médicos utilizan Prepidil Gel y Cervidil para preparar el cuello del útero el día anterior a la inducción. Ambas preparaciones se colocan en la parte superior de la vagina, detrás del cuello uterino. El medicamento se libera directamente en él, lo que ayuda a madurarlo para la inducción del parto. Los doctores realizan este procedimiento en el sector de partos del hospital, para poder controlar al bebé.

⋙ *Inducción del parto*

Si el doctor induce el parto, primero tiene que tener maduro el cuello del útero, como se describió arriba; después recibirá oxitocina (Pitocin) por vía intravenosa. Este medicamento se aumenta gradualmente hasta que empiezan las contracciones. La cantidad de oxitocina que recibe se controla mediante una bomba, para que no reciba demasiada. Mientras recibe oxitocina se la controla para determinar cómo reacciona el feto al parto.

La oxitocina inicia las contracciones para ayudarla a que entre en parto. La duración de todo el proceso —desde la maduración del cuello uterino hasta el nacimiento del bebé—, varía para cada mujer.

Es importante darse cuenta de que la inducción no garantiza un parto por vía vaginal. En muchos casos, la inducción no funciona; en ese caso, generalmente es necesaria una cesárea.

¿Qué pasa después del embarazo?

espués de que nazca el bebé, habrá muchos cambios en su vida. Dele un vistazo a esta perspectiva general, así tendrá una idea de qué esperar cuando empiece su vida como madre.

En el hospital

- Los músculos están doloridos por el esfuerzo del parto.
- La zona pélvica está dolorida e inflamada. Si le realizaron una episiotomía, también duele.
- Si le hicieron una cesárea o una ligadura de trompas, la incisión puede ser molesta.
- ¡Utilice el timbre para llamar a la enfermera cada vez que sea necesario!

- Intenten, usted y su pareja, formas diferentes de relacionarse con el bebé.
- Alimentar (natural o artificialmente) al milagro nuevo que tiene entre los brazos puede darle un poco de miedo, ¡pero pronto lo hará como una experta!
- Tener una hemorragia intensa o eliminar coágulos más grandes que un huevo pueden indicar un problema.

- La hipertensión o la hipotensión arterial pueden ser un motivo para hacer más pruebas.
- El dolor debe desaparecer con la medicación. Si no es así, dígaselo a la enfermera.
- Una temperatura de más de 101.5 °F (38.6 °C), puede ser causa de preocupación.
- Es normal si llora y se siente emotiva.
- Pida los papeles para inscribir al bebé en la

seguridad social. Llénelos y asegúrese de enviarlos.

- Intente descansar. Pida que desconecten el teléfono y restrinjan las visitas.
- Aun cuando perdió de 10 a 15 libras con el nacimiento del bebé, le tomará un tiempo perder el resto.
- Coma nutritivamente para mantener elevada la energía y para producir leche, si va a amamantar.
- Escriba sus sentimientos e ideas sobre el trabajo de parto, el parto y las primeras horas con su bebé nuevo. Anime a su pareja a que haga lo mismo.
- Vea los videos del hospital sobre el cuidado del bebé. Pida aclaraciones o ayuda al personal.
- Consiga el nombre, la dirección y el teléfono del pediatra.
- Haga preguntas y pida ayuda a las enfermeras y al personal del hospital.
- Pida a su pareja que la lleve a dar un paseo fuera de la habitación.
- Dedique tiempo para que usted, su pareja y el bebé se relacionen como familia.

1.ª semana en casa

- Seguirá teniendo contracciones uterinas dolorosas, en especial durante la lactancia.
- Es normal que sus pechos estén llenos de leche, congestionados y que goteen.
- Es probable que le siga doliendo el área de la episiotomía o del desgarro.
- Los músculos también pueden estar doloridos.
- Tal vez lo más cómodo sea seguir usando ropa de embarazada.
- Puede seguir teniendo hinchadas las piernas.
- Puede perder orina o deposiciones, y no puede controlarlas.
- Si aumenta la pérdida de sangre o elimina coágulos, llame al médico.

- Si tiene manchas rojas o partes duras en las mamas, pueden indicar problemas.
- Llame a su médico si tiene fiebre.
- Tómese las cosas con calma; no se preocupe por las tareas domésticas.
- Es normal llorar, suspirar o reírse sin razón aparente.
- Asegúrese de pedir ayuda a sus familiares y amigos.
- De perfil, puede seguir pareciendo embarazada.
- Todavía tiene algo del peso que aumentó durante el embarazo.
- Haga la primera cita del bebé con el médico.
- Añada al bebé a la póliza del seguro médico. Puede haber una fecha límite, así que no se retrase.

- Mantenga juntos los documentos importantes del bebé, como el certificado de nacimiento, la cartilla de vacunación (la obtiene en su primera visita al pediatra) y la tarjeta del seguro social.
- Haga una cita para el reconocimiento médico de las seis semanas posteriores al parto.
- Empiece a hacer planes sobre quién va a cuidar al bebé, si todavía no los ha hecho.
- Dé a su compañero un trabajo o una tarea para que la ayude y que lo haga sentir útil.
- Póngase en contacto con La Leche League si tiene problemas con la lactancia.

2.ª semana en casa

- Los senos (ya sea que esté amamantando o no)están llenos y son incómodos.
- Las hemorroides siguen doliendo, pero deberían estar mejorando.
- Al disminuir la inflamación y la retención de agua, ya puede volver a utilizar un poco de ropa y algunos zapatos.
- Alimentar al bebé está empezando a funcionar mejor.
- Cuando tose, se ríe, estornuda o levanta algo pesado, puede perder orina o materia fecal y no puede controlarlo.
- Es probable que esté fatigada. Cuidar al bebé requiere mucho tiempo y energía.
- Un olor fétido o un flujo vaginal verde-amarillento puede indicar un problema; en este momento, debería estar disminuyendo. Si no es así, llame al médico.
- Está bien dejar llorar un poco al bebé antes de ir a ver qué sucede.
- Casi puede verse los pies cuando mira hacia abajo (se le está achicando el abdomen)
- Escriba las preguntas que quiera hacerle al pediatra.
- No falte a la cita con el médico si le hicieron una cesárea o una ligadura de trompas; necesita que le revisen la incisión.
- Escriba algunos pensamientos y sentimientos en su diario.

3.ª semana en casa

- La inflamación y el dolor en la zona pélvica van disminuyendo, pero tal vez todavía no sea muy cómodo estar sentada mucho tiempo.
- Disminuye la inflamación de las manos. Si se sacó los anillos durante el embarazo, intente ponérselos otra vez.
- El bebé no conoce la diferencia entre el día y la noche, por lo tanto sus patrones de sueño también están trastornados.
- Prepararse para ir a algún lado es como planear un viaje importante- Prepararse con el bebé lleva tres veces más de tiempo.
- Llame al médico si le aparecen franjas rojas, puntos sensibles y duros en las piernas, sobre todo en la parte posterior de las pantorrillas. Podría ser un coágulo.
- Algunas veces puede sentirse triste o deprimida. Hasta puede llorar.
- Puede tener várices, ¡como su mamá! Mejorarán cuando usted se recupere del parto y comience a hacer ejercicio otra vez.
- La piel del abdomen todavía se ve estirada cuando usted está de pie.
- No falte a la primera cita del bebé con el pediatra. En esa visita, es probable que le entreguen la cartilla de vacunación. Guárdela en un lugar seguro con los demás papeles del bebé.
- ¡Tome muchas fotos y videos! La sorprenderá ver lo rápido que crecerá y cambiará el bebé.
- Mantenga involucrada a su pareja. Déjelo cuidar al bebé. Pídale que la ayude con las tareas del hogar.
- Para este momento, ha cambiado más de 200 pañales; es una experta.

4.ª semana en casa

- Los músculos están mejor y ahora puede hacer más cosas. Tenga cuidado, es fácil estirar o forzar un músculo que no ha utilizado durante cierto tiempo.
- Está mejorando el control de la orina y las deposiciones. Los ejercicios Kegel están dando resultado.
- El bebé muestra señales de ajustarse a un horario regular.
- Las cosas que antes le parecían fáciles de hacer, como doblarse o levantar algo, pueden ser más difíciles ahora. Hágalas lentamente y dese tiempo suficiente hasta para realizar las tareas más sencillas.
- En cualquier momento puede aparecer su primera menstruación después del parto. Si no está amamantando, la primera aparece generalmente entre las cuatro y las nueve semanas posteriores al parto, pero puede ser antes.
- Si en la orina aparece sangre, si la orina es oscura o turbia o si tiene calambres o dolor intensos al orinar, pueden ser síntomas de una infección urinaria. Llame al médico.
- Ha estado caminando y haciendo ejercicio ligero y se siente bien. ¡Siga así!
- Controle su cita de las seis semanas posteriores al parto. Escriba las preguntas que quiera hacer.
- Es una buena idea que salga una noche con su pareja. Los abuelos, otros miembros de la familia o algún amigo pueden cuidar al bebé, si usted se lo pide.
- El tiempo que pasa con el bebé es valioso. Pronto tendrá que regresar al trabajo o a otras actividades.

5.ª semana en casa

- A medida que regresa a sus actividades normales, puede esperar que le duelan la espalda o los músculos.
- De vez en cuando, la defecación puede seguir siendo molesta en el área de la episiotomía o del recto.
- Ha retomado el control de la micción y de la defecación.
- Puede ponerse un poco ansiosa por volver al trabajo. Tal vez haya extrañado a sus amigos y las cosas que hacía.
- Puede ser difícil volver al trabajo y no estar en casa para pasar cada momento con el bebé.
- Planee un método anticonceptivo para después del parto. Decida cuál va a usar y prepárese para comenzar.
- La tristeza puerperal debe estar mejorando, si ya no desapareció.
- Puede estar un poco nerviosa por regresar al trabajo.
- La ropa todavía puede quedarle apretada, aun cuando le quedara suelta antes del embarazo.
- Recuerde que le tomó nueve meses de embarazo para aumentar como lo hizo. Le llevará tiempo recuperar su figura anterior.
- Su regreso al trabajo requiere cierta planificación. Empiece ahora a llevar a cabo su programa de "regreso al trabajo".
- Pronto tendrá que poner en marcha sus planes sobre quién cuidará al bebé durante el día, la lactancia y otras cosas. Los familiares y los amigos pueden ser un ingrediente importante.

6.ª semana en casa

- El tacto vaginal del reconocimiento médico de las seis semanas no es, por lo general, tan malo como podría suponer.
- En las seis semanas que pasaron desde el nacimiento del bebé, el útero ha pasado del tamaño de una sandía al tamaño de un puño; ahora pesa unas 2 onzas.
- En su cita de las seis semanas posteriores al parto, planee hablar de muchos temas importantes, como la anticoncepción, la cantidad de actividad actual, sus limitaciones y embarazos futuros.
- Probablemente, el personal del consultorio de su ginecólogo ha sido amable con usted.

Agradézcales y pregúnteles si puede llamar cuando tenga alguna pregunta.
- Si todavía siente tristeza puerperal o se siente deprimida todos los días, dígaselo al médico.
- Si tiene una hemorragia vaginal o flujo con olor fétido, infórmeselo al doctor.
- Si tiene dolor o inflamación en las piernas, o sus mamas están enrojecidas o sensibles, coméntelo en su cita.
- Pregunte; haga una lista. Las siguientes pueden ser buenas preguntas:
   ¿Qué opciones de anticoncepción tengo?

¿Tengo limitaciones en lo que respecta al ejercicio o al sexo?
   ¿Hay algo que deba saber sobre este embarazo y el parto por si decido volver a quedar embarazada?
- Si lleva al bebé a su reconocimiento médico posterior al parto, lleve todo lo que necesite. Tal vez tenga que esperar.
- Si va a regresar al trabajo pronto, vuelva a revisar los planes sobre el cuidado del bebé.
- Continúe involucrando a su compañero todo lo posible.
- Siga escribiendo sus pensamientos y sus sentimientos en el diario. Anime a su pareja a que haga lo mismo.

3 meses

- Los músculos pueden estar doloridos por hacer ejercicio: hace poco más de un mes que le dieron permiso para hacer todo el ejercicio que quisiera.
- En este momento, tal vez tenga su primera menstruación. Puede ser más intensa y más larga que las anteriores al embarazo, y diferente.
- Si no ha hecho nada con respecto a la anticoncepción, ¡hágalo

ya! (A menos que quiera celebrar dos cumpleaños el mismo año.)
- No hay problemas en dejar llorar al bebé cuando está un poco irritable y necesita calmarse.
- Su peso y su contorno tal vez no estén volviendo a la normalidad con la rapidez que le gustaría. Siga ejercitándose y comiendo sanamente. ¡Lo logrará!

- Escriba los acontecimientos importantes del bebé cuando sucedan; anótelos en el libro del bebé o en su diario.
- Busque cosas que su pareja pueda hacer para involucrarse en el cuidado del bebé. Déjelo ayudar.
- Si ya dejó de amamantar al bebé, deje que el papá le dé el biberón.

6 meses

- Subirse a la balanza puede seguir siendo una tarea desalentadora. Pero persevere y ¡siga trabajando mucho en comer bien y en hacer ejercicio!
- Si está amamantando, alrededor de esta fecha, puede aparecer su primera menstruación. Puede ser más intensa y más larga que las anteriores al embarazo, y diferente.
- No trate de hacer todo sola. Deje que su pareja y otras personas la ayuden.

- Ahora, el horario de alimentación del bebé ya debe estar bien establecido.
- Tómese tiempo para usted.
- Establezca horarios para actividades regulares, como hacer ejercicios, grupos de juego con el bebé y reuniones con otras mamás.
- Está empezando a quedarle bien alguna ropa anterior al embarazo.

- Comparta momentos especiales del bebé con su pareja.
- Grabe los sonidos del bebé o tome fotos. ¡Una grabadora o videocámara son buenos para hacerlo!
- Busque a una amiga que tenga un bebé e intercambien responsabilidades del cuidado del bebé. Es una buena forma de que encuentren tiempo para ustedes mismas.

1 año

- ¡Todo está bien! Ha tomado tiempo, trabajo y energía, pero ahora su vida está organizada.
- El bebé tiene un horario y duerme toda la noche la mayoría de las veces.
- No se olvide del reconocimiento médico ni de la citología vaginal anual.
- Su cuerpo está regresando a la figura anterior al embarazo. Su abdomen está plano, ha perdido la mayor parte del peso de la gestación y se siente muy bien.

- Continúe cuidándose. Coma nutritivamente, descanse lo suficiente y haga ejercicio.
- Escriba sus sentimientos sobre este momento de su vida. Anime a su pareja a que haga lo mismo.
- Compartir el cuidado del bebé puede ser una buena forma de desarrollar grupos de juego con el bebé. Para él es bueno interactuar con otros niños.

- Es inminente el primer cumpleaños del bebé. ¡Celebren!
- Disfruten las primeras palabras, los primeros pasos y todas las cosas que el bebé haga por primera vez.
- Continúe tomando fotos al bebé.
- Tal vez ya esté considerando otro embarazo.

Recursos

(en los Estados Unidos)

Información general para padres

Para padres adoptivos
Buena referencia para obtener información
sobre adopción
www.adoption.com

Academia Estadounidense de Pediatría
(American Academy of Pediatrics) (AAP)
P.O. Box 927, Dept. C
Elk Grove Village, IL 60009-0927
www.aap.org

Academia Estadounidense de Médicos de
Familia
(American Academy of Family Practitioners)
(AAFP)
www.aafp.com

Colegio Estadounidense de Obstetras y
Ginecólogos
(American College of Obstetricians and
Gynecologists) (ACOG)
P.O. Box 4500
Kearneysville, WV 25430
800-762-2264
www.acog.com

Asociación Estadounidense de Psicología
(American Psychological Association) (APA)
202-336-5700
www.apa.org

Baby Doppler
Para comprar un doppler de uso en el hogar y
escuchar los latidos del bebé en casa
888-758-8822
www.babybeat.com

Birth Marker
Producto para marcar a los bebés en el hospital
y evitar confusiones
www.birth-mark.com

California Cryobank Cord Blood Services
Para obtener información sobre el almacena-
miento de sangre de cordón umbilical del bebé
www.cryobank.com/baby

Instalación de asientos para el auto
877-FIT-4-A-KID
www.fitforakid.com

Centros para el Control y la Prevención de
Enfermedades
(Centers for Disease Control)
Para obtener información actualizada sobre
muchos temas médicos
www.cdc.gov

Child Care Aware
800-424-2246

Fondo para la Defensa de los Niños
(Children's Defense Fund)
www.childrensdefense.org
COPE
37 Clarendon St.
Boston, MA 02116
617-357-5588

Pruebas de embarazo para el hogar
Comparación entre varias pruebas de embarazo
www.kerouac.pharm.uky.edu/hometests/preg
nancy/ptoc.html

Revista *Intensive Care Parenting*
ICU Parenting
RD #10, Box 176
Brush Creek Rd, Irwin, PA 15642

Servicio de Impuestos Internos
(Internal Revenue Service)
Para obtener información sobre costos del
cuidado de los niños
800-829-1040
www.irs.ustreas.gov

Información general para los padres *(continuación)*

Asociación de Fabricantes de Productos Juveniles
(Juvenile Products Manufacturers Association)
Para obtener información sobre productos para bebé, productos retirados del mercado y otra información pertinente
236 Route 38 West, Suite 100
Moorestown, NJ 08057
www.jpma.org

March of Dimes
Para obtener información sobre una variedad de pruebas para antes del embarazo y durante su transcurso
888-663-4637
www.modimes.org

Familias militares (Military Families)
Para familias del personal militar
www.4militaryparents.com

Organización Nacional de Madres Solteras
(National Organization of Single Mothers)
P.O. Box 68
Midland, NC 28107-0068
704-888-KIDS (704-888-5437)

Anuncios en línea
(On-line announcements)
Envíe anuncios e invitaciones en línea para casi todas las ocasiones
www.senada.com
www.growingfamily.com

Recursos para padres (Parent's Resources)
P.O. Box 107, Planetarium Sta.
New York, NY 10024
212-866-4776

Retirada de productos del mercado
(Product Recalls)
Para obtener información sobre los últimos productos infantiles retirados del mercado y advertencias
www.childrecall.com
www.cpsc.gov
www.jpma.org

Líneas de ayuda
Para mujeres con embarazos complicados
Candace Hurley, directora ejecutiva: 714-497-2265
Tracy Hoogenboom: 909-563-6199

Administración de la Seguridad Social
(Social Security Administration)
800-772-1213
www.ssa.gov

Asociación Estadounidense de Espina Bífida
(Spina Bifida Association of America)
Para obtener información sobre varias pruebas para hacer antes del embarazo y durante su transcurso
www.sbaa.org

StriVectin-SD
Crema para tratar estrías después del embarazo
888-340-1628
www.StriVectin.com

Comisión de Seguridad de Productos al Consumidor de los Estados Unidos
(US Consumer Products Safety Comission)
800-638-2772
www.cpsc.gov

USDA (Departamento de Agricultura de los Estados Unidos)
Información sobre la pirámide nutricional
www.cnpp.usda.gov

Vacunas
Para obtener información sobre vacunas del Hospital de Niños de Filadelfia (Children's Hospital of Philadelphia
www.vaccine.chop.edu

Maternidad Virtual (Virtual Birth Center)
Por estado, con listas de obstetras, parteras, maternidades, doulas y otros servicios
www.virtualbirth.com

Publicaciones de la Oficina de la Mujer
(The Women's Bureau Publications)
Para conseguir resúmenes de leyes estatales sobre licencias familiares
Departamento de Trabajo de los Estados Unidos (U.S. Department of Labor)
Oficina de Intercambio de Información de las Mujeres
(Women's Bureau Clearing House)
Box EX
200 Constitution Avenue, NW
Washington, DC 20210
800-827-5335
Véase también www.ecoc.gov/facts/fs-preg.html

Sitios Web con más información:
www.americanbaby.com
www.babycenter.com
www.babyzone.com
www.bellycast.com
www.childmagazine.com
www.ibaby.com
www.ivillage.com
www.parenthoodweb.com

Mamás que se quedan en casa

F.E.M.A.L.E. (Formerly Employed Mothers At the Leading Edge)
P.O. Box 31
Elmhurst, IL 60126
800-223-9399
www.femalehome.org

Madres pobres (Miserly Moms)
Ayuda a las familias a ahorrar mediante el ofrecimiento de consejos de cocina, compras, decoración y jardinería
www.miserlymoms.com

Madres en Casa (Mothers At Home)
800-783-4666
www.mah.org

MOMS
(Mothers Offering Mothers Support)
25371 Rye Canyon Rd.
Valencia, CA 91355
805-526-2725

Sitios de Internet con más información:
www.momsonline.com
www.parentsplace.com
www.parentssoup.com
www.parenttime.com

Información sobre lactancia

Avent
800-542-8368
www.aventamerica.com

Breastfeeding Basics
www.breastfeedingbasics.com

Ayuda con la lactancia
(Breastfeeding Help)
Para encontrar apoyo para la lactancia durante las 24 horas, referencias para ubicación de consultores en lactancia y videos útiles
www.breastfeeding.com

Best Start
3500 E. Fletcher Avenue, Suite 519
Tampa, FL 33613
800-277-4975

Línea telefónica de la FDA
(FDA Hotline)
800-332-4010

Línea de la FDA para información sobre implantes mamarios
(FDA Breast Implant Information Line)
800-532-4440

Asociación Internacional de Consultores sobre Lactancia
(International Lactation Consultant Association)
919-787-5181

Liga Internacional de La Leche
(La Leche League International)
1400 North Meacham Road

Schaumburg, IL 60173-4840
800-LA-LECHE o revise su directorio telefónico local
www.lalecheleague.org

Medela, Inc.
P.O. Box 660
McHenry, IL 60051
800-TELL-YOU (800-735-5968)

Centro Nacional para la Nutrición y la dietética
(National Center for Nutrition and Dietetics)
Teléfono de ayuda de nutrición al consumidor
800-366-1655

Centro Nacional de Intercambio de Información sobre la Salud Materna e Infantil
(National Maternal and Child Health Clearinghouse)
2070 Chain Bridge Road, Suite 45
Vienna, VA 22182
703-821-8955, ext. 254

Wellstart
4062 First Avenue
San Diego, CA 92103
619-295-5192

Sitios de Internet con más información:
www.moms4milk.org
www.breastfeed.com

Información sobre el parto

Academia Estadounidense de Partos con el Esposo como Asistente (Método Bradley) (American Academy of Husband-Coached Childbirth [Bradley Method])
P.O. Box 5224
Sherman Oaks, CA 91413
800-422-4784 / 818-788-6662

Colegio Estadounidense de Enfermeras parteras (American College of Nurse-Midwives) (ACNM)
818 Connecticut Avenue NW, Suite 900
Washington, DC 20006
202-728-9860

Sociedad Estadounidense para la Psicoprofilaxis en Obstetricia (American Society for Pyschoprophylaxis in Obstetrics) (ASPO/Lamaze)
1200 19th Street NW, Suite 300
Washington, DC 20036-2422
800-368-4404

Asociación de Asistentes de parto y educadores para el parto (Association of Labor Assistants and Childbirth Educators) (ALACE)
P.O. Box 382724
Cambridge, MA 02238-2724
617-441-2500

Maternidades (Birth Centers)
Listas de maternidades en 37 estados de los Estados Unidos
www.birthcenters.org

Doulas de América del Norte (Doulas of North America)
1100 23rd Avenue East
Seattle, WA 98112
FAX 206-325-0472
www.dona.com

Parto informado en casa (Informed Home Birth)
313-662-6852

International Cesarean Awareness Network (ICAN)
1304 Kingsdale Avenue
Redondo Beach, CA 90278
310-542-6400

Asociación Internacional de Educación para el Parto (International Childbirth Education Association)
P.O. Box 20048
Minneapolis, MN 55420-0048
612-854-8660

Lamaze, *véase Sociedad Estadounidense de Psicoprofilaxis en Obstetricia (American Society for Pyschoprophylaxis in Obstetrics)*

Alianza de Parteras de América del Norte (Midwives Alliance of North America) (MANA)
P.O. Box 175
Newton, KS 67114
316-283-4543

Asociación Nacional de Centros de Maternidad (National Association of Childbearing Centers) (NACC)
3123 Gottschall Road
Perkiomenville, PA 18074
215-234-8068

Investigación sobre salud pública (Public Citizen's Health Research)
Información sobre cesárea y parto vaginal después de una cesárea
1600 20th Street NW
Washington, DC 20009

Clases prenatales en video (Video Prenatal Classes)
Great Expectations: Laugh and Learn about Childbirth (Grandes expectativas; ría y aprenda sobre el parto)
www.laughandlearn.com

Cuidado infantil

Teléfono de Child Care Aware
800-424-2246

Departamento de Salud y Servicios Humanos; Centro Nacional de Información sobre el Cuidado Infantil (Department of Health and Human Services; National Child Care Information Center)
800-616-2242

Asociación Internacional de Nanas (International Nanny Association)
800-297-1477
www.nanny.org

Asociación Nacional para la Educación de Niños Pequeños (National Association for the Education of Young Children)
www.naeyc.org

Cuidado infantil *(continuación)*

Asociación Nacional de Recursos y
Recomendaciones sobre Agencias de Cuidado
Infantil
(National Association of Child Care Resource
and Referral Agencies)
800-424-2246
202-393-5501
www.childcarerr.org
www.naccrra.net

Centro Nacional de Recursos de Salud y
Seguridad en el Cuidado Infantil
(National Resource Center for Health and
Safety in Child Care)
800-598-5437
www.nrc.uchsc.edu

Madre trabajadora (Working Mother)
www.workingmother.com

Papás

Boletín informativo At-Home Dad
61 Brightwood Avenue
North Andover, MA 01845
www.athomedad.com

Red Dad to Dad (Dad to Dad Network)
Mande un sobre con su nombre, su dirección
y sellos de correo a:
13925 Duluth Court
Apple Valley, MN 55124
612-423-3705

Full-Time Dads
193 Shelley Ave.
Elizabeth, NJ 07208
908-355-9722
FAX 908-355-9723
www.fathersworld.com/fulltimedad

The Single & Custodial Father's Network
*Para padres que tienen a cargo a sus hijos, para
que se pongan en contacto con otros padres en
situación similar*
www.single-fathers.org

Sitios de Internet con más información:
www.babycenter.com/dads
www.daddyshome.com
www.edads.com
www.fathersforum.com
www.fathersonline.com
www.fathersworld.com
www.manslife.com
www.newdads.com
www.portage.net/~rborelli/dads.html

Recursos financieros

BankRate
Para obtener información financiera general
516-627-7330
www.bankrate.com

Red de Planes de Ahorro para la Universidad
(College Savings Plan Network)
*Para obtener información sobre ahorro para la
universidad*
877-277-6496
www.savingforcollege.com

Servicio de Asesoramiento de Crédito al
Consumidor
(Consumer Credit Counseling Service)
Para obtener ayuda con su presupuesto
888-775-0377

Federación de Consumidores de Estados
Unidos (Consumer Federation of America)
Para obtener información sobre muchos temas

relacionados con el consumidor
202-387-6121
www.consumerfed.org

Deudores Anónimos (Debtors Anonymous)
Para obtener servicios de manejo de deuda
781-453-2743
www.debtorsanonymous.com

Plan de ahorro fácil (Easy Saver Plan)
*Para obtener información sobre bonos de ahorro
del gobierno y cómo comprarlos*
www.publicdebt.treas.gov

Asociación de Seguros de Salud de Estados
Unidos
(Health Insurance Association of America)
*Para obtener información sobre seguros de
salud e incapacidad*
888-869-4078
www.hiaa.org

Recursos financieros *(continuación)*

Instituto de Información sobre Seguros
(Insurance Information Institute)
Para obtener información sobre varios tipos de seguros
800-331-9146
www.iii.org

Servicios de Seguros IntelliQuote
(IntelliQuote Insurance Services)
Para averiguar presupuestos para comparar varias pólizas de seguros
888-622-0925
www.intelliquote.com

Servicio de Impuestos Internos
(Internal Revenue Service)
Para obtener información sobre costos del cuidado de los niños
800-829-1040
www.irs.ustreas.gov

Asociación Nacional de Planificadores Personales
(National Association of Personal Planners)
Para obtener ayuda con su presupuesto
888-333-6659

Fundación Nacional para el Asesoramiento Crediticio
(National Foundation for Credit Counseling)
Para obtener servicios de manejo de deuda
800-388-2227
www.nfcc.org

Línea de ayuda de la National Insurance Consumer
Para obtener respuestas a preguntas específicas sobre seguros
800-942-4242

QuickQuote
Para obtener cotizaciones de seguros de vida
800-867-2402
www.quickquote.com

Quotesmith
Para obtener varias cotizaciones de seguros
800-431-1147
www.quotesmith.com

Bonos de Ahorro de los Estados Unidos
(US Savings Bonds)
800-4US-BONDS
www.savingsbonds.gov

Sitios de Internet con más información:
www.collegesavings.org
www.educationira.com
www.financenter.com
www.healthinsurancefinders.com
www.ihatefinancialplanning.com
www.insurance.com
www.localinsurance.com
www.mfea.com
www.morningstar.com
www.myvesta.org
www.naic.org/consumer.htm

Salud de la mamá

Todo sobre Kegel (All About Kegels)
Aprenda a hacer los ejercicios Kegel correctamente
www.niddk.nih.gov/health/urolog/uibew/exerc/exerc.htm

Sociedad Estadounidense contra el Cáncer
(American Cancer Society)
Para obtener información sobre los peligros de ser fumador pasivo
800-ACS-2345

Cuidados quiroprácticos
(Chiropractic Care)
Discusiones sobre cuidados quiroprácticos durante el embarazo
www.rlx.net/babycottage/pregnancy.htm

Depresión después del Parto
(Depression after Delivery)
P.O. Box 1282

Morrisville, PA 19067
800-944-4773 (sólo contestador automático)

Asociación para el Estreptococo del Grupo B
(Group-B Strep Association)
P.O. Box 16515
Chapel Hill, NC 27516
919-932-5344

Cáncer inflamatorio de la mama
(Inflammatory Breast Cancer)
Para obtener información sobre este tipo de cáncer de mama
www.ibcsupport.com

Mom's Fitness
Para obtener información y ejercicios para ayudar a las mujeres embarazadas y a las madres nuevas
www.fitmommies.com/pregnancy

Salud de la mamá *(continuación)*

Futuras madres mayores (Older Mothers-to-Be)
*Para obtener información para mujeres
embarazadas mayores*
www.midlifemommies.com

Postpartum Support International
*Para obtener información y ayuda sobre el
síndrome de angustia puerperal*
805-967-7636
www.postpartum.net

Preggie Pops
Para ayudar a aliviar las náuseas del embarazo
www.preggiepops.com

Línea de ayuda (para mujeres en reposo)
714-497-2265

SOS Morning Sickness
*Para obtener información y remedios para las
náuseas y los vómitos*
www.sosmorningsickness.com

Embarazos Múltiples

Centro para pérdidas en embarazos múltiples
(Center for Loss in Multiple Birth)
c/o Jean Kollantai
P.O. Box 1064
Palmer, AK 99645
907-746-6123

Centro de estudios de embarazos múltiples
(Center for Study of Multiple Births)
333 E. Superior Street, Room 464
Chicago, IL 60611
312-266-9093

Madres de Supergemelos
(Mothers of Supertwins [M.O.S.T.])
(trillizos o más)
P.O. Box 951
Brentwood, NY 11717
516-434-MOST
www.mostonline.org

Recursos para embarazos múltiples
(Multiple Birth Resources)
70 W. Sylvester Place
Highland Ranch, CO 80126
888-627-9519
www.expectingmultiples.com

Fundación Embarazos Múltiples
(Multiple Births Foundation)
Queen Charlotte's and Chelsea Hospital
Goldhawk Road
London, England W6 OXG
081-748-4666,ext.5201

Club Nacional En Línea de Padres de Gemelos
(National Online Fathers of Twins Club)
www.member.aol.com/nofotc

Organización Nacional de Clubes de Madres
de Gemelos (National Organization of
Mothers of Twins Clubs, Inc)
P.O. Box 438

Thompson Station, TN 37179-0438
505-275-0955

Conexión Trillizos (Triplet Connection)
P.O. Box 99571
Stockton, CA 95209
209-474-0885
www.tripletconnection.org

Servicios para gemelos (Twin Services)
P.O. Box 10066
Berkeley, CA 94709
510-524-0863

Fundación del Síndrome de Transfusión de
Gemelo a gemelo
(Twin to Twin Transfusion Syndrome [TTTS]
Foundation)
Mary Slaman-Forsythe, Executive Director
411 Longbeach Parkway
Bay Village, OH 44140
216-899-8887

The Twins Foundation
P.O. Box 6043
Providence, RI 02940-6043
401-729-1000

Twins Hope
*Centro internacional de enfermedades
relacionadas con los gemelos*
www.twinshope.com

Revista Twins
5350 S. Roslyn Street, Suite 400
Englewood, CO 80111
800-328-3211

El mundo de los gemelos (Twins World)
Buen recurso para padres que esperan gemelos
www.twinsworld.com
Teléfono de Nutrición Beechnut
(Beechnut Nutrition Hotline)
800-523-6633

Información sobre nutrición

Teléfono de la FDA (FDA Hotline)
para obtener información sobre nutrición
800-332-4010

Folleto sobre la pirámide nutricional

(Food Guide Pyramid Brochure)
USDA
P.O. Box 1144
Rockville, MD 20850
www.cnpp.usda.gov

Bebés prematuros

Revista Intensive-care Parenting
ICU Parenting
RD # 10, Box 176
Brush Creek Road
Irwin, PA 15642

Bebés prematuros
ECMO Moms and Dads
c/o Blair and Gayle Wilson
P.O. Box 53848
Lubbock, TX 79453
806-794-0259

Seguridad para el bebé

Teléfono de seguridad en el automóvil
(Auto Safety Hotline)
888-327-4236

Back to Sleep
Información sobre la muerte súbita del lactante
P.O. Box 29111
Washington, DC 20040
800-505-2742

Fundación Danny (The Danny Foundation)
*Para obtener información sobre los peligros de
las cunas*
3158 Danville Blvd.
P.O. Box 680
Alamo, CA 94507
800-833-2669

General Motors
"Carga preciosa: Protección de los niños que
viajan con usted" (folleto gratuito) ("Precious
Cargo: Protecting the Children Who Ride
with You;" [free booklet])
800-247-9168

Asociación Internacional de Jefes de Policía
(The International Association of Chiefs of
Police)
Operación niños (Operation Kids)
800-843-4227

Asociación de Fabricantes de Productos
Juveniles (Juvenile Products Manufacturers
Association)
236 Route 38 West, Suite 100
Moorestown, NJ 08057
www.jpma.org

Administración Nacional de Seguridad de
Tráfico en Autopistas (National Highway
Traffic Safety Administration)
800-424-99393
www.nhtsa.dot.gov

Teléfono de ayuda y oficina nacional de
Intercambio de Información sobre el plomo
(National Lead Information Hotline and
Clearinghouse)
800-424-LEAD

Campaña nacional de niños seguros
(The National SAFE KIDS Campaign)
800-441-1888
www.safekids.org

"Búsqueda de Nissan por la seguridad,
Campaña asiento seguro" (folleto gratuito)
(Nissan's Quest for Safety Campaign Car Seat
Safety; [free booklet])
800-955-4500

Alertas de seguridad (Safety Alerts)
*Información sobre productos retirados del
mercado*
www.safetyalerts.com

SafetyBeltUSA
123 Manchester Blvd.
Inglewood, CA 90301
310-673-2666
www.carseat.org

Comisión Estadounidense de Seguridad en
Productos al Consumidor
(US Consumer Products Safety Commission)
800-638-2772
www.cpsc.gov

Glosario

a

A término. Se considera que un bebé está "a término" cuando nace después de las 38 semanas.

Aborto. Terminación o final prematuro del embarazo; dar a luz a un embrión o un feto antes de que pueda vivir fuera del útero, generalmente definido antes de las 20 semanas de gestación.

Aborto espontáneo. Pérdida del embarazo durante las 20 primeras semanas de gestación.

Aborto habitual. Caso de tres o más abortos espontáneos.

Aborto incompleto. Aborto en que se expulsa parte del contenido uterino, pero no, todo.

Aborto inevitable. Embarazo complicado con hemorragia y calambres. Generalmente termina en aborto.

Aborto retenido. Embarazo fallido sin hemorragia ni calambres. Frecuentemente diagnosticado mediante una ecografía semanas o meses después de que se pierde un embarazo.

Acidez. Molestia o dolor que se siente en el pecho. A menudo ocurre después de comer.

Alfafetoproteína (AFP). Sustancia producida por el feto a medida que crece dentro del útero. En el líquido amniótico, hay grandes cantidades de AFP. Se encuentran cantidades anormales de AFP en el torrente sanguíneo materno si el feto tiene anomalías del tubo neural.

Altura de la presentación. Cálculo del descenso del bebé hacia la vía de parto en preparación para el nacimiento.

Alvéolos. Extremos de los conductos del pulmón.

Aminoácidos. Sustancias que actúan como componentes básicos del embrión y el feto en desarrollo.

Amniocentesis. Proceso por el cual se extrae líquido amniótico del saco amniótico para analizarlo; el líquido se analizar para detectar anomalías genéticas y para determinar la madurez pulmonar del feto.

Ampolla. Abertura dilatada de un tubo o un conducto.

Análisis de glucemia. Véase *prueba de tolerancia a la glucosa.*

Análisis de orina y urocultivos. Pruebas para buscar infecciones y determinar la concentración de glucosa y de proteína en la orina.

Anemia. Cualquier afección en que el número de glóbulos rojos es inferior al normal. Por lo general, el término se aplica a la concentración del material de transporte de oxígeno en la sangre, que son los glóbulos rojos.

Anemia drepanocítica. Anemia causada por glóbulos rojos anormales en forma de hoz o de cilindro.

Anemia ferropénica. Anemia producida por la carencia de hierro en la dieta; se ve con frecuencia en el embarazo.

Anemia fisiológica del embarazo. Anemia durante la gestación causada por un aumento en la cantidad de plasma (líquido) en la sangre, comparado con el número de glóbulos. Véase también *anemia.*

Anencefalia. Desarrollo defectuoso del cerebro combinado con la ausencia de los huesos que lo rodean normalmente.

Anestesia espinal. Anestesia aplicada en el conducto vertebral.

Angioma. Tumor, generalmente benigno, o inflamación compuesta de vasos linfáticos y sanguíneos.

Anomalía cromosómica. Número anormal o composición anómala de los cromosomas.

Anomalía fetal. Malformación o desarrollo anormal del feto.

Anomalías del tubo neural. Anomalías en el desarrollo de la médula espinal y del encéfalo en un feto. Véanse *anencefalia; hidrocefalia; espina bífida.*

Anovulatorio. Falta, o cese, de la ovulación.

Antiadrenérgicos beta. Sustancias que interfieren con la transmisión de los estímulos. Afectan el sistema nervioso autónomo.

anticuerpos celulares. Véase *autoanticuerpos.*

Areola. Anillo pigmentado o coloreado que rodea el pezón.

Arritmia. Latido irregular o faltante.

Arritmia fetal. Véase *arritmia.*

Asesoramiento genético. Consulta entre una pareja y especialistas sobre anomalías genéticas y la posibilidad de aparición o de recidiva de problemas genéticos en un embarazo.

Asma. Enfermedad marcada por ataques recurrentes de disnea y respiración dificultosa. A menudo la causa una reacción alérgica.

Aspiración. Tragar o aspirar un cuerpo o un líquido extraño, como vómito, por las vías respiratorias.

Ausencias típicas. Ataque de naturaleza breve con posible disfunción transitoria de la conciencia. A menudo se asocia con pestañeo o parpadeo y un leve temblor de la boca.

Autoanticuerpos. Anticuerpos que atacan partes de su cuerpo o de sus propios tejidos.

b

Bebé posmaduro. Bebé nacido dos semanas o más después de la fecha de parto.

Bilirrubina. Producto de la descomposición del pigmento que se forma en el hígado a partir de la hemoglobina durante la destrucción de los glóbulos rojos.

Biopsia. Extracción de una pequeña porción de tejido para su estudio microscópico.

Biopsia de vellosidades coriónicas (BVC). Prueba de diagnóstico que se puede hacer al principio del embarazo para determinar anomalías del embarazo. Se toma una biopsia de tejido del interior del útero a través del abdomen o del cuello uterino.

Biopsia en cono del cuello del útero. Procedimiento quirúrgico realizado en afecciones precancerosas o cancerosas del cuello del útero. Se toma una biopsia grande en forma de un cono del cuello del útero.

Blastómero. Una de las células en las que se divide el huevo después de que ha sido fecundado.

Bloqueo epidural. Tipo de anestesia. El fármaco se inyecta alrededor de la médula espinal durante el parto u otros tipos de cirugía.

Bloqueo paracervical. Anestésico local para calmar el dolor de la dilatación del cuello uterino.

Bloqueo pudendo. Anestesia local durante el parto.

Bocio fetal. Agrandamiento de la glándula tiroidea del feto.

Borramiento. Adelgazamiento del cuello del útero; ocurre en la última parte del embarazo y durante el parto.

c

Cálculos renales. Pequeña masa o lesión que se encuentra en el riñón o en las vías urinarias. Puede bloquear el flujo de orina.

Calificaciones de Apgar. Medición de la respuesta del bebé al nacimiento y a la vida por sí mismo. Se toma al minuto y a los cinco minutos del nacimiento.

Calostro. Líquido amarillo poco espeso, que es la primera leche que proviene de las mamas. Se ve con mayor frecuencia al final del embarazo. Su contenido es distinto al de la leche producida después, durante la lactancia.

Capa germinal ectodérmica. Capa del embrión en desarrollo que da origen a las estructuras en desarrollo en el feto. Éstas incluyen la piel, los dientes y glándulas de la boca, el sistema nervioso y la glándula pituitaria.

Capa germinal endodérmica. Área de tejido del desarrollo incipiente del embrión que da origen a otras estructuras. Éstas incluyen el tubodigestivo, los órganos de la respiración, la vagina, la vejiga y la uretra. También llamada *endodermo*.

Capa germinal mesodérmica. Tejido del embrión que forma el tejido conectivo, los músculos, los riñones, los uréteres y otros órganos.

Capas germinales. Capas o áreas de tejido que tienen importancia en el desarrollo del bebé.

Cardiotocógrafo. Dispositivo empleado antes del parto o durante su transcurso para escuchar y registrar los latidos fetales. El control del bebé que está dentro del útero puede ser *externo* (a través del abdomen materno) o *interno* (a través de la vagina materna).

Cardiotocografía con contracciones. Prueba de la respuesta del feto a las contracciones uterinas para evaluar su bienestar.

Cardiotocografía en reposo. Prueba en la cual se registran los movimientos del bebé, que siente la madre o que observa el profesional de la salud, y las variaciones en la frecuencia cardíaca del feto.

Catarata congénita. Turbiedad congénita del cristalino.

Cerclaje de McDonald. Procedimiento quirúrgico realizado en un cuello uterino insuficiente. Una sutura de tipo zigzag mantiene cerrada la abertura del cuello del útero durante el embarazo. Véase también *cuello uterino insuficiente.*

Certificación nacional. Un doctor que ha recibido instrucción adicional y ha pasado otras pruebas en una especialidad particular. En el área de la obstetricia, esta capacitación la ofrece el Colegio Estadounidense de Obstetras y Ginecólogos. La certificación requiere experiencia en el cuidado de las mujeres. La sigla FACOG (en inglés), que aparece después del nombre de un médico, quiere decir que es miembro del Consejo Estadounidense de Obstetricia y Ginecología.

Cesárea, o parto por cesárea. Parto de un bebé a través de una incisión abdominal en lugar de hacerlo por la vagina.

Ciclo endometrial. Desarrollo regular de la membrana mucosa que recubre el interior del útero. Comienza con la preparación para aceptar un embarazo y termina con la pérdida del recubrimiento durante una menstruación.

Ciclo ovárico. Producción regular de hormonas en el ovario en respuesta a los mensajes hormonales del cerebro. El ciclo ovárico determina el ciclo endometrial.

Cigoto. Célula que resulta de la unión de un espermatozoide y un óvulo en la fecundación.

Cistitis. Inflamación de la vejiga.

Citología vaginal. Prueba de detección sistemática habitual que evalúa la presencia de estados precancerosos o cancerosos del cuello del útero. También se denomina *prueba de Papanicolaou.*

Citomegalovirosis (CMV). Grupo de virus de la familia herpes.

Clamidiosis. Infección venérea transmitida sexualmente.

Cloasma. Aumento de la pigmentación o extensas manchas marrones de forma y de tamaño irregular en la cara (comúnmente, en forma de mariposa) u otras partes del cuerpo. Pueden ser grandes. También se denomina *máscara del embarazo.*

Condiloma acuminado. Papilomas cutáneos o verrugas que se transmiten sexualmente. También se denominan *verrugas venéreas.*

Congestión. Lleno de líquido; por lo general se refiere a la congestión mamaria de una mujer que amamanta.

Contracciones. El útero presiona y se tensa para expulsar al bebé de su interior durante el parto.

Contracciones de Braxton-Hicks. Tensión irregular e indolora del útero durante el embarazo.

Control de la tensión arterial. Control de la tensión arterial de una mujer. La hipertensión puede ser importante durante el embarazo, especialmente cerca de la fecha de parto. Los cambios en los valores de la tensión arterial pueden alertar al doctor sobre problemas potenciales.

Control de peso. El peso se controla en cada consulta prenatal; aumentar mucho de peso o no aumentar lo necesario puede indicar problemas.

Control uterino en el hogar. Las contracciones del útero de una mujer embarazada se registran en la casa y luego se transmiten por teléfono al médico (no se necesita más equipo que el monitor y un teléfono). Se utiliza para identificar a las mujeres que tienen riesgo de parto prematuro.

Convulsión. Serie de contracciones involuntarias de músculos voluntarios.

Convulsiones tonicoclónicas generalizadas. Pérdida del control de las funciones corporales. Actividad convulsiva importante.

Cordón umbilical. Cordón que conecta la placenta al bebé en desarrollo. Elimina los productos de desecho y el dióxido de carbono del bebé y lleva sangre oxigenada y nutrientes desde la madre hasta el bebé a través de la placenta.

Coriogonadotropina humana (HCG). Hormona producida al principio del embarazo; se determina en una prueba de embarazo.

Coriomamotropina humana. Hormona del embarazo producida por la placenta y que se encuentra en el torrente sanguíneo.

Corion. Membrana fetal exterior que se encuentra alrededor del amnios.

Crisis drepanocítica. Dolor causado por la anemia drepanocítica.

Cromosomas. Hebra que hay en el núcleo de una célula, que contiene ADN, el que transmite información genética.

Cuello del útero. Abertura del útero.

Cuello uterino insuficiente. Cuello del útero que se dilata sin dolor y sin contracciones.

Cuerpo lúteo. Área del ovario donde se libera el huevo cuando se ovula. Después de la ovulación, en esta área se puede formar un quiste. Se denomina *quiste del cuerpo lúteo*.

Cuerpos cetónicos. Producto de la descomposición del metabolismo que se encuentra en la sangre, en especial a partir de la inanición o la diabetes incontrolada.

Cuidado prenatal. Programa de cuidados para una mujer embarazada antes del nacimiento de su bebé.

Cultivos cervicouterinos. Para hacer análisis en busca de enfermedades de transmisión sexual (ETS); cuando se realiza una citología vaginal, también se puede tomar una muestra para buscar clamidiosis, gonorrea u otras enfermedades venéreas.

d

Desarrollo retardado. Estado en el cual el desarrollo del bebé o el niño es más lento que lo normal.

Desprendimiento placentario. Véase *desprendimiento prematuro de placenta*.

Desprendimiento prematuro de placenta. Separación prematura de la placenta con relación al útero.

Detección de sordera congénita. Si la pareja tiene antecedentes familiares de sordera hereditaria, este análisis de sangre puede identificar el problema antes del nacimiento del bebé.

Detección sistemática de la enfermedad de Canavan. Análisis de sangre realizado a personas de origen judío asquenací para determinar si el feto padece la enfermedad de Canavan.

Detección sistemática de la poliserositis familiar recurrente. Análisis de sangre realizada a personas de origen armenio, árabe, turco y judío sefardí para identificar portadores del gen recesivo. Permite el diagnóstico en un recién nacido para poder comenzar el tratamiento.

Determinación del grupo sanguíneo. Análisis para determinar si el grupo sanguíneo de una mujer es A, B, AB u O.

Diabetes del embarazo. Véase *diabetes gravídica*.

Diabetes gravídica. Aparición o empeoramiento de la diabetes que ocurre sólo durante el embarazo (gestación).

Diástasis de los rectos. Separación de los músculos abdominales.

Dietilestilboestrol (DES). Estrógeno sintético no esteroide. Se usaba anteriormente para tratar de impedir un aborto.

Dilatación. Cantidad, en centímetros, que el cuello del útero se ha abierto antes del parto. Cuando una mujer está totalmente dilatada, está en 10 centímetros.

Dilatación y legrado. Procedimiento quirúrgico en el que se dilata el cuello del útero y se raspa el revestimiento del útero.

Disuria. Dificultad o dolor al orinar.

Dolor de los ligamentos redondos. Dolor causado por el estiramiento de los ligamentos que están a cada lado del útero, durante el embarazo.

Dolor pélvico intermenstrual. Dolor que coincide con la liberación de un óvulo desde el ovario.

Doppler. Aparato que aumenta los latidos fetales para que el médico y otras personas puedan oírlos.

e

Eclampsia. Convulsiones y coma en una mujer con preeclampsia. No está relacionada con la epilepsia. Véase *preeclampsia*.

Ecografía. Prueba no invasiva que muestra una imagen del feto dentro del útero. Las ondas sonoras rebotan en el feto para crear la imagen.

Edad de fecundación. Datar un embarazo desde el momento de la fecundación; es dos semanas más corta que la edad gestacional. Véase también *edad gestacional*.

Edad gestacional. Datar un embarazo desde el primer día de la última menstruación; es dos semanas más larga que la edad de fecundación. Véase también *edad de fecundación*.

Edad menstrual. Véase *edad gestacional*.

Edad ovulatoria. Véase *edad de fecundación*.

Ejercicio aeróbico. Ejercicio que incrementa su frecuencia cardíaca y la hace consumir oxígeno.

Electroencefalograma. Registro de la actividad eléctrica del cerebro.

Embarazo de alto riesgo. Embarazo con complicaciones que requiere una atención médica especial, por lo general, por parte de un especialista. Véase también *perinatólogo*.

Embarazo ectópico. Embarazo que ocurre fuera de la cavidad uterina, con mayor frecuencia en las trompas de Falopio. Se denomina también *embarazo tubárico*.

Embarazo molar. Véase *neoplasia trofoblástica gestacional*.

Embolia pulmonar. Coágulo sanguíneo de otra parte del cuerpo que viaja a los pulmones. Puede cerrar los pasajes de los pulmones y disminuir el intercambio de oxígeno.

Embrión. Organismo en las etapas iniciales de desarrollo; en un embarazo humano, desde la concepción hasta las 10 semanas.

Encajamiento. Cambio en la forma del útero de la embarazada unas semanas antes del parto. Frecuentemente descrito como el "descenso" del bebé.

Endometrio. Membrana mucosa que reviste el interior de la pared uterina.

Enema. Líquido inyectado en el recto con el fin de limpiar el intestino.

Enfermedad de las membranas hialinas. Enfermedad respiratoria del recién nacido.

Enfermedad de transmisión sexual. Infección transmitida a través del contacto sexual o de las relaciones sexuales.

Enfermedad hemolítica. Destrucción de los glóbulos rojos. Véase *anemia*.

Enfermera partera. Enfermera que ha tenido capacitación adicional en el cuidado de pacientes embarazadas y el parto de los bebés.

Enzima. Proteína formada por células. Actúa como catalizador para mejorar o causar cambios químicos en otras sustancias.

Episiotomía. Incisión quirúrgica del periné (área posterior a la vagina, por encima del recto). Se utiliza durante el parto para evitar que se desgarren la abertura vaginal y el recto.

Eritema palmar. Enrojecimiento de las palmas de las manos.

Espina bífida. Anomalía congénita en la cual la médula espinal y sus membranas sobresalen del conducto óseo protector de la columna vertebral. Puede causar parálisis o disfunción de las extremidades inferiores.

Estasis. Disminución del flujo.

Estreñimiento. La defecación es infrecuente o incompleta.

Estrías. Áreas de la piel que están rasgadas o estiradas. A menudo se encuentran en el abdomen, las mamas, las nalgas y las piernas.

Exotoxina. Veneno o toxina proveniente de una fuente exterior al cuerpo.

f

Factor Rh. Análisis de sangre para determinar si una mujer es Rh negativo.

Fecha de parto. Fecha en que se espera que nazca el bebé. La mayoría de los bebés nacen cerca de esa fecha, pero sólo uno de cada 20 nacen en esa fecha.

Fecha prevista de parto. Fecha de parto esperada para el nacimiento del bebé. Se calcula contando 280 días a partir del primer día de la última menstruación.

Fecundación. Unión del espermatozoide con el óvulo.

Feto. Se refiere al bebé después de 10 semanas de gestación y hasta el parto.

Fetoscopia. Prueba que permite al médico ver a través de un fetoscopio (un laparoscopio de fibra óptica) para detectar anomalías y problemas leves en el feto.

Fibrina. Proteína elástica, importante para la coagulación de la sangre.

Fibronectina fetal (fFN). Prueba que se realiza para evaluar el parto prematuro. Se toma una muestra de secreciones cervicovaginales; si la fibronectina está presente después de las 22 semanas, indica un aumento del riesgo de parto prematuro.

Fisura palatina. Defecto en el paladar, una parte de la mandíbula superior de la boca.

Flujo sanguinolento. Pequeña hemorragia vaginal al final del embarazo; a menudo precede al parto.

Fondo uterino. Parte superior del útero; por lo general, se mide durante el embarazo.

Fórceps. Instrumento que se usa a veces para ayudar a nacer al bebé. Se coloca alrededor de la cabeza del bebé, dentro de la vía de parto, para ayudar a guiar al bebé en su salida por esa vía.

Fosfatidilglicerol (FG). Lipoproteína presente cuando los pulmones del feto están maduros.

Fosfolípidos. Fósforo que contiene grasa; los más importantes son las lecitinas y esfingomielina, que son importantes para la maduración de los pulmones del feto antes del parto.

Fototerapia. Tratamiento para la ictericia en un recién nacido. Véase también *ictericia*.

g

Gammagrafía. Prueba diagnóstica en la cual se inyecta material radiactivo en una parte específica del cuerpo y se lo detecta para encontrar un problema en ella.

Gemelos bivitelinos. Véase *gemelos dicigóticos*.

Gemelos dicigóticos. Gemelos que nacen de dos óvulos diferentes. A menudo se denominan *gemelos bivitelinos*.

Gemelos monocigóticos. Gemelos concebidos de un único óvulo. A menudo se denominan *gemelos univitelinos*.

Gemelos unidos. Gemelos conectados por el cuerpo; pueden compartir órganos vitales. Anteriormente se los denominaba *siameses*.

Gemelos univitelinos. Véase *gemelos monocigóticos*.

Genes. Unidades básicas de la herencia. Cada gen lleva información específica que se pasa del progenitor al hijo. El niño recibe la mitad de sus genes de la madre y la otra mitad, del padre. Cada ser humano tiene unos 100 000 genes.

Globulina. Familia de proteínas del plasma o del suero de la sangre.

Glucemia en ayunas. Análisis de sangre para determinar la cantidad de glucosa en la sangre después de un período de ayuno.

Gluconato o sulfato ferroso. Aporte complementario de hierro.

Glucosuria. Glucosa en la orina.

Gonorrea. Infección venérea contagiosa, transmitida principalmente por el coito.

h

Hematocrito. Determina la proporción de glóbulos con respecto al plasma. Es importante en el diagnóstico de la anemia.

Hemoglobina. Pigmento de los glóbulos rojos que transporta oxígeno hacia los tejidos corporales.

Hemograma completo. Análisis de sangre para controlar las reservas de hierro y para buscar infecciones.

Hemorragia puerperal. Pérdida de sangre de más de 17 onzas (450 ml) en el momento del parto.

Hemorroides. Vasos sanguíneos dilatados en el recto o en el conducto rectal.

Heparina. Fármaco que se usa para diluir la sangre.

Herpes genital. Infección por herpes común que compromete el área genital. Puede ser importante durante el embarazo debido al peligro de que un feto recién nacido se infecte con este herpes.

Hidrocefalia. Acumulación excesiva de líquido alrededor del encéfalo del bebé.

Hiperbilirrubinemia. Concentración sanguínea de bilirrubina extremadamente elevada.

Hiperemesis gravídica. Náuseas, deshidratación y vómitos intensos durante el embarazo. Ocurre con mayor frecuencia durante el primer trimestre.

Hiperglucemia. Aumento de la concentración sanguínea de azúcar.

Hipertensión arterial provocada por el embarazo. Tensión arterial elevada que ocurre durante el embarazo. Se define por un aumento en la tensión arterial diastólica o sistólica.

Hipertiroidismo. Aumento de la hormona tiroidea en el torrente sanguíneo.

Hipoplasia. Desarrollo o formación de tejido, de manera defectuosa o incompleta.

Hipotensión arterial. Tensión arterial baja.

Hipotiroidismo. Concentración baja o inadecuada de la hormona tiroidea en el torrente sanguíneo.

i

Ictericia. Coloración amarilla de la piel, la esclerótica (ojos) y los tejidos más profundos del cuerpo. Se debe a cantidades excesivas de bilirrubina. Se trata con fototerapia.

Índice de Bishop. Método de calificación cervicouterina, utilizado para predecir el éxito de la inducción del parto. Incluye dilatación, borramiento, altura de la presentación, consistencia y posición del cuello del útero. Cada punto recibe una calificación, luego se suman para dar una calificación total que ayude al médico a decidir si induce el parto.

Infección por candidosis. Véase *vulvovaginitis candidósica*.

Infección por estreptococos del grupo B (EGB). Infección grave que ocurre en la vagina, en la garganta y el recto de la madre. La infección puede estar en cualquiera de esas zonas.

Inmunoglobulina. Sustancia que se usa para proteger contra infecciones por ciertas enfermedades, como la hepatitis o el sarampión.

Insulina. Hormona péptida producida por el páncreas. Favorece el aprovechamiento de la glucosa.

Intrauterino. Dentro del útero.

Isoinmunización. Desarrollo de un anticuerpo específico dirigido contra los glóbulos rojos de otro individuo, por ejemplo un bebé en el útero. A menudo ocurre cuando una mujer Rh negativa está embarazada de un bebé Rh positivo o recibe sangre Rh positiva.

l

Laparoscopia. Procedimiento quirúrgico intrascendente realizado para ligar las trompas de Falopio, diagnosticar el dolor pélvico o diagnosticar un embarazo ectópico.

Leucorrea. Flujo vaginal caracterizado por un color blanco o amarillento. Se compone principalmente de mucosidad.

Línea negra. Línea de mayor pigmentación que se desarrolla frecuentemente durante el embarazo; la línea desciende por el abdomen desde el ombligo hasta la zona púbica.

Líquido amniótico. Líquido que rodea al bebé dentro del saco amniótico.

Longitud de coronilla a nalgas. Medición desde la parte superior de la cabeza (coronilla) hasta las nalgas del bebé.

Loquios. Flujo vaginal que ocurre después del parto y de la expulsión de la placenta.

m

Mamografía. Estudio radiográfico de las mamas para identificar tejido mamario normal o anormal.

Máscara del embarazo. Mayor pigmentación en la zona del rostro debajo de cada ojo. Comúnmente tiene la apariencia de una mariposa.

Maternidad. Centro especializado en partos. Por lo general, una mujer pasa el trabajo de parto, el parto y la recuperación en la misma habitación. Puede ser parte de un hospital o una unidad independiente. A veces se denomina *LDRP* (por su sigla en inglés) por trabajo de parto, parto, recuperación y puerperio.

Meconio. Primeros excrementos del recién nacido; de color verde o amarillo. Consiste en células superficiales o epiteliales, mucosidad y bilis. La deposición puede ocurrir antes del parto o durante su transcurso, o poco después del nacimiento.

Medicamentos antinflamatorios. Fármacos para aliviar el dolor o inflamación.

Medición abdominal. Medición del crecimiento del bebé en el útero durante las consultas prenatales. La medición se toma desde la sínfisis púbica hasta la parte superior del útero. Demasiado crecimiento, o muy poco, puede indicar problemas.

Melanoma. Lunar o tumor pigmentado. Puede ser canceroso o no.

Menstruación. Flujo regular o periódico de revestimiento endometrial y sangre, desde el útero.

Metaplasia. Transformación de la estructura de un tejido en una de otro tipo que no es normal para ese tejido.

Microcefalia. Desarrollo anormalmente pequeño de la cabeza del feto.

Microftalmía. Glóbulos oculares anormalmente pequeños.

Mielomeningocele. Anomalía congénita del sistema nervioso central del bebé. Las membranas y médula espinal sobresalen a través de una abertura o un defecto en la columna vertebral.

Mola hidatiforme. Véase *neoplasia trofoblástica gestacional*.

Mórula. Células que surgen de la división temprana del óvulo fecundado al principio del embarazo.

Movimiento fetal activo. Sentir al bebé moverse dentro del útero.

Mutaciones. Cambio en la naturaleza de un gen. Se transmite de una división celular a la siguiente.

n

Náuseas del embarazo. Náuseas y vómitos, con mala salud, que se producen principalmente durante el primer trimestre del embarazo. Véase también *hiperemesis gravídica*.

Neoplasia trofoblástica gestacional (NTG). Embarazo anormal con crecimiento quístico de la placenta. Se caracteriza por hemorragias durante el comienzo y la mitad del embarazo.

Neumonía. Inflamación de los pulmones.

NTG maligna. Degeneración cancerosa de la neoplasia trofoblástica gestacional. Véase *neoplasia trofoblástica gestacional*.

O

Obstetra. Médico que se especializa en el cuidado de mujeres embarazadas y en partos.

Obtención percutánea de sangre del cordón umbilical (cordocentesis). Prueba realizada al feto para diagnosticar una incompatibilidad del factor Rh, anomalías sanguíneas e infecciones. También se denomina *cordocentesis*.

Oligohidramnios. Falta o deficiencia de líquido amniótico.

Onfalocele. Presencia congénita, en el feto o el recién nacido, de un saco hacia afuera del ombligo, que contiene órganos internos.

Opiáceos. Compuestos sintéticos con efectos similares a los del opio.

Organogenia. Desarrollo de los sistemas orgánicos en el embrión.

Osificación. Formación de los huesos.

Ovulación. Producción cíclica de un óvulo por el ovario.

Oxitocina. Medicamento que provoca contracciones uterinas; se usa para inducir el parto o para aumentarlo. Se lo puede llamar por su denominación comercial, *Pitocin*. También, la hormona que producen las glándulas pituitarias.

P

Papiloma cutáneo. Colgajo o acumulación adicional de piel.

Parto. Proceso de expulsar al feto desde el útero.

Parto activo. Cuando una mujer tiene una dilatación de 4 a 8 cm. Las contracciones se producen con un intervalo de 3 a 5 minutos.

Parto asintomático. Dilatación no dolorosa del cuello del útero.

Parto con dolor lumbar. Dolor de parto que se siente en la parte inferior de la espalda.

Parto de feto muerto. Muerte de un feto antes del parto, por lo general definido después de las 20 semanas de gestación.

Parto falso. Tensión del útero sin dilatación del cuello uterino.

Parto incipiente. Cuando la mujer siente contracciones regulares (desde una cada 20 minutos hasta una cada 5 minutos) durante más de 2 horas. Por lo general, el cuello del útero se dilata 3 o 4 cms.

Parto inducido. Parto iniciado utilizando un medicamento. También, cuando el parto se "estanca" o no hay evolución en él, se da ese mismo medicamento. Véase *oxitocina*.

Parto natural. Parto en el que la madre recibe la mínima intervención posible. Esto puede incluir no utilizar medicamentos ni monitoreo. Por lo general, la mujer ha tomado clases para prepararse para el parto.

Parto posmaduro. Embarazo de más de 42 semanas de gestación.

Parto prematuro. Parto antes de las 38 semanas de gestación.

Parto preparado. La mujer tomó clases así que sabe lo que debe esperar durante el parto. Puede pedir analgésicos si los necesita.

Pediatra. Médico que se especializa en el cuidado de bebés y niños.

Perfil biofísico. Método de evaluar a un feto antes del parto.

Perinatólogo. Médico que se especializa en el cuidado de embarazos de alto riesgo.

Periné. Área entre el recto y la vagina.

Período embrionario. Las diez primeras semanas de gestación.

Período fetal. Período de tiempo a continuación del período embrionario (primeras diez semanas de gestación) hasta el parto.

Pielonefritis. Infección renal grave.

Placenta. Órgano dentro del útero que está unido al bebé por medio del cordón umbilical. Esencial durante el embarazo para el crecimiento y desarrollo del embrión y feto. También se denomina *secundinas*.

Placenta previa. Fijación baja de la placenta, muy cerca del cuello uterino o cubriéndolo.

Polihidramnios. Aumento en la cantidad de líquido amniótico.

Preeclampsia. Combinación de síntomas significativos que se dan sólo en el embarazo, entre ellos, hipertensión arterial, edema, hinchazón y cambios en los reflejos.

Presentación. Describe la parte del bebé que llega primero en la vía de parto.

Presentación de cara. El bebé entra de cara a la vía de parto.

Presentación de nalgas. Posición anormal del feto. Las nalgas o piernas llegan a la vía de parto antes que la cabeza.

Presentación de nalgas franca. Bebé que presenta las nalgas primero. Las piernas están flexionadas y las rodillas extendidas.

Problema congénito. Problema presente al nacer.

Problemas genitourinarios. Defectos o problemas que compromenten los órganos genitales, la vagina o los riñones.

Propiltiouracilo. Medicamento usado para tratar la enfermedad de la glándula tiroidea.

Proteinuria. Proteína en la orina.

Prueba cuádruple de detección sistemática. Medición de cuatro componentes sanguíneos para ayudar a identificar problemas. Las cuatro pruebas incluyen la de alfafetoproteína, coriogonadotropina humana, estriol no conjugado e inhibina A.

Prueba de anticuerpos contra la hepatitis B. Análisis para determinar si la mujer embarazada alguna vez ha tenido hepatitis B.

Prueba de estreptococos del grupo B (EGB). Casi al final del embarazo, se pueden tomar muestras de la vagina, el periné y el recto de la embarazada para buscar EGB. También se puede realizar un análisis de orina. Si la prueba da un resultado positivo, se puede iniciar el tratamiento o se lo puede aplicar durante el parto.

Prueba de marcadores múltiples. Véase *prueba cuádruple de detección sistemática y prueba triple de detección sistemática.*

Prueba de sífilis. Análisis para buscar sífilis; si una mujer tiene sífilis, se iniciará el tratamiento.

Prueba de tolerancia a la glucosa. Análisis de sangre que se hace para evaluar la respuesta del cuerpo a la glucosa. Se le extrae sangre a la futura madre, una vez o con intervalos, después de la ingestión de una sustancia azucarada.

Prueba de VIH/Sida. Análisis para determinar si la mujer tiene VIH o sida (la prueba no se puede realizar sin el conocimiento y el permiso de la mujer).

Prueba triple de detección sistemática. Medición de tres componentes sanguíneos para ayudar a identificar problemas. Las tres pruebas incluyen la de alfa-fetoproteína, coriogonadotropina humana y estriol no conjugado.

Pruebas de diagnóstico por la imagen. Pruebas que miran dentro del cuerpo, entre ellas radiografías, tomografías computadas o tomografías axiales computadas (TAC) y resonancia magnética nuclear (RMN).

Pruebas genéticas. Varias pruebas de detección sistemática y de diagnóstico que se realizan para determinar si una pareja puede tener un hijo con una anomalía genética. Por lo general, forman parte del asesoramiento genético.

Prurito gravídico. Comezón durante el embarazo.

Puerperio. Período de seis semanas que sigue al nacimiento del bebé. Se refiere a la madre, no al bebé.

q–r

Quimioterapia neoplásica. Tratamiento de una enfermedad mediante sustancias químicas o fármacos.

Radioterapia. Método de tratamiento para diversos cánceres.

Rasgo drepanocítico. Presencia del rasgo para la anemia drepanocítica. No es la enfermedad.

Reconocimiento de la translucencia de la nuca. Ecografía detallada que permite al médico medir el espacio que hay detrás del cuello del bebé. Cuando esto se combina con los resultados de un análisis de sangre, puede determinar la probabilidad de una mujer de que su bebé tenga síndrome de Down.

Recuento de patadas. Registro de la frecuencia con que una mujer siente que el bebé se mueve; se utiliza para evaluar el bienestar del bebé.

Retraso de crecimiento intrauterino (RCIU). Crecimiento inadecuado del feto durante las últimas etapas del embarazo.

Rh negativo. Ausencia del anticuerpo Rh en la sangre.

RhoGAM. Medicamento que se da durante el embarazo y después del parto para prevenir la isoinmunización. Véase también *isoinmunización*.

Rotura de las membranas. Pérdida de líquido del saco amniótico. También se denomina *romper aguas*.

Rotura prematura de las membranas. Rotura de las membranas fetales antes de las 37 semanas de embarazo.

s

Sacar leche materna. Provocar manualmente la salida de leche de las mamas.

Saco amniótico. Membrana que rodea al bebé dentro del útero. Contiene al bebé, la placenta y el líquido amniótico.

Secundinas. La placenta y las membranas que se expulsan tras el nacimiento del bebé. Véase *placenta*.

Sensibilidad al Rh. Véase *isoinmunización*.

Señal de Homan. Dolor provocado al doblar los dedos de los pies hacia las rodillas cuando una persona tiene un coágulo sanguíneo en la parte inferior de la pierna.

Signo de Chadwick. Coloración azul oscuro o violeta de la mucosa de la vagina y del cuello del útero durante el embarazo.

Síndrome de angustia puerperal. Una variedad de síntomas que incluyen la tristeza puerperal, la depresión puerperal y la psicosis puerperal.

Síndrome de Down. Trastorno cromosómico en el cual el bebé tiene tres copias del cromosoma 21 (en lugar de dos); causa retraso mental, rasgos físicos característicos y muchos otros problemas.

Síndrome de inmunodeficiencia adquirida (sida). Enfermedad debilitante y frecuentemente fatal que afecta la capacidad corporal para responder a la infección. La causa el virus de la inmunodeficiencia humana (VIH).

Sínfisis púbica. Prominencia ósea en el hueso pélvico que se encuentra en el medio del bajo vientre de una mujer. Es el punto a partir del cual, con frecuencia, el médico mide el crecimiento del útero durante el embarazo.

Sodio. Elemento que se encuentra en muchos alimentos, particularmente en la sal. La ingestión de demasiado sodio puede provocar retención de fluido.

Sufrimiento fetal. Problemas con el bebé que ocurren antes del parto o durante su transcurso; frecuentemente, es necesario que el parto se realice de inmediato.

t

Tacto vaginal. Exploración física que realiza el médico, quien palpa dentro del área pélvica, para evaluar el tamaño del útero al comienzo del embarazo y para que lo ayude a determinar si el cuello del útero se está dilatando y adelgazando hacia el final del embarazo.

Tapón mucoso. Secreciones del cuello del útero; a menudo se libera justo antes del parto.

Tensión arterial. Empuje de la sangre contra las paredes de las arterias, que lleva sangre desde el corazón. Los cambios en la tensión arterial pueden indicar problemas.

Teratología. Estudio del desarrollo fetal anormal.

Transición. Fase posterior al parto activo durante la cual el cuello del útero se dilata totalmente. Durante este período, las contracciones son más fuertes.

Trimestre. Método de dividir el embarazo en tres períodos iguales de unas 13 semanas cada uno.

Tristeza puerperal. Depresión leve después del parto.

Trompa de Falopio. Conducto que va desde la cavidad uterina hasta la zona del ovario. También se denomina *trompa uterina*.

u

Unto sebáceo. Sustancia grasosa formada por células epiteliales que cubren la piel del feto dentro del útero.

Útero. Órgano dentro del cual crece un embrión o feto.

Útero atónico. Útero fláccido, relajado, falto de tono.

v

Vagina. Vía de parto.

Valores de rubéola. Análisis de sangre para determinar la inmunidad contra la rubéola.

Várices. Vasos sanguíneos (venas) dilatados o agrandados.

VEC (Versión cefálica externa). Procedimiento que se realiza al final del embarazo, en el que el médico intenta girar manualmente a un bebé presentado de nalgas hacia la posición normal de parto, cabeza abajo.

Vellosidades. Proyección a partir de una membrana mucosa. Tienen mucha importancia dentro de la placenta en el intercambio de nutrientes desde la sangre materna hasta la placenta y feto.

Vena cava. Vena importante del cuerpo que desemboca en la aurícula derecha del corazón. Devuelve sangre no oxigenada al corazón para transportarla a los pulmones.

Ventosa. Dispositivo que se usa a veces para hacer tracción sobre la cabeza el feto durante el parto; se usa para ayudar a nacer a un bebé.

Verrugas venéreas. Véase *condiloma acuminado*.

Vértice. De cabeza.

Vulvovaginitis candidósica. Infección provocada por candidosis. Por lo general afecta la vagina y la vulva.

y

Yoduros. Fármacos compuestos de iones negativos de yodo.

Índice

Los números de página en itálica indican la información en recuadros.

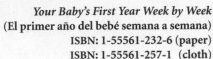